조선시대 공공성의
구조변동

문명과
가치
총서
013

조선시대 공공성의
구조변동

황태연 외 지음

한국학중앙연구원출판부

| 총론 |

이 책은 한국학중앙연구원이 기획한 '글로벌 시대 한국적 가치와 문명 연구' 의제 중 '조선시대의 공공성 연구'를 주제로 한 한일 공동연구의 결실로 '문명과 가치 총서' 시리즈의 일부다. 9명의 한일 학자들로 구성된 공동 연구진은 2년(2012~2013)의 연구 기간 동안 '조선시대 공공성의 구조변동에 관한 연구(The structural transformation of the publicness in the Joseon era)'를 주제로 연차별 국제학술회의를 통해 총 18편의 논문을 발표한 바 있다. 2권의 책으로 엮는 과정에서 전체 구성 및 편집 방향에 따라 연구자들의 2개 논문이 하나로 합쳐지기도 해서 이 책에는 공동 연구진 9명의 논문 총 15편이 실렸다.

한일 공동 연구진이 2년여 '공공성(公共性, publicness)' 개념을 중심으로 조선시대사를 연구하는 동안 확신할 수 있었던 사실은 향후 조선시대 연구에 있어 공공성 개념이 상당히 의미 있는 분석 시각을 제공해줄 수 있을 것이라는 점이다. 연구의 결과로 확인되는 바는 '공공성' 개념은 넓게는 서양과 동양의 시대상을 분석하는 공통분모로서 기능할 수 있는 개념임과 동시에 서양과 동양의 특수성도 드러내줄 수 있는 개념이라는 점이다. '공공성'은 국가와 관련된 '공적(official)', '제도적' 의미 외에, 다수의 구성원에게 '공통적(common)', '보편적'으로 적용되는 개념이기도 하다. 발현 주체의 측면에서 보자면, 공공성은 군주(왕)의 공공성 측면과 관료나 사대부들의 공적 결정의 제도화 측면, '민(民, 백성, people)'의 공론적 참여 확대 등과 같이 다층적 주체를 하나의 개념틀로 분석할 수 있는 장점을 갖는다. 주제에 따라서는 근대화를 포함하여 광범위한 연구 영역을 대상으로 할 수 있고, 정치권력, 공론 기제, 민의 참여 확대 등 미시적 분석 또한 가능하게 하는 상당히 유연한 분석틀로 활용할 수 있다.

2년여 연구를 진행해온 방대한 연구의 성과를 일단락하는 자리이니만큼 먼저 전체 논지의 핵심 개념으로 활용된 공공성 개념에 대한 의미를 개괄적으로 소개할 필요가 있겠다. 공공성 개념은 서구의 정치철학·사상적 맥락에서 근대성 논의와 결부되어 활발하게 논의되어온 개념이다. 서구 정치사상 및 철학의 주요 논의를 관통하는 핵심 축이 '공공성의 변화'를 중심에 두고 진행되었다고 해도 과언이 아닐 것이다. 가령 자유주의적 견해에서 제기된 '공적 영역(public sphere)'과 '사적 영역(private sphere)'의 구분, 공화주의적 차원에서 강화하고자 하는 공동체의 '공공선(common good)'의 문제, 시민사회의 주체 및 공론화 과정을 두고 전개된 공적 영역과 사적 영역의 '상호 침투'(또는 교차)에 관한 논의들이 공공성 개념을 바탕으로 한 것들이다.

본 연구진은 1년차 연구를 진행하면서 'publicity', 'Öffentlichkeit', 'Publizität' 등으로 표현되는 공공성이 '공론성', '공개성' 등의 어의와 혼동되어 쓰이기 때문에 'Öffentlichkeit'를 중심으로 한 칸트·벤덤·하버마스를 위시한 서양의 기존 연구를 통해서는 그 의미가 제대로 해명되기 어렵다는 사실을 확인했다. 1년차 연구를 마감하면서 공동 연구진은 동아시아의 사전적 어의·전적·사서·공자 경전 등에 눈을 돌려 이 공공성 개념의 유래를 동아시아적 맥락에서 추적하기 시작했다. 공공성 개념을 둘러싼 다양한 해석적 견해들을 검토하는 일련의 과정을 거쳐 본 연구진은 2년차 연구에서 공공성을 서구적 개념틀로 한정하지 않고 조선시대 정치사를 거시적으로 조망할 수 있는 보다 풍부한 개념적 정립을 시도할 수 있었다. 본 연구진이 제안하는 '공공성' 개념은 동양 정치철학의 정수라 할 수 있는 공맹철학과 밀접한 조응성을 갖는다.

공자는 대동시대에 "대도가 행해질 적에 천하는 공(公)이었고, (이 공을 운영할) 현인과 능력자를 선출해 썼다.[大道之行也 天下爲公 選賢與能]"라고 말했다. 여기서 이 '공'을 운영할 "현인과 능력자를 선출해 썼다."는 것은 천하에 군림하는 '현명한 임금'의 위(位)가 세습제가 아니라 민심에 기초한 '선양제(禪讓制)'를 통해 '천여·민여(天與·民與)'했다(하늘과 동등한 백성이 주었다)는, 즉 민선(民選)했다는 것과, 이 임금을 보필하여 실무적으로 치국을 담당하는 유능한 관리들은 공적 절차에 따라 선발해 썼다는 것을 아울러 뜻한다. 따라서 공자의 이 구절은 '천하'라는 '공'을 ① 백성, ② 현명한 임금, ③ 유능한 관리, 이 3자가 같이 가졌고 같이 썼다는, 즉 공유(共有)·공용(共用)했다는 것을 함의하고 있다.

"'공(公)'을 공유·공용했다는 것"의 함의는 무엇인가? '공(公)'이 단적으로

'공기(公器)'를 여럿이 공유하고 공용하는 '공공성(公共性)'을 지향한다는 것을 뜻한다. 말하자면 공공성이란 '공(公)의 공유·공용'을 의미한다고 할 수 있다. 본 연구진의 연구에 따르면, 고래로 공공성은 실제 이런 의미로 쓰여온 것으로 보인다. 사마광은 "강은 공(共, 여럿이 함께 하는 것)이니, 작은 물들이 그 안으로 흘러들어가 공(公)을 공(共, 공유·공용)하는 곳이다.[江共也, 小水流入其中 所公共也]"라고 하여 '공공성'을 소류(小流)들이 공유·공용하는 강에 비유하여 정의하고 있다. 더 거슬러 올라가, 사마천의『사기열전』에서 장석지(張釋之)는 "법이란 천자가 천하와 더불어 공을 공유·공용하는 방도다.[釋之曰 法者 天子所與天下公共也]"라고 말한다. 이런 용례들을 보면, 공공성의 공(公)은 ① '어떤 것이 만인의 이익과 관계 된다', 또는 '만인이 어떤 것에 관여할 수 있다'는 '만인'의 의미, ② '만인(전체)의 이익을 대변하고 만인을 대표하여 관리하거나 사용한다'는 '정통적 대표성'(대표자 또는 대표 기구)의 의미, ③ '편파적이지 않고 바르다'(정의롭다)는 의미, ④ '만인에게 알려 만인이 정보를 다 같이 알거나 알게 한다'는 의미, ⑤ '사회적 일반성'의 의미 등과 같이 '공(公)'을 '공유·공용'하는 것으로 정의하는 것이 타당해 보인다.

나아가 공공성의 의미를 '공'을 공유·공용할 뿐만 아니라 공지(共知)·공론(共論)하는 데까지 확장하면 '공공'의 역사적 용례들에 더욱 부합하게 된다. '공'의 방식(만인과 관계되는 방식)에 의해 '공'(만인의 이익과 관계된 것들)에 관한 '공'(만인의 정통적 대표자)의 '공지(共知)'는 '공지(公知)'(만인에 알려 만인이 정보를 다 같이 공유하게 하는 것)이고, '공'(만인의 이익)에 대한 '공'(만인)의 '공론(共論)'은 바로 '공론(公論)'이다. 이 '공론'으로서의 '공공성' 개념은 바로 칸트(Immanuel Kant)의 "이성의 공론적 사용(öffentlicher Gebrauch von Vernunft)" 또는 '자유공론'과 '공개성(Publizität)' 개념에 부합되고, 제레미 벤덤(Jeremy Bentham)의 '공론적 공공성(Publicity)' 또는 '공론정체(regime of publicity)'와 부합되고, 위르겐 하버마스(Jürgen Habermas)의 '공론장(Öffentlchkeit)' 개념과 크게 다르지 않다.

놀라운 사실은 이런 의미의 공공 개념이 우리 역사에서 빈번하게 활용되고 있었다는 점이다. 공공은 이미『고려사』에도 등장할 뿐 아니라,『조선왕조실록』에서는 훨씬 빈도가 높게 나타난다. 그 의미는 모두 공(公)을 공유·공용하고, 공지·공론하는 것으로 쓰였다. 영·정조기에 이런 용례는 40여 건, 정조조의 용례는 70여 건에 달한다. '공공' 용어의 이러한 사용은 조선 중기로 갈수록 빈번해지고, 순조 이후를 전환점으로 거의 사라졌다가 다시 고종 때 꽤 빈번하게 사용된다.

　본 연구진은 이러한 공공성 개념을 바탕으로 조선시대를 공공성의 '길항'과 '접합'의 역사로 파악하고자 했다. 고려를 극복한 조선의 건국은 공공성의 시대적 전환을 이루는 대사건이었다. 조선의 건국을 이끈 개국공신들은 고려 말기의 정치를 '사견에 의한 정치'와 '사욕에 의한 정치'로 규정하고, 조선 건국의 핵심이 권력의 공공성에 있음을 천명하기도 하였다. 그러나 이 공공성은 519년 조선시대를 관통하며 군신간 관계 정립을 둘러싼 각축을 초래하기도 했으며, 민의 성장에 따라 공공성의 발현 주체가 왕 또는 사대부에서 '민'으로 변화되는 등 시대에 따라 변화하는 '길항'과 '접합'의 양태를 보여주고 있다. 본 연구진은 2년간 공동 연구의 주제를 '조선시대 공공성의 구조변동'으로 잡았고, 공동 연구의 장점을 살려 조선시대 공공성의 특징을 국가, 사회·문화, 민의 영역 등으로 세분화하여 접근했다.

　연구 결과 조선시대 공공성의 길항과 접합의 영역은 국가적 공공성에 한정되지 않고 다층적으로 확장되어왔다. 조선의 공공성 개념에 대한 해석은 곧 조선이 내재적 근대화의 터전을 닦아왔는지 여부로까지 확장될 수 있다. 과연 조선 후기가 식민지근대화론자들의 주장처럼 '가산제적' 국가였는지 여부도 바로 이 공공성 개념을 통해 접근해볼 수 있을 것이다. 조선 후기에서 대한제국으로 이어지는 맥락에서 형성되는 쟁점 역시 대한제국기 각종 개혁 정책들이 한국의 근대를 향한 공공성의 창출이었는지 여부가 관건이 될 것이다. 본 연구진은 이러한 문제의식을 바탕으로 기존 역사학계의 조선시대 연구 성과들을 '공공성'을 중심으로 새롭게 재편해보고, 아직 시론적 단계이지만 조선시대 연구의 새로운 분석틀 정립이 가능한지 여부를 조심스럽게 타진해 보았다.

　본 연구진은 주로 사상적·철학적·정치적 범주에 주목하여 조선시대의 공공성을 인문학과 사회과학의 학제적 주제로 부상시키고자 했으며, 그 구조변동 양상을 분석하는 데 주안점을 두었다. 일본의 구로즈미 교수와 미타니 교수가 동아시아 및 일본의 공공성 개념과 흐름을 제시하는 연구를 맡아주어 본 연구가 한층 풍부하게 진행될 수 있었다. 물론 연구 성과를 일단락하고 2권의 책으로 출간하는 지금까지도 조선시대를 공공성이라는 분석틀로 재해석하려는 학술적 시도가 확고한 학적 정립 단계에 들어섰다고 자신하기는 어렵다. 다만 2년여의 공동 연구를 통해 본 연구팀이 확신하는 바는 조선시대를 '공공성의 구조변동'이라는 관점에서 다층적으로 분석한 결과 기존의 조선시대 연구 방법과 구별되는 흥미로운 시사점들이 발견되었다는 점이다.

이 연구 결과는 총 2권의 책으로 출간된다. 제1권의 주제는 '조선시대 공공성의 구조변동'으로, 제1부 '조선시대 국가공공성의 구조변동', 제2부 '조선시대 공공성의 재조명', 제3부 '일본의 근세와 공공성 구조'를 다루고 있다. 제2권의 주제는 '조선시대 공공성 담론의 동학'이다. 제2권에서는 제1부 '유교적 공공성의 변화와 양상', 제2부 '공공성 담론과 시선', 제3부 '일본의 공공성 담론과 공론 분석'으로 구성되어 있다.

제1권의 주요 내용은 다음과 같다. 제1권 제1부 '조선시대 국가공공성의 구조변동'은 전체 연구 책임을 맡은 황태연 교수의 「조선시대 국가공공성의 구조변동과 근대화 - '조선민국'과 '대한제국'에서 '대한민국'으로」이다. 이 글은 전체 연구 내용을 이끄는 총론적 성격의 글로 공공성 개념에 대한 개념적 접근을 바탕으로 하여 조선 국가공공성의 구조변동에 주목한 연구이다. 이 글은 조선의 국가공공성이 공자의 민본주의를 '수사적(修辭的) 간판'으로 내걸고 실은 피동적 백성의 고혈을 식록(食祿)으로 수취하는 성리학적 교조의 '조선국'이라는 '국(國)·가(家)'(왕의 '국'과 사대부의 '가'로서의 귀족국가)의 전통적 공공성에서 능동적 '민중'의 민압을 받아 수립한 진정한 민본주의 국가인 '조선민국'(왕의 분신으로서의 백성의 나라)의 공공성으로 근대화되었다는 것을 중심 가설로 삼고 있다. 200자 원고지 약 1,500매에 달하는 세밀한 논증을 바탕으로 조선의 국가공공성의 변천이 사대부의 '국가시대'('사대부의 나라'로서의 국가공공성의 '조선국' 시대) → 민압을 반영한 '조선민국의 시대'('백성의 나라'로서의 국가공공성 시대) → 항구적 '민란'에 직면한 반동적 세도정체 시대(국가공공성의 파탄 시대) → 민중과 갈등·타협·연대하려던 고종의 근대화 노력을 좌절시킨 외세 지배 시대(임오군란에서 아관망명까지 15년간의 국가공공성 훼손 시기) → 국내망명정부적 '항일독립투쟁 비상계엄민국' 시기('국민국가'와 '민족국가'를 동시에 뜻하는 '민국'으로서의 대한제국의 국가공공성 시기)로 변모해왔음을 제시하고 있다.

제2부의 첫 번째 논문인 이영재 박사의 「조선시대 정치적 공공성의 구조변동 - '민(民)'을 중심으로」는 조선시대 연구에 있어 공공성 개념을 지배권력과 민의 상관성을 설명할 수 있는 유효한 분석틀로 제안하는 연구이다. 이 글은 공공성을 중심으로 조선시대 민의 지위와 역할을 거시적으로 조망하는 한편 아래로부터의 민본적 공공성 형성에 의미를 부여한다. 특히 조선정치사가 식민사관적 편견이나 '조용한 아침의 나라'라는 그리피스(W.E. Griffis)의 오해와 달리 역동적인 '정체(regime)' 변동을 수반했다는 점을 강조한다. 이 글에 따르

면, 조선의 정치적 공공성의 특징은 '상호성'에 있으며, 조선의 정치사에서 민의 정치적 역할은 크게 3단계의 변화를 거쳐왔다. 조선 초기 정치에서 '민'은 '민본론'의 수사적(修辭的)·도구적 동원 대상이었다. 17세기 붕당정치기를 거치며 18세기 '민국' 정체기에 이르러 민은 외연의 확장과 더불어 정치적 실체로 등장한다. 정치적 공공성이 제도 영역으로부터 파탄난 19세기 세도정치기에 민은 공공성의 발현 주체로 올라선다. 이처럼 공공성의 핵심 원리를 상호성에서 찾고 이를 민본론에 적용할 경우 통치차 중심의 정치 분석과 달리 정치사상적으로 의미 있는 함의가 도출된다.

제2부의 두 번째 논문은 이나미 박사의 「개화파의 공공성 논의 - 공치(共治)와 공심(公心)을 중심으로」이다. 이 글은 『독립신문』을 포함하여 조선 말기 개화파의 주장을 분석한 연구로 조선시대 공공성 담론의 중요한 전환적 국면을 분석 대상으로 하고 있다. 특히 이 박사는 '공치'와 '공심' 개념에 주목하고 있다. 공공성 확립과 관련하여 개화파는, 왕에게는 '공치'를, 백성에게는 '공심'을 촉구했다. 정치 영역에서의 공공성 논의는 '군민공치'라 하여 왕으로 하여금 국민과 함께 통치하라는 요구로 나타났으며 그 구체적 형태는 입헌군주제로 제시되었다. 사회 영역에서의 공공성 논의는 백성에게 '공심'을 강조하는 방식으로 이루어졌다. 공심은, 사심을 버리고 나라와 이웃을 사랑하자는 애국애민의 정신을 의미한다. 그런데 '공치'의 경우, 정치적 공공성을 이루고자 하는 순수한 동기와 함께 당시 외세의 영향력과 자기 세력의 확대와 같은 정치적 동기도 있었으며, 공심의 경우, 당시 가장 시급한 문제인 군사력 강화에 대한 강조가 없고 단지 문명개화하면 세계인의 사랑을 받아 독립을 유지하는 것으로 생각하는 순진함을 보였다. 이 박사는 조선 후기 개화파의 공공성 논의가 당시 가장 현실적으로 필요했던 국가 위기 극복에 대한 실효성 있는 대안을 제시하지 못한 것으로 결론 맺고 있다.

제1권의 제3부 '일본의 근세와 공공성 구조'는 두 일본학자의 논문이다. 첫 번째 논문 「일본에서 공론 관습의 형성」에서 미타니 히로시 교수는 비(非)서구 세계에서 민주주의는 가능한 것일까? 어떻게 하면 달성할 수 있을까? 하는 문제의식으로부터 출발한다. 미타니 교수에 따르면, "21세기 초반인 오늘날 세계에는 서구와 같이 리버럴 민주주의를 자명한 가치로 간주하고 그것을 다른 지역에도 밀어붙이려고 하는 사회가 있는 반면, 이를 단호히 거부하거나 소극적으로 회피하는 사회도 있다." 이 해법에 있어 동아시아의 다른 나라들, 한국·조선, 대만, 일본 등의 경험이 어느 정도는 힌트가 될 수 있다는 것이 미타니 교수의 전제다. 그 이유는 이들 나라에서는 서구 사회와는 다소 다른 방법으로 서구와 거의 동등한 레벨의 정치적 자유가 달성되었기 때문이다. 미타니 교수는 이러한 비교연구를 위한 단초로 일본에서의 공론 관습 형성과 제도화에 주목한다. 그중에서도 공론의 관습과 그것을 지탱하는 미디어의 생성이 이 글의 주요 연구 내용이다. 미타니 교수의 연구에 따르면, 메이지의 일본은 정부 내부에서도 민간의 논의, 공론을 존중하는 것이 국가 발전에 불가결하고 효과적이라는 인식이 있었다. 또한 공론이 올바른 결정에 필수적인 절차이며, 폭력에 호소하는 것은 반칙이라는 공통의 양해가 성립되었을 뿐만 아니라, 오쿠마와 이타가키처럼 일단 정쟁에 패한 정치가도 목숨을 유지하고 정권에 대한 패자부활조차 달성할 수 있었던 맥락도 이러한 공론을 매개로 한 것이었다.

제3부의 두 번째 논문 「근세 일본에서 '공공'의 행방」은 구로즈미 마코토 교수의 글이다. 구로즈미 교수는 '공공'이라는 용어가 고대 동아시아에서 천자(天子)가 천하를 다스리는 방법과 관련된 용어라는 점에서부터 논의를 시작한다. 공공의 양상을 둘러싼 역사적 변화가 존재한다는 점에 주목할 필요가 있다는 것이다. 단적으로 말하면, 현재는 '일반화·보편화로서의 공공'이 존재하고, 역사적으로는 그 현재를 향해 과거로부터 '공공의 확충'이 사람들에 의해 이루어졌다. 구로즈미 교수의 이 연구는 근세 일본 사회에서 공공을 천황에 결합시켜 확충하는 차원이 아니라 무사가 아닌 농민, 도시민 가운데 상호간의 토론 및 대화를 통해 창출하는 공공의 맥락을 중시한다. 구로즈미 교수는 그 가능성을 이토 진사이, 오규 소라이와 같은 근세 초반 사상가들에게서 찾는다. 현대적 논의까지 이어지는 맥락에서 볼 때 일본사는 국내적으로 1945년에 원자폭탄을, 2011년에 원자력발전에 의한 파괴를 체험했다. 구로즈미 교수에 따르면, 그것들은 실제로는 국내 사정뿐만이 아니라 동아시아, 더 나아가서는 지구와의 관계 속에 있는 것이다. 또한 그것은 근대 일본의 공공이 앞서 언급한 것처럼 '천하'를 갖지 않고 상하관계에 의거한 권력·에너지 소유에 홀린 행위였으며, 공공성의 진정한 모습을 잃어버린 바에서 유래되었다.

2년여 연구 기간 동안 여러모로 부족한 연구책임자를 중심으로 열과 성을 다해 공동연구를 진행해준 연구진에게 지면을 빌어 감사를 드리며 본 연구진을 소개하고자 한다. 연구책임자인 황태연은 동국대학교 정치외교학과에 재직 중이며, 공동 연구진의 구성원은 나정원(강원대학교 동서비교정치사상), 미타니 히로시(도쿄대학 일본정치사, 근대사), 구로즈미 마코토(도쿄대학 동양윤리사상사), 이원택(동북아역사재단 한국·동양정치사상), 이나미(한서대학교 한국 근현대정치사상), 김선희(이화여자대학교 동서비교철학), 전홍석(성균관대학교 한국철학·문명론), 이영재(한양대학교 동서비교정치사상) 등이다. 그리고 한국학 연구의 저변을 확대하기 위해 노력하고 있는 한국학중앙연구원과 연구 기간 동안 행정 처리를 도맡아 해준 한국학중앙연구원 연구행정실 직원들, 난삽한 원고를 번듯한 성과물로 거듭나게 해준 한국학중앙연구원 출판부 직원들께 감사드린다. 모쪼록 이 연구 성과가 조선시대 연구 관점을 다양화하고, 보다 풍화된 논의를 이끌어내는 데 작은 디딤돌이 되길 바라는 마음 간절하다.

2016년 12월
황태연

차례

| 총론 | ___ 5

1부 | 조선시대 국가공공성의 구조변동
조선시대 국가공공성의 구조변동과 근대화
- '조선민국'과 '대한제국'에서 '대한민국'으로 · 황태연 ___ 17

2부 | 조선시대 공공성의 재조명
조선시대 정치적 공공성의 구조변동 – '민(民)'을 중심으로 · 이영재 ___ 253
개화파의 공공성 논의 – 공치(共治)와 공심(公心)을 중심으로 · 이나미 ___ 291

3부 | 일본의 근세와 공공성 구조
일본에서 공론 관습의 형성 · 미타니 히로시 ___ 321
근세 일본에서 '공공'의 행방 · 구로즈미 마코토 ___ 343

| 1부 |

조선시대 국가공공성의 구조변동

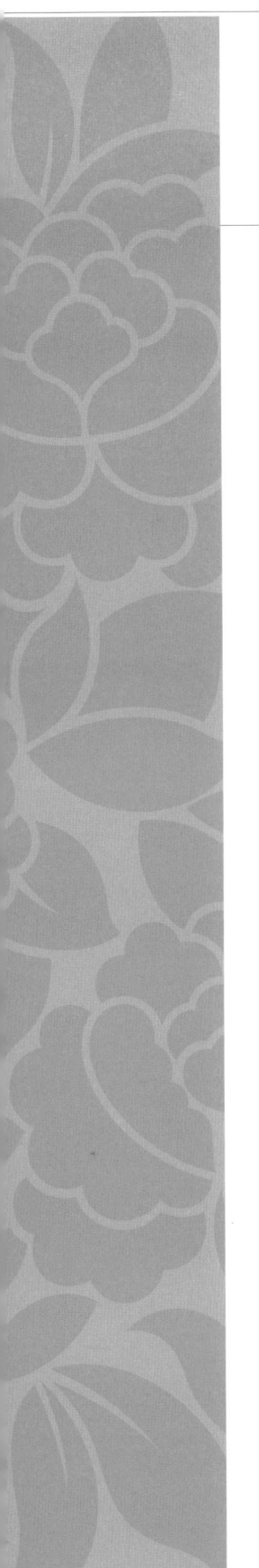

조선시대 국가공공성의 구조변동과 근대화
-'조선민국'과 '대한제국'에서 '대한민국'으로

황태연 | 동국대학교 정치외교학과 교수

1. 조선국, 조선민국, 대한제국의 국가공공성의 제문제

조선 519년을 돌아보면, 조선은 국가공공성 면에서 여러 단계로 변화·발전했다. 조선시대 국가공공성의 구조변동과 근대화를 규명하기 위해서는 조선의 '민국'에 관한 사학계의 최근 논의를 참조하는 것이 유익하다. 이태진은 「18세기 한국사에서의 민(民)의 사회적·정치적 위상」(1997)이라는 논문에서 처음으로 조선시대 '사대부의 국가'로서의 '조선국'이 탕평군주 시대에 '백성의 나라', 즉 '국민의 국가'로 여겨지는 '민국'으로 발전했다는 논지의 연구를 발표했다.[1] 이어서 그는 『고종시대의 재조명』(2000)[2]을 통해 탕평군주들의 '조선민국' 개념을 확장하여 고종을, 정조를 잇는 '개명군주'로 재해석하여 고종에게서 일제가 입힌 '암약군주(暗弱君主)' 이미지를 벗겨내려고 시도했다. 이태진은 조선의 '내재적 근대화'의 노력과 성과, 그리고 근대화를 주도한 영·정조와 고종을 '개명군주'로 입증하는 증좌로서 '민국사상'을 활용한 것이다.

그러나 이를 둘러싸고 역사학자·정치사가와 수량경제학적 식민지근대화론자들 사이에 미증유의 대논쟁이 벌어졌다. 논쟁은 민국사상을 넘어 고종의 경제적 성과와 대한제국의 정당성, 망국의 책임 문제, 대한제국의 근대성 여부로까지 사방팔방으로 확전되었다.[3]

이 논쟁을 다시 돌아보면, 핵심적 논란 대상인 탕평군주들과 고종의 한국사적·정치사상적 위상은, 오랜 세월 동서고금의 모든 철학사상과 모든 정통·이단 이데올로기를 두루 연구해온 '두 눈 가진' 정치철학자들의 개입 없이, 국사학자, 수량경제사적 실증주의자, 정치사가 등의 시각만으로는 애당초 규명될 수 없는 문제일 것이다. 왜냐면 저 논쟁에서는 가령 피상적으로 이해된 '근

---

1 이태진, 「18세기 韓國史에서의 民의 사회적·정치적 位相」, (재)한일문화교류기금 주최 제10회 한일·일한합동학회의, 『한국과 일본에 있어서의 시민의식의 형성과정』(1997년 6월); 이태진·김백철 엮음, 『조선후기 탕평정치의 재조명(上)』(태학사, 2011), 136~154쪽 재수록.

2 이태진, 『고종시대의 재조명』(태학사, 2000; 2008).

3 2004년 여름부터 겨울에 걸쳐 『교수신문』에서 벌어진 '대한제국 대논쟁'은 단행본으로 묶여 출판되었다. 교수신문 엮음, 『고종황제 역사청문회』(푸른역사, 2008). 한림대학교 한국학연구소에서는 '대한제국은 근대국가인가'라는 주제로 학술심포지움을 열었고, 발표문과 토론문은 한림대학교 한국학연구소 편, 『대한제국은 근대국가인가』(푸른역사, 2006)로 묶여 출판되었다. 대한제국을 둘러싼 그간의 국사학계 논쟁사에 대해서는 이 논집에 실린 한영우의 글 「대한제국을 어떻게 볼 것인가」 참조. 그리고 이 논쟁사에 대한 종합적 소개는 이영호, 「동아시아 국제질서의 변동과 대한제국 평가논쟁-2005년 한국근대사 연구 쟁점」, 『역사학보』 191(2006).

대', '근대화', '마키아벨리즘', '계몽군주정', '절대주의', '전제정' 등의 정치사상적 개념들을 자의적으로 동원하여 엉뚱한 의미로 오용하는가 하면, 대한제국의 정치적·전술적 성격을 규명하지도 않은 채 대한제국의 대(對) 일본 위력 시위용 '대한국 국제(國制)'를 반(反)민권적 '전제정'으로 비판하고, 부실하고 불량한 통계 수치를 근거로 '대한제국'의 경제적 성패를 논단하고 경제성장 추이의 '저점'을 일제강점 전후로 단정하는 황당한 사태가 빚어졌기 때문이다.

또한 식민지근대화론자들은 모두 다 암암리에 '가난이 국망(國亡)의 원인'이라는 경제주의적 속단을 전제로 삼고, 조선은 경제적으로 '내재적 발전'은 커녕 '내재적 파탄'에 빠졌고, 결국 '가난해서 망했다'고 결론짓고 있다. 그러나 반대편은 그래도 '고종의 개혁정책의 진성성과 일정한 성과를 인정해야 한다'는 주장 이상의 반론을 펴지 못한 것으로 느껴진다. 이 논쟁에서는 어느 쪽도 아주 상식적인 것, 즉 어떤 나라든 침략을 자행할 외적이 없다면, 또는 어떤 나라든 침략을 물리칠 안보적 요건을 갖췄다면, 아무리 가난하더라도 망하지 않고 수백 년, 아니 수천 년도 존속할 수 있다는 사실을 모르는 듯했다. 경제법칙과 안보법칙이 다르다는 사실을 몰각하는 듯이 보였다는 말이다.

한편 OECD의 국제 통계에 의하면, 19세기 말엽 조선과 대한제국은 경제적으로 '내재적 파탄'에 직면한 것이 아니라, 정반대로 고도성장 중에 있었다. 따라서 묻고 답했어야 하는 질문은 대한제국이 고도성장 중에 있었음에도 불구하고 왜 멸망했는지 하는 것이다. 본론에서는—1860~1890년대 조선이 늦어도 1869년 이전에 저점을 통과하고 일제강점 직전까지 40년 동안 고도성장 중이었다는 사실에 대한 통계적 입증과 함께—이 질문에 대한 답변을 모색해보고자 한다.

당시 조선은 동아시아 유교문명권에서 비교적 작은 나라로서 서세동점의 대격변 속에서 동아시아 문명체계의 붕괴와 이질적 서구문명과의 충돌, 전근대에서 근대로의 이행 과정에서 일어나는 근대화(개화)의 충격, 일본 제국주의의 군사 침략이라는 절체절명의 '삼중 국난'에 직면해 있었다. 이런 절체절명의 시기에 그 누가 감히 국망에 대한 개인 책임을 운위할 것인가? 이 시기에 대한 개인 책임을 따지되, 너무 따지는 것은 조선 민중과 국왕의 개화 의지와 개혁정책을 가로막고 꺾은 외세의 조직적 침략을 망각하는 것이기에 필연적으로 친일사관으로 귀착되고 말 것이다. 우리가 할 일은 개인을 탓하는 것이 아니라, 구한말 인물들 중 지혜롭고 용감한 선각자들이 삼중 국난의 비상시국의 악조건 속에서 어리석게 날뛰는 집단들을 제치고 또 엇나가거나 반역하거나 매국하는 집단들을 제압하며 국론 통일의 구심을 세우고 애국 세력을 결집시켜 나라를 지키고 발전시키려는 최선의 노력을 다했는지를—성패와 결과에 대한 판단을 일단 유보하고—엄정하게 밝혀내는 것이다. 그리고 개국과 근대화 개혁, 동학혁명, 의병운동, 대한제국 건국, 광무개혁, 국군 양성, 대한독립운동 등으로 점철된 이 비상시국의 민족적 노력이 비록 일시적으로 실패와 좌절을 겪었을지라도 훗날 커다란 역사적 에너지가 되어 3·1운동과 대한민국임시정부의 해외 독립투쟁으로, 해방과 대한민국 건국으로 이어지고, 결국 오늘과 미래의 '반도강국' 대한민국의 밑거름이 된 역사적 계승과 발전의 관계를 올바로 조명하는 것이다.

이태진이 처음 발굴한 조선의 '민국'이념은 이런 부단한 역사적 계승·발전의 관점에서 '대한제국'의 독립 이념과 합체되면서 탄생한 오늘날의 '대한민국'의 유래와 미래를 밝혀줄 수도 있기 때문에 대단히 중요한 연구 주제라고 생각한다. 1919년 4월 12일 새벽 상해임시정부 의정원에서 의결된 '대한민국'이라는 국호(國號)의 '민국'이 만약 중화민국의 '민국'과 같은 서구적 '공화국'의 의미가 아니라 무엇보다도 영·정조 이래 조선에서 독자적으로 발전된 '민국'의 의미를 지닌 것이라면, '대한민국'이라는 국호는 민족사의 독자적 근대화 노력과 그 계속성을 확인해주는 의미심장한 징표가 아닐 수 없기 때문이다. 따라서 필자는 이 글에서 이 '민국' 사상을 보완하여 더욱 발전시킬 수 있는 가능성을 모색해보자 한다.

이 '민국'에 대한 연구는 여러 가지 점에서 아직 미진한 면이 없지 않다. 따라서 이 민국론을 다음 네 가지 항목에 걸쳐 재검토해보자 한다. 첫째, 탕평군주들의 '민국'이념이 구체적으로 당시 민중의 사회적 성장과 자유의 요구, 즉 '민압(民壓)'을 어떻게 수용했는지, 그리고 이 '민국' 사상을 이론적으로 뒷받침할 만한 역사적 전거들이 '민국'이라는 용어의 용례 외에 다른 근거가 있는지를 살펴볼 것이다. 이것은 '조선민국'이 단순히 신분 상승과 신분 해방을 향한 백성들의 아우성과 민생의 신음소리를 경청한 탕평군주들의 측은지심과 자기 성찰의 시혜적 선물, 또는 탕평군주의 천재적 발명품이 아니라, 세습 왕조 체제에 도전하는 민중의 혁명적 체제 대안들과의 치열한 경쟁과 역동적 길항작용 속에서 형성된 혁명 예방적 자기변혁 체제가 아닐까 하는 가설을 검토해본다는 뜻이다. 또한 이어서 이 민국체제의 헌정(憲政) 성격(단순한 절대군주제인지, 계몽군주제인지)을 규명해볼 것이다. 둘째, 고종이 정조의 민국이념을 이어받았다는 계승의 전거가 있는지 여부를 검토할 것이다. 셋째, 순조 때부터 일어나기 시작한 '경제 민란'이 대략 1870년대를 기점으로 '근대화를 위한 정치적 민란'으로 전환되어 얼마간 반봉건·반외세 의병의 성격을 띠는 동학농민혁명전쟁으로 완결되는 바, 이 1단계 '정치민란'과 고종의 민국이념의 연대성에 대한 역사적 증거가 충분한 것인지를 검토해볼 것이다. 넷째, 식민지근대화론자들이 이구동성으로 지적하는, 대한제국의 전제적 국제(國制)와 민권 간의 외양적 모순성을—정체(政體)의 유형을 초월하여 인정되는—계엄 상황의 '비상국가체제' 개념으로 해소할 수 있는지를 검토해볼 것이다. 아무래도 '대한제국'은 정치적 성격으로 보면 개혁의 임무를 짊어진 개혁 정부이기 전에, 우선 군주가 자신의 왕궁과 영토를 외적에 점령당해 통치 행위를 펼칠 안전한 거점을 잃고 타국의 치외법권 지역으로 망명하여 세운 '국내망명정부'로서의 '항일독립투쟁 비상국가체제'의 성격을 가진 듯이 보이기 때문이다. 말하자면, '대한제국'은 훗날 애국지사들이 중국 상해 프랑스조계에 세운 '해외망명정부' 대한민국상해임시정부의 전신으로 볼 수 있는지를 검토해보겠다는 말이다. 만약 대한제국이 국내망명정부임이 입증된다면, 해외망명정부는 예찬하고 국내망명정부는—흔히 그렇듯이 일국의 군왕이 일개 외국공관에 의탁했다고—비난하는 것은 참으로 어리석고 자가당착적인 논변이 되고 말 것이다.

민국론에서 주장하듯이 탕평군주들이 사대부들의 당쟁의 늪에 빠진 기존의 '국가'(조선국)를 극복하고 '조선민국' 수립의 혁명적 정체 변동을 일으켰다면,[4] 이것은 탕평군주들이 백성의 눈에 공공성을 잃은 '국가'를 '민국'으로 일신하여 국가공공성의 확장적 재창조를 통해 '근대화'를 개시했다는 것을 뜻한다. 왜냐하면 이는 탕평군주들이 민생을 등질뿐더러 오히려 민생을 좀먹는 사대부 당파들을 제치고 '민압'에 호응하여 왕가(王家)와 사대부가(士大

---

[4] '조선민국'이라는 국호는 조선시대에 쓰인 적이 없다. 이것은 조선시대 초반의 '사대부국가'인 '조선국'과 구분하기 위해 필자가 만든 조어다. 그러나 조선민국은 3·1운동 직후 뿌려진 전단에서 실제로 쓰인 적이 있다. 1919년 4월 9일 서울에서 조선국민대회·조선자주당연합회 명의의 전단으로 '조선민국임시정부 포고문'이 살포되었다. 여기에는 '조선민국임시정부조직포고문'과 전문 33조로 된 '조선민국임시정부창립장정'이 실려 있다. 주동 인물은 천도교인 박리근(朴理根)·허익환(許益煥)·권희목(權熙穆)·이임수(李林洙) 등이었다. 4월 10일 손병희(孫秉熙)의 명의로 발령된 도령부령(都領府令) 제1·2호에 실린 내각명단에 의하면, 도령부의 정도령(正都領)은 손병희, 부도령(副都令) 겸 내각총무경은 이승만이다. 독립운동사편찬위, 『독립운동사』 제4권(원호처, 1972), 146~149쪽; 김희곤, 『대한민국임시정부(I-상해시기)』(독립기념관 한국독립운동사연구소, 2008), 46~47쪽 참조.

夫家)의 '국가'로서의 '조선국' 국체를 변혁하고 민국일체적(民國一體的) '조선민국'을 수립했다는 뜻이기 때문이다. 이 정체는 신흥부르주아지의 도전에 맞서 분산된 봉건세력의 이익을 새로운 방식(군주제적 중앙집권 방식)으로 방어하려는 봉건대귀족의 '반격적' 봉건군주정으로서의 절대군주정(보댕)이 아니다. 또한 이 정체는 상공부르주아지의 상업사회 이익에 대항하여 봉건적·농촌부르주아지적 이익을 방어하려는 봉건대귀족과 농촌 젠트리 계급의 '리바이어던'(홉스의 수세적·절충적 절대군주정)도 아니다. 그렇다면, '소민(小民)', 즉 양·천민의 여망과 민압을 수용하여 이들의 이익을 엄호하고, 종교적 관용을 견지하고, 노비 해방을 추구하고, 법치주의를 확립하고, 자연발생적 시장과 임금노동제를 정책적으로 촉진·확산시키고, 백성의 일반 교육과 문화도덕을 선양하는 방식으로 근대화를 추진했던 영·정조의 민국정체의 정치적 성격을 어떻게 규정해야 할 것인가? 소민 보호를 목적으로 삼은 민국정체가 단순한 '절대군주정'에 불과한 것인가? 아니면 '계몽군주정'인가? 이 글에서는 민국정체의 역사적·헌정론적 성격을 구체적으로 규명하고자 한다. 그리고 대원군과 고종이 세도정치를 극복하고 강력한 정치적 변수로 떠오른 정치적 민란세력과 충돌·갈등하기도 하고, 이들과 타협하기도 하고, 심지어 이들에 의지하기도 하며, 온갖 주권적 국가개혁 시도를 무력화시킨 외적의 방해를 뚫고 마침내 '근대화의 가속화와 항일독립투쟁을 위한 대한제국'이라는 비상국가체제를 수립한 것을 또 한 번의 혁명적 정체 변혁으로 가정하고 이를 검토해 볼 것이다.

이 글은 조선의 국가공공성이 공자의 민본주의를 '수사적(修辭的) 간판'으로 내걸고 실은 피동적 백성의 고혈을 식록(食祿)으로 수취하는 성리학적 교조의 '군국(君國)'으로서의 '조선국'이라는 '국(國)·가(家)'(왕의 '국'과 사대부의 '가'로서의 귀족국가)의 전통적 공공성에서 능동적 '민중'의 민압을 받아 수립한 진정한 민본주의 국가인 '조선민국'(왕의 분신으로서의 백성의 나라)의 공공성으로 근대화되었다는 것을 중심 가설로 삼는다. 이 '조선시대 국가공공성의 구조변동과 근대화' 가설의 관점에서 민중 속으로 더 깊이 탐사해 들어가 국사를 국왕의 '일인극'이 아니라 군왕 정부와 재야 민중 간의 길항과 상호협력의 역동적 무대로 보고, 이태진의 민국론을 재검토하여 미진한 항목들을 보완하거나, 더 탐구가 필요한 경우에는 향후의 연구과제로 분리시켜내고자 한다.

필자는 이태진의 논지에 따라 탕평군주들의 정체를 '민국정체'로 분류하고, 순조·헌종·철종의 세도정체를 민국정체를 해체하고 백성을 다시 식록 수취의 대상으로 강등시켜 '민란 상태'를 초래한 퇴행적 '반동정체'로 규정하고, 고종시대를 민중과 갈등·타협·연대를 통해 추진한 '만회적 근대화'의 개혁 정치와 독립투쟁을 위한 비상국가체제로서의 '대한제국'이라는 가설로 검토해보고자 한다. 이렇게 보면, 조선의 역사는 국왕과 사대부의 '국가' 시대, 즉 '군국'시대 → 민국일체적 '민국' 시대 → 세도정체에 맞서는 '민란' 시대(국가공공성이 파탄하고 오히려 민란이 공공성을 얻은 시대) → '항일독립투쟁 비상국가의 광무개혁' 시기로 변모해온 것으로 가정될 수 있다.

2. 공공성과 국가공공성의 개념 정의

본론으로 들어가기 전에 먼저 이 책 전체의 기본 주제가 되는 '공공성' 개념과 '국가공공성' 개념을 정립해야 할 것이다. 서양 말로 'publicity', 'Öffentlichkeit', 'Publizität' 등으로 표현되는 공공성은 서양 말 자체가 '공론성', '공개성' 등의 어의와 혼동되어 쓰이기 때문에 'Öffentlichkeit'에 관한 칸트·벤덤·하버마스를 위시한 서양의 협량한 기존 연구를 가지고는 해명될 수 없다. 따라서 필자는 동아시아의 사전적 어의·전적·사서·공자 경전 등에 눈을 돌려 이 개념의 유래를 간명하게 추적하는 방식으로 공공성과 국가공공성 개념을 규명하고자 한다.

1) 공(公)이란 무엇인가?
'공공성'의 '공(公)' 자는 다양한 의미를 지니고 있다. 이에 따라 공공성도 조금씩 의미를 달리 한다. 분석적으로 보면, '공'은 보통 다음과 같이 사용된다.

① '어떤 것이 만인의 이익과 관계된다'는, 또는 '만인이 어떤 것에 관여할 수 있다'는 만인의 의미
② '만인(전체)의 이익을 대변하고 만인을 대표하여 관리하거나 사용한다'는 '정통적 대표성'(대표자 또는 대표 기구)의 의미
③ '편파적이지 않고 바르다'(정의롭다)는 의미
④ '만인에게 알려 만인이 정보를 다 같이 알거나 알게 한다'는 의미
⑤ '사회적 일반성'의 의미

첫 번째 '만인과의 관련성'이라는 의미의 '공'은 '공익단체' 또는 '공공단체'(각종 시민단체, 정당, 기타 정치단체, 각종 학술·문화·종교단체 등), '공공시설'(시민광장, 공원, 공중전화, 공중화장실 등) 등의 술어에 쓰인 '공(公)' 자에서 표현된다.

두 번째 '만인의 이익을 정통적으로 대변하고 만인을 대표하여 관리하거나 사용한다'는 '정통적 대표성'을 뜻하는 '공'은 국가 공공기관의 '공', 국가 공동체 전체를 대표하는 공인·공민·공직 또는 공무원 등의 '공'으로 현상한다. 국가는 영토 시설을 가진 특별한 공동체의 정통적 대표성을 보유하는 점에서 만인의 특별한 공기(公器)다. 이 '공'은 공유(公有), 공기업, 공적(公的), 공식적, 공사(公事, 公司), 공무, 공휴일(국가가 정한 휴일), 공용(公用), 공채(公債) 등의 단어에 쓰인 '공' 자의 의미(국가 공동체 전체의 정통적 대표 기관)에 집약되어 있다. 따라서 이런 의미의 '공' 자는 '국가 공동체 전체를 대표하는 정통적 기관(또는 관청)'을 뜻한다.

세 번째 '편파적이지 않고 바르고 정의롭다'는 의미의 '공'은 공정(公正), 공평(公平), 공심(公心: 편파적 사심이 없음), 공지(公志)(=공심) 등의 개념에 쓰인 '공' 자의 뜻에 집약되어 있다.

네 번째 '만인에게 알리고 정보를 널리 공유한다'는 의미의 공공성은 공개(전체에 밝힘), 공표(전체에 표명함), 공포(전체에 반포함), 공지(전체에 알림) 등의 단어에 쓰인 한자 '공(公)' 자의 의미에 집약되어 있다. 이 '공' 자는 '숨김없이 전체(만인)에 드러내 알린다'는 의미다.

다섯 번째 '사회적 일반성'이라는 의미의 '공'은 공론(公論, 사회의 일반 의견), 공중(사회의 일반 사람들), 공익(사익과 대립되는 사회의 일반 이익), 공신력(사회에서 일반적으로 널리 신용을 받을 수 있는 능력) 등의 단어에 쓰인 '공' 자의 뜻에 집약되어 있다.

이런 여러 가지 의미에서 공자는 대동시대에 "대도가 행해질 적에 천하는 공(公)이었고, (이 공을 운영할) 현군과 능력자를 선출해 썼다.[大道之行也 天下爲公 選賢與能]"고 말했다.[5] 여기서 이 '공'을 운영할 "현군과 능력자를 선출해 썼다."는 것은, 천하에 군림하는 '현명한 임금'의 위(位)가 세습제가 아니라

---

5 『禮記』第九「禮運」.

민심에 기초한 '선양제(禪讓制)'를 통해⁶ '천여(天與)·민여(民與)'했다(하늘과 동등한 백성이 주었다)는, 즉 민선(民選)했다는 것과, 이 임금을 보필하여 실무적으로 치국을 담당하는 유능한 관리들은 공적 절차에 따라 선발해 썼다는 것을 아울러 뜻한다. 따라서 이 구절은 '천하'라는 '공'을 ① 백성, ② 현명한 임금, ③ 유능한 관리, 이 3자가 같이 가졌고 같이 썼다는, 즉 공유(共有)·공용(共用)했다는 것을 함의하고 있다.

2) 공공성이란 무엇인가?

'공(公)을 공유·공용했다는 것'은, '공(公)'이 단적으로 '공기(公器)'를 여럿이 공유하고 공용하는 공공성(公共性)을 지향한다는 것을 뜻한다. 말하자면 공공성이란 '공(公)의 공유·공용'이다. 고래로 공공성은 실제로도 이런 의미로 쓰여온 것으로 보인다. 사마광은 "강은 공(共, 여럿이 함께하는 것)이니, 작은 물들이 그 안으로 흘러들어가 공(公)을 공(共, 공유·공용)하는 곳이다.[江共也, 小水流入其中 所公共也]"라고 하여 공공성을 소류(小流)들이 공유·공용하는 강에 비유하여 정의한다.⁷ 더 거슬러 올라가면, 사마천의 『사기열전』에서 장석지(張釋之)는 말한다. "법이란 천자가 천하와 더불어 공을 공유·공용하는 방도다.[釋之曰 法者 天子所與天下公共也]"⁸ 이런 용례를 보면, 공공성은 위에서 말한 다섯 가지 의미의 '공(公)'을 공유·공용하는 것으로 정의해도 무방할 듯하다. 나아가 공공성의 의미는 '공'을 공유·공용할 뿐만 아니라 공지(共知)·공론(共論)하는 것으로까지 확장되면 공공의 역사적 용례들에 더욱 정확하게 부합하게 된다. '공'의 방식(만인과 관계되는 방식)에 의해 '공'(만인의 이익과 관계된 것들)에 관한 '공'(만인의 정통적 대표자)의 공지(共知)는 공지(公知, 만인에 알려 만인이 정보를 다 같이 공유하게 하는 것)이고, '공'(만인의 이익)에 대한 '공'(만인)의 공론(共論)은 바로 공론(公論)이다. 이 공론으로서의 공공성 개념은 바로 칸트의 "이성의 공론적 사용(öffentlicher Gebrauch von

---

6 맹자는 요순의 선양을 요순 천자가 '왕위(王位)'와 천하를 순우와 하우에게 준 것이 아니라, 하늘과 같은 백성이 준 것이라고 풀이한다. "하늘이 천하를 주고 뭇사람들이 천하를 주는 것이지, (요순) 천자가 천하를 남에게 줄 수 없다.[天與之 人與之 […] 天子不能以天下與人]." 『孟子』 「萬章上」(9-5).

7 司馬光, 『資治通鑑』; 사마광 저, 권중달 역, 『자치통감(1)』(푸른역사, 2002), 周紀 제2·3.

8 『史記列傳』 卷一百二 「張釋之馮唐列傳 第四十二」.

Vernunft)" 또는 '자유공론'과 '공개성(Publizität)' 개념에 부합되고,[9] 제레미 벤덤(Jeremy Bentham)의 '공론적 공공성(Publicity)' 또는 '공론정체(regime of publicity)'와[10] 부합되고, 위르겐 하버마스(Jürgen Habermas)의 '공론장(Öffentlchkeit)' 개념과[11] 일치한다.

이런 의미의 '공공(公共)' 개념은 우리의 역사에서도 일찍이 선보인다. 이용례는 이미 『고려사』에도 한두 번 등장한다. 가령 공양왕 때 "간관 허응(許應) 등이 상소하여 아뢰기를, '임금의 일신은 만화지원(萬化之源)이고 출리지본(出理之本)입니다. […] 원컨대 지금부터 종친 대소신료 및 잠저의 옛 친구들은 인견하고 상주를 들을 경우가 있으면 반드시 경연이라는 공공의 자리에서 맞고, 편안한 때에 사사로이 맞아서는 아니 됩니다. […]'라고 했다. 이에 임금이 이를 따랐다.[許應等上疏曰, "人君一身, 萬化之源, 出理之本. […] 願自今, 宗親大小臣僚, 及潛邸舊僚, 有所引見, 有所奏聞, 必於經筵公共之所, 毋得私於燕安之時. […]" 從之.][12] 또 간관 윤소종(尹紹宗) 등이 상주하기를, "법이란 천하고금이 공을 공유·공용하는 방도이지, 1인이 옳다고 여기는 것이 아닙니다.[法者 天下古今所公共, 非一人所得而是也]"라고 한다.[13] '공공'이란 용어는 『조선왕조실록』에도 종종 나타나는데, 이것은 모두 다 '공(公)'을 공유·공용하고 공지·공론하는 의미로 쓰인다. 가령 세종조에 대사헌 이지강(李之剛)은 "법이란 천하고금이 공을 공유·공용하는 방도이지, 전하가 사유·사용하는 것이 아닙니다.[法者 天下古今所公共, 非殿下得而私也]"라고 상소한다.[14] 또 가령 선조조 홍문관은 "이는 분명히 나라를 그르칠 사람이라는 것을 알고 나서야 공공의 논의를 하지 않을 수 없었던 것입니다.[誤國手段, 明不可掩, 然後不得

---

[9] Immanuel Kant, *Beantwortung der Frage: Was ist Aufklärung* (1784), in *Kant Werke*, Bd. 9, Teil 1, (Darmstadt: Wissenschaftliche Buchgesellschaft, 1983), pp. 53–60.; Kant, *Über den Gemeinspruch: Das mag in der Theorie richtig sein, taugt aber nicht für die Praxis* (1793), in *Kant Werke* 1983, Bd. 9, Teil 1, pp. 161–62.; Kant, *Zum ewigen Frieden* (1795) in *Kant Werke* 1983, Bd. 9, Teil 1, p. 245.

[10] Jeremy Bentham, *An Essay on Political Tactics* (1815), in *The Works of Jeremy Bentham*, Volume two (New York: Russel & Russel Inc., 1962).

[11] Jürgen Habermas, *Strukturwandel der Öffentlichkeit* (1962) (Frankfurt am Main: Suhrkamp, 1990); Jürgen Habermas, *Theorie des kommunikativen Handelns*, Bd. 2 (Frankfurt am Main: Suhrkamp, 1985), pp. 471–88, 571–83.

[12] 『高麗史』 世家 恭讓王 3年(1391) 7월 6일(음).

[13] 『高麗史』 列傳 恭讓王 즉위년.

[14] 『세종실록』 16년(1424) 7월 28일.

不爲公共之論]"라고 차자를 올린다.[15] 영조조에 교리 서종섭(徐宗燮)은 "삼사가 연명하여 계사(啓辭)를 올린 것을 두고 일국 공공의 논의라고 한다면, 맹자가 말한 바 '나라 사람을 모두 죽일 수도 있는 것'이 될 것입니다.[合啓事 謂是一國公共之論 則孟子所謂國人皆曰可殺者也]"라고 말한다.[16] 영조조의 이런 용례는 40여 건, 정조조의 용례는 70여 건에 달한다. '공공' 용어의 이러한 사용은 조선 중기로 갈수록 빈번해지고, 순조 이후를 전환점으로 거의 사라졌다가 다시 고종 때 꽤 빈번히 사용된다.

이런 의미의 공공성은 국가·백성·경제·사회·세계·종교·도덕·문화·여론 등 다양한 측면에서 추적될 수 있을 것이다. 백성(people)이 참정권을 갖춰 단순한 '민'에서 대내적으로 자유평등하고 대외적으로 독립된 '국민(nation)'으로 고양됨으로써 '공민적 공공성'을 달성함에 따라 국가는 역사적으로 '신분제국가'에서 자유롭고 평등한 '국민국가'로 발전함으로써 궁극적으로 '국가공공성'을 '완성'했다. 경제는 자급자족적 영농과 가내공업, 지방적 국지성과 집단적 고립성을 넘어 전국적·전 국민적으로 확산되어 생산·교류 양식 측면뿐 아니라 생산과 양민(養民)의 실효성 측면에서 국민과 국가의 살림살이 전체를 포괄하는 국민경제(national economy)가 됨으로써야 비로소 경제적 공공성 수준, 또는 공공경제(public economy=political economy) 단계에 이르렀다. 사회는 시민적 참정권을 가진 시민들이 자율적으로 활동하는 시민사회가 됨으로써 사회적 공공성에 도달한다. 세계 또는 국제사회는 문명과 야만의 경계 구분과 문명권 내의 국가들 간 주종관계에 따른 지역적 '종주-속방(屬邦)천하'에서 탈피하여 전 지구적으로 주권평등의 국제관계와 인적·물적 교류의 개방을 규제하는 세계적 공법체계를 갖춤으로써야 '국제적 공공성'을 달성했다.

종교는 타종교들에 대한 '무제한적 관용정신'을 갖추고 국민의 공공도덕·공공이익과 합치되는 '국민의 종교'가 됨으로써야 비로소 유사종교성을 탈피하고 '종교적 공공성'을 이루었다. '도덕'은 사익만을 지향하는 개인적 도덕(소덕)을 넘어 사회적 동물들의 '공동체적 인간성'을 지향하는 '사회적 도덕'(대덕)과 '사회적 인도'(대도)를 갖춤으로써야 '도덕적 공공성'을 완성했다.

---

15 『선조실록』 16년(1583) 7월 21일. 이외에도 8월 5일 "近日三司爭論 皆是公共" 등 선조조에만 100건에 달한다.

16 『영조실록』 1년(1725) 2월 13일.

문화는 소수 귀족층의 고전(古典)문화의 울타리를 부수고 민중문화와 융해되어 '대중문화'로 발전함으로써야 '문화적 공공성'을 이루었다. 여론은 귀족층의 폐쇄된 소위 '공의(公議)'와 소수 집단들의 특수 언론 기구의 여론 조작, 즉 '발간된 여론(published opinions)'을 넘어 민심에 부합되는 만인의 조작 불가능한 공론(公論, public opinion)이 됨으로써야 비로소 '여론의 공공성'을 달성했다.

3) 국가공공성의 개념 모색

이 글의 한 논제인 국가라는 '공기(公器)'의 공공성, 즉 '국가공공성'은 역사상 크게 다음 세 가지 형태로 나타났다.

첫째, 군주 1인이 백성과 귀족층을 대표하여 '공'을 공유·공용할 수 있다.(민선선양제적 군주정과 세습군주정)

둘째, 군주와 귀족층이 '공'을 공유·공용할 수 있다.(이상적 귀족정)

셋째, 군주와 백성이 귀족층의 정치 독점을 제치고 '공'을 공유·공용할 수 있다.(백성을 상징하는 군주가 있을 수도 있고 없을 수도 있는 '국민국가')

첫 번째, 민선선양제적 군주정(선출왕제) 유형의 국가공공성은 백성에 의해 선출된 임금과 백성의 혼연일체 속에서, 군주가 자기를 버리고 백성의 몸과 마음을 자기의 몸과 마음으로 삼는 '대동'시대에 가능하다. 민심에 기초한 이런 민선군주제(사실상 '대통령제')는 '오너'로서의 백성의 '주권', 최고 경영자로서의 군주의 '영유권', 현신의 '통치권'의 분리라는 3단계 권력분립이[17] 이루어진 요순 같은 성인의 무위지치(無爲之治)나, 오늘날과 같은 공화제적 민주국가의 민·군 혼연일체 상황에서 가능할 것이다. 그러나 이런 '민·군 혼연일체'는 민선군주제가 아니더라도 특별한 비상시국의 예외 상황에서도 이루어질 수 있다. 따라서 이런 경우에는 민심에 의해 뒷받침되는 비상독재국가 유형의 국가공공성도 적어도 '일시적으로' 국민에 의해 승인될 수 있다. 국가 비상시 또는 전시에 가령 외세로부터 국가를 수호하기 위해 종종 등장하는 이런 유형의 '비상계엄독재국가'는 비록 순수한 전제군주정이거나 전일적 독재

---

[17] 황태연, 「공자의 분권적 제한군주정과 영국 내각제의 기원-윌리엄 템플의 중국 내각제 분석과 찰스2세의 헌정개혁」(한국정치사상학회 3월 월례발표회 발표 논문), 9쪽. 일부는 학술지에 공간됨. 황태연, 「공자의 분권적 제한군주정과 영국 내각제의 기원(1)」, 『정신문화연구』 2014년 여름호(제37권 제2호, 통권 135호).

체제일지라도 백성으로부터 보통 절대적 지지를 얻을 수 있기 때문이다.

하지만 '소강(小康)'시대의 항구적 평시체제로서 전형적 세습군주정은 어정쩡한 상태에서 가령 군왕의 젊은 시절 의욕적 국정운영과 노경의 난정(亂政)이 번갈아 나타나는 패턴, 군왕의 개인적 무능과 태만으로 인한 국정 파탄, 군주의 친부가 왕통의 방계인 경우에 군주가 친부를 '아버지'라고 부르지 못하고 대통을 이은 선왕을 '아버지'로 불러야 하는 것과 같은 군주의 개인적 비극 등을 종종 반복한다. 이런 부정적 현상들은 "대도가 숨어버리고 천하가 가문의 것이 되어[大道旣隱 天下爲家]" 세습군주제가 관철된 '소강'시대에[18] '공(公)'을 세습군주의 개인적 '사(私)'를 통해 구현해야 하는 세습군주정 자체의 근본 모순에 기인한다. 동아시아의 역사적 군주정은 대개 이런 유형으로 흥망성쇠를 거듭했다. 그런데 이런 전형적 유형의 세습군주정은 종종 왕조 말에 왕권이 약화되어 국가의 '공'이 몇몇 세도가문에 의해 사유됨으로써 '타락한 세습군주정'으로 퇴행한다. 이런 '타락한' 유형의 세습군주정에서는 국가공공성이 완전히 파괴된다.

따라서 '소강'시대에는 '전형적' 세습군주정이나, '타락한' 전제적 세습군주정이 백성과 귀족층을 둘 다 지배한다. '전형적 세습군주정'의 경우에 천하의 '공'은 세습군주 1인에 의해 독점된다. 반면, '타락한 세습군주정'의 경우에는—공자가 살았던 춘추시대 노나라가 계손·숙손·맹손의 '삼환(三桓)'에 의해 분할·사유되었듯이—'공(公)'이 세도가에 의해 '사유(私有)'된다. 그리하여 가령 고려시대 말의 경우에는 이 세력가, 또는 저 세력가가 힘없는 왕을 마음대로 폐위하고 옹립하면서 국가의 '공'을 번갈아 사유했다. 또 순조에서 철종까지의 조선의 경우에는 혼인관계로 얽힌 몇몇 세도 가문들이 150여 년 동안 '공'을 '사유'했다.

국가공공성의 이러한 파괴 상태로부터 국가공공성을 새로운 형태로 회복하는 도정은 역사적으로 일단 위에 말한 두 번째 길("군주와 귀족층이 '공'을 공유·공용하는" 길)로 나아간다. 조선의 건국은 고려 말엽의 국가공공성 파괴 상태로부터 군왕과 사대부가 '공'을 공유·공용하는 귀족제적 형태로 국가공공성을 혁명적으로 회복한 일대 사건이었다. 그러나 조선 초기의 '사대부국가'에서 '민유방본(民惟邦本)'이 레토릭으로 연호되었을지라도, 백성은 성리

---

18 『禮記』第九「禮運」.

학적 통치체제에 깔린 '통치 대상'에 지나지 않았다. 백성은 '민유방본'이라는 말 그대로 국가 바탕에 깔려 사대부의 향락과 사치를 밑받침하는 '나라의 밑바탕'에 불과했던 것이다.

국가 차원에서 '근대화'는 세계사적으로 주권을 국민에게로 이전시키는 '민주화' 이전에 '국민국가'의 형성으로 나타난다. 이 국민국가의 형성이란 대내적으로 백성의 신분 상승과 다각적 정치 참여를 통해, 그리고 대외적으로 봉건적 종주권의 해체와 단일한 독립적 영토고권의 확립을 통해 대외적으로 독립적이고 신분질서로부터 자유롭고 따라서 평등한 연대적 공동체로서의 국민(또는 민족)을 형성하고 이를 통해 귀족 신분과 신분제도 일반을 약화시키거나 해체시킴으로써 '그 통치의 정도가 어느 정도든 실질적으로 능동적 국민에 의해 통치되는 국가'를 형성하는 데 있다. 따라서 국민국가 또는 '새로운 정치적 집단주체로서의 자유평등한 능동적 국민의 나라'의 의미론적 강세는 통치의 주인 자격(주권)이나 통치의 목적만을 밝히는 '국민의 정부'나 '국민을 위한 정부' 측면(이것은 동아시아에서 '민유방본' 또는 민본주의의 이념만큼 오래된 것이다)보다, 국민 자신의 능동적인 직간접적 통치를 본질로 삼는 '국민에 의한 정부'의 형성에 있다. '왕과 귀족들의 국가'를 '자유평등한 국민의 국가'로 변혁하는 근대적 국민국가의 건설을 통한 귀족정의 협소한 국가공공성의 극복은 군주와 백성이 귀족층을 제치고 '공'을 공유·공용하는 세 번째 길(백성을 상징하는 군주가 있을 수도 있고 없을 수도 있는 국민국가의 건설)로 나아간다.[19] 이것은 동아시아에서, 특히 조선 중기 정여립에 의해 일단 공자의

19 따라서 '국민국가'는 '국민주권국가'와 다른 것이다. 대내외적 단위체로서의 국민국가는 자유평등한 백성이 일정한 수준의 참정을 개시한 국가다. 민주화를 통한 '국민주권국가'의 출현은 국민국가 형성 과정의 궁극적 정점일 것이다. 따라서 국민국가 개념에서는 일단 민의 '주권(Of the People)'보다 민의 '참정(By the People)'에 초점을 맞춰야 할 것이다. 참정 없는 주권은 단순한 추상적 주권 관념일 뿐이다. 직접적 참정만이 추상적 주권을 실재로 실현해주는 것이다. 백성의 주권이 경전 속에서 아무리 엄숙하게 연호되더라도 참정이 없다면 주권은 허상에 지나지 않는 것이다. 일정한 수준의 자유로운 참정 없이는 자유평등한 '국민'이 없다. 왜냐면 민의 주권이 아니라 민의 직접적 참정만이 '민'을 '국민'으로 상승시키는 국민 형성 과정에 시동을 걸기 때문이다. 민의 참정은 민주주의에서 완성되고 그러므로 국민국가도 민주주의에서 '국민주권국가'로 완성된다. 그러나 민주주의 이전 '국민국가'는 백성의 참정 수준에 따라 수백 년의 오랜 형성 과정을 겪었다. 따라서 '과정 중'에 있는 '국민국가' 또는 국민국가 '일반'을 벌써 '완성된 국민국가'(실질적 '국민주권국가')와 동일시하는 것은 오류일 것이다. 이런 그릇된 '국민국가 개념'에 굴복하면, 『서경』의 '민유방본론'에 따라 상고시대부터 나라의 주권이 백성에게 있는 것으로 관념되어온 중국과 조선에서는 '국민국가'가 상고시대부터 이미 존재한 것으로 우겨도 될 것이기 때문이다. 그러나 국민국가 '일반'을 '국민주권국가'와 동일시하는 저런 그릇된 국민국가 관념은 여기저기서 흔히 반복되고 있다. 김동택, 「'국가론적 측면에서 본 대한제국의 성격'에 대한 토론문」, 한림대학교 한국학연구소 편, 『대한제국은 근대국가인가』(푸른역사, 2006), 92~96쪽 참조.

'대동이념'을 혁명적으로 재해석한 민선(民選)선양제의 하사비군론(何事非君論)적 공화주의, 즉 '누구를 섬긴들 임금이 아니겠는가'라는 식의 '급진적 공화주의'로 선보이기도 하고, 세습왕제를 부정하는 이 '급진적 공화주의'의 도전에 응전하는 군주와 정부 차원에서 '백성의 나라', 즉 '민국(民國)'의 이념으로 나타나기도 한 것으로 가정해 볼 수 있을 것 같다. 아래에서 상론하겠지만, 민국은 근대적 국민국가의 한 유형이라고 볼 수 있다.

말하자면, '국가공공성' 개념에는 이 세 가지 의미가 다 섞여 있다고 해야 할 것이다. 따라서 국가공공성에는 어떤 형태를 취하든 만인과의 관련성, 국가 공동체(온 국민)의 정통적 대표성, '사사롭게 편파적이지 않고 바르고 의롭다' 등의 다섯 가지 '공'의 공유·공용·공지·공론의 의미가 들어 있어야 한다. 또한 국가가 이런 '공공'의 의미를 지녔는지 여부에 대한 평가도 천하의 공론에 의해 결정된다. 따라서 국가가 1인, 또는 특정계급이나 특정 집단에 의해서만 공유·공용·공지·공론되더라도 천하의 '만인'으로부터 '공동체 전체의 대표성'을 보유한 것으로 인정받는다면, 위의 첫 번째 이상적 군주정, 또는 두 번째 귀족정의 모델에 따라 '국가로서의 공공성'을 지닐 수 있다. 그러나 국가가 만인에 의해 '공'의 '사적' 전유물로 여겨지면, '국가공공성'은 파괴되고 만다. 이럴 경우 국가는 즉각 '공(公)'과 '사(私)'의 대비의식 속에서 '비정통성' 또는 '사유성'·'편파성'의 낙인이 찍혀 국민의 충성심을 확보할 수 없게 되기 때문이다.

따라서 이러한 '국가공공성의 위기' 또는 '국가공공성의 파탄 상황'에서는 어떤 국가든 이를 극복하기 위해 지금까지 국가의 수혜와 국정과정에서 배제된 집단들을 수혜 대상으로 끌어들이고 국정에 참여시킴으로써 국가 구조를 혁신하여 국가공공성을 재창출하는 방향을 취하지 않을 수 없다. 실제의 역사 속에서 '국가공공성'은 이러한 국가 형태의 변동을 통해 변화·발전되어왔다. 그리고 이것이 세계사적으로 중세에서 근세로 진보하는 '정치적 근대화'의 본질이었다. 크게 보면, 조선의 국가공공성은 일단 초기의 '귀족제적' 국가공공성에서 중기의 '민국적'(국민국가적) 공공성으로 진보한 것으로 보인다. 그러다 청일전쟁과 더불어, 특히 을미사변(1985년 10월)과 동시에 조선강토가 경향(京鄕) 구분 없이 일제에 의해 사실상 강점된 상황에서 일제의 구축과 독립을 위해 수립한 '국내망명정부'로서의 대한제국의 '비상국가적 공공성'으로 이행한 것으로 우선 가정해볼 수 있다.

3. 탕평시대 '민국'은 실체가 있는가? – 조선민국의 국가공공성

1) 민국정체의 사회적 배경과 그 탄생
(1) 조선 중기 일반 백성의 지위 향상과 권리 신장

이태진은 민국이념과 관련하여, 이 이념의 사회적 기원에 대해 다음과 같이 의미심장한 설명을 주고 있다.

> 민국이념은 군주 측만의 발상이라기보다 서민대중 사회의 성장을 군주 측에서 수용한 것으로, 그 때문에 큰 위력이 기대된다. 19세기에는 동학에서 보듯이 이미 서민대중이 곧 우리가 유교윤리의 주체가 되어야 한다고 소리를 높이고 있다. 군주도 소수의 사대부 양반보다 서민대중의 지지를 얻어야 왕실이 보전될 수 있다는 것을 알고 있었다. 이것이 군주들로 하여금 민국이념을 선양하는 데 직접 나서게 했던 것이다.[20]

19세기 동학세력은 철종·고종시대의 민중세력이므로 여기서 일단 제쳐놓으면, 이태진이 정조의 민국사상에 대응하는 서민대중의 성장은 어떤 것을 두고 말하는지 궁금하다.

이태진은 1997년 발표한 「18세기 한국사에서의 민의 사회적·정치적 위상」이라는 논문에서[21] 이미 이에 답한 바 있다. 정조의 민국이념의 사회적 배경으로 18세기 민중의 사회적 위상 제고, 즉 '백성'의 신분 상승과 신분 해방이 가로놓여 있다는 견해를 피력하고 있다. 그는—최근 일각에서 조선 백성의 생활 수준이 당시 영국이나 이탈리아보다 더 높았다고 주장되는—18세기 조선의 사회경제적 발전에[22] 주목한 것이다. 원래 양반의 범위는 1525년(중종 20)

---

20 이태진, 「민국이념은 역사의 새로운 원동력」, 교수신문 엮음, 앞의 책(2008), 194쪽.
21 이태진, 앞의 글(1997). 이태진, 「조선시대 '민본'의식의 변천과 18세기 '민국'이념의 대두」, 박충석·와타나베 히로시 공편, 『국가이념과 대외인식-17~19세기』(아연출판부, 2002), 11~45쪽.
22 황태연, 『공자와 세계(1)-공자의 지식철학(상)』(청계, 2011), 408~409쪽; Jun Seong Ho and James B. Lewis, "Wages, Rents, and Interest Rates in Southern Korea, 1700 to 1900", *Research in Economic History* Vol. 24 (2007), p. 232; 차명수, 「1800년경 잉글랜드, 조선, 양자강하류지역의 총요소생산성 수준 비교」, 제52회 역사학대회 발표 논문(2009b), 11~12쪽.

조정회의에서 ① 생원·진사, ② 내외족의 4조(부·조·증조·외조) 안에 현관(顯官)[9품 이상의 양반 정직(正職)]이 있는 사람, ③ 문무과 급제자 및 그 자손들로 정해졌다. 이것은 소과·대과급제자, 9품 이상의 정직 관직자의 4대 이내 후손을 양반으로 한다는 것으로서, 대·소과급제자 외에는 현직 관직자의 자손도 4대를 넘으면 양반의 지위를 누릴 수 없었다.[23] 유학을 공부하지만 아직 과거에 급제하지 못한 양반 자손들은 유적(儒籍)을 갖고 유관을 쓰고 유복을 입고 유교를 믿고 유교도덕을 실천하고 한문을 자유로이 구사할 수 있었으나, 벼슬하지 못한 '어린' 유생이라는 뜻으로 '유학(幼學)'이라고 불리며 군역 등 신역(身役)에서 면제되는 특권을 누렸다. 또 양반의 서자로서 유학을 공부하는 사람은 숙종 22년(1696) '업유(業儒)'라고 정했고, 손자나 증손 대에 와서야 '유학'이라고 높여 불렀다. 업유도 유학처럼 군역이 면제되었다.[24] 따라서 군역 없이 서원에서 숙(塾)하는 것을 전형으로 삼는 이 유학과 업유는 사대부의 저변을 이루는 하한선이었다. 그리하여 이들은 서원을 중심으로 여론 활동을 주도하여 향약에 근거한 향권(鄕權)을 행사하고 지방 수령에게 큰 영향력을 행사할 수 있는 배경을 만들어갔다. 나아가 이들은 점차 붕당을 이루고 중앙정계에서 공론의 압박을 가하기 시작했고, 17세기 왕정은 관료들만이 아니라, 전국의 생원·진사·유학·업유 등의 공론을 수렴하여 공무행정을 집행해야 했다.

그런데 이 전통적 정치·공론구조는 18세기에 들어 큰 변동을 겪는다. 한편으로 사대부가 분열하고, 다른 한편으로 하층계급이 신분 상승을 하기 시작했기 때문이다. 17세기에 양반층은 전체 가호의 10~20%를 차지했으나, 18세기에는 20~30%, 19세기에는 30~80%를 차지했다. 그리하여 19세기 중반에 이르면 대부분의 호주들이 '유학'으로 불리는 상황이 되었다. 상민이 중인이 되고 중인이 양반이 되더라도 이들이 물론 지주형 정통 양반이 된 것은 아니었다. 업무(業武), 군관, 한량 등 무인 계통의 직업을 가진 자들은 농업 외에도 동시에 상공업에도 종사했다. 19세기에 이르면 부역이 가호 중심에서 동리 중심의 공동납부제로 바뀌고, 이 일을 맡아 수행하는 면임(面任)·이임(里任)제

---

23 이태진은 이것을 중종 20년(1525) 조정(朝廷)회의 결정으로 소개하고 있다. 이태진, 앞의 글(1997), 250쪽. 그러나 이 '4대 시한부 귀족제도'는 이후 양민의 신분 상승(준양반화) 추세 속에서 바로 무력화되고, 가문의 토지가 유지되는 한, '한번 양반은 영원한 양반'의 사대부화 추세가 관철된 것으로 보인다.
24 이태진, 앞의 글(1997), 250쪽.

도가 생겨났다. 지방 수령들은 부역 액수를 높여 면임·이임들에게 거둬올 것을 강요하면서, 양민(良民)들 중 요호부민(饒戶富民)들에게 '유학'의 칭호를 무더기로 수여하며 면임·이임 임무를 강제했다.[25] 이리하여 유학층이 대폭 확대되고, 전국적으로 하층민의 신분 상승이 벌어진 것이다.

또한 18세기 이 준양반층('유학'으로 상승한 양민 또는 중인들)은 지방관의 권력을 제약하던 기존 지방사족의 향약적 '향권(鄕權)'과 갈등을 빚으면서 지방관의 지원을 받아 '신(新)향약'을 조직하여 지방사족에 대해 이른바 '향전(鄕戰)'을 벌였다. 전국적으로 벌어진 이 신향·구향 간의 '향전' 결과, 대세는 신향 쪽의 승리로 판가름이 났다.[26]

또한 향촌사회의 권력구조가 근본적으로 양반이 주도하는 향약질서에서 일반 농민들의 두레 중심으로 변동을 보였다. 이양법의 보급과 함께 나타나기 시작한 농민들의 농경 공동체로서의 이 두레는 양반사족들의 향약적 지배질서에서 탈피한 농민들의 자발적 조직이었다. 그리하여 두레농민들은 준양반층보다 낮았으나 사회적으로 무시할 수 없는 사회적 지위를 얻은 셈이다. 한편 두레농가보다 신분이 낮은 노비들은 16~17세기 30%에서, 18세기에 추쇄법(推刷法)의 폐지로 10% 미만으로 줄었고, 특히 외거노비는 19세기 초에 거의 소멸했다. 외거노비들은 도시로 달아나 상공인의 비호로 '고공(雇工)'이나 '고인(雇人)' 즉 임금노동자가 되었다가 점차 양인(良人)으로 신분 상승을 도모해나갔다.[27] 이것은 도시 상·공업이 그만큼 높이 발전했다는 것을 전제하는 것이다.

이태진은 18세기 영·정조의 왕정은 새로운 정체, 즉 '민국정체'의 구축을 모색하면서 백성들의 이 전반적인 신분 상승·신분 해방을 반영하고 준양반층의 향전과 사회적 지위 향상을 활용한 것으로 본다. 탕평군주들은 전통 사대부들의 기득권에 시달리는 '소민(小民)들'(농민, 해방노비, 천인)의 보호를 국가의 제일 임무로 보고 왕의 이 신(新)왕정을 따르는 '세신(世臣)' 또는 '왕신(王臣)'들과 같이 가지만, 그러나 당습(黨習)에 젖은 붕당류의 기존 양반사족들은 제치고 그 우월권을 박탈하는 방향에서 체제를 재정비했다는 것이다.[28]

---

25 위의 글, 251~253쪽.
26 위의 글, 256~257쪽.
27 위의 글, 253~256쪽.
28 위의 글, 253~257쪽.

(2) 탕평시대 민국의 등장

조선의 새로운 국가 형태인 민국의 탄생은 일반 백성들의 지위 향상과 권리 신장을 배경으로 한다. 이태진은 정조의 민국론의 증거로, '민국'이라는 말의 용례, 정조의 태극팔괘기, 정조 자신이 쓴 「만천명월주인옹자서」에서의 명월(明月)과 만천(萬川), 태극과 16,774,216개의 분화된 괘효(卦爻) 간의 관계에 대한 정조의 논의를 들고,[29] 민국이념의 구체적 구현물로 법전 편찬, 법치 확립, 어사제도의 강화 개편, 상언·격쟁제도의 활성화, 소민 유교윤리 교육, 노비제도 혁파 등을 들고 있다.[30]

'민국'의 용례들과 관련하여 이태진은 다음과 같이 말한다.

> 소민의 고통에 대한 탕평군주들의 자각은 '민국'이라는 새로운 개념의 용어를 등장시켰다. 숙종대 때부터 소민의 폐해와 고통을 없애는 것은 '민국의 대계(大計)' 또는 '민국사(民國事)'라고 표현하기 시작하여 영조대에는 거의 일반화하였다. 『승정원일기』의 영조대 기록에 이 용어는 400여 건이나 나온다. 왕조 초기에도 민(인민), 국(국가), 군(임금)의 관계가 자주 언급되었지만, 이때는 아직 "인민은 국가의 근본이요, 임금의 하늘이다."라고 하듯이, 인민과 국가와 임금은 하나가 아니라 병렬적으로 쓰였다. 반면에 탕평군주들의 민국관은 인민이 족하면 임금도 족하다고 하듯이 임금과 인민은 명확히 일체(一體)의 관계를 지향하였다. 민국이라는 용어는 곧 조선 초기에 자주 쓴 국가(國家)와 민본(民本) 두 가지 용어를 대체하는 개념이었다. '국가'라는 용어는 왕가, 사대부가 등의 '가문들'이 국가를 이룬다는 고대 이래의 유가 정치사상에서 나온 것이다. 이런 귀족적 국가관에서 민본의식은 백성을 지배의 대상으로 간주하였다. 18세기 탕평군주들의 민국 관념은 왕가와 사대부가의 '가(家)'를 버리고 인민을 주체의 하나로 받아들이면서 국왕만이 나라[國]의 대표로 남아 '민국'이라는 합성어가 생겼다. 인민[民]과 국왕[國]이 곧 국가의 주인이라는 국체의식을 담은 새 용어다.[31]

---

29 이태진, 앞의 책(2000), 248~258쪽; 이태진, 앞의 글(1997), 259쪽.
30 이태진, 『새 韓國史』(까치, 2012), 433~440쪽.
31 위의 책, 432~433쪽.

이태진은 '민국'의 용례와 의미 설명으로 다음의 기록들을 제시한다.[32]

① 교시에 이르기를, 국(國)에 이롭고 민(民)에 이롭다면 살갗이라도 무엇이 아까우랴! 선왕께서 곡진하게 타이르신 바다. 국용(國用)이 떨어지고, 민산(民産)이 다하여, 민국을 말하고 걱정하면서 한밤중에도 의자에 둘러앉았다고 말했다. (『정조실록』 부록 행장)
② 전교하기를, "애석하다! 근일에 헤아려 도모함이 민국의 일을 크게 소홀히 하였으니, 조정의 기강이 있다고 할 수 있겠는가?"라고 했다.(『비변사등록』 정조 17년 2월 18일)
③ 전교하기를, "근래 더위로 머리에 부스럼이 와 아파오지만 민국의 일은 감히 한가히 쉴 수가 없다."고 했다. (『비변사등록』 정조 17년 6월 20일)

그리고 이태진은 '민국'의 의미 설명으로 다음의 기록들을 제시한다.

① 아, 나라는 백성으로서 본을 삼는다. 그 때문에 "나라는 백성에 의지하고 백성은 나라에 의지한다.[國依於民 民依於國]"는 고어에 이르기를, 본(本)이 튼튼해야 나라[邦]가 평안하다고 했는데, 이는 참으로 왕정(王政)이 앞세워야 하는 바다.(『비변사등록』 영조 1년 4월 24일)
② 백성은 나라에 의지하고 나라는 백성에 의지한다. 백성이 족하면, 임금이 누구와 더불어 부족하겠는가? (『정조실록』 부록 행장)

"백성이 족하면, 임금이 누구와 더불어 부족하겠는가?[國依於民 民依於國 百姓足 君誰與不足也]"라는 정조의 말은 실로 민군일체, 민국일체의 논지를 함유하고 있다. "나라는 백성에 의지하고 백성은 나라에 의지한다.[國依於民 民依於國]"는 구절을 이태진은 원래 "대개 임금은 나라에 의지하고 나라는 백성에 의지한다. 백성이라는 것은 나라의 근본이요 임금의 하늘이다."라는 정도전의 말(『경제문감(經濟文鑑)』)에서 유래한 것으로 알지만,[33] 실은 이 말은 당

---

32 이태진, 앞의 글(1997), 258쪽; 이태진, 앞의 책(2000), 258~259쪽. '민국'의 용례에 대한 포괄적인 연구는 김백철, 『조선후기 영조의 탕평정치』(태학사, 2010), 278~296쪽; 김백철, 『영조, 民國을 꿈꾼 탕평군주』 (태학사, 2011), 316~327쪽.
33 이태진, 앞의 글(1997), 258쪽.

태종으로부터 유래한 말이다. 연산군 때 사간원은 "당태종은 말하기를, '백성은 나라에 의지하고 나라는 백성에 의지하기에 때문에 나라의 근본이 한 번 흔들리면 나라는 따라서 망하므로 백성을 긍휼히 여기지 않을 수 없다.[民依於國 國依於民 邦本一搖 國隨以亡 民不可不恤也]'고 했다."라고 아뢰고, "백성을 풍요롭게 하고 사물을 안정되게" 하여 "나라의 근본을 길이 공고히" 하기[民阜物安 邦本永固矣]를 주청한다.[34] 그러나 이 말은 아직 백성이 나라의 주가 되는 민국일체의 민국 이념(즉, '백성이 곧 나라'라는 근대적 이념)으로 발전한 것이 아니라, '임금 우위의 백성과 나라의 상보관계'를 말하는 당태종 수준을 넘어서지 않고 있다. 이것은 중종 때에도 마찬가지다. 중종조 홍문관 부제학 한효원 등이 치국의 요도를 논해 바친 것을 보면 "백성은 나라에 의지하고 나라는 백성에 의해 보장된다. 백성이라는 것은 나라의 근본이고, 임금은 백성의 주인이다.[民依於國 國保於民, 民者 邦之本也, 君者 民之主也]"라고 하여 임금 우위의 임금과 백성 또는 나라와 백성 간의 상보적 공존 관계만 말하고 있기 때문이다.[35] 민·국 관계에 대한 이런 수준의 이해는 광해군 때에도 변함이 없다.[36] 또한 효종 때까지 백성과 임금의 관계도 여전히 수령을 매개로 한다.[37]

그러므로 "민이 곧 국이나 국이 곧 민이다."라는 민국의 직접적 동일성 관계를 뜻하는 '민국일체'의 민국이념은 영·정조시대에 이르러서야 비로소 형성되는 것으로 보인다. 위 인용문에서 정조는 영조의 민국일체 이념의 취지를 반복할 뿐만 아니라, 다른 교시에서는 "형벌행정이 민국과 가장 많이 관련되는 경우는 역모죄와 장물죄 두 사안이니, 법률을 제정한 뜻에 비춰보면 민국이 일체임은 깨닫기 어렵지 않다.[刑政之最關於民國者 逆與贓兩案而已, 觀於制律之法意 民國之一體 不難解也]"라고 하여[38] 더욱 분명한 어법으로 '민국일체'

34 『연산군일기』 3년(1497) 7월 8일 7번째 기사.

35 『중종실록』 11년(1516) 12월 29일 2번째 기사; 중종 36년(1541) 4월 2일 1번째 기사에서의 홍문관 부제학의 상소문도 당태종 수준, 즉 '임금의 우위의 백성과 나라의 상보관계'에 머물러 있다. "『書』曰 '民惟邦本 本固邦寧', 傳曰 '民依於國, 國依於民', 不愛其民而能保其國者 未之有也."

36 『광해군일기』 14년(1622) 5월 11일 8번째 기사. "사관은 '백성은 나라에 의지하고 나라는 백성에 의지하니, 백성은 임금이 없으면 먹지 못하고 나라는 백성이 없으면 다스리지 못한다'라고 아뢴다.[史臣曰 '民依於國 國依於民, 民非后不食 國非民罔乂.']"

37 『효종실록』 14년(1622) 5월 11일 8번째 기사. "백성은 나라에 의지하고 나라는 백성에 의지하니, 백성이 편안하면 나라가 존립하고 백성이 피곤하면 나라가 망한다. 옛날의 선치하던 임금은 안민을 근본으로 삼지 않는 사람이 없었는데 안민의 도는 수령의 현명 여부에 달려 있다.[民依於國 國依於民, 民安則國存 民困則國亡, 古之善治之主 莫不以安民爲本 而安民之道唯在於守令之賢否]"

38 『정조실록』 18년(1794) 6월 16일 3번째 기사.

이념을 직설하고 있다. 이 구절에서 분명히 드러나듯이, 정조의 민국이념에서 중요한 측면은 이태진이 거듭 강조하는 '군민(君民)일체'가 아니라, '민국일체', 즉 '민즉국(民卽國)'이다. 이 '민국일체'의 이념은 고종시대까지 그대로 유지된다. 의정부 의정 김병시(金炳始)는 고종에 올리는 주청에서 탕평군주 이래의 '새로운 민국적 국가이념'을 '민국일체(民國一體)'라는 명확한 술어로 정식화하고 이를 '고래의 정의(正義)'로 파악하고 있다.

> 민은 국에 의지하고 국은 민에 의지하여 민국이 일체인 것은 고의(古義)입니다.[民依於國 國依於民 民國一體 古之義也] 그런데 요사이 백성은 백성 따로, 나라는 나라 따로 잡아당겨서 나라가 백성을 서로 잊은 듯이 홀대한 지가 오래되었습니다. 이러니 민국의 근심이 어찌 이 지경에 이르지 않을 수 있겠습니까?[挽近民自民 國自國 國於民恝然若相忘久矣. 民國之憂 安得不至此乎?][39]

김병시는 "백성은 나라에 의지하고 나라는 백성에 의지하는 것"을 민국일체로 해석하고 이 민국일체를 '고의'로 파악하고 있다. 민국일체란 '백성이 곧 나라이고 나라가 곧 백성'이라는 말이다. 그러므로 영조 이래 고종에까지 이르는 이런 '민국적' 국가관에 따르면, 조선 초기 국가로서의 조선국의 주권자는 왕과 사대부였던 반면, 탕평군주 이래의 조선 '민국'은 지방자치 단계로부터 이미 개시된 소민들의 신분 상승과 참정 및 참정 확대 요구를 반영하는 '민즉국(民卽國)'으로서의 '국민의 국가'이고 민국의 주권자는 '국민'과 일체된 '국왕'일 수도 있고, 또는 국왕과 일체가 된 국민일 수도 있다. 다만 사대부를 배제한 군민(君民)의 주권적 일체 관계에서 임금의 정치적 몫이 얼마이고, 백성의 몫이 얼마인지만이 유동적이고, 이는 이후의 역사적 발전 속에 던져질 뿐이다.

따라서 '민즉국'의 민국일체의 국가관은 이태진이 정조의 군주관에 따라 주장하는 '군민일체론(君民一體論)'과도 좀 다른 면이 있다. 민국일체론에서 임금의 위치는 '민'을 뜻하는 '상징'일 수도 있고 '국'을 대변하는 '대표'일 수도 있음으로써 애매해지지만, 사대부를 배제하거나 건너뛰는 군민일체론에서 임금의 위치는 여전히 민과 대등한 실권적 일축(一軸)이다. 군민일체론에서

---

39 『고종실록』 33년(1896) 10월 9일.

임금은 사대부의 위치를 협소하게 옥죄지만 여전히 국민과 대등하게 상대하는 강력한 실권적 군주로 남는다는 말이다. 이 '실권적 군주'가 보일 수 있는 '근대성'의 최대치는 민유방본론에 따라 아마 자신을 '국가의 제1공복'으로 설정하는 '계몽군주'에 그칠 수밖에 없을 것이다.[40] 반면, 민국일체론에서 임금은 민국의 '상징적 대표'로 추상화되는 면이 있어 무한히 변화를 보이며 완전한 '근대적' 존재자(입헌군주제의 국왕)로 변모해갈 수 있다. 왜냐하면 민국일체론에서 임금은 '민'의 참정집단에게 권력을 내주고 순임금이나 우임금처럼 또는 오늘날 영국·네덜란드·덴마크·스웨덴의 국왕처럼 통치하지 않고 오직 군림할 뿐인, 즉 '유이불여(有而不與)'하는(영유하나 정사에 간여하지 않는) 상징적 존재로 차츰 정치 일선에서 물러나거나 프랑스의 나폴레옹 황제나 미국의 대통령처럼 선출직 군주로 발전할 수 있기 때문이다. 이것은 공맹 정치철학 안에서도 얼마든지 설명할 수 있는 공화주의적 경지다. 공자는 "순임금과 우임금은 천하를 영유했으나 이에 간여하지 않았다.[舜禹之有天下也 而不與焉]"는 사실을 들어 순·우임금을 지극한 성군으로 칭송하지 않았던가![41] 또 공자는 대도가 행해지고 천하가 공기(公器)인 대동사회에서 현군과 능력자는 다 선출해서 쓴다[選賢與能]고 말하지 않았던가![42] 그러므로 필자는 고종도 동조한 김병시의 '민국일체론적 민국관'을 그 '근대성'의 무궁한 잠재력 때문에 이태진의 '군민일체론'보다 더 중시한다.

이것에 더해 필자는 '민국'이라는 새로운 국가의 성격을 현대 헌정론의 관점에서 자세히 분석하기 전에 민국에 대한 이태진의 설명을 좀 더 보완하고자 한다. 그는 위에서 "'국가'라는 용어는 왕가, 사대부가 등의 '가문들'이 국가를 이룬다는 고대 이래의 유가 정치사상에서 나온 것이다. 이런 귀족적 국가관에서 민본의식은 백성을 지배의 대상으로 간주하였다."라고 말하고 있다. 유가(儒家) 이전 '소강(小康)'시대 주나라 봉건제의 '천하국가(天下國家)'라는 말에서 '천하'는 천자의 것으로서 천자가 다스리는 공동체이고, '국'은 제후의 것으로서 제후가 다스리는 공동체이고, '가'는 사대부의 것으로서 사대부가

---

40 이런 까닭에 이태진의 군민일체론에 대해 근대성의 관점에서 회의가 제기되는 것이다. 서영희는 말한다. "한 군주 아래 만민이 평등한 정치체제, 즉 민과 왕이 사대부를 제외하고 하나가 된다는 군민일체론이 과연 근대국가의 정치이념이 될 수 있을지 의문이다." 서영희, 「국가론적 측면에서 본 대한제국의 성격」, 한림대학교 한국학연구소 편, 『대한제국은 근대국가인가』(푸른역사, 2006), 61쪽.
41 『論語』「泰伯」(8-18).
42 『禮記』「第九 禮運」.

다스리는 공동체를 말한다. 『춘추좌씨전』에서 사복(師服)이라는 사람은 다음과 같이 말한다.

> 나는 국(國)과 가(家)를 세움에 근본은 크고 말단은 작기 때문에 군건할 수 있고, 그러므로 천자는 (제후에게) 국을 세워주고, 제후는 (대부에게) 가를 세워준다고 들었다.[師服曰 吾聞國家之立也 本大而末小 是以能固. 故天子建國 諸侯立家]⁴³

이는 사복이 제후의 국(國)에 불과한 진(晉)나라가 곡옥(曲沃)에 국(國)을 봉(封)한 사건을 탄식하면서 제후 주제에 천자처럼 '국'을 세운 것을 비판하는 맥락에서 한 말이다. '국'은 원래 천자(황제)가 제후(왕)에게 봉지(封地)와 함께 주는 관작(官爵)이고, '가(家)'는 제후(왕)가 경(卿)과 대부(大夫)에게 채지(采地)나 식읍(食邑)과 함께 주는 관작인 것이다. 그래서 『서경』에서 은나라 천자 반경(盤庚)도 공·경·대부에게 "지금 나는 장차 그대들을 옮겨가 곧 영원히 가(家)로 세워주려는 것이요.[今予將試以汝遷 永建乃家]"라고 말한 것이다.⁴⁴

더 자세히 살피면, 주나라 봉건제에서 천자의 공·경·대부는 원래 병거(兵車, 네 마리 말이 끄는 전차) 10,000승(乘)을 가진 천자로부터 병거 1,000승을 하사받은 '천승지가(千乘之家)'이고, 천자로부터 봉국(封國)을 받은 제후도 천자의 공경대부에 준하는 '천승지가'다. 반면, 제후의 경·대부는 제후로부터 병거 100승을 하사받은 '백승지가(百乘之家)'다.⁴⁵ "제후국을 제어하기 위해 '국'은 천승을 넘지 못하게 하고, 그 도성은 100치(雉)를 넘지 못하게 하고, 대부가의 부력은 100승을 넘지 못하게 했다.[制國不過千乘 都成不過百雉 家富不過百乘]"⁴⁶ 국(國)을 받은 제후는 '천승지가'로서 천자의 공경대부와 동급이었다.

그런데 주나라 중반을 넘기도 전에 일부 제후국들은 천자의 무력과 대등한 '만승지국'으로 발전했고, 공자가 살던 춘추시대에는 일부 경대부들이 천

---

43 『春秋左氏傳』, 桓公 二年 冬; 趙岐 注, 孫奭 疏, 『孟子注疏』(北京: 北京大學校出版部, 2000), 3쪽.
44 『書經』「商書·盤庚中」.
45 趙岐 注, 孫奭 疏, 『孟子注疏』, 3쪽.
46 『禮記』「坊記 第三十」.

승지가로 올라서서 제후의 지위를 넘보는 상황이 전개되었다. 이렇게 하여 봉건적 등급 서열이 다 무너지자, 천자와 제후, 천자의 공경대부와 제후의 경대부를 가리지 않고 이들의 직위나 조정(朝廷)을 모두 '가(家)'라고 부르는 어법이 생겨났다. 또한 겸양예법으로 "위를 향해 천승은 응당 '국'이라고 말해야 하지만 '가'라고 낮춰 말했는데, 이것은 제후의 입장에서 자기의 '국'을 '가'라고 칭하는 것이고, 역시 (만승의 천자와 맞먹는) 만승지가도 '국'이라고 칭하는 것을 피해 '가'라고 칭했다."[47] 이래저래 결국 천자·제후·경대부가 모두 천하를 이리저리 갈라 각자 자기들의 '가'로 삼은 것이다. 그런데 실은 이것은 ― 『예기』「예운」편에서 공자가 왕위세습이 처음 시작된 하나라를 기점으로 한 '소강(小康)' 시대와 관련하여 '천하위가(天下爲家)' 현상을 탄식하고 있듯이 ― 하나라 이래의 '천하위가' 현상의 하향적 확산·공고화·타락에 불과한 것이다. 그리하여 천하는 '천하위가'와 함께 천자의 '가'가 되었고, 그리하여 '천하'는 종종 '천가(天家)'로 불렸다. 사전적 의미로 "천가는 백관과 소리(小吏)가 부르던 명칭인데, 천자는 바깥이 없어 천하를 가(家)로 삼았으니, 그들이 (천하를) 천가라 칭한 것이다.[天家, 百官小吏之所稱, 天子無外, 以天下爲家, 故稱天家.]"[48] 또 '국'은 제후(왕)의 '가', 즉 '왕가'가 되었다. 그리하여 경대부 또는 '사대부가'만이 아니라, '천가'와 '왕가'도 일상어가 된 것이다. 이 어법과 호칭에 따라, 『주역』의 대축(大畜)괘의 단사(彖辭)의 '불가식(不家食)'의 '가(家)'도 천가, 왕가, 경대부가를 모두 가리킨다. 따라서 '불가식'은 '천가, 왕가, 경대부가의 식록을 먹지 않는다', 즉 '출사하지 않고 낙향하여 수덕하고 현인을 기른다'는 말이다.[49] 이런 까닭에 이태진이 초기 조선시대 '국가'의 '가'를 왕가와 사대부가로 풀이한 것은 매우 적절한 해석이라고 할 수 있다.

그러나 백성을 지배·수탈하는 체제로서의 '국가'라는 용어가 "고대 이래의 유가 정치사상에서 나온 것"이라는 이태진의 설명은 부적절하다. 백성을 지배 대상으로 보는 주나라와 주나라 이전의 소강 질서는 공맹의 민본론과 민귀군경론(民貴君輕論)을 통해 정치철학적으로 부정되었기 때문이다. 옛날의 국가란 제후(왕)의 '국(천승지가)'과 경대부의 '가(백승지가)'의 통합체였다는 말은 백번 옳고, 국가의 주권자(주인)는 임금과 경대부였다는 말도 옳다. 또

---

47 趙岐 注, 孫奭 疏, 『孟子注疏』, 3쪽.
48 林尹·高明 主編, 『中文大辭典(三)』(臺北: 中國文化大學出版部, 中華民國 74年, 1982), 491쪽.
49 황태연, 『실증주역(상·하)』(청계, 개정판 2012), 480~483쪽.

한 임금과 경대부를 주권자로 삼는 이 국가의 경우에 '백성'이란 임금과 경대부들이 식록(食祿)을 수취하기 위해 지배하고 부려 먹는 피치자이고, 백성이 농사짓는 땅은 임금과 대부들이 식록을 챙기는 '식읍'이나 '채지'였다는 것도 옳다. 백성이 임금과 대부를 위해 존재하는 것이 공맹유학 이전의 국가질서였기 때문이다. 그러나 공맹은 요순시대의 대동질서를 지향하는 민본론과 민귀군경론을 통해 이 국가질서의 구조를 뒤집어 놓았다. 나라의 근본으로서의 백성은 임금의 하늘이고, 경대부의 하늘이다. 따라서 공맹의 민본론에서 임금과 경대부는 백성을 위해 존재하는 것이다. '방본(邦本)'으로서 백성은 피치자이기만 한 것이 아니라 치자이기도 하고, 임금과 사대부는 백성이라는 주권자의 CEO에 지나지 않는 것이다.

또한 필자는 이태진이 민국론의 역사적 혁명성을 "인민과 국가와 임금을 하나가 아니라 병렬적으로 쓰는" 조선 초기의 '민본론'과의 차이성 또는 대립성으로 본 것도 문제가 없지 않다고 생각한다. 왜냐면 민국론도 결국 공맹의 민본주의 정치철학에서 도출된 것으로 보이기 때문이다. 민국론의 역사적 혁명성은 민본론과의 대립성에 있는 것이 아니라, 나라의 주권자 집단에서 백성에 기생한 '가(家)'(사대부)의 특별 지위를 제거하고 그 자리에 참정(參政)을 향해 상승하는 '민'을 위치시킨 것에 있다고 해야 할 것이다. 따라서 조선 초 정도전 유형의 '민본'은 백성을 국가의 '바다'으로 격하시킨 실제 상황을 은폐하고 미화하기 위해 '미유방본(民惟邦本)'의 고귀한 경전 구절을 일개 미사여구적 레토릭으로 전락시킨 성리학이데올로기에 지나지 않았다면, 탕평군주들의 '민본'은 성리학의 교조적 합리론과 독단적 공리공담에 의해 오염되지 않은 공맹 경전의 순수하고 거룩한 취지를 '진실로' 구현하려는 '민본'으로 풀이될 수 있다. 탕평군주들의 유학적 통치철학도 성리학에 의해 대체로 오염·왜곡되었지만, 이 민본철학에서만은 공맹의 논리가 너무나도 강렬하고 경전의 명문들이 너무나도 선명해서 성리학이 아니라 그 이상의 교조적 독단론에 의해서도 흐려지거나 왜곡되기 어려웠다. 이 때문에 영·정조는 민본철학에서 탈(脫)성리학적 돌파를 감행할 수 있었던 것이다.

그리하여 탕평군주들은 성리학적 통치 이데올로기를 제쳐두고 공맹의 참된 민본주의 편에 서서 성리학적 사대부들의 식록 수취를 오히려 '부정한 착취와 수탈'로 의문시하고, 이 성리학적 '소인유자(小人儒者)들'의[50] 억압적 체제 수호·이단 말살 요구에 맞서 소민의 부세 경감을 시행하고, 노비 해방을 결단하고, 좌도의 이학사설(異學邪說)과 서학의 유행에 대해 한없이 관대하게 대처함으로써 인정(仁政)·자유·관용의 편에 섰다. 이와 함께 사대부는 이전의 정당한 식록 수취자에서 '민중의 착취자와 수탈자'로 전락했다. 영·정조는 사대부 중에서 다만 민국이념에 부응하여 대대로 임금을 도운 '세신(世臣)들'만을 임금의 보좌세력으로 대우했을 뿐이다.

민국론의 정치철학적 출처를 공맹의 민본철학으로 본다면, 민본 개념과 결부된 민심의 정치적 역할, 군주의 천명, 안전과 안녕, 위험, 반정, 혁명 등도 같이 거론되지 않을 수 없다. 가령 "백성은 나라의 근본이고 근본이 단단하면 나라가 안녕하다.[民惟邦本 本固邦寧]" 하는 『서경』의 민본론,[51] "민중을 얻으면 나라를 얻고, 민중을 잃으면 나라를 잃는다.[得衆則得國 失衆則失國]"는 『중용』의 민중국가론,[52] "백성이 가장 귀중하고, 사직이 그 다음이고, 임금은 가장 가벼우므로 들녘의 백성을 얻으면 천자가 된다.[(孟子曰) 民爲貴 社稷次之 君爲輕, 是故得乎丘民而爲天子]"는 맹자의 민귀군경론, "천하를 얻는 데는 도가 있다. 천하의 백성을 얻는 것이 천하를 얻는 것이다. 그 백성을 얻는 데는 도가 있다. 백성의 마음을 얻는 것이 백성을 얻는 것이다.[得天下有道 得其民 斯得天下矣 得其民有道 得其心 斯得民矣]",[53] 그리고 "하늘은 우리 백성이 듣는 것을 통해 듣고 하늘은 우리 백성이 보는 것을 통해 본다.[天聽自我民聽 天視自我民視]"는 『서경』과 『맹자』의 '민심즉천심론'[54] 및 천·민동위론(天民同位

---

50 공자는 자하에게 "너는 군자유자가 되어야지 소인유자가 되어서는 아니 된다.[子謂子夏曰 女爲君子儒, 無爲小人儒]"라고 타이른 바 있다. 『論語』「雍也」(6-13). 공자는 '군자유자'와 '소인유자'의 차이가 무엇인지를 밝히지 않았지만, 우리는 이를 짐작할 수 있다. 간단히 논하자면, '군자유자'는 인의예지의 도의로 자신을 수신하고 박시제중할 목적으로 박학(博學)·신사(愼思)·독행(篤行)하는 덕자(德者)이고, '소인유자'는 경쟁에서 남을 이겨 부귀를 이루려고 전문 지식을 기르는 협학세견(狹學細見)의 전문가다. 따라서 '군자유자'는 대동(大同)을 지향하여 이단까지도 아울러 널리 배우는 겸덕으로 자신을 대아(大我)로 키우는 반면, '소인유자'는 소강(小康)의 예법에 매몰되어 오만하게 이단을 규정하고 치며 소아(小我)를 수호한다. 그러므로 '군자유자'는 그 관심이 포용적·관용적이어서 선학(先學)을 창조적으로 발전시키는 반면, '소인유자'는 선학을 선학에 낯선 임의의 배타적·독단적 공식[가령 이기론(理氣論)]에 따라 교조화하여 그 숨통을 끊는다.

51 『書經』「第二篇 夏書·五子之歌 第三」.

52 『中庸』(傳10章).

53 『孟子』「離婁上」(7-9).

54 『書經』「第四篇周書·秦誓第一」.

論),⁵⁵ "제후가 사직을 위태롭게 하면 제후를 갈아치우고 희생이 살찌고 곡식 차린 것이 깨끗하고 때맞춰 제사를 올렸으나 한발과 수재가 나면 사직을 갈아치운다.[諸侯危社稷 則變置 犧牲旣成 粢盛旣絜 祭祀以時 然而旱乾水溢 則變置社稷]"는 맹자의 반정론(反正論, 폭군·암주방벌론)과 역성혁명론⁵⁶ 등은 민국론의 진정한 원천이라고 해야 할 것이다. 그러므로 우리는 탕평군주들로 하여금 민국론을 수용할 수밖에 없도록 만든 당대의 역사적 근본 배경, 즉 마찬가지로 공맹철학적 교설을 바탕으로 조선왕조를 전복하려는 민중혁명적 움직임이나, 민생을 제대로 돌보지 않는 임금을 갈아치우려는 '반정(反正)' 기도 등 역동적 반란·역모사건들과 새로운 혁명적 헌정이념들이 탕평군주들에 대한 위협 요소로 반드시 조명되어야 한다.

'민국'은 애당초 '민국'의 합성어로 쓰인 것이 아니라, 처음에는 '민'과 '국'의 두 단어가 병렬로 쓰였고, 이것은 민국일체론과 유사하지만 본질적으로 다른 '민국불이론(民國不二論)'을 펼 때도 마찬가지였다. 가령 효종 7년(1656) 사간원의 한 계(啓)에서 "민과 국은 서로 의지하고, 본래 두 몸이 아니다.[民國相依 元非二體]"라고 말한다.⁵⁷ 효종 7년에는 가령 "민과 국이 둘 다 편하다.[民國兩便]"는 표현이 보인다.⁵⁸ 이런 대등합성어적 병렬어법은 민·국 일체의 '민국'이라는 합성어가 생겨난 뒤에도 물론 종종 쓰였다. 1778년(정조 2) 우의정 정홍순(鄭弘淳)이 논하기를, "쓸모없는 군사를 도태하고 쓸데없는 식비를 줄이는 것은 곧 민과 국이 다 같이 이로운 요도[民國俱利之要道]"라고 한다.⁵⁹ 또 1780년(정조 4) 영의정 김상철(金尙喆)은 "올 가을 수확을 끝낸 뒤에 도신(道臣)이 개량하지 않을 수 없는 고을을 먼저 살펴서 점차로 시행하면, 민과 국이 둘 다 힘입을 것이다.[若於今秋滌場後 道臣先察其不可不改量之邑 漸次設施, 則民國俱賴]"라고 말한다.⁶⁰ 병렬로 쓰이던 이 '민'과 '국'으로부터 점차 자연발생적으로 민·국 일체의 '민국'이라는 종속합성어가 생겨나 점차 더 많이 이 합성어로 쓰이게 된다. 특히 탕평군주 시절에 민국일체적 종속합성어로 쓰이

---

55 『孟子』「萬章上」(9-5).
56 『孟子』「盡心下」(14-14).
57 『승정원일기』 효종 7년(1656) 10월 23일.
58 위와 같은 곳.
59 『정조실록』 2년(1778) 윤6월 24일.
60 『정조실록』 4년(1780) 1월 10일.

는 빈도는 급증하여 대등합성어적 사용 빈도를 압도했다. 이런 합성어적 쓰임이 분명히 80~90% 이상 압도적으로 쓰이게 된 시점은 영조 때다.[61] 이 시기에 민국이 거의 다 일체적 합성어로 쓰여 '백성이 곧 나라다' 또는 '백성의 나라'라는 의미로 정착한 민국 개념을 활용한 민국지책(民國之策), 민국의 대정[民國之大政], 민국의 대사[民國之大事], 민국일사(民國一事), 민국의 비계[民國之丕計], 민국의 대계[民國之大計], 민국중사(民國重事), 민국지본(民國之本), 민국지무(民國之務), 민국지급(民國之急), 민국지임(民國之任), 민국지중(民國之重), 민국지책(民國之責) 등의 어법들도 집중적으로 등장한다.[62] 『승정원일기』에서 민국의 종속합성어적 사용은 숙종 때 총 8회, 영조 때 총 417회, 『일성록』에서 정조 때 총 146회다.[63] 『조선왕조실록』에서는 '민국'이 영조대 31건, 정조대 43건, 순조대 59건 등이다. 대략 영조대를 경계로 큰 변화가 감지된다.[64] 영조 때 세손(훗날 정조)이 쓰는 합성어적[민즉국적(民卽國的)] '민국'의 용례를 보자면 세손의 상소문에 이런 구절이 있다. "하물며 이 민국의 중대함과 기무의 번잡함을 갑자기 넘겨주는 것을 조금도 머뭇거리며 어렵게 여기지 않으심은 어쩐 일이시옵니까?[況玆民國之重 機務之繁 遽以畀之 不少留難何哉?]"[65] 또 정조 때 판중추부사는 "상진곡을 여러 도에 흩어두는 것은 한편으로 흉년의 구휼자원을 위한 것이고, 다른 한편으로 불시의 수요를 위한 것이라서, 필수적으로 곡식의 수량이 충분히 많고 충실하고 쓰는 정도가 미려(尾閭, 물이 끊임없이 새는 바다 깊은 곳)에서 새는 일이 없는 뒤에 무릇 모든 쓰는 방도가 스

---

61 김백철은 탕평시대 '민국'의 병렬적 사용과 합성어적 사용의 빈도를 『승정원일기』와 『일성록』을 기준으로 통계 수치로 제시한다. 『승정원일기』에서 숙종대는 총 12회 '민국' 사용 중 8회(67%)를 합성어로, 나머지 4회(33%)를 병렬어로 사용한 반면, 영조대는 총 464회 중 417회(90%)를 합성어로, 나머지 47회(10%)를 병렬어로 사용했다. 정조대는 『일성록』 통계에서 총 172회 중 146회(85%)를 합성어로, 나머지 26회(15%)를 병렬어로 사용했다. 김백철, 앞의 책(2010), 287쪽 각주 292 〈표36〉.

62 『승정원일기』 영조 1년 정월 1일; 1년 12월 28일; 9년 12월 25일; 13년 9월 10일; 18년 정월 6일; 22년 정월 25일; 26년 3월 14일; 26년 5월 11일; 26년 8월 23일; 26년 12월 13일; 36년 9월 16일; 40년 9월 11일; 44년 10월 14일. 『영조실록』 5년 5월 5일; 9년 12월 25일. 김백철, 앞의 책(2010), 286~287쪽 및 각주 291.

63 주31의 김백철 통계 수치 참조.

64 김백철, 「영조대 '민국' 논의와 변화된 왕정상」, 이태진·김백철 엮음, 『조선후기 탕평정치의 재조명(상)』(태학사, 2011), 117쪽. 이태진은 『실록』에서 '민국'이 숙종 1회, 영조 29회, 정조 38회, 순조 51회, 헌종 9회, 고종 229회, 순종 3회라는 다른 통계 수치를 제시한다. 또 『승정원일기』를 검색하면 '민국'이 현종 14년 처음 사용되어 숙종 즉위년부터 (전산화가 된) 고종 14년까지 무려 1,387회 사용되었다고 한다. 이태진, 「18세기 '民國' 이념에서 20세기 '민주공화국'까지 – 한국인 '共和' 세계의 형성과정 스케치」, 조선시대공공성의구조변동연구단 주최(한국학중앙연구원 후원) '조선시대 공공성의 구조변동' 국제학술심포지움(2012. 11. 15.) 기조 발제문, 160쪽 각주.

65 『영조실록』 51년(1775) 12월 8일 2번째 기사.

스로 여유가 있는 것이니, 민국이 예비하는 대책[民國預備之策]으로는 이를 능가할 것이 없습니다."라고 말한다.⁶⁶ 이 두 인용문에서 '민국'은 '백성과 나라'로 분해·병렬시켜 읽으면 말이 되지 않는다. 상진곡의 관리는 '백성의 할 일'이면서 동시에 '나라의 할 일'이 아니라, 오로지 '국가 고유의 업무'이기 때문이다. 따라서 저 인용문들에서의 '민국'은 의심할 바 없이 합성어적 의미의 '백성의 나라' 또는 '민즉국(民卽國)'의 '국민국가'의 의미로 쓰이고 있다. 이런 까닭에 고종 때 김병시가 '민의어국(民依於國) 국의어민(國依於民)'을 '민국일체'로 해석하고 이것이 바로 '고지의(古之義)'라고 갈파한 것이다. 즉 백성과 나라는 '불이불일(不二不一) 관계'에 있는 것이 아니라, '백성이 곧 국가'인 '민즉국'인 것이다. 1789년 대혁명 이후에 나타난 19세기 프랑스어로 표현하면, "L'État c'est nation(국민이 곧 국가다)"이다.

영조 대의 용례들을 살펴보면, 영조 연간 술어 '민국'은 광의의 국정 목표로서 당대 위정자들에게 통용되었다. 그리고 이것은 백성의 존재를 국가와의 긴밀한 관계 속에서 재규정하고자 하는 새로운 국가관을 표현하는 것이었다. 또한 이러한 국가관은 당대 현실을 비판하는 척도가 되기도 했다. 그리고 민국은 국가의 중대사를 지칭할 때마다 사용되었다.⁶⁷ 그리하여 국왕에게는 '민국지사(民國之事)'가 바로 국정 자체로서 인식되어, 국왕의 왕정이란 왕이 백성을 위해 '민국에 몸과 마음을 바치는 것'으로 인식될 정도였다.⁶⁸

이 대목에서 강조되어야 하는 것은 탕평군주시대에 이 '민'과 '국'을 일체로 파악할 수 있게 한 것이 바로 공맹의 민본주의 철학이라는 것이다. 영조는 탕평의 일환으로 민국만을 생각할 것을 천명하고, 탕평정치의 궁극적 의미가 민국에 있음을 확인시켜준다.⁶⁹ 영조는 충심으로 다음과 같이 갈파한다.

---

66 『정조실록』 20년(1796) 6월 22일 세 번째 기사. "常賑穀散置諸道 一則爲荒年之賑資 一則爲不時之需用也, 必須穀數有充美之實 用度無尾閭之洩 然後凡百經用之道 自可有裕 民國預備之策 無過乎此."

67 백철, 앞의 책(2010), 296쪽.

68 영조는 "민국에 마음을 바치다.[心許民國]", "민국에 몸을 바쳤다.[身許民國]", "민국에 이미 한마음을 바쳤다.[一心已許於民國]"라고 말한다. 『영조실록』 37년 8월 22일; 40년 7월 21일; 42년 4월 1일. 이를 따라 신하도 "이미 민국에 몸을 바친다는 가르침이 계셨으니[旣有許身民國之敎], 탕약과 환약을 복용하여 성체(聖體)를 보호하는 것이 곧 민국의 도를 위하는 방도입니다.[乃所以爲民國之道也]"라고 말한다. 『승정원일기』 영조 37년 11월 19일. 또한 '一心民國', '一念民國', '一心在民國' 등의 표현도 흔히 쓰였다. 『승정원일기』 영조 39년 7월 16일; 41년 3월 23일; 43년 6월 28일. 더 자세한 것은 김백철, 앞의 책(2010), 294~295쪽.

69 김백철, 앞의 글(2011), 117쪽.

아, 그들에게 임금을 만들어주고 그들에게 스승을 만들어 준 것은 바로 백성을 위해서다. 백성을 위해 임금이 있지, 임금을 위해 백성이 있는 것이 아니다. 백성이 머물러 살면 천명은 보존되지만, 백성이 곤궁하면 천명은 떠나게 된다. 천명이 보존되고 떠나는 것은 오직 한 사람에게 달렸으니, 위태로워 벌벌 떨지 않을 수 있겠는가.[70]

영조는 이와 같이 "백성을 위해 임금이 있지, 임금을 위해 백성이 있는 것이 아니다."라고 천명하면서 민국정치의 성패에서 '천명이 보존되고 떠나는' 왕정의 안전과 역성혁명의 위험을 직시하고 있다. '그들에게 임금을 만들어주고 그들에게 스승을 만들어준' 존재자는 다름 아닌 '하늘'이다. 그렇기 때문에 영조가 '천명'을 언급한 것이다. '그들에게 임금을 만들어주고 그들에게 스승을 만들어 준 것'이 다름 아닌 '하늘'인 것은 이 구절이 『서경』「태서」에 나오는 구절이기 때문에 확실하다. "하늘은 천하의 백성을 도와 그들에게 임금을 만들어주고 그들에게 스승을 만들어주었으니, 오직 임금과 스승만이 상제를 도와 사방의 백성을 총애로 편안케 할 수 있다."[71] 임금이 만약 사방의 백성을 총애로 편안케 할 수 없어 백성의 마음이 임금을 떠난다면, 천명도 이 임금을 떠난다. "하늘은 백성을 긍휼이 여겨, 반드시 백성이 원하는 것을 따르기 때문이다.[天矜于民 民之所欲天必從之]"[72] 영조는 이 민본주의 정치철학을 이용하여 사대부의 '국가'를 '백성의 나라'로, 즉 '민국'으로 변혁시키는 일종의 자체개혁을 의도하고 있다.

유학적 민본주의 정치철학에서 분출되는 이 본유적 혁명성은 '민'의 내적 구성에 따라 여러 가지 방향으로 구현될 수 있을 것이다. 그런데 탕평군주들의 '민국론'은 이 민본주의적 혁명성을 반(反)사대부 부민한량(富民閑良) 노선도 아니고 반사대부 중민(中民) 노선도 아닌, 특유하게 반사대부·소민(小民) 노선으로 구현한다. 이 반사대부·소민 노선의 진보성은 이태진도 강조하듯이 이 '소민'이 사대부의 대민(大民)·대가(大家)와 준양반층(유학으로 신분 상승한 상민층 또는 중인층)을 제외한 상민·노비·기타 천민 등을 지칭하는

---

70 『영조실록』 31년(1755) 1월 6일. "噫, 作之君 作之師 卽爲民也. 爲民有君 不以爲君有民也. […] 民若奠居 天命存矣, 民若困窮 天命去矣. 其所存去 惟在一人, 可不慄然."
71 『書經』「周書·泰誓上」. "天佑下民 作之君 作之師 惟其克相上帝 寵綏四方."
72 『書經』「周書·泰誓上」.

것에서 뚜렷이 드러난다. '민국'은 '백성의 나라'였지만, 특히 '소민의 나라'였다. 따라서—뒤에 상론하겠지만—조선의 '민국'은 신흥 부르주아지에 맞서 봉건 대귀족의 보호를 목적으로 했던 보댕의 절대군주정이나, 봉건 대귀족과 농촌 젠트리 계급의 보호를 목표로 했던 홉스의 절대군주정과 비교하면 본질적으로 진보적·선진적이고, 또 농노를 재구속한 과거 회귀적 융커 신분을 포함한 전 국민의 이익을 대변한다고 얼버무렸던 프리드리히 2세의 계몽군주정보다도 더 진보적·선진적이다.

초기 조선에서 소민과 임금의 관계는 반드시 관리나 사대부를 매개로 한 간접적 관계였고, 임금이 우선 얻어야 하는 것은 백성의 마음이 아니라, 사대부의 마음이었다. 이태진은 이에 관해 다음 네 가지 기록을 제시하고 있다. 문종이 은산현감 김귀손(金貴孫)을 인견하고 말한다. "수령의 임무는 백성을 사랑하는 것이 중하니, 그대는 나의 마음을 본받아 소민을 자식처럼 사랑하라"고 일렀다.[73] 여기서 왕이 백성 사랑의 임무를 수령에게 맡기고 있다. 또 시독관 홍한(洪瀚)이 연산군에게 "주나라 성왕이 어려서 즉위하여 농사짓는 고난을 모르기 때문에 주공이 무일편(無逸篇)을 지어 훈계삼아 올리면서 농사의 고난과 소민의 원망을 낱낱이 갖추어 실어 놓았으니, 임금이 구중궁궐 속에 앉아 계시어 당(堂) 아래 천리보다 멀리 있는데 어떻게 마을의 원성과 농사의 고난을 아실 수 있으리까? 반드시 경연에 납시어 신하들을 대하셔야 곧 들으실 수 있습니다."라고 말했다.[74] 왕이 백성을 직접 만나 사정을 알아보는 것이 아니라, 경연관 사대부를 통해 알아보아야 한다는 말이다. 또 검토관 어영준(魚泳濬)이 중종에게 야대(夜對)에서 "임금은 깊은 구중궁궐 속에 있는데, 소민의 어려움을 어떻게 알겠습니까? 반드시 사대부를 인접하여 질고(疾苦)를 물은 뒤라야 백성이 보호를 받게 될 것입니다"고 말했다.[75] 여기서도 사대부가 백성과 임금을 연결하는 중간 매개자로 등장한다. 또 이종성(李宗城)이라는 자는 상서(上書)에서 소민의 민심을 잃더라도 사대부의 마음을 얻는 것이 더 중요하다고 말한다. 또 "고 신풍부원군 문충공 장유(張維)가 말하기를 '나라에서 차라리 소민의 마음을 잃을지언정 사부(士夫)의 마음을 잃을 수 없다'고 했습니다. 장릉(인조)의 시대에도 오히려 이러했는데, 하물며 오늘날에 있어서

---

73 『문종실록』 즉위년 8월 22일.
74 『연산군일기』 1년 12월 21일.
75 『중종실록』 9년 1월 28일.

겠습니까!"⁷⁶ 장유는 영조에게 소민의 민심보다 사대부의 마음을 먼저 챙기라는 낡은 반(反)유학적 논리를 취하라고 요구하고 있다.

그러나 이태진에 의하면, 이러한 사대부 중심의 정치·국가관은 탕평군주들에 의해 180도 전복된다. 임금이 소민 보호를 위해 직접 나서 비리 사대부에 대한 규탄과 단속에 심혈을 쏟고, 소민을 내팽개치고 당쟁을 일삼는 사림 사대부들을 격하게 탄핵하고, 대가(大家)·거실(巨室)에 맞서 소민 보호를 거듭 외친다. '사대부의 국가'는 사림의 당파싸움과 백성 수탈로 인해 이미 국가적 '공공성'을 상실한 것이다. 이런 사태에 당하여 탕평군주들은 계속되는 변란과 민란 속에서 나라를 지키는 혁명적 방책으로 사대부를 등지고 소민 보호를 기치로 '소민의 나라', 즉 '민국'을 전면에 내세우기 시작한 것이다. 숙종은 1672년 "고인이 이르기를, '양민을 보전하려면 먼저 장법(贓法, 뇌물횡령법)을 엄정하게 하라'고 했다. 조씨의 송나라는 인후함을 숭상했지만, 오직 장리(贓吏, 뇌물 횡령 관리)만은 저자거리에 내버렸다. 우리나라의 장법은 엄하지 못하여 […] 소민들이 곤궁하게 된 것이 괴이할 것이 없다. 이제부터 직질(職秩)의 높낮이를 가릴 것 없이 탐장(貪贓)이 현저한 자는 엄하게 문초하고 끝까지 죄를 조사하여 법을 엄정하게 하기를 기약하라. […]"고 했다.⁷⁷ 또 1698년 우윤(右尹) 박권(朴權)은 양역변통(良役變通)에 대해 "이제 만약 호구전이라고 이름하여 모든 가호의 남녀를 물론하고 16세부터 55세까지의 식구를 헤아려 […] 이 법을 시행하면, 소민은 모두 기뻐할 것이나 대가(大家)·거실(巨室)로 많은 노비를 거느린 자에서 경향의 양반·서얼·중인까지는 갑자기 전에 없던 부(賦)를 당하게 되어 기뻐하지 않는 마음이 있게 될 것이다."라고 진소(陳疏)한다.⁷⁸ 이미 숙종 때부터 '대가·거실·양반·서얼·중인' 등을 불리하게 만들고 이들의 등쌀에 신음하는 소민을 이롭게 하는 법들이 속속 제정되기 시작한 것이다.

영조는 소민 보호의 임무를 방기하고 당쟁을 일삼는 붕당사대부를 더욱 혹독하게 규탄한다.

---

76 『영조실록』 26년 6월 22일.
77 『숙종실록』 11년 2월 5일.
78 『숙종실록』 37년 12월 27일.

제나라 위왕(威王)이 아대부(阿大夫)를 팽형에 처한 고사가 이미 있는데, 날마다 당습(黨習)을 일삼고 소민을 돌보지 않으니, 그 죄는 제나라의 아대부보다 심하다. 실로 장차 대궐문에 임해 백관을 모아 큰 거리에서 팽형하여 백성들로 하여금 모두 당인들의 고기를 보게 해야 마땅할 것이다.[79]

영조는 또 사도세자에게 소민 보호를 '보국(保國)'의 비책으로 당부한다.

성조(聖祖)가 후손의 정책을 베푼 것을 생각하여 생민(生民)에 미친다면, 이것은 국가의 행복이다. 네가 나라를 지키고자 한다면 마땅히 이 백성을 지켜야 할 것이다. 또 무릇 세신(世臣)은 나라의 원기(元氣)다. [...] 너는 모름지기 세신을 지키고 소민에게 지극정성을 다하는 것을 유념하고, 오늘의 일을 잊지 말라.[念聖祖垂後之謨 以及生民, 是國家之幸也. 汝欲保國 當保此百姓. 且夫世臣 國之元氣 [...] 汝須以保世臣 誠小民爲念, 毋忘今日之事也.][80]

여기서 나라를 잃을 것에 대한 깊은 염려에서 영조는 소민을 지키는 것을 '나라를 지키는' 비책으로 거론하고 있다. 민국정체는 천명 변동 또는 역성혁명으로부터 조선왕조를 지키는 비책인 것이다.

이런 까닭에 ─ 이태진이 "민국이념은 군주 측만의 발상이라기보다 서민대중 사회의 성장을 군주 측에서 수용한 것으로, 그 때문에 큰 위력이 기대된다."고 말한다면 ─ 필자는 민국정체를 소민의 신분 상승과 신분 해방이라는 사회적 변화를 수용한 탕평군주들의 자기성찰적 측은지심과 시혜적 선의(善意)에서 나온 것으로만 볼 것이 아니라, 세습군주정을 부정하는 혁명적 '근대 정치사상' 및, 왕조교체를 지향하는 민중적 개벽사상의 도전에 대항하여 역동적으로 왕조를 지키려는 예방혁명적 국가혁신체제로도 간주해야 한다고 생각한다. (여기서 '예방혁명적 혁신'은 급진적 민중혁명을 예방하기 위한 왕정 측의 민본주의적 자기변혁이라는 뜻으로 사용했다.) 민국정체는 단지 '수용'과 '시혜'의 측면만이 아니라, '대항적·반격적' 자체 혁신의 측면도 있다는 말이다.

---

79 『영조실록』 13년 8월 13일.
80 『영조실록』 27년 10월 8일.

2) 재야의 혁명적 근대국가사상과 대안적 이상사회론

15세기 말에서 18세기 중반까지 조선은 여러 가지 측면에서 매우 혼란하고 변화무쌍한 시기였다. 임진왜란과 병자호란의 대전란, 그리고 소빙기(1490~1750) 대기근의 지속, 15세기 말 연산군 때의 홍길동, 16세기 중후반 명종 때의 임꺽정, 17세기 말엽 숙종 때의 장길산 등 의적들의 활동, 불만 유생들의 광범한 산재, 각종 도참설적 이상사회론, 새로운 정치사상의 대두 등으로 조선의 왕권은 크게 동요했다. 특히 전주이씨 조선왕조의 세습군주제에 도전하는 혁명적 정치사상과 이상사회론은 선양론적(禪讓論的) 공화주의, 미륵사상의 이상국가론, 『정감록(鄭鑑錄)』의 말세론, 왕조개벽론 등으로 잡다하게 짜여진 '개벽사상'과, 천주학의 '추대왕론'이 대표적이다.

(1) 정여립의 대동사상과 개벽사상의 탄생

이 민중적 개벽사상들은 모두 그 연원이 16세기 말의 정여립사건과 그 대동사상으로 거슬러 올라간다. 기축사화(1589)를 통해 공공연하게 가시화된 정여립의 대동사상은 일반 민중만이 아니라 유학을 신봉하는 양반사회까지 통째로 뒤흔들 수 있는 잠재력을 가진 그야말로 '위험한' 혁명사상이었다. 공자철학에 기초한 정여립(鄭汝立, 1546~1589)의 근대적 혁명사상은 공자의 '대동' 이념 그 자체에서 도출된 유학적 평등주의·공화주의 이상국가론이기에 애당초 사림 전체를 흔들 수 있는 정치적 폭발성을 가진 사상이었다.

그러나 그간 역사학자들은 정여립의 혁명적 지향을 모반사건(모반이니 아니니)의 관점에서만 연구하고, 정여립의 정치사상에 대해서는 공맹철학적 관점에서 깊이 연구하지 않았다. 그 까닭은 주로 국사학자이거나 정치사학자였던 연구자들이 공자철학에 정통하지 못한 데 있었던 것으로 보인다. 정여립사상에 대한 정치철학적 평가는 공맹정치철학에 깊고 정통적인 이해를 전제할 뿐만 아니라, 공자철학과 성리학 간의 상극성에 대한 정확한 인식, 그리고 정여립의 사상적 주장과 성리학적 통설 간의 우열 차이에 대한 명확한 정치철학적 평가 능력, 정여립사상과 서구의 근대철학 간의 유사성에 대한 비교철학적 평가 능력 등을 전제하는 것이다. 그러나 사학자들은 대개 철학적 '빈곤'으로 인해 정여립사상을 올바로 평가할 정치사상적 '실력'이 미비했다. 따라서 여기서는 정여립사상의 정치철학적 비교 탐색에 초점을 맞추고 개벽사상(근대혁명사상)의 정여립사상적 기원을 밝혀 보일 것이다.

소위 정여립모반사건을 처리한 기축사화는 3년(1589~1591) 동안 1,000여

명의 선비를 '집단 학살'한 조선조의 최대 사화였다. 죄목은 정여립이 '천하공물(天下公物)'론과 왕위선양제의 대동이념을 표방하며 반상 차별 없는 새 나라를 세울 목적으로 '대동계(大同契)'를 조직하고, '목자망전읍흥(木子亡奠邑興)'의 역성혁명적 정씨왕조론과 '전주왕기설(全州王氣說)'의 참언을[81] 퍼뜨려, 조선왕조를 무너뜨리려는 모반을 꾀했다는 것이다. 이 기축옥사의 집단 학살로 응어리진 원한과 비원(悲願)은 100여 년 뒤 영·정조시대에 대유행한 도참서『정감록』을 통해 정여립과 같은 종씨인 정씨의 왕조가 열린다는 왕조 개벽설로 다시 터져 나왔다.[82]『정감록』에서 고유명사처럼 위장된 정도령(鄭道令)의 정씨는 정몽주·정도전·정여립 등 전주이씨에 의해 살육된 모든 정씨만이 아니라,[83] 이씨왕조에 의해 죽임과 박해를 당한 모든 백성을 뜻하는 보통명사였다. 또한 조선왕조를 정면으로 부정하는『정감록』의 유토피아적 도참사상은 "조선 후기 성리학에 대항하여 평민 지식인이 내놓은 일종의 대항 이데올로기"였다.[84] 평민 지식인들은 공자철학의 탈성리학적·군자유학적·유토피아적 해석을 도모한 정여립 중심의 창조적 지식인 집단에 음양으로 동조하고, '지식인 대학살'을 자행한 잔인무도한 억압 권력의 성리학적 이데올로기

---

81 실록은 "이보다 앞서 1백여 년 전에, 민간에 '목자망전읍흥'의 참언이 있었다."고 쓰고 있다. 따라서 정여립은 이 참언을 지어낸 자가 아니라 활용한 자다. 또 실록은 "연산현 계룡산 개태사(開泰寺) 터는 곧 후대에 정씨가 도읍할 곳이다."라는 말도 "국초 이래로 있었던 참설"이라고 쓰고 있다. 반면 실록은 정여립의 수하 요승 의연(義衍)이 "'내가 요동에 있을 때에 조선을 바라보니 왕기(王氣)가 있었는데, 조선에 와서 살펴보니 왕기가 전주 동문 밖에 있었다'고 했는데, 이로 말미암아 '전주에 왕기가 있다'는 말이 원근에 전파되었다."고 하고 있다. 이것으로 보면, '전주왕기설'은 정여립 측이 만든 것이다.『선조수정실록』22년(1589) 10월 1일. 한편, 실록에 의하면, "해서(海西)에 떠도는 말이 자자했는데, '호남 전주 지방에 성인이 일어나서 우리 백성을 구제할 것이다. 그때는 수륙(水陸)의 조례(皂隷, 노예)와 일족·이웃의 요역(徭役)과 추쇄(推刷) 등의 일을 모두 감면할 것이고 공·사노비와 서얼의 앞길을 가로막고 금하는 법을 모두 혁제(革除)할 것이니 이로부터 국가가 태평하고 무사할 것이다.'고 했다. 어리석은 백성들이 그 말을 듣고 현혹되어 와자하게 전파했다."『선조수정실록』22년(1589) 10월 1일.

82 민중은 정몽주, 정도전, 정여립을 잊지 못했다. 정씨는 이씨조선과 상극이다. 그러므로 새 나라의 왕은 "반드시 정씨가 되어야 한다는 것"이 당시 '민중의 신앙'이었다. 특히 "사람들은 정여립이『정감록』을 지었다고 보기도 하고, 그의 비참한 운명을 애달파하기도 했다." "16세기 말 정여립이 죽고 난 후, 정씨왕조가 들어설 차례라는 생각이 퍼져나갔다." 17세기에는 '정성진인(鄭姓眞人)'이 새 화두였다. 백승종,『정감록 미스터리』(푸른역사, 2012), 59쪽, 69쪽, 240~243쪽. 그러나 신복룡은 정여립의 활동 시기와『정감록』의 출현 시기를 잘못 알고 정여립은 "이미 당시에 민간에 널리 퍼져 있던『정감록』에 심취했다."고 엉뚱한 짐작을 내놓고 있다. 신복룡,「鄭汝立의 생애와 사상: 호남phobia를 읽는 한 도구로서」,『한국정치학회보』통권 제33권 1호(1999, 7월호), 97~98쪽.

83 위 각주에서 인용한『선조수정실록』(22년 10월 1일)에 1589년보다 1백여 년 앞서 '목자망전읍흥'의 참언이 있었고, 또 '계룡산정씨도읍설'도 국초 이래 있었다고 쓰여 있음을 중시해야 한다. 국초를 전후하여 전주이씨에 의해 살육된 정씨는 정몽주와 정도전이기 때문이다.

84 백승종,『정감록 역모사건의 진실게임』(푸른역사, 2006·2007), 6쪽.

에 분노하여 결사적으로 정씨왕조도참설을 전파·확산시켰다.[85] 그러나 정치적으로 보아, 『정감록』의 도참설보다 더 강력한 전복적 에너지는 정여립의 정치철학적 논변에서 분출되었다. 정여립의 정치사상의 전모를 오늘날 복원하는 것은 불가능하지만, 『선조수정실록』에 기록된 '정여립 비판 글'만 뜯어보아도 놀라운 사상 편린들이 나타나 있다.

정여립은 일세를 하찮게 보아 안중에 완전한 사람이 없었다. 경전을 거짓 꾸미고 의리를 속여 논변이 바람이 날 정도로 잽싸서 당할 수가 없었다. 학도에게 늘 말하기를, "사마온공의 『통감』은 위(魏)로 기년(紀年)을 삼았으니 이것이 직필인데, 주자가 이를 비판했다. 대현의 소견이 각기 이렇게 다르니 나는 이해할 수 없는 바이다. 천하는 공물(公物)인데 어찌 정해진 주인이 있겠는가? 요·순·우임금은 서로 전수하였으니, 성인이 아닌가?"[溫公通鑑以魏紀年 是直筆, 朱子非之, 大賢所見各異 吾所未解也. 天下公物 豈有定主? 堯·舜·禹相傳,非聖人乎?] 하고, 또 말하기를, "두 임금을 섬기지 않는다는 것은 왕촉이 한때 죽음에 임하여 한 말이지 성현의 통론은 아니다. 유하혜는 '어느 임금을 섬긴들 임금이 아니겠는가'라고 했고, 맹자는 제선왕에게도 양혜왕에게도 왕도를 행하도록 권하였는데, 유하혜와 맹자는 성현이 아니었던가?" 했다.[不事二君 乃王蠋一時臨死之言, 非聖賢通論也. 柳下惠曰 '何事非君?' 孟子勸齊·梁行王道, 二子非聖賢乎?] 그의 언론의 패역이 이와 같았으나, 문도들은 "이전의 성인이 발명하지 못한 뜻을 확장한 것이다"라고 칭찬하면서, 조금이라도 어기거나 뜻을 달리하는 자가 있으면 곧 내쳐 욕을 보였다.[86]

역적 정여립에 대해 '인격 살인'을 집행하고 있는 이 실록의 기사 속에서 우리는 적어도 몇 가지 사실을 분명히 알 수 있다.

첫째는, 전국적 '대동계(大同契)'를 조직한 정여립이 『예기』 「예운」편의 대동사상을 근거로 천하를 사유물로 여기며 대대로 천하를 세습하는 세습군주를 비판하고, 왕위선양론 또는 군주선출론을 폄으로써 공자의 이상국가론으

---

85 정조는 1782년 문인방 등을 친국할 때 『정감록』에 실린 정여립의 참언 '목자망전읍흥'의 '여섯 자'도 직접 들었다. 문인방이 답한다. "『정감록』 가운데 '여섯 자의 흉악한 말'도 모함하려는 계교였는데, 이 흉악한 말은 신의 책자들 중 『경험록』에도 나타나 있습니다." 『정조실록』 6년(1782) 11월 20일.
86 『선조수정실록』 22년(1589) 10월 1일.

로부터 '공화주의'를 도출할 정도로 가히 천재적인 사상가였다는 점이다.(이 점에 대해서는 뒤에 다시 상론한다.) 정여립이 1580년대에 이미 세습군주를 비판한 것은 80년 뒤 명말·청초의 황종희(黃宗羲, 1610~1695)가 『명이대방록(明夷待訪錄)』(1663)에서 천하와 백성을 사유물로 취급하기 때문에 세습군주제를 비판한 것과 취지를 같이하는 것이지만, 그의 해결책은 황종희의 방책(재상제의 부활, 법치주의, 여론정치)보다 더 근본적이고 더 근대적인 것, 즉 민심에 바탕을 둔 '선출군주제'로서의 '공화제'였다.

둘째는, 정여립이 공자의 이 선양론을 당대의 역사관에 적용하여 사마광(司馬光, 1019~1086)의 『자치통감』의 정통론을 지지하고 주희의 공리공담적 역사관을 비판함으로써 과감하게 성리학적 교조와 그릇된 명분론을 부정할 정도로 대단한 선각이었다는 점이다. 부연하자면, 정여립은 후한(後漢)의 마지막 황제 헌제(獻帝)로부터 제위를 선양받은 조비(曹丕, 조조의 아들)에 의해 건국된 위(魏)나라(220~265)가 유비(劉備)·유선(劉禪)의 촉한(蜀漢, 221~263)을 멸망시켰고, 다시 위나라로부터 제위를 선양받은 사마염에 의해 세워진 진(晉, 동진, 317~420)이 오(吳)나라를 멸하여 중원 통일을 이룩한 사실을 중시하고, 유씨(劉氏)혈통주의를 내세우며 한나라 왕통을 '계승'했다고 자임하는 촉한의 세습론적 정통성을 인정치 않은 것이다. 말하자면 정여립은 선양제의 대동적 명분론과 삼국통일의 실질론을 둘 다 택한 것이다. 그는 주희의 역사관을 '소강(小康)'이념에 갇힌 세습왕조론에 대한 소인유학적 이데올로기 외에 명분도, 실질도 없는 공리공담에 지나지 않는 것으로 여긴 것이다. 이것은 현대 중국역사가들의 새로운 역사관과 일치하는 것이니, 정여립이 얼마나 역사를 앞질러 살았는지 짐작하고도 남는다.

셋째는 정여립은 '군신유의(君臣有義)'와 '불사이군(不事二君)'을 되뇌는 반(反)공맹적·성리학적 강상(綱常)질서를 '하사비군론(何事非君論)'에 의해 비판하고 이것을 공맹에서 벗어난 사설(邪說)로 폭로하고 있다. '하사비군론'은 『맹자』에 나온다. 그런데 '하사비군'은 유하혜의 말이 아니라, 탕(蕩)임금의 신하 이윤(伊尹)의 말이다.

> 맹자는 말한다. "백이는 […] 제 임금이 아니면 섬기지 않았고, 제 백성이 아니면 부리지 않았다. 치세에는 관직에 나아가고, 난세에는 물러났다. […] 이윤은 '어느 임금을 섬긴들 임금이 아니고, 어느 백성을 다스린들 백성이 아니겠는가?'라고 말했고, 치세에 관직에 나아가고 난세에도 나아갔다. 그는

말하기를, '하늘이 이 백성을 낳을 때 선지자를 시켜 후지자(後知者)를 깨치게 하고, 선각자로 시켜 후각자를 깨치게 만들었다. 나는 하늘이 낸 백성 중 선각자다. 내가 장차 이 도로써 백성을 깨치게 할 것이다.'라고 했다. 그는 천하백성이 필부들이라도 요순의 은택을 입는 자에 참여하지 못하는 일이 있다면 자기가 그들을 도랑 속에 밀어 넣은 것과 같은 것이라고 생각하여 스스로 천하의 중책을 맡았다. 유하혜는 더러운 임금을 부끄러워하지 않았고 작은 벼슬도 사양하지 않았다. 관직에 나아가면 현명함을 숨기지 않았고, 이를 도(道)로써 했다. 버려져도 원망하지 않고, 곤궁해도 고민하지 않고, 시골 사람과 더불어 초야에 묻혀도 즐겁게 자득하여 차마 떠나지 못했다. […] 빨리해야 하면 빨리하고, 오래 있어야 하면 오래 있고, 초야에 묻혀야 하면 묻히고, 출사해야 하면 출사한 사람은 공자다. 백이는 깨끗한 성인이고, 이윤은 책임 있는 성인이고, 유혜하는 화합적인 성인이고, 공자는 때를 아는 성인이다."[87]

이와 유사한 유하혜 평가를 맹자는 여러 곳에서 반복한다.[88] 또 이윤의 '하사비군론'도 여러 곳에서 반복한다.

제 임금이 아니면 섬기지 않고 제 백성이 아니면 부리지 않고 치세에는 벼슬에 나아가고 난세에는 물러난 사람은 백이다. 누구를 섬긴들 임금이 아니고, 누구를 부린들 백성이 아니겠는가? 치세에도 나아가고, 난세에도 나아간 사람은 이윤이다. 출사해야 하면 출사하고, 그칠 수 있으면 그치고, 오래 있어야 하면 오래 있고, 빨리해야 하면 빨리한 사람은 공자다. 모두 다 옛 성인들이다. 나는 아직 이들에 따른 행동을 갖추지 못했지만, 이내 바라는 바라면

---

[87] 『孟子』「萬章下」(10-1). "(孟子曰) 伯夷 […] 非其君 不事 非其民 不使. 治則進 亂則退. […] 伊尹曰 何事非君, 何使非民? 治亦進 亂亦進. 曰 天之生斯民也 使先知覺後知 使先覺覺後覺, 予 天民之先覺者也, 予將以此道覺此民也. 思天下之民 匹夫匹婦有不與被堯舜之澤者 若己推而內之溝中, 其自任以天下之重也. 柳下惠不羞汙君 不辭小官. 進不隱賢 必以其道, 遺佚而不怨 阨窮而不憫, 與鄉人處 由由然不忍去也. […] 可以速則速 可以久則久 可以處則處 可以仕則仕 孔子也. 孟子曰 伯夷 聖之淸者也 伊尹 聖之任者也 柳下惠 聖之和者也 孔子 聖之時者也."

[88] 『孟子』「公孫丑上」(3-9);「告子下」(12-6) 참조.

공자를 배우겠다.[89]

따라서 '하사비군론'은 유하혜의 지론이 아니라 이윤의 지론임이 틀림없다. '하사비군론'을 유하혜의 지론으로 착각한『선조실록』의 기록이 정여립의 오류인지, 사관(史官)의 오류인지는 오늘날 정확히 알 수 없지만 사관의 오류로 짐작된다. 정여립의 천재성을 감안할 때, 이런 오류는 그에게서 나올 수 없기 때문이다. 어찌되었든 '하사비군론'은『실록』의 '정여립 비판 글'에서 단죄하듯이 결코 '패역'의 사상이 아니라, 맹자가 백이·이윤·유하혜를 공자와 동렬로 놓고 "모두 다 옛 성인들이다."라고 평하듯이 이윤이라는 '옛 성인'의 사상이다. 이윤의 이 '하사비군론'은 정여립에 의해 공자의 대동이념적 '군주민선론'과 결합되면서 전통적 군왕제를 탈피하여 '선출왕제'나 '공화제'로 나아가게 된 것이다.

마지막으로『실록』에 의하면, 1589년 당시 이미 정여립은 '나라의 무사태평'을 위해 바다와 육지의 노비와 그 일족 및 이웃의 요역을 모두 경감하거나 면제하고, 추쇄를 폐하고, 공사노비와 서얼의 앞길을 가로막는 금법을 모두 혁제(革除)할 것을 공약했다. 당시 민중은 세습군주제와 세습신분제를 인정치 않는 '대동'의 이념에서 도출한 것으로 보이는 정여립의 이 '노비혁제' 공약에 매혹되었고, 그리하여 (『선조실록』에 의하면) 매혹된 민중들이 이 혁제공약을 "왁자하게" 다투어 전파했다고 한다.[90] 정여립의 이 '혁제'공약은 150여 년 뒤 영·정조가 취하거나 취하려고 했던 혁파정책과 본질적으로 일치하는 것이다.

오늘날 정여립의 정치철학의 세세한 내용을 다 알 수 없지만, 실록의 이런 저런 기사들만 보아도 그의 정치철학의 혁명성과 근대성을 능히 짐작하고도 남는다. 후술하겠지만, 서양 계몽철학자들은 17세기 후반과 18세기에 오로지 공맹철학의 유럽적 해석을 통해 그리스철학과 스콜라철학을 퇴치하고 근대화를 위한 혁명적 계몽운동을 일으켰다. 정여립은 이 서양 계몽철학자들과 유사하게, 그러나 이들보다 무려 150년이나 앞서, 순전히 공자철학의 창조적 해

---

89 『孟子』「公孫丑上」(3-2). "非其君不事 非其民不使 治則進 亂則退 伯夷也. 何事非君 何使非民? 治亦進 亂亦進 伊尹也. 可以仕則仕 可以止則止 可以久則久 可以速則速 孔子也. 皆古聖人也. 吾未能有行焉 乃所願 則學孔子也." 또 "탕왕에게 다섯 번 취직하고, 걸왕에게 다섯 번 취직한 사람은 이윤이다.[五就湯 五就桀者 伊尹也]"「告子下」(12-6).

90 앞서 인용된『선조수정실록』22년 10월 1일 참조.

석을 통해 조선을 근대화하려는 대동이념적·공화주의적 혁명철학을 발전시킨 것이다. 놀라운 것은 서양과 조선에서 공히 근대화 이념을 이렇게 공자철학으로부터 도출했다는 것이다. 따라서 정여립의 공화주의와 그 혁명적 근대성은 공자의 대동사상에 대한 '정밀 독해'를 통해서만 제대로 이해될 수 있다.

공자는 천하와 나라가 개인의 사유물이 아니라 공기(公器)이고, 소유제도 면에서 자기 것과 남의 것이 있되, 자기 것으로 기꺼이 남을 돕고, 각종 사회적 약자들을 보살피고 챙기는 완벽한 사회복지·완전 고용·평화안전이 보장되고, 제 부모 제 자식을 먼저 챙기지만 제 부모 제 자식만을 사랑하지 않는 범애(汎愛)·범인(汎仁)의 세상을 이상세계로 삼았다. 이 세상을 그는 '대동'이라고 불렀다. 반대로 내 것, 네 것이 분명히 나뉠 뿐만 아니라 내 것만을 아끼고 남을 돕지 않고 내 부모, 내 자식만을 사랑하며, 천하와 나라가 사가(私家)의 사유물인 세상은 '소강(小康)'이라 불렀다. 전자는 정치적 이상사회이고, 후자는 하·은·주 삼대 이래의 현실이었다. 주지하다시피 공자는 이런 사상을 『예기』「예운」편에서 기술한다. 공자는 "대도(大道)가 행해지던 일과 삼대의 영현들을 나, 공구는 겪어보지 못했지만 이에 대한 기록들이 남아 있다.[孔子曰 大道之行也 與三代之英 丘未之逮也而有志焉]"라고 운을 뗐다. '대도가 행해지던 일'은 황제·전욱·제곡·요·순 등의 오제(五帝)시대를 가리키고, '삼대의 영현'은 하·은·주 삼대의 영현들(우왕·탕왕·문왕·무왕·성왕·주공)을 가리킨다.[91] 이어서 공자는 대동천하를 회고적 관점에서 술회한다.

> 대도가 행해질 적에 천하는 공기(公器)였고, [天下爲公] 현군과 능력자를 선출했다.[選賢與能] 신의를 다지고 화목을 닦았다. 그러므로 사람들은 오직 제 어버이만을 친애하지 않았고 오직 제 자식만을 사랑하지 않았다. 노인은 생을 마칠 곳이 있었고, 장정에게는 쓰일 곳이 있었고, 어린이는 키워줄 곳이 있었고, 환(鰥)·과(寡)·고(孤)·독(獨)과 폐질자는 보살펴줄 곳이 있었다. 남자는 직분이 있었고 여자는 시집갈 곳이 있었다. 재화는 땅에 버려지는 것을 싫어했으나 반드시 자기에게만 숨겨져 있지도 않았고, 힘은 몸에서 나오는 것을 싫어했으나 반드시 자기만을 위하지 않았다. 이러므로 계모(計謀)가 닫혀 일어나지 못했고 도둑과 난적이 활동하지 못했다. 그러므로 바깥문을 닫

---

[91] 鄭玄 注, 孔穎達 疏, 十三經注疏整理委員會 編, 『禮記正義』(北京: 北京大學出版社, 2000), 766~768쪽.

지 않았다. 이것을 일러 대동이라 한다.

공자는 이어서 대동천하와 대척적인 원리에 서 있는 하·은·주 3대를 '소강'으로 규정한다.

그런데 지금은 대도가 숨어버렸고 천하는 가(家)가 되었고[天下爲家] 각기 제 어버이를 친애하고 각기 제 자식을 사랑하고 재화와 힘은 자기를 위한다. 대인(치자)은 세습을 예로 삼는다. 성곽과 해자(垓字)를 방위시설로 삼는다. 예와 의를 기강으로 삼아 군신을 바르게 하고 부자를 독실하게 하고 형제를 화목하게 하고 부부를 화합하게 하고 제도를 설치하고 전리(田里, 동네)를 세우고 용기와 지혜를 받들고 공을 세워 자기를 위한다. 그러므로 계모가 이를 틈타 작용하고 전쟁도 이로 말미암아 일어난다. 우·탕·문·무·성왕·주공은 이 때문에 잘 다스렸다. 이 여섯 군자는 예에 신중하지 않은 적이 없었다. 이 예로써 그 의리를 드러내고 신의를 이루었다. 과오를 드러나게 하고, 인(仁)을 강제하고[刑仁], 겸양을 외게 하고, 백성에게 공시하는 것이 상례다. 이 예에 따르지 않는 자가 있다면, 권세가 있는 자도 백성을 버리게 되어 재앙이 된다. 이것을 일러 소강이라고 한다.[92]

한마디로, '대동'은 (선근후원의 원칙에 따라) 자기와 제 가족으로부터 시작하되 제 가족에 그치지 않고 멀리 널리 추은(推恩)하여 무차별적 보편 복지와 완전 고용의 완벽한 양민(養民)·교민(教民)을 구현하는 박시제중(博施濟衆)의 성인(聖仁)·안인(安仁)·대인(大仁)·대의(大義)(통합적·적분적 정의)의 대덕과 대내외적 신의·화목·평화의 대도가 행해지는 만민 평등의 이상사회다. 반면, '소강'은 분리·사유(私有)의 종법 질서와 예법 기강에 기초하고 공리적 이인(利仁)·형인(刑仁)[강인(强仁)]·소인(小仁)·지혜·용기 등의 소덕(小德)

---

92 『禮記』「第九 禮運」. "昔者仲尼與於蜡賓, 事畢出遊於觀之上 喟然而嘆. 仲尼之嘆蓋嘆魯也. 言偃在側曰 君子何嘆? 孔子曰 大道之行也 與三代之英 丘未之逮也而有志焉. 大道之行也 天下爲公 選賢與能. 講信修睦. 故人不獨親其親 不獨子其子, 使老有所終 壯有所用 幼有所長 鰥寡孤獨廢疾者皆有所養. 男有分 女有歸. 貨惡其弃於地也 不必藏於己 力惡其不出於身也 不必爲己, 是故謀閉而不興 盜竊亂賊而不作. 故外戶而不閉. 是謂大同. 今大道旣隱 天下爲家. 各親其親 各子其子 貨力爲己 大人世及以爲禮 城郭溝池以爲固. 禮義以爲紀 以正君臣 以篤父子 以睦兄弟 以和夫婦. 以設制度 以立田里 以賢勇知 以功爲己. 故謀用是作而兵由此起. 禹湯文武成王周公由此其選也. 此六君子者未有不謹於禮者也. 以著其義 以考其信. 著有過 刑仁講讓 示民有常. 如有不由此者 在埶者去衆 以爲殃. 是謂小康."

및 전쟁과 국방 안보를 운영 원리로 삼는 기존의 불평등한 소의(小義)(미분적 정의)질서다.[93]

『예기』의 저 '대동'의 이념은 즉흥적·낭만적 일탈이 아니라, 『논어』에서 표명되는 공자의 기본 철학과 일치되는 것이다. 왜냐면 공자는 『논어』에서도 궁극적으로 예법 중심의 종주(從周)·정명(正名)사상의 범위를 뛰어넘어, 요순시대의 '무위지치(無爲之治)'와[94] 선양제(禪讓制)의 이상 국가를 동경하고 찬미했기 때문이다. 공자는 주나라를 따라 예를 강조했지만 이것이 그의 사상의 전부가 아니었던 것이다. 공자는 임금의 친정(親政)보다 이 임금으로부터 치국을 위임받은 군자들이 다스리는 '남면의 치', '무위의 치'를 이상으로 여겼다. 또 『논어』에서도 무력을 쓰는 유혈의 꺼림칙한 역성혁명이나 왕위세습제보다는 민심에 입각한 현군의 선출을 통한 왕위 선양을 더 높이 평가했다. 『논어』에서 공자는 자신의 이런 마음을 무왕시대의 악곡 '무(武)'보다 순임금시대의 악곡 '소(韶)'를 더 좋아하는 것으로 표현했다. 그는 "소를 평하여 더할 나위 없이 아름답고 더할 나위 없이 선하구나."라고 하고, 무를 평하여 "더할 나위 없이 아름다우나 선함은 미진하구나."라고 말했었다.[95] 또한 그가 '소'를 듣고 배워 석 달 동안 고기 맛을 잃었다는 일화는 대동사상의 정통성을 확인해 주고도 남는다.

또한 위 인용문에서 '여섯 군자들'은 하·은·주 삼대의 왕들과 섭정자(주공)다. 하나라 시조 우임금은 천하를 현신 익(益)에게 선양했으나 하나라 백성들은 익을 버리고 천하를 우임금의 아들 계(啓)에게 주었다. 이로써 선양의 전통이 단절되고 세습의 예법이 시작되었다. 탕왕은 탕도(湯道)혁명을 일으켜 하나라의 마지막 천자 걸(桀)을 타도한 은나라 임금이고, 문왕·무왕·성왕·주공은 무도(武道)혁명을 전후한 주나라의 세 임금과 섭정자다. 따라서 공자는 주도면밀하게 여기에서 천하가 '공기'였던 삼대 이전 오제시대의 요·순임금을 '소강'의 성왕(聖王) 목록에서 제외시킨 것이다. 그리고 위 글에서 '대동'의 대덕의 덕목들(대인·대의·평화)은 공자의 인의(仁義)사상의 범위에 속

---

[93] 안인(安仁)과 이인(利仁)·강인(强仁)의 구분, 대인(大仁)과 소인(小仁)의 구분, 대의(大義)와 소의(小義)의 구분은 『禮記』 「表記 第三十二」 참조. 안인과 이인의 구분은 『論語』 「里仁」(4-2) 참조. '박시제중'의 '성인(聖仁)'은 『論語』 「雍也」(6-30) 참조.

[94] 『論語』 「衛靈公」(15-5). "子曰 無爲而治者其舜也與! 夫何爲哉? 恭己正南面而已矣."; 「泰伯」(8-18). "子曰 巍巍乎 舜禹之有天下也而不與焉!"

[95] 『論語』 「八佾」(3-25).

하는 것들이다. 이는 다 공자의 기본 이념인 대인(大仁)·대의(大義)의 덕치, 군자론 등과도 합치되는 것들이다. '천하위공(天下爲公)'의 관점에서 왕위 세습과 군신·가족의 예를 낮은 단계로 격하하는 대동사상은 '덕으로써 지위를 얻어야 한다'는 공자의 군자사상의 연장에 불과한 것이다. 그리고 "자기 어버이와 자기 자식만을 사랑하지 않는다."는 구절도 박시제중으로 완결되는 '거룩한 범인(汎仁)'에 해당하는 것이다. 그러므로 '대동'은 공자 사상의 완결판이다. 대동은 실은 살신성인의 박시제중으로 이루어야 할 '거룩한 범인', 바로 '성인(聖仁)'의 다른 표현이고, 인보다 예를 중시하는 '소강'은 "종주(從周)사상의 대의"로 볼 수 있다.[96]

한편, 요순시대의 위대한 덕치(왕위선양, 남면정치)를 동경하던 공자시대의 정치적 이상주의 풍조로 볼 때, '대동'의 개념에 담긴 아름다운 이상사회에 관한 기술 내용은 드넓은 천하의 박시제중과 통일 사회로서, 노자의 외롭고 적막한 소국과민의 두절된 원시 부락 사회와 판이하게 대립되는 것이다. 공자가 제하(諸夏)만이 아니라 이적까지도 궁극적으로 예로써 통일되어야 할 천하의 개념에 집어넣은 이상주의자인 한에서 대동의 개념은 평생 제하와 이적의 구별이 없는 평화로운 요순시대를 그리던 공자 정치철학의 정점인 셈이다.

요순의 대동시대에는 천하와 국가는 하늘과 백성에 속하는 공기(公器)였고, 장정과 남자에게 할 일과 직분이 있는 완전 고용이 이루어지고, (뛰어난 장정들이 전장에서 죽지 않아도 되는 평화 시기라서) 여자가 시집갈 데가 있고, 또 신분차별이 없는 보편 복지 사회다. 천자와 제후는 백성 중에서 민심을 얻은 현능한 성인을 선출하여 이 피선출자에게 제위와 왕위를 물려주는 '선위수성(禪位授聖)'을 했다. 이렇게 하여 '수출서물(首出庶物)'이 이루어지는 것이다. 천자와 제후가 제 지위를 자기들의 자식에게 세습하지 않고 그 지위를 선양·선위(禪讓禪位)하여 민심의 지지와 천명을 받은 성인현자에게 물려준다는 말이다. 맹자는 이 선양이 천명에 의거하므로 실제로 천자를 최종 결정하고 인준한 주체는 하늘과 동위(同位)인 국민이었다고 설명한다. 맹자는 하늘과 백성을 동위로, 나아가 민심을 천심의 근거로 보았던 것이다. 맹자는 이 관점에서 민심의 지지를 받은 요·순임금의 성공적인 선양과, 민심의 지지를 받지 못한 우(禹)임금의 좌절된 선양을 나눠 분석한다. 선양·선위 과정에서 천자는

---

96 蕭公權, 『中國政治思想史』「第1冊」(上海: 商務印書館, 1947); 蕭公權, 최명 역, 『中國政治思想史』(法文社, 1994), 114쪽.

다음 천자 후보를 민심에 따라 선별해 하늘과 백성에게 천거할 수 있지만, 천하의 영유권을 자기가 선발한 천자 후보에게 줄 수는 없다. 천하는 공기로서 천자의 것이 아니라 하늘과 백성의 것이기 때문이고, 또 천거된 천자 후보에 대한 비준권과 천자를 만드는 권한은 하늘과 백성에게 있기 때문이다. 천자의 선양은 세습과 판연히 다른 선출 메커니즘인 것이다. 그러므로 맹자는 "천자는 사람을 하늘에 천거할 수 있지만, 하늘로 하여금 천하를 그에게 주게 할 수는 없다."고 말한다. 이것은 제후가 사람을 천자에게 천거할 수는 있지만 천자로 하여금 이 천거된 자를 제후로 시켜줄 권한은 없는 것과 같다. 제후를 세우는 것은 천자의 고유한 권한이기 때문이다. 또한 대부도 사람을 제후에게 천거할 수는 있으나 천거된 자를 대부로 만들어줄 권한은 없다. 대부를 만드는 것은 제후의 고유 권한이기 때문이다. 마찬가지로 "예전에 요임금은 순을 하늘에 천거하였는데 하늘이 그를 받아들였고 그를 백성들에게 내놓았는데 백성들이 그를 받아들였다." 이처럼 "하늘은 말하지 아니하나 행동과 일로써 그것을 보여줄 따름이다".

하늘과 백성이 받아들였다는 것은 어떻게 확인하는가? 그것은 천거 이후의 정치 현상을 통해 확인된다. 요임금이 "순으로 하여금 제사를 주관하게 하니 모든 신들이 이를 누렸는데, 이는 하늘이 그를 받아들인 것이다. 그로 하여금 정사를 주관하게 하니 정사가 다스려지고 백성이 이를 편안하게 여겼는데, 이는 백성이 그를 받아들인 것이다. 그래서 하늘이 천하를 주고 인민이 이를 준 것이다.[天與之 人與之] 그러므로 천자는 천하를 사람에게 줄 수 없다고 한 것이다.[故曰 天子不能以天下與人]" 순이 요임금을 보좌한 세월이 28년이었다. 이는 사람이 할 수 있는 일이 아니라 천리(天理)인 것이다. 요임금이 죽자 순은 삼년상을 마치고 요의 아들을 피해 남하(南河)의 남쪽에서 지냈는데, "천하의 제후들이 천자를 만나려 아들에게 가는 것이 아니라 순에게 갔고 재판을 받으려 아들에게 가지 않고 순에게 갔으며 찬양가를 부르는 사람은 요의 아들을 찬양하지 않고 순을 찬양했다." 그러므로 이는 '천시자아민시(天視自我民視) 천청자아민청(天聽自我民聽)'의 논리에 따라 "하늘의 일"인 것이다. 민심이 이렇게 드러난 뒤에야 "순은 나라의 중심으로 가서 천자의 황위에 올랐다." 이래서 맹자는 이를 「태서」에 '천시자아민시 천청자아민청'이라고 말한 것이다."라고 주석했다.⁹⁷ 맹자는 천하의 귀속을 정하는 최종 결정권을 '천심즉 민심'에 있는 것으로 규정했다. 백성은 하늘과 동위인 것이다. 이 천심·민심 동위론(天心民心同位論)은 고대로부터 전해오는 오랜 전통이다.⁹⁸

따라서 선양제는 제도적 절차가 좀 다르지만 선출직 대통령제와 내용적으로 상통하는 것이다. 또한 천자의 후보 천거는 귀천의 신분 차별 없이, 그리고 하이(夏夷) 차별 없이 이루어졌다. 바로 '수출서물'이다. 맹자에 의하면, 바로 순임금은 동이족 사람[東夷之人]이었다.⁹⁹ 선양제도에서는 이렇게 하이 차별, 신분 차별 없이 현인과 능력자를 선발하여 관리를 등용하고 이 중에서 천자 후보를 선정했다. (따라서 "천자에서 서인에 이르기까지 하나같이 다 수신을 근본으로 삼는다."는 『대학』의 명제처럼, 교육도 신분을 멀리하고 평등하게 이루어졌다.) 위의 '대동' 인용문에서 "현인과 능력자를 선출했다."는 구절은 바로 이를 말하는 것이다. 현자는 '덕행이 있는 자'이고, 능력자는 '도(道)와 예(藝)를 가진 자'다. 또 공영달에 의하면, "현인과 능력자를 선출해서 썼다."는 구절은 "천위를 사적으로 전하지 않는 것"을 말하는데, "이것은 제후도 사적으로 세습시키지 않았고 나라도 세습으로 전하지 않았고, 오로지 현자와 능력자를 선발하여 썼음을 밝히는 것이다."¹⁰⁰ 게다가 순임금의 치세는 남면과 무위의 치세였다. 공자는 순·우임금의 남면·무위의 치를 찬미했다. "무위로 다스리는 자는 순임금이었노라. 대체 그가 무엇을 했겠는가? 자기를 공손히 하고 똑바로 남면했을 따름이니라.[子曰 無爲而治者其舜也與 夫何爲哉 恭己正南面而已矣]"¹⁰¹ 또한 순임금과 우임금이 천하를 영유하고도 치국·평천하의 정치에 관여하지 않은 것을 높이 평가했다. "높고 높도다! 순임금과 우임금은 천하를 영유했으나 이에 간여하지 않았노라.[子曰 巍巍乎 舜禹之有天下也 而不與

---

97 『孟子』「萬章上」(9-5).
98 『詩經』「大雅·蕩」('蕩蕩上帝 下民之辟'); 『書經』「大誥」('天棐忱辭 其考我民'); 「太誓」('民之所欲 天必從之'); 「酒誥」('人無於水監 當于民監'). 또한 『春秋左氏傳』襄公31年條, 昭公1年條 및 『國語』「周語」도 참조. "주어"는 『書經』「太誓」를 인용했다.
99 맹자는 "순임금은 (기주冀州의) 제풍에서 나서 부하로 옮겼다가 명조에서 죽었으니 동이 사람이다.[孟子曰 舜生於諸馮 遷於負夏 卒於鳴條 東夷之人也] 문왕은 기주에서 태어나서 필영에서 죽었으니 서이 사람이다.[文王生於岐周 卒於畢郢 西夷之人也]"라고 말한다. 『孟子』「離婁下」(8-1). 그런데 『사기』는 순이 기주 사람이고 부하에서 시장을 보았다고 달리 쓰고 있다. 司馬遷, 『史記本紀』「五帝本紀」참조. 그리고 순이 동이족이라는 사실도 말하지 않고 있다.
100 鄭玄 注, 孔穎達 疏, 『禮記正義』, 769쪽.
101 『論語』「衛靈公」(15-5).

馬]"¹⁰² 17세기 말 윌리엄 템플(Sir William Temple, 1628~1699)을 비롯한 영국인들은 "임금은 천하를 영유하나 이에 간여하지 않는다."는 공자의 이 '유이불여(有而不與)'론을 '왕은 군림하나 통치하지 않는다.(The king reigns, but does not govern.)'는 제한군주론으로 번안하고 이 '무위지치'의 '유이불여'론으로 정당화되던 명·청대의 권력분립적 내각제로부터 제한군주정적 내각제 또는 '내각 속의 왕(King in Council)'제를 발전시켰다.¹⁰³ 이런 까닭에 공자의 대동사회·무위지치론으로부터 우리는 근거 있게, 공화주의적 선출왕제와 왕·내각·국민의 분권통치에 기초한 근대적 이상국가론을 도출할 수 있는 것이다. 정여립은 이런 이상국가를 꿈꿀 수 있는 새로운 시대에 이르러 군자유학의 관점에서 공자의 도통을 정확히 살려 근대적 공화주의를 전개한 것이다. 이런 까닭에 훗날 공자의 '대동' 이념을 깊이 이해했던 고종시대 호남의 국가개혁론적 실학자이자 독립운동가인 이기(李沂, 1848~1907), 그리고 이승만도 정여립처럼 요순의 대동사회를 공화제로 해석한다.¹⁰⁴ 아무튼 "정여립, 이발 형제백유양, 정개청 등에서 볼 수 있는 공통점은 선조 바로 그 사람에 대해 등을 돌리는 자세, 그 아래서는 아무것도 성취할 수 없다는 생각이 아닌가 한다. 세습군주제의 모순을 특히 선조를 통해 절감한 것이 이들의 공약수였다고 생각한다."¹⁰⁵

또한 정여립이 이윤과 맹자가 여러 임금을 섬긴 것을 들어 이윤의 '하사비군론(何事非君論)'으로 제나라 왕촉의 불사이군론을 부정한 것은 그가 선조에 대한 충성 의무를 부인한 것일 뿐만 아니라, 세습군주 전체에 대한 충성 의무를 부정한 것이다. 왕촉의 이야기는 이렇다. 연(燕)나라의 장수 악의(樂毅)가 제나라를 정벌하였을 때, 제나라의 화읍(畵邑)에 왕촉이라는 현자가 살고 있다는 소문을 들었다. 악의는 화읍 주변의 30리 안으로는 진군하지 말라

---

102 『論語』「泰伯」(8-18).

103 이에 대한 간단한 논의는 황태연, 「서구 자유시장론과 복지국가론에 대한 공맹과 사마천의 무위시장 이념과 양민철학의 영향」, 『정신문화연구』 제35권 제2호(통권 127호 2012년 여름호), 357~359쪽 참조. 본격적 논의로는 황태연, 앞의 글(2014) 참조.

104 이기는 당우(唐虞, 요순) 이상은 공화, 삼대는 입헌, 진한(秦漢) 이하는 전제(專制)로 분류하고, 이 중 공화를 "가장 선한 것"[三者莫善於共和]으로 보았다. 그리고 그는 "오제의 관(官)이 천하의 관이라고 하는 경우는 선양으로 대를 잇는 것[禪代]"이라고 일컫고, 이것은 요순보다 이전에 진실로 이미 이 제도를 가졌었고, 이들은 지금의 구미인들의 대통령과 다르지 않다."고 해석한다. 그는 "당요 이상의 공화는 높아서 바랄 수 없고, 진한 이하의 전제는 나빠서 행할 수 없으므로 행할 수 있는 것은 오직 삼대의 입헌뿐이다."라고 말한다. 李沂, 「急務八制議」, 20~21쪽('國制'), 국사편찬위원회 편, 『海鶴遺書』(한국사학회, 단기4188[1955]). 또 이승만(리승만), 『독립정신』(현대어판)(정동출판사, 1993), 78~79쪽.

105 김용덕, 『朝鮮後期思想史硏究』(을유문화사, 1977), '第三編 鄭汝立 硏究', 522쪽.

는 명령을 내렸다. 그리고는 왕촉에게 사람을 보내어 연나라에 귀순하여 장수가 되면 1만 가구를 봉하겠노라고 제안하였다. 왕촉이 거절하자 연나라 사람은 말을 듣지 않으면 화읍 사람들을 학살하겠다고 협박하였다. 그러자 왕촉은 "충신은 두 임금을 섬기지 않고, 정숙한 여인은 지아비를 두 번 바꾸지 않는 법이다.[忠臣不事二君, 貞女不更二夫] 제나라 왕이 나의 간언을 듣지 않았으므로 나는 관직에서 물러나 들에서 농사를 지으며 살았다. 나라가 이미 망하였는데 내가 살아남을 수 있겠는가. 지금 또 군대로써 위협하여 장수가 되라고 하는데, 이는 폭군 걸왕을 돕는 일이나 마찬가지다. 살아서 의로움이 없을 바에는 차라리 삶아져 죽는 것이 낫다."라고 답하고는 스스로 나무에 목매 죽었다.[106] 정여립은 이 이야기를 왕촉의 이야기지 성현의 주장이 아니라고 명변(明辨)함으로써 '불사이군, 일부종사'의 반(反)공맹철학적·성리학적 독단을 분쇄한 것이다.

천하가 하늘과 백성의 공유물이므로 백성이 현능자들 중에서 군주와 관리들을 뽑아 써야 한다는 정여립의 이 천재적 공화주의 정치철학의 '경악스런' 혁명성과 근대성은 생각이 있는 모든 유학들과 준양반들, 그리고 평민 지식인들에게 놀라운 각성을 가져다주었고, 선조 이후 임금들에게, 특히 성리학 못지않게 공맹철학 자체도 중시한 탕평군주들에게 두렵고 두려운 사상이었다. 정여립세력에게 '암주(暗主)'로 낙인찍힌 선조와 서인붕당은 이 두려움에서 정여립과 그 관련자들을 대량학살했으나, 정여립의 '정씨'와 관련된 원한과 비원은 민중 속에서 정씨가 이씨를 타도하고 새 왕조를 열거라는『정감록(鄭鑑錄)』의 역성혁명적 정씨왕조설로 다시 태어나 영·정조 이래 모든 임금들을 공포에 떨게 했다.

『정감록』은 1739년(영조 15) 처음 실록에 등장한다.[107] 『정감록』의 신분 타파 사상과 신왕조 예언서들은 서당 보급이 보편화되고, 인쇄술이 발전하고, 종이 생산과 서적 유통량이 증가하고 독서층이 늘면서 급속히 확산되었다. 또

---

106 『史記列傳』「田單列傳」.
107 『영조실록』15년(1739) 8월 6일. "이때 서북 변방 사람들이 정감(鄭鑑)이 참위(讖緯)한 글을 파다히 서로 전하여 이야기하므로 조신(朝臣)이 불살라 금하기를 청하고 또 언근(言根)을 구핵(究覈)하고자 하기에 이르렀는데, 임금이 말하기를, '그것이 어찌 진시황이 서적을 지니는 것을 금한 것과 다르겠는가? 정기(正氣)가 충실하면 사기(邪氣)는 실로 절로 사라질 것이다. 정기를 도우려면 학문이 아니고서 어찌하겠는가?'라고 했다."『정감록』에 관한 첫 기록이라는 사실(史實)과 함께 진시황의 분서를 반면교사로 삼아 사상과 표현의 자유를 인정하는 영조의 원칙적 의지가 돋보이는 기사다.

당시는 이런 사상과 예언서를 전국적으로 유포시키는 매개자들인 평민 지식인층이 광범히 유랑했다. 이에 더해 소빙기의 우박·바람·서리·눈·황충(蝗蟲, 풀무치 떼) 등 자연재해, 대흉작, 가뭄, 기근과 아사, 돌림병으로 인한 대규모 병사 등이 빈발하면서 말세론은 더욱 거세게 번져갔다. 이런 가운데 정조 때에는 한글판 『정감록』도 나돌았다.[108] 그리하여 1782년(정조 6) 11월에 발각된 '정감록 역모 사건'의 수괴인 문인방과 관련자들도 이미 청소년 시절에 한글본 『정감록』을 읽고[109] 개벽의지를 키웠을 정도다.

송나라 중기 이래의 중국처럼 신분 차별 없고[110] 서얼 차대 없는 이상사회론으로 가장 대중적으로 알려진 정여립의 공화주의적 대동사상과 정씨왕조론은 천주교도 허균(1569~1618)의 『홍길동전』의 '율도국' 등 여러 이상국가론으로 계승된다. 『정감록』은 이런 여러 이상국가론을 혼합하여 민중신앙과 결합된 미륵신앙의 도교적·불교적 천년왕국설과 유학적 역성혁명론·대동사회론을 결합시켜 개벽의 이상사회로서의 '소운릉(小雲陵)'을 추구했다. 이것이 정씨진인(鄭氏眞人)왕조다. 따라서 이후 『정감록』을 내세워 민란을 획책하는 사건들이 줄을 이었다.

여환(呂還)이라는 승려는 1688년(숙종 14) 미륵신앙을 바탕으로 대규모 조직을 작당하여 실제로 서울 공략을 계획한 변란을 작변했다. 또 소론과 남인 계통의 불만 사림은 영조 초기에 녹림당이나 노비 세력까지도 적극 참여한 '이인좌의 병난'(이른바 병신난戊申亂, 1728)을 일으켰다. 또 정조 때인 1782년에는 이경래와 문인방이 『정감록』을 바탕으로 큰 무리를 조직하여 서울 공격을 기도하는 소위 '정감록 변란 사건'을 일으켰다. 『정감록』을 믿는 수상한 민심의 계속적 확산 속에서 1785년에도 문양해와 이율이 또 '정감록 역모 사건'

---

108 고성훈 외, 『민란의 시대』(가람기획, 2000), 108쪽; 백승종, 앞의 책(2012), 247~248쪽 참조.

109 백승종, 앞의 책(2006·2007), 176쪽; 백승종, 앞의 책(2012), 247~248쪽.

110 중국은 명나라 중기부터 사대부제도를 폐지하고 과거를 통해 관직에 임용된 '신사(紳士)' 1대에 한해 부세(賦稅)·신역(身役) 면제의 특권을 인정하는 신분 차별 없는 평등사회였다. 최정연·이범학, 『明末·淸初 稅役制度改革과 紳士의 存在 形態』(歷史學會, 1987); 오금성, 「明·淸時代의 國家權力과 紳士의 存在刑態」, 『동양사학연구』 제30호(1989. 5.); 오금성, 『國法과 社會慣行』(지식산업사, 2007a), 181~241쪽; 조동일, 『동아시아 문명론』(지식산업사, 2010), 284쪽 참조. 명·청대에 양민이 과거를 통한 신사 상승 비율이 오늘날 미국에서 서민·중산층 자손이 엘리트층으로 상승하는 비율보다 훨씬 더 컸다.(명·청대의 과거 급제자 분포도는, 순수 양민 출신 36.2%, 직계 조상 중에 과거 급제자가 일부 있던 집안 출신 11.6%, 과거 급제자 집안 출신 57.3%, 3품 이상 고위 관리를 지낸 과거 급제자 집안 출신 5.7%) Wolfram Eberhard, "Social Mobility and Strafication in China", in Reinhard Bendix and Seymour Martin Lipset (ed.), *Class, Status, and Power* (New York: The Free Press, 1966), pp. 128~130, 179 참조.

을 일으켰다. 정감록신앙과 미륵신앙의 여러 개벽사상적 요소들은 19세기 최제우에 의해 동학사상 속으로 승화, 총괄된다.[111] 그리하여 이상사회를 향한 이 민중적 개벽사상은 탕평군주들의 예방혁명적 민국체제가 세도정치로 무력화되자마자 막 바로 조선왕조를 위협하는 성숙도와 비등점에 도달했다. 이것은 1811년 홍경래의 난으로 시작하여 1894년 동학농민혁명으로 마감되는 80여 년의 '민란·변란·혁명의 시대'가 웅변으로 증언해준다.

물론 공자의 군자유학적 대동이념에 담긴 '천하위공'의 사상으로부터는 정여립의 공화주의만이 도출될 수 있는 것이 아니다. 창의적 해석에 따라 정조처럼 군주를 분신으로 삼는 '백성의 나라'로서의 '민국'도 충분히 도출될 수 있다. 말하자면 영조와 정조는 가문과 파당의 미분적 소의(小義)·소리(小利)만을 좇아 당파싸움에 골몰하는 골수 성리학적 소인 유자들의 저항을 뚫고 요순의 대동세상을 지향하며 '민국의 길'로 천하를 공기로 만들고자 했던 것으로 이해할 수 있다. 이 점에서 정여립과 영·정조는 다른 길을 갔지만 같은 '근대화' 목적으로 귀착되는 '수도동귀(殊途同歸)'의 관계에[112] 있었다.

이 대목에서 우리는 '군자유자'와 '소인유자'를 가르는 공자의 논리를 중시해야 한다. '군자유학(君子儒學)'은 궁극적으로 '대동'의 이상을 지향하는 반면, '소인유학(小人儒學)'은 소강 상태를 지향하기 때문이다. 이렇게 보면, 대동을 지향한 정여립은 '군자유자'인 반면, 영·정조의 개혁정책에 저항한 수구적 사대부들은 말할 것도 없고 실학자들도 거개가 성리학적 소인유학에 젖은 '소인유자들'이었다. 이들은 다 '소강'의 세계에 매몰된 형이상학적 성리학을 신봉했기 때문이다. 물론 정조 같은 탕평군주조차도 민국·소민 보호 등과 관련된 일부 개혁 사안들을 제외하면 종종 '소인유자'로서의 면모를 강경하게 고수했다.(가령 중국에서 수백 년 전에 이미 절판된 성리학서들을 북경의 서점에서 사오라는 정조의 반복된 명령, 서양만이 아니라 청나라도 오랑캐로 보는 정조

---

111 최제우는 『정감록』의 '정씨왕조 개벽설'을 탈도참화하고 승화시켜, '양반 상놈이 없고, 가난뱅이가 부자 되고, 여성과 어린이가 상전이 되고, 우리 민족이 세계를 주도하는' 시운개벽사상(時運開闢思想), 즉 '인시천(人是天)'의 인간해방론(신분해방·계급해방·여성해방·민족해방론) 등으로 도덕화·신학화(神學化)했다. 이를 위해 그는 사람을 하늘로 보는 '인시천(人是天)'·'시천주(侍天主)'의 경천수덕(敬天修德)·만민입신군자론(萬民入信君子論)과 반봉건·반외세 보국안민·광제창생론(廣濟蒼生論)을 폈다. 그는 『정감록』의 '숨은 키워드 궁궁을을(弓弓乙乙)'도 『용담유사』에서 '안전한 피난처'가 아니라, "제 몸을 닦고 살피는" 수덕(修德)원리로 해석하고, 『동경대전』에서는 그 비답(秘答)을 '태극(무극)'으로 제시하고, '侍天主調和定 永世不忘萬事知'라는 13자 '궁을부(弓乙符)'로 주문화했다. 백승종, 『정감록 미스테리』, 51~53, 281~283쪽.

112 『易經』, 「繫辭下傳」(5).

의 화이론적 대청 쇄국과 청나라 서적·사상·풍물의 반입·소지·전파 금지, 이단사설의 출판 탄압, '문체반정'의 문예 탄압 등.)

이런 까닭에 성리학은 백성의 혁명적 이상주의가 확산되면서 점차 지배이데올로기로서 힘을 잃어가고 있었다. 게다가 임진왜란(1592~1598), 정묘호란(1627), 병자호란(1636~1637) 등의 세 차례 대전란을 거치면서 백성을 지키지 못한 조정은 민심으로부터 크게 이반되어 있었다. 백성들은 조정에 대한 깊은 불신과 원한 속에서 자력구제를 찾기 시작했고, '개벽을 위한 민란'으로 자발적 정치 참여를 시도하기 시작했다. 이런 분위기 속에서 군자유학적 도통이 선명한 정여립 식의 혁명적·이상적 공화주의 정치철학은 강력한 흡인력을 발휘하지 않을 수 없었다. 탕평군주들은 정여립 식의 이런 혁명적 정치철학이 두려우면 두려울수록 사대부들의 소인유학을 등지고 이 공화주의 사상과 경쟁적으로 소민 보호를 강조함으로써 '몸과 마음을 바쳐' 대동의 공화주의와 가장 유사한 '민국'정체에 더욱 매달릴 수밖에 없었다. 왜냐하면 민국론은 민과 국, 민과 군주를 일체로 보는 논변을 통해 적어도 세습군주가 들어 설 자리를 만들어주고, 군주가 소민의 보호에 충실하면 충실할수록 이 자리가 더욱 더 안전해지기 때문이다. 정여립의 공화정체에서 세습군주는 들어설 자리가 없고, 더구나 공자철학적 대동의 '무위지치'에서 왕의 친정(親政)은 배제되고 치국의 권한이 현신들에게 맡겨지는 반면, 탕평군주들은 군민일체론을 앞세워 사대부들을 제치고 정치의 전면에 나서 친정을 주도하고자 했다.(이런 까닭에 정약용조차도 정조의 친정론 편에 서서 공자의 무위지치론無爲之治論을 황로설적 이단사설로 내치는 반反공자주의적 행패를 부렸던 것이다.[113]) 따라서 탕평군주는 세습군주가 들어설 자리가 없는 대동적 공화정체에 대한 유일한 대안정체로서 민국정체를 더욱 애지중지하며 이에 '몸과 마음을 바치지' 않을 수 없었을 것이라는 말이다.

(2) 정조의 종교적 관용정책과 천주교의 추대왕론의 확산

한편, 정조 이후에 조선 군왕들은 이런 이상주의적 정통 유학의 체제 도전 외에도 전대미문의 외래사상의 도전에 직면해 있었다. 외래사상이란 바로 서학, 천주학이었다. 정조시대 기독교 신자들은 군자유학에 순도(殉道)한 정여립

---

[113] 丁若鏞, 全州大湖南學研究所 譯, 『國譯與猶堂全書』「經集 II」(전주대학교출판부, 1989), 37~38쪽 참조; 「經集 IV」, 20쪽.

과 1000여 명의 선비의 비원을 계승한 정감록신앙과 마찬가지로 기독교를 일종의 천년왕국설로 받아들여 신앙하기 시작했고, 도처에서 성리학적 소인유자들과 충돌했다. 당시 세계적 종교 상황은 교황청과 가톨릭 신부들이 조선·중국·일본 등 동아시아를 '기독교제국주의적'으로 정복하려는 확고한 입장을 취한 반면, 영국과 네덜란드의 개신교도들은 이 기독교제국주의적 가톨릭이 동아시아에서 힘을 길러 유럽으로 되돌아와 개신교 국가들을 누를까봐 두려워하며, 가톨릭을 '유혈낭자한 살인종교'(가령 피에르 벨)로[114] 맹비난하는 상황이었다. 가톨릭이 중남미에서 쓴 전통적 정복 수순은 최초에 잠입, 신도 확보, 신도의 소란, 신도들의 구원 요청과 내응, 군대 파견과 정벌이었다. 서양 선교사들은 조선에 잠입하거나 북경에서 기른 세례자를 잠입시켜 포교하면서, 순진한 백성들을 신도로 얻자마자 '천당이냐 지옥이냐' 하는 양자택일의 종교적 협박으로 모두 다 광신도로 만들어 교세를 확장하는 데만 열을 올렸다. 그리하여 신도들은 다반사로 과격하게 제사를 폐하고 신주와 사당을 불태우는 짓을 저질렀다. 그러다가 행여 관청이 단속이나 할라치면 신도들이 서로 앞을 다투어 순교자가 되겠다고 나서는 활극이 도처에서 연출되었다.

그러나 정조는 이를 관용으로 눈감아주었다. 1791년 윤지충(尹持忠)·권상연(權尙然) 등이 천주교 신자가 되어 제사를 거부하고 가묘의 신주를 불사르고 부모의 시신을 팽개쳐버리는 진산(珍山)사건이 발생하여 천주교 박멸을 외치는 소리가 높았으나, 정조는 "자기의 악을 공박하고 남의 악을 공박하지 않는 것이 바로 자기의 사특함을 고치는 것이 아니겠느냐?[子曰 […] 攻其惡 無攻人之惡 非脩慝與.]",[115] 그리고 "이단을 공격하는 것은 재해일 따름이다.[子曰 攻乎異端 斯害也已]"[116]라는 공자의 겸손과 무제한적 관용의 두 명제를 견지하고 거듭 인용하며, '기독교도들을 다 박멸하라'는 빗발치는 소인유자들의 상소와 압력에도 굴하지 않고 극형을 윤지충·권상연 두 사람에만 한정하여 종교 탄압으로까지 발전하는 것을 막았다. 정조는 주희와 정약용의 소인유학적 척사론을 물리치고 정학(正學)을 신장하면 사학(邪學)은 저절로 억제될 수 있다는 군자유학적 관용 원칙을 견지한 것이다.

정조는 "공호이단 사해야이(攻乎異端 斯害也已, 이단을 공격하는 것은 재해일

---

114 Pierre Bayle, Remark (E) to Text of the Article "Japan", pp. 131-2.
115 『論語』「顔淵」(12-21).
116 『論語』「爲政」(2-16).

따름이다."로 대표되는 공자의 관용정신에서 천주교에 대해 최대한 관대하게 대처하려고 한다. 그리하여 1791년 1월 23일 그는 권상연·윤지충의 처벌을 청한 상소들에 대해 이렇게 비답한다.

이단의 피해는 홍수나 맹수보다 더 심하니, 만약 발견되는 대로 엄히 징계하지 않는다면 세상의 도와 사문(斯文)을 위해 걱정되는 것이 과연 어떻겠는가. 이것이 일전에 특별히 한 장의 윤음을 내린 이유이다. 그러나 소문을 하나하나 다 믿을 수 없으며 용서할 수 없는 죄든 아니든 간에 설혹 그 소문이 사실이라 하더라도 상도를 어기고 법을 범한 시골의 하찮은 한두 명의 무리를 처리하는 것은 한 명의 도신(道臣)이면 충분하다. 법을 바르게 집행하여 죽여도 좋고 죄를 밝혀 형장을 쳐도 좋은 일이지만, 이는 모두 사실을 따져 살핀 뒤에 할 일이다. 그런데 이것을 법조로 하여금 해당 도(道)의 일까지 대신하게 하는 것은 비단 실제의 진실이 희롱당할 거라는 걱정[實事弄眞之歎]만이 있는 것이 아니다. 어찌 성인이 '이단을 공격하면 재해일 따름이다.[攻乎異端 斯害也已]'라고 말하지 않았으랴! '공(攻)'이란 말은 전단정치[專治]를 일컫는 것인데, (오랑캐들이나 하는) 전단정치를 일삼는 것은 도리어 '중국은 오랑캐를 섬기지 않는다'는 뜻에 어긋남이 있는 것이다.[聖人豈不言 '攻乎異端 斯害也已'乎! 攻之爲言 專治之謂也, 以專治爲事 反有違於中國不事夷狄之意.] 제 자신을 노출시킨 자에 대해서는 이미 도백에게 맡겨서 엄히 규명하도록 했다면, 설혹 적발되지 않은 자가 있더라도 차마 끝까지 찾아냄으로써 스스로 잘못을 고치는 길을 막아버릴 수 없다.[117]

그러나 정조는 다른 한편으로 성리학적 유생들을 달래기 위해 천주교에 대해 비타협적인 논변도 명확하게 직설한다. 그는 1791년 10월 24일 진산사건과 관련하여 성리학에 찌든 사대부들의 흥분을 무마하기 위해 이단사설들에 대

---

[117] 『정조실록』 15년(1791) 10월 23일, 첫 번째 기사. 정조는 여기서 '공(攻)' 자를 '전치(專治)'로 풀이하되 '전치'를 전단정치로 이해함으로써 '전치'를 범조우(范祖禹) 식으로 '전심(專心)으로 배우다', 또는 '금과옥조로 갈고닦는 것'으로 풀어 "攻乎異端 斯害也已"를 "이단을 전심으로 갈고닦는 것은 해로울 뿐이다."로 해독한 정이천·주희·정약용 등의 자의적인 경전변조적 해석(朱熹, 『四書集註』「論語」; 정약용, 『國譯與猶堂全書』「經集 II」, 62~63, 65쪽)을 묵살해버리고 있다. 여기서 정조의 논어 이해는 정이천과 주희뿐만 아니라, 이들과 유사한 독단적·불관용적 정신에서 주희의 이 오류를 보지 못한 정약용의 경전 이해 수준도 능가하고 있다.

한 맹자의 '부득이한 비판'의 논변을[118] 빌어 천주학과 같은 이단을 비판하는 입장을 분명히 한다.

> 이단이라 불리는 것은 비단 노자나 석가모니나 양주나 묵적이나 순자나 장자나 신불해나 한비자뿐만 아니라, 제자백가와 또 만 가지 그 같은 책들이 정법과 상도에 조금이라도 어긋날지라도 선왕(先王)의 법언(法言)이 아닌 것들은 모두 이단인 것이다. 그러므로 공자 때는 사설(邪說)이 횡행하는 것이 맹자 때와 같은 지경에 이르지 않았다. 맹자는 이단을 홍수·맹수·난신적자처럼 배척했으나, 공자는 단지 흡사 평범하게 그것이 해롭다고만 말했다. 무릇 만난 시대가 같지 않았으니, 입장을 바꾼다면 반드시 다 그렇게 할 것이다. 지금 사람들은 소인의 배로 성인의 마음을 헤아려, 마치 『서경』의 탕서(湯誓)와 태서(泰誓)의 글이 하나는 여유 있고 다른 것은 각박하다는 차이만 있는 것처럼 여긴다. 그러나 지금 사람들은 아직 공자가 제자백가와 나란히 할 정도로 진정한 이단에 들어가지는 않은 자들이 횡류하니, 오히려 이단이란 항목을 창설하여 교훈을 보여주고 미리 막으려 했던 것을 너무도 모른다고 할 수 있다. 『논어』의 본지가 어찌 『맹자』의 '호변(好辯)' 장(章)보다 더 엄격하지 않은 것이겠는가? 하물며 지금은 공자시대와 천수백 년이나 떨어졌으니, 정학을 천명하여 펴고 이단을 가둬 물리치는 책임이 우리 무리의 소자들에게 있지 않겠는가? [『論語』本旨, 何嘗不尤嚴而愈厲於好辯章耶? 況今距孔子爲千有百年, 其所闡發廓闢之責, 不在於吾黨之小子乎.][119]

이 정조의 유시 중에 "맹자는 이단을 홍수·맹수·난신적자처럼 배척했으나, 공자는 단지 흡사 평범하게 그것이 해롭다고만 말했다."라는 말은 공맹경전에 대한 정조의 이해가 모자란 것을 보여주는 대목이다. 맹자도 종교적·학문적 이단에 대한 관용을 말하는 공자의 "공호이단 사해야이(攻乎異端 斯害也已, 이단을 공격하는 것은 재해일 따름이다.)" 명제를 잘 알고 있었고, 따라서 '호변(好辯)'해서(괜히 변론하는 것을 좋아해서) 이단을 비판하는 것을 자제했지만,

---

118 이단에 대한 소인유자들의 '호변적 공박'과 맹자 및 군자유자들의 '부득이한 비판'의 구분에 대해서는 황태연, 「공자의 공감적 무위·현세주의와 서구 관용사상의 동아시아적 기원(上)」, 『정신문화연구』 2013 여름호 제36권 제2호(통권 131호), 51~56, 89~91쪽 참조.
119 『정조실록』 15년(1791) 10월 24일.

이단사설이 백성을 도탄에 빠뜨리고 백성을 해치는 지경에 이르면 해당 이단의 설을 불가피하게 논파하는 '부득이한 비판'을 말했을 뿐이다. 그러나 당대 이단사설인 양주와 묵적의 설을 따르는 자들에 대한 비판도 금도가 있어야 하고 그들을 "돼지를 내쫓아 제 우리에 몰아넣고 따라가 묶듯이" 해서는 아니 된다고 경고했다. 이들이 스스로 양묵의 설을 버리고 유학으로 들어오는 경우가 많았기 때문이다.[120] 그러나 정조는 이단자들을 이렇게 돼지 잡듯이 해서는 아니 된다고 당부한 맹자의 태도를 "이단을 홍수·맹수·난신적자처럼 배척한" 것으로 잘못 말하고 있다. 또한 공자의 "공호이단 사해야이(이단을 공격하는 것을 해롭다)" 명제를—'이단을 전공하는 것은 해롭다'고 왜곡하는 주희의 독해 방식에 잠시 빠져들어— 이단을 "해롭다"고 한 것으로 잘못 독해하여 이단에 대한 공자와 맹자 자세에 차이가 있는 것처럼 오해하고 있다.

그러나 정조는 성리학적 교조에 매몰된 신하들을 달래는 저 강한 이단 비판의 논변에 바로 잇대서 태도를 정반대로 바꾸고 "자기의 악을 공박하고 남의 악을 공박하지 않는" 공자의 원칙에 따라 평소 정학(正學)을 선양하지 못한 자신의 잘못을 공박한다. "내가 군사(君師)의 지위에 있으면서도 일이 일어나기 전에 바른길로 인도하여 교화가 행해지고 풍속이 아름답게 만들지 못하였으니, 경(채제공)이야 무슨 책임이 있겠는가?"[121] 여기서 정조는 공자의 '공기악 무공인지악(攻其惡 無攻人之惡), 비수특여(非脩慝與)'의 명제에 따라 영조처럼 자신을 탓하고 있다. 이것은 다른 맥락에서 앞서 시사했듯이 영조의 입장이기도 하다. 영조는 조신들이 『정감록』을 불살라 금하기를 청하자, "그것이 어찌 진시황이 서적을 지니는 것을 금한 것과 다르겠는가? 정기가 충실하면 사기(邪氣)는 실로 절로 사라질 것이다."라고 말한다.[122] 영조는 진시황의 분서를 반면교사로 삼아 백성의 사상과 표현을 자유롭게 관용하는 정통공자철학적·군자유학적 입장을 견지했던 것이다.

정조는 영조의 이 뜻을 이어 바로 다음 날(1791년 10월 25일) 『논어』의 저 두 명제("攻乎異端 斯害也已"와 "攻其惡 無攻人之惡, 非脩慝與")를 '군자유학'의 '무제한적 관용'의 관점에서 결합시켜 다시 제대로 해석함으로써 좌의정 채

---

[120] "孟子曰 逃墨必歸於楊 逃楊必歸於儒. 歸 斯受之而已矣. 今之與楊 墨辯者 如追放豚 旣入其苙 又從而招之." 『孟子』 「盡心下」(14-26).
[121] 『정조실록』 15년(1791) 10월 24일.
[122] 『영조실록』 15년(1739) 8월 6일.

제공에게 관용을 역설한다.

"이단을 공격하는 것은 재해일 따름이다"라는 것에서 성인의 숨은 뜻을 볼 수 있다.[攻乎異端 斯害也已, 聖人之微意可見.] 중국은 이적을 섬기지 않으니 비록 오랑캐로 하여금 관내로 들어오지 못하게는 하더라도 진시황이나 한무제처럼 궁색하게 공격하여 나라를 병들게 하는 것도 당치 않은 것이다. 그러므로 일전에 대간에 대한 비답(批答)에 헤아려 판단할 것이 들어 있었다. 외부 사람들은 이를 보고서 반드시 내가 느슨하게 다스린다고 할 것이나, 이단은 오랑캐와 같은 것이니, 어찌 이단도 역시 궁색하게 다스릴 수 있겠는가?[123]

정조의 논지는 침략적 위법을 저지르지 않는 모든 이단에 대한 관용이 공자의 '숨은 뜻'이라는 주장이다. 그러면서 좌의정에게 여기저기로 반박하는 논설을 써서 퍼뜨리는 식으로 번다히 굴지 말라고 말한다. "오늘날 돌아보면, 정학(正學)은 나날이 쇠미해 가고, 세상의 도리는 나날이 잘못되어 가는데, 이러한 사설(邪說)을 가지고 설왕설래한다면 괜히 잘못을 초래할 뿐이다. 경의 지위로서 만약 문제를 잘 다스려 사설이 스스로 없어지게 하려 한다면, 어찌 그만한 방법이 없어서 문자로 된 글까지 써서 온 세상에 퍼뜨리는가?" 이처럼 정조는 진산사건을 관대하고 조용하게 처리하기 바랐고, 또 사건은 이렇게 일단락되었다. 정조는 이 공자철학적 관용입장을 죽을 때까지 견지했다. 흔히 이해하듯이 정조가 자기와 가까운 남인들 중에 '천주학쟁이'가 많아서가 아니라, 공맹철학적 확신에서 천주학을 관용한 것이다.

물론 주지하다시피 그럼에도 불구하고 선교사와 천주교인들은 갈수록 광신적으로 번다하게 굴었다. 그리하여 이로 인해 정조 사후 큰 불행이 야기되었다. 신유박해(1801), 황사영 백서사건(1801), 이어진 기해박해(1831), 선교사 9명과 8000여 명의 '천주교도들'이 처형된 병인박해(1866), 조선에서 탈출한 리델 신부가 불러들인 프랑스 함대의 병인양요(1866) 등이 꼬리를 이었다. 이런 갈등들은 본질적으로 모두 다 가톨릭 선교사들이 동아시아의 무제한적 종교 자유를 기독교제국주의적으로 악용하여 순수한 백성들을 즉각—타종교들을 불용(不容)하고 함부로 짓밟는—광신도로 만들어 교세확장을 꾀하려

---

123 『정조실록』 15년(1791) 10월 25일.

고만 했지, 동아시아 유교문명권의 전통적 종교 자유와 관용정신을 존중하고 다른 무수한 기존 종교들을 관용할 줄 몰랐기 때문에 발생했다. 동아시아에서 일어난 이런 박해사건들이 가톨릭교의 '기독교제국주의적' 본질로 인해 야기된 것임을 존 로크, 피에르 벨, 볼테르 등도 잘 알고 있었다.[124] 기독교 종파들끼리도 유혈박해와 종교전쟁을 야기하는 유일신주의적 불관용은 '기독교의 본질'이기 때문이다. 이것은 당시 필리핀, 중국 등지에서 활동한 도미니크파의 대표적 선교사였던 나바레테(Domingo Fernandez Navarrete, 1618~1686)도 인정했다. "중국인들이 기독교세계에서 무슨 일이 벌어졌는지를 알았다면, 우리의 얼굴에 침 뱉지 않을 사람은 중국인들 사이에 한 사람도 없을 것이기에, 중국인들이 이런 사실을 알지 못한 것은 신의 특별한 섭리다."[125] 이런 고백으로써 나바레테는 기독교 포교의 불관용적 폭력성·이중성·위선성을 토로한 것이다. 이 말 중 '중국인'을 '조선인'으로 바꿔 읽으면 정조시대 조선에도 그대로 타당한 말이다.

정조시대 기독교 문제는 신도의 수적 증가도 문제였지만, 신앙과 함께 묻어 들어오는 정치사상이 더 문제였다. 신부들은 암약하면서 은근히 로마교황식 추대왕제의 헌정이념을 퍼트려 조선의 세습군주제를 흔들어댔다. 일단 무서운 기세의 천주교 확산은 정언 이경명(李景溟)의 다음 상소로 그 일단을 알 수 있다.

> 오늘날 세속에는 이른바 서학이란 것이 진실로 하나의 큰 변괴입니다. 근년에 성상의 전교에 분명히 게시했고 처분이 엄정하셨으나, 시일이 조금 오래되자 그 단서가 점점 성하여 서울에서부터 먼 시골에 이르기까지 돌려가며 서로 속이고 유혹하여 어리석은 농부와 무지한 촌부까지도 그 책을 언문으로 베껴 신명처럼 받들면서 죽는다 해도 후회하지 않으니, 이렇게 계속된다면 요망한 학설로 인한 종당의 화가 어느 지경에 이를지 모르겠습니다.

---

124 John Locke, "An Essay on Toleration" (1667), in: John Locke, *Political Essays* (Cambridge: Cambridge University Press, 1997·2006, 6th printing), p. 158; Pierre Bayle, [Japan], pp. 128-35. Pierre Bayle, *Political Writings. Extracts from Pierre Bayle, Historical and Critical Dictionary*, ed. by Sally L. Jenkinson (Cambridge: Cambridge University Press, 2000). Voltaire, *Treatise on Tolerance*, in: Voltaire, *Treatise on Tolerance and Other Writings*, edited by Simon Harvey (Cambridge: Cambridge University Press, 2000), pp. 21-2.(제4장); Voltaire, 'China', in: *Philosophical Dictionary*, in two volumes (London: W. Dugdale, 1843), pp. 265-6.

125 Arnold H. Rowbotham, "The Impact of Confucianism on Seventeenth Century Europe", in: *The Far Eastern Quarterly*, Vol. 4, No. 3 (May, 1945), p. 238 재인용.

그러니 조정에서 여러 도의 방백과 수령들에게 엄히 신칙하여 다시 성해지는 폐단이 없게 하소서.[126]

그러나 좌의정 채제공의 말에서 더 심각한 헌정체제적 발언 내용이 나온다. "이른바 서학의 학설이 성행하고 있으므로 신이 『천주실의』라는 책을 구해 보았더니, 바로 이마두(利瑪竇)가 애초에 문답한 것으로, 인륜을 손상하고 파괴하는 설이 아님이 없어 양·묵이 도리를 어지럽히는 것보다 자못 심하였습니다. 그런데 거기에 천당 지옥에 관한 설이 있기 때문에 지각없는 촌백성들이 쉽게 현혹됩니다. 그러나 그것을 금지하는 방도 또한 어렵습니다." 이러자 정조는 다시 『천주실의』를 불사르는 정도의 관대한 조치로 일관한다. "짐의 생각에는 우리 도와 정학을 크게 천명한다면 이런 사설은 일어났다가도 저절로 없어질 것으로 본다. 그러니 그것을 믿는 자들을 정상적인 사람으로 전환시키고 그 책을 불살라 버린다면 금지할 수 있을 것이다." 그러자 채제공이 덧붙여 의미심장한 교황추대제를 소개한다.

그 가운데 좋은 것도 간혹 있으니, 이를테면 상제가 굽어 살피시어 사람들의 좌우에 오르내리신다는 설이 바로 그것입니다. 다만 그 인륜을 무시하고 상도를 배반하는 것 가운데 큰 것으로는, 저들이 높이는 대상이 하나는 옥황, 하나는 조화옹이고, 제 아비는 세 번째로 여기니 이는 아비를 무시하는 것이고, 저들 나라 풍속은 남녀의 정욕이 없는 자를 정신이 응집된 사람이라 하여 그를 나라의 군주로 삼는다 하니 이는 임금을 무시하는 것입니다. 그 학설이 행해지면 그 폐해가 어떠하겠습니까.[127]

채제공은 교황추대제를 "그 학설이 행해지면 그 폐해가 어떻겠느냐"고 체제 동요를 크게 두려워한다. 그러나 정조는 공자철학의 무제한적 관용론에 입각한 전통적 관용론을 다시 피력한다.

이들의 설이 을사년(1785)간에 크게 성행하였는데, 김화진(金華鎭)이 형조판서로 있을 때에 대략 수색해 다스렸으니, 이 일은 유사(有司)의 신하에게 맡

[126] 『정조실록』 12년(1788) 8월 2일.
[127] 『정조실록』 12년(1788) 8월 3일.

기는 것이 옳을 것이다. 만약 큰 사건으로 만들어 조정으로 밀어 올린다면 어찌 방만하게 되어버리지 않겠는가. 대저 좌도(左道)로 사람들의 귀를 현혹시키는 것이 어찌 서학뿐이겠는가. 중국의 경우 육학(陸學)·왕학(王學), 불도(佛道)·노도(老道)의 유가 있었지만 언제 금령을 설치한 적이 있었던가. 그 근본을 따져보면 오로지 유생들이 글을 읽지 않은 데서 말미암은 일일 뿐이다. 근래 문체가 날로 더욱 난잡해지고 또 소설을 탐독하는 폐단이 있으니, 이 점이 바로 서학에 빠져드는 원인이다. 우리나라의 문장은 나라를 세운 이후로 모두 육경과 사자(四子, 공·맹·정·주자)에 오랫동안 노력을 쌓은 속에서 나왔으므로, 비록 길을 달리한 때가 있었지만 요컨대 모두 경학문장의 선비들이었다. 그런데 근일에는 경학이 쓸어낸 듯이 없어져서 선비라는 자들이 장구에 좋은 글귀를 따다가 과거볼 계획이나 하는 데 지나지 않고, 그렇지 않으면 또 이러한 이학(異學)의 사설(邪說)에 빠지고 있으니 어찌 크게 탄식할 만한 일이 아닌가.[128]

이 마지막 말은 공맹과 정·주자를 읽은 많은 선비들도 천주교 이단사설에 말려들고 있었다는 말이다. 따라서 천주교의 확산과 동시에 추대왕론도 확산일로에 있었던 것으로 평가된다. 따라서 정조는 세습군주제를 부정하는 군자유학적 '개벽사상'과 천주학적 '추대왕론'의 헌정론적 도전에 지속적으로 시달렸던 것이다.

(3) 공자철학의 근대화 잠재력과 혁명적 민압(民壓)

유교문화권 안에서의 '내재적 근대화'를 말하면, 서구지상주의자들이 비웃을 것이라고 필자가 지레 속단하면서 하는 말인지 모르겠지만, 이 대목에서, 공맹경전 번역서들과 수입된 동아시아 문물이 17·18세기 유럽에 일대 충격을 가하면서 공자 열풍과 이른바 '쉬누아즈리(chinoiserie, 중국풍 문물 취향)'의 대유행을 일으켰고, 곧 존 웹, 윌리엄 템플, 피에르 벨, 라이프니츠, 크리스천 볼프, 요한 유스티, 볼테르, 케네, 미라보, 알브레히트 폰 할러, 흄, 애덤 스미스 등이 공자철학과 동아시아 문화 연구를 통해 14세기 이래 르네상스시대에 인기를 끌던 플라톤·아리스토텔레스철학을 비롯한 그리스 고전문화 요소들을

---

[128] 『정조실록』 12년(1788) 8월 3일조.

거의 다 주변으로 쓸어내고 새로운 철학·사상운동으로서 '계몽주의'를 일으켜 유럽을 근대화시켰던 것을 상기할 필요가 있을 것이다. 유럽과 동아시아 가운데 진정 '내재적 근대화'가 불가능한 쪽은 오히려 '신들린 유럽(enchanted Europe)'이었다. 유럽은 플라톤·아리스토텔레스 철학의 독단적 합리론과 합체된 기독교의 배타적 불관용 교리와 스콜라철학에 묶여 9세기부터 18세기 말까지 1000년 동안 기독교 교리에 어긋나는 모든 서적들을 분서하고 수십만 명의 뛰어난 여성들을 마녀로 몰아 화형시켰다.

계몽주의자들은 공자철학과 동아시아 문물을 받아들여 이 '신들린 유럽'을 개화시켰다. 한마디로, "공자는 계몽주의의 수호성인(patron saint)"이었던 것이다. 공자는 계몽시대 내내 "유일한 관심의 초점"이었고, 18세기 후반까지도 유럽의 최대 베스트셀러로 남아 있었다.[129] 여기서 더 상론할 수 없을지라도 분명한 것은, 심지어 볼테르 같은 계몽철학자들은 아예 '혁명적 공자주의'로 유럽혁명을 추구했고,[130] 18세기 내내 중국과 동아시아는 계몽주의자들에게 지상에 실재하는 "이상향"이었다는 사실이다.[131]

이런 까닭에 이런 사실을 알지 못한 상태에서 이태진은 "유교사상은 항상 전근대적인 것이 아니다. 이 사상도 보편적 윤리를 담고 있기 때문에, 고대에서 활용되면 고대사상이 되고, 근대에서 활용되면 근대사상이 될 수 있다."라는 과감한 논변을 피력한 바 있다.[132] 하지만 서양에서는 이것이 한낱 '논변'이 아니라 '현실'이었다. 유럽의 기라성 같은 대철학자들은 이 공자철학과 동아시아 문화 연구를 통해 계몽주의를 일으켜 근대화를 추구했기 때문이다.[133] 18세기 유럽 지식인들은 공자철학을 무기로 그리스·스콜라철학을 물리치고 기독교적 몽매를 맹렬히 비판하면서 이신론적(理神論的)·무신론적 철학사조를 관철시켜 유럽의 정신을 '개화'시켜 나갔다. 그들은 동아시아와 같은 '종교

---

129 Adolf Reichwein, *China und Europa im Achtzehnten Jahrhundert* (Berlin: Oesterheld & Co. Verlag, 1922); 영역본: *China and Europe – Intellectual and Artistic Contacts in the Eighteenth Century* (London · New York: Kegan Paul, Trench, Turner & Co., LTD and Alfred A. Knopf, 1925), p. 77.

130 볼테르의 '혁명적 공자주의'에 대해서는 황태연, 『공자와 세계(2)-공자의 지식철학(중)』(2011), 624~672쪽; 황태연, 「공자의 공감적 무위·현세주의와 서구 관용사상의 동아시아적 기원(下)」, 『정신문화연구』 2013 가을호 제36권 제3호(통권 132호), 77~93쪽.

131 David E. Mungello, The Great Encounter of China and the West, 1500-1800 (Lanham, Rowman & Littlefield, 2009); 데이비드 문젤로, 김성규 역, 『동양과 서양의 위대한 만남, 1500-1800』(휴머니스트, 2009), 200~206쪽.

132 이태진, 앞의 글(2008), 195쪽.

133 황태연, 『공자와 세계(1·2)-공자의 지식철학(상·중)』(2011), 389~911쪽 참.

의 자유와 관용', '사상·학문·출판의 자유', '상업의 자유'와 복지국가를 요구하고,[134] 만민평등의 교육·과거제를 통해 공무담임권을 만인에게 개방한 중국의 비세습적 '신사(紳士)' 제도를[135] 본떠 중국과 같은 신분해방과 세습귀족의 철폐 및 만민평등교육을 주창했다.[136] 이를 통해 그들은 18세기 말까지도 계속된 몽매의 '신들린' 유럽을 점차 탈(脫)주술화·세속화시키고, 유럽정신을 점차 탈종교화·탈그리스화해 나갔다.[137] 한마디로 동아시아는 18세기 유럽 계몽정신의 산실이었던 것이다.

17·18세기 서양 계몽철학자들이 성리학의 색안경 없이 충격적 경탄 속에서 열정적으로 공자경전 안에서 '근대화 철학의 금강석들'을 캐내고 있을 때, 정조는 조선에서 공맹철학이 과거시험 매너리즘에 말라비틀어졌거나 '쓸어낸 듯이' 사라져버리고, 선비들은 이학사설에 빠져들고 있다고 한탄하고 있는 것이다. 그러나 정조는 정작 자신도 부분적으로 사로잡혀 있던 주리론적(主理論的)·리주재설적(理主宰說的) 소인유학, 즉 합리론적 성리학이 경험론적 공자철학을 왜곡시켜 말라비틀어지게 만들고 마침내 공맹철학의 '숨통'을 끊어 선비들을 이학사설로 몰아넣는 근본 원인인 줄을 까맣게 몰랐던 것으로 보인다. 영·정조시대에 정여립사상의 참설화(讖說化)를 제외하면 유럽에서와

---

134 피에르 벨과 볼테르는 공자의 무제한적 관용개념과 동아시아의 종교자유의 전통으로부터 '관용' 철학과 종교와 사상의 자유를 배워 발전시켰다. 이들은 동아시아에서의 '종교의 자유' 및 다종교와 다종파들의 평화 공존을 잘 알고 있었다. 또 이들은 동아시아에서 이 종교 자유를 악용하는 기독교 선교사들을 파견하는 것에 반대했다. Pierre Bayle, *A Philosophical Commentary on These Words of the Gospel, Luke 14.23* [1686] (Indianapolis: Liberty Fund, 2005), pp. 456~7쪽; Voltaire, "China", in: Voltaire, 앞의 책(1764), 265쪽 참조. 또 볼테르는 동아시아의 '종교의 자유와 보편적 관용'에 대해 논한다. Voltaire, 앞의 책(1763), 21쪽 참조. 벨·볼테르의 관용론에 대한 공자와 동아시아의 영향에 대해서는 황태연, 앞의 글(2013) 참조. 또 서구 시장·복지이론의 동아시아적 기원에 관해서는 황태연, 앞의 글(2012) 참조.

135 송(宋)과 조선의 세습적 '사대부(士大夫)' 제도와 본질적으로 다른 명청(明·淸)의 비세습적 '신사(紳士)' 제도에 대해서는 오금성, 앞의 책(2007a), 181~241쪽; Ho Ping-Ti, *The Ladder of Success in Imperial China: Aspects of Social Mobility, 1368-1911* (New York: Columbia University Press, 1962) 참조.

136 François Quesnay, *Despotism in China* (Paris, 1767), in: Lewis A. Maverick, *China-A Model for Europe*, Vol. II (San Antonio in Texas: Paul Anderson Company, 1946), pp. 172, 193-203; Christian Wolff, *Rede über die praktische Philosophie der Chinesen* (Hamburg: Felix Meiner Verlag, 1985), pp. 37-43; Johann H. G. von Justi, *Vergleichungen der Europäischen mit den Asiatischen und [...] Barbarischen Regierungen* (Berlin·Stetten·Leipzig: Johann Heinrich Rüdiger Verlag, 1762), p. 466 참조. 중국의 신사제도와 만민평등교육은 유럽의 신분해방과 교육혁명에 기여했다고 평가된다. Maverick, 앞의 책(1946), 24쪽; John J. Clarke, *Oriental Enlightenment* (London·New York: Routledge, 1997), p. 49; Michael Albrecht, "Einleitung", in: Christian Wolff, 앞의 책(1985), LXXXVIII~LXXXXIX쪽 참조.

137 데이비스는 당시 "중국은 유럽의 '성직자에 짓밟히는(priest-ridden)' 종교에 대한 합리적 이신론적 대체물인 자연종교의 적절한 모델을 제공하는 것으로 보였다."고 말한다. Walter W. Davis, *Eastern and Western History, Thought and Culture, 1600-1815* (Lanham: University Press of America, 1993), p. 354.

같은 '공자 르네상스'와 공자철학의 근대적 재활용은 일어나지 않았기 때문이다.

사실 공자는 "나면서 아는 자가 아니라 지나간 경험을 애지중지하여 이를 힘써 탐구하는 자다.[子曰 我非生而知之者 好古敏以求之者也]"라고 스스로 천명했다.[138] 이것은 오늘날 서양철학의 용어로 옮겨놓으면, "나는 합리론자가 아니라, 경험론자다."라는 말이다. 나면서부터 아는 '생이지지(生而知之)'(플라톤의 '이데아', 데카르트의 '본유관념[innate idea]', 칸트의 '선험적 지성범주'에 해당)란 원래 신적 성인(聖人)의 '신지(神知)'라서 인간으로서는 도달할 수 없는 전지적 '득도(得道, 절대진리)'의 경지다. 따라서 공자는 '생이지지자(生而知之者)'의 경지를 신적 성인의 상등반열에 올려놓고, 경험에서 배워 아는 차등의 경험론적 지식을 추구하는 겸손한 인식론을 수립했다. 그래서 공자는 "나면서부터 아는 것은 상등이고, 경험에서 배워 아는 것은 차등이다.[孔子曰 生而知之者上也 學而知之者次也]"라고 지식을 차별화하고,[139] "다문하고 그것의 좋은 것을 좇고 다견하고 그것을 인식하는 것은 차등의 지식이다.[多聞 擇其善者而從之 多見而識之 知之次也]"라고 천명했던 것이다.[140] 인간에게 가능한 '차등의 지식'은 '득도'가 아니라 '근도(近道, 진리에 가까움)', 즉 개연적 지식(probability)이다. 그러므로 공자는 "물(物)에 본말이 있고 일에는 시종이 있으니, 선후를 알면 '근도'할 따름이다.[物有本末 事有終始 知所先後 則近道矣]"라는 명제를 좌우명으로 삼고, 다문다견(多聞多見)의 반복 경험, 즉 '널리 경험하고 세밀하게 따져 묻는 것[博學審問]'을[141] 바탕으로 차등의 근도적 지식을 추구했다. 태고에 이미 공자는 프란시스 베이컨, 토마스 홉스, 존 로크, 아이작 뉴턴, 섀프츠베리, 프란시스 허치슨, 데이비드 흄 등 영국의 근대 경험론자들이[142] 인간의 지식을 '개연성'에 한정한 것처럼 인간의 지식을 '근도'에 한정한 것이다. 공자는 서구의 플라톤·아리스토텔레스·데카르트·라이프니츠·루소·칸트·헤겔 등과 같은 고대·근대 합리론자, 또는 아우구스티누스나 아퀴나스 같은 스콜라철학들처럼 천부적으로 '나면서부터 안다', 즉 '태생

---

138 『論語』「述而」(7-20).
139 『論語』「季氏」(16-9).
140 『論語』「述而」(7-28).
141 『中庸』(傳20章).
142 베이컨, 홉스, 로크, 뉴턴, 흄 등의 경험론적 인식론에 대한 상론은 황태연, 『공자와 세계(4)』(2011), 65~325쪽.

적으로 이데아 또는 본유관념이 있다'고 착각하고 오만하게 '득도'를 장담하는 것을 알지 못하면서 지어내는 '부지이작(不知而作)'의 형이상학적 '허풍'으로 일찍이 꿰뚫어 봤던 것이다.[143] 이런 까닭에 공자는 "다문하고 의심스러운 것을 덜어내고 그 나머지를 신중히 말하면 실수가 적고, 다견하고 위태로운 것을 덜어내고 그 나머지를 신중히 행하면 뉘우침이 적다.[多聞闕疑 愼言其餘 則寡尤 多見闕殆 愼行其餘 則寡悔]"[144]고 말하여 경험론적 지식의 개연성(근도성)을 거듭 분명히 했다. 인간적 인식능력의 한계를 아는 것은 인식능력의 경계 밖의 대상을 알 수 없음에도 안다고 허풍 치는 것에 비하면 참으로 지혜로운 것이다. 이런 까닭에 공자는 "아는 것을 안다고 하고, 알지 못하는 것을 알지 못한다고 하는 것이 바로 지혜다.[知之爲知之 不知爲不知 是知也]"라고 갈파했던 것이다.[145] 그리하여 공자는 "지나간 경험을 거듭 데워 새것을 알아갈(溫故而知新)' 따름이라고 언명한다.[146] 자신의 이런 인식방법을 공자는 "경험에서 배우기만 하고 생각하지 않으면 (학식을 얻지 못해) 공허하고, 생각하기만 하고 경험에서 배우지 않으면 (독단으로 흘러) 위태롭다.[子曰 學而不思則罔 思而不學則殆]"라고[147] 종합했다. 이로써 공자는 널리 경험에서 배우면서 경험지식을 신중히 생각하여 정리하는 '학이사(學而思)' 또는 '박학심문 신사명변(博學審問 愼思明辨)'(반복 경험으로 널리 배우고 세밀하게 따져 묻고 이를 깊이 생각하고 변별하는 것)의[148] 인식론적 원칙을 수립한 것이다. 동시에 공자는 그럼에도 '경험에서 배우기만 하고 생각하지 않는 것'보다 '생각하기만 하고 경험에서 배우지 않는 것'을 더 위험시했다. 공자는 자기의 체험을 들어 "내가 일찍이 종일 먹지 않고 밤새 자지 않고 생각해보았으나 무익했고 경험에서 배우는 것만 못했다.[子曰 吾嘗終日不食 終夜不寢 以思無益 不如學也]"고 천명하고,[149] "(합리론자들처럼) 지혜를 좋아하기만 하고 경험에서 배우는 것

---

143 플라톤·아리스토텔레스·아우구스티누스·데카르트의 합리주의 인식론에 대한 상세한 비판은 황태연, 『공자와 세계(4)』(2011), 329~526쪽 참조. 그리고 라이프니츠, 루소, 칸트 등의 합리주의 철학에 대한 상세한 비판은 『공자와 세계(5)』(2011), 542~886쪽 참조.
144 『論語』「爲政」(2-18).
145 『論語』「爲政」(2-17).
146 『論語』「爲政」(2-11).
147 『論語』「爲政」(2-15).
148 『中庸』(傳20章).
149 『論語』「衛靈公」(15-31).

을 좋아하지 않으면 그 폐단은 독단적 허풍으로 방탕해지는 것이다.[好知不好學 其蔽也蕩]"라고 경고하고 있기 때문이다.[150] 그러므로 공자는 "(경험에서 배우지 않아) 알지 못하면서 앎을 지어내는 자들이 있는 모양인데, 나는 이런 게 없다.[子曰 蓋有不知而作之者 我無是也]"고 밝히고, 반복 경험으로 널리 배우고 세밀하게 따져 묻고 이를 깊이 생각하고 변별한 것을 "서술할 따름이고 지어내지 않고, 경험을 믿고 이에 충실을 기한다.[述而不作 信而好古]"고[151] 갈파했던 것이다.[152]

조선성리학자들은 공자의 이런 경험주의 인식론을 제거한 정이천·주희의 공자 독해로부터 한 족장도 벗어나지 못하고, 인간적 인식능력의 경계를 넘어가는, 따라서 인간으로서 아무도 알 수 없는 허무맹랑한 형이상학적(=비과학적) 이기설(理氣說)로 전지주의적 도덕론을 논단했다. 그리하여 그들은 공자철학 안에서 듣도 보도 못한 출처 불명의 이원론적 이기설을 가지고 자기가 옳다고 서로 싸우며, 서구의 플라톤·아리스토텔레스·아퀴나스·데카르트·칸트·헤겔과 같은 교조적 합리론자들처럼 "사이불학(思而不學)"의 전지주의적 득도의 독단론으로 "부지이작(不知而作)"하고, 결국 "지혜를 좋아하기만 하고 경험에서 배우는 것을 좋아하지 않아 독단적 허풍방탕의 폐단을 야기하여[好知不好學 其蔽也蕩]", 도처에서 공자의 도덕철학을 정반대로 뒤집고 탈구·왜곡시켰다. 조선 500여 년 동안 '부지이작'의 위선을 떨며 '사상경찰(Gedankenpolizei)' 노릇을 했던 성리학은 근대화의 동력이 아니라, 진정 '근대화의 대상'인 '조선의 스콜라철학'이었다.[153]

그러나 정여립과 이후 개벽사상가들과 개신유학자(실학자)들은 이 성리학을 물리치고 성리학적 색안경 없이 공자경전 속에서 '내재적 근대화'의 요소들을 발굴하여 총체적 체제혁명을 기도했던 것이다. 공자의 대동이념을 견지하는 군자유학적 혁명사상의 조류는 상술했듯이 개벽사상으로 종합되어 훗날 동학으로 승화되었다. 이와 나란히 성리학의 색안경을 버리고 공맹의 고전철학으로 돌아가 농민본위의 국가개혁을 추구한 고전유학은 '실학사상' 또는 '개신유학'으로 발전한다. 정조의 — 주입된 성리학에 의해 굴절되면서도 비일

---

150 『論語』「陽貨」(17-7).
151 『論語』「術而」(7-1).
152 공자의 인식론에 대한 상론은 황태연, 『공자와 세계(1)』(2011), 187~253쪽.
153 조선성리학에 대한 상세한 비판은 황태연, 『공자와 세계(1)』(2011), 303~313쪽 참조.

관적으로나마 구현된—진보성은 이 혁명·개혁사상의 압박과 백성들의 민압과 지원 속에서만 가능했던 것이다. 한마디로 영·정조의 민국이념과 국가개혁은 개벽사상의 혁명적 도전과 실학사상의 뒷받침 없이 전개될 수 없었다는 말이다. 실학은 당대 정계에서 배척당하기만 한 것이 아니었다. 탕평시대와 고종시대 임금과 관리, 그리고 재야 유생들은 초기 실학자의 저서들, 가령 허목(許穆, 1595~1682)의 『기언(記言)』, 유형원(柳馨遠, 1622~1673)의『반계수록(磻溪隧錄)』 등을 읽고 국사에 활용했고, 그 저서를 왕명이나 국비로 간행하여 사고(史庫)에 보관하고 그 저자들을 문묘에 배향하기까지 했다.[154] 그러나 실학에 대한 논의는 부득이 필자의 다른 글로 미룬다.

(4) 대안이념의 체제 도전과 정조의 사대부 비판

개벽사상과 천주학의 압박과 고전유학적 실학사상의 지원이 없었다면 왕조 측에서 민국이념을 산출하고 견지하는 것은 가능하지 않았을 것이라는 필자의 논지는 정조의 정치철학이 아직 구태의연한 성리학에 속에 매몰되어 있었다는 점을 감안하면 좀 더 잘 이해될 수 있다. 보다시피, "근일에는 경학이 쓸어낸 듯이 없어졌다."는 정조의 저 탄식으로 보아 시야를 '소강' 상태에 매몰시킨 정·주자 경학의 소인유학적 '한계'는커녕 공자철학과 성리학 간의 명약관화한 '상극성'조차도 거의 인지하지 못했던 것으로 보인다. 또한 정조는 앞서 시사했듯이 북경에 사신을 보낼 때마다 매번, 양명학과 고증학이 지배하던 중국에서 이미 오래 전에 절판된 성리학 서적들을 사오라고 주문할 정도로 외부 세계의 철학 동향에 어두웠던 군주였다. 따라서 단언컨대, 정조를 철학적 '천재 군주'로 여기는 것은 커다란 착오다. (그러나 기존의 국사학은 순수한 공자철학에 대한 깊은 이해의 미비로 인해 공자철학과 성리학 간의 대립성 문제 및 개벽사상의 군자유학적 성격 문제를 제대로 파악할 처지에 있지 못해서 기껏해야 줄곧 기존의 성리학적 주장들을 반복했을 뿐이다.)

정조는 이처럼 소인유학적 성리학의 늪 속에서 헤어나지 못하고 있었던 까

---

[154] 가령 허목과『기언』에 관한 영·정조와 고종의 언급에 대해서는『승정원일기』영조 19년(1743) 8월 9일; 영조 21년(1745) 9월 26일; 정조 11년(1787) 10월 20일;『고종실록』20년(1883) 10월 24일 참조. 유형원과『반계수록』에 관한 영·정조의 언급에 대해서는『승정원일기』영조 17년(1741) 3월 26일; 영조 22년(1746) 3월 26일; 영조 32년(1756) 1월 21일;『영조실록』26년(1750) 6월 19일; 영조 45년(1769) 11월 11일;『승정원일기』정조 즉위년(1776) 6월 7일;『정조실록』17년(1793) 12월 8·10일; 22년(1798) 11월 30일 등 참조.

닭에도 '군자유학적' 개벽사상의 선출군주론과 천주학적 추대왕론으로부터 더욱 심각한 체제 도전을 받을 수밖에 없었던 것이다. 바로 이 두 가지 신사조가 민국이념의 배후에 놓여 있었다. 한마디로 민국정체는 단순히 민중의 신분적 성장에 의해 촉발된 탕평군주들의 자기성찰적 시혜 조치가 아니라, 대동이념을 지향하는 정통적 군자유학과 외래 사조 양측으로부터 분출되는 근대적 이상주의의 강력한 체제 도전을 물리치려는 '혁명예방적' 혁신 동기에 의해서도 산출된 체제이념이라는 말이다.

이런 까닭에 정조는 더욱 절박한 심정으로 소민을 보호하고 소민의 생활 향상을 기하려고 한 반면, 이 소민을 괴롭히고 수탈하는 사대부를 그럴수록 더욱 멀리하고 경멸했다. 사대부에 대한 탕평군주의 불신과 경멸은 정조의 「만천명월주인옹자서」에서도 잘 그려지고 있다.

남면하고 정사를 듣고 밝은 곳을 향해 다스리면서 나는 이 일로 인해 세상을 부릴 가장 좋은 방법을 터득했다. 그리하여 병장기로 싸우던 상황이 관대와 의상을 입은 문화적 상황으로 바뀌고, 성 안의 관부가 뜰이나 거리처럼 환하게 통하고, 현자는 중용하고 척신은 제치며, 환관과 궁첩은 멀리하고 어진 사대부를 가까이했다. 세칭 사대부라는 자들이 반드시 개개인이 다 어질지 않을지라도 편폐(便嬖)·복어(僕御)와 같이 금세 검었다 희었다 하면서 남과 북을 뒤집는 자들과 비교하여 동일한 자들이어서는 아니 된다. 내가 뽑아 경험한 사람은 많다. 아침에 들었다가 저녁에 나갔고, 무리 짓고 무리 짓고 쫓아다니고 쫓아다녔으며, 온 듯 간 듯했고, 허우대가 행색과 달랐고, 눈이 마음과 달랐다. 트인 자와 막힌 자, 강자와 유자, 바보 같은 자와 어리석은 자, 소견이 좁은 자와 얕은 자, 용자와 겁쟁이, 현명한 자와 약은 자, 미친 자와 성급한 자, 모난 자와 원만한 자, 늦게 달하는 자, 늦으면서 무게 잡는 자, 말을 더듬는 자, 말재간을 부리는 자, 가파르게 오르는 자, 멀리 밖으로만 도는 자, 명예를 좋아하는 자, 실속에 힘쓰는 자, 그 유형을 구분하면 천 가지 백 가지일 것이다.[155]

---

[155] 『弘齋全書』卷十 序引3, 「萬川明月主人翁自序」. "南面而聽 嚮明而治, 予因以有得於馭世之長策. 革車變爲冠裳. 城府洞如庭衢. 而右賢而左戚. 遠宦官宮妾. 而近賢士大夫. 世所稱士大夫者 雖未必人人皆賢 其與便嬖僕御之伍 幻翳晢而倒南北者 不可以比而同之. 予之所閱人者多矣. 朝而入 暮而出 羣羣逐逐 若去若來 形與色異 目與心殊 通者塞者 強者柔者 癡者愚者 狹者淺者 勇者怯者 明者黠者 狂者狷者 方者圓者 疏以達者 以重者 訒於言者 巧於給者 峭而亢者 遠而外者 好名者 務實者 區分類別 千百其種."

'막힌 자', '유자', '바보 같은 자'와 '어리석은 자', '소견이 좁은 자'와 '얕은 자', '겁쟁이', '약은 자', '미친 자'와 '성급한 자', '모난 자', '늦게 달하는 자', '늦으면서 무게 잡는 자', '말재간을 부리는 자', '가파르게 오르는 자', '멀리 밖으로만 도는 자', '명예를 좋아하는 자', '실속에 힘쓰는 자' 등은 다 모반자, '무리 짓고 무리 짓고 쫓아다니고 쫓아다니는' 당쟁자, 탐관오리, 간신들의 제목이다. 그런데 문제는 세월이 하수상하여, 정조가 벗할 만한 '용자'와 '강자', '트인 자', '원만한 자', '무게 있는 자'들이 대개 정통 유학의 공화주의나 정감록 쪽으로, 나아가 서학의 추대왕론 쪽으로 돌아 세습군주의 지위를 위협하는 노선에 섰거나 서게 될 군자유자들이라는 점이다. 이 때문에도 우리는 탕평군주들의 민국이념이 단순히 무중력 공간에서 신분이 상승한 백성의 '민압(民壓)'을 수용한 군주의 조용한 철학적 자기반성과 측은지심으로부터 시혜적으로 발전되어 나온 것으로만 볼 수 없다. 민국정체는 '군자유자들'과 '천주학쟁이들'의 '새로운 유토피아적 근대화 정체론(政體論)들'과의 치열한 경쟁과 역동적 길항작용 속에서 자기혁신을 통해 발전되어 나온 것으로도 봐야 한다는 말이다.

3) 탕평시대 '민국'의 역사적 국체 성격과 헌정적 정체 성격

종속합성어 '민국'으로 추구된 새로운 국가는 상술했듯이 일반 상민·천민 등의 '소민(小民)'의 신분 상승과 신분 해방 및 사대부 귀족의 약화·해소를 추구하는 신분 갈등 속에서 평등을 추구하는 '백성의 나라'로 탄생했다. 민국 건설은 탕평군주들에 의해—위에서 시사했듯이, 그리고 아래에서 더 상론할 것인 바—매우 의식적으로 진지하게 추구되었다. 이쯤에서 우리는 민국의 역사적 '국가 성격'과 헌정론적 '정체(政體) 성격'이 궁금해진다.

(1) 민국의 역사적 국체 성격: 근대화 국가로서의 국민국가

먼저 '민국'의 역사적 국가 성격부터 살펴보자. 서양에서는 1688년 명예혁명 이후 100년간의 계몽주의 시대에 각국의 계몽군주들이 평민의 지위 향상과 이로 인한 신분제의 완화를 바탕으로 대내적으로 점진적 평등화를 추구하면서부터 국민과 영토에 기반을 둔 '국민국가'의 형성이 개시되었다. 이로써 진정한 의미의 근대가 시작된 것이다.

영국·미국·프랑스·네덜란드 등 서구에서 개시된 이 '국민국가(nation state; État-nation)'의 형성은 1789년 프랑스대혁명을 통해 일단 완성된다. 국민국가는 땅을 기준으로 국적을 부여하는 속지주의 원칙(ius soli)에 따라 자국의 영토 안에 있는 모든 사람들에게 내외국인, 피부색, 신분 등의 차별 없이 동등한 국적을 부여함으로써 모든 국내 거주자를 '국민'으로 평등화하여 참정권을 부여했을 뿐만 아니라, 거주 기간의 차별 없이 영토 안으로 방금 이주한 사람에게도 국적을 부여함으로써 이주민들을 개방적으로 수용한 '이민국가'였다. 따라서 '근대국가'란 본질적으로 '국민국가' 또는 신분적으로 평등한 참정권을 가진 '평민들'의 국가이고, 국민국가는 영토의 경계를 긋기는 했지만 밖으로 늘 열려 있는 대외적 개방국가다. 그러나 중동유럽에서 나폴레옹혁명전쟁의 충격에 반동하는 과정을 거치면서 서구의 혁명적 국가이념에 대항하며 퇴행적으로 귀족 혈통의 특권을 방어하거나 강화하며 혈통에 따라 외국인을 차별하는, 따라서 대외적으로 폐쇄적이고 가부장적인 또 다른 국가 형태가 태동했다. 그것은 '민족국가(Nationalstaat)'였다. 민족국가는 부계 혈통의 피를 기준으로 국적을 부여하는 속인주의 원칙(ius sanguinis)에 따라 아버지의 혈통이 자국인인 경우에만 국적을 부여함으로써 귀족 혈통을 우회적으로 보호하여 평등화 추세를 '은근한 신분제' 안에 가두고, 또 영토 안의 이주민과 외국인 거주자를 무국적자로 만들어 차별하고, 여성을 억압하는 폐쇄적·가부장제적 국가다. 기존의 신분차별과 외국인 차별을 '피의 차별 원칙'에 입각한 하나의 '은근한 신분제'로 변형시킨 것이다. 따라서 민족국가 안에서 내국인은 일종의 '귀족'이고 외국인은 '평민' 내지 '천민'이 된다. 그러므로 '국민국가'는 평등하고 진보적·개방적인 반면, '민족국가'는 은근히 신분제적이고 가부장제적이고 폐쇄적이고 퇴행적이라고 말할 수 있다.[156]

평등한 진보적·개방적 '국민국가' 이념과 신분제적·가부장제적·폐쇄적 '민족국가' 이념의 이러한 구별을 바탕으로 '민국'의 역사적 국가 성격을 따져보자. 상술했듯이 민국은 선진·근대국가의 혁명적 압박 속에서 이에 저항하여 탄생한 국가가 아니라, 치열한 대내적 신분 갈등 속에서 탄생한 평등 추구적 '백성의 나라'다. '조선민국'은 외국인들의 이주에 대해 개방적인 자세를 취했는지는 확인되지 않으나 적어도 함경도 지역의 만주족과 왜관 부근의 왜인들의 영구적·장기적 거주권을 보장했을 뿐만 아니라, 함경도의 토착화된 만주족에게는 향회(鄕會) 차원에서 동등한 참정권을 주고, 왜관에는 왜관

---

[156] '국민국가'와 '민족국가'의 구별에 관해서는 황태연, 『계몽의 기획』(동국대학교 출판부, 2004), 104~142쪽 참조.

안에서의 자체 관리를 용인하고 귀화를 원하는 왜인을 받아들였다. 특히 함경도의 만주족은 토착 주민으로 대우했다. 민국이 이들 만주족과 왜인들에 대해 거주권을 거부하는 식으로 폐쇄적이었던 흔적은 찾아볼 수 없다. 따라서 민국은 신분해방을 꾀했던 서유럽의 '국민국가'에 더 가깝다고 말할 수 있다. 아니, 제대로 말하자면, 서양의 국민국가는 조선의 민국과 유사하다. 신분차별을 완화하고 궁극적으로 모든 신분적 족쇄로부터의 해방을 추구하는 자유평등한 '국민의 국가'로서의 민국은 결코 프랑스의 국민국가에 대한 역사적 반동 속에서 탄생한 동구의 퇴행적 민족국가와 조금도 닮은 점이 없는, 즉 프랑스·영국식 국민국가에 접근하는 근대국가였다.

따라서 탕평군주시대 국민국가로서의 민국은 그 자체로서 완결된 근대국가(modern state)는 아니지만, 분명히 '시원적 근대국가' 또는 '근대화 국가(modernizing state)'였다고 할 수 있다. 그러므로 조선의 근대는 민국체제로서의 국민국가가 건설되기 시작한 시점(즉, 빠르면 숙종 때, 늦어도 영조 때)부터 개시된 것으로 보는 것이 타당할 것으로 생각된다.

(2) 절대주의·절대군주정의 개념 정의

민국의 국체(國體)를 신분 자유와 평등한 참정을 추구하는 평민들의 탈신분제적 '국민국가'로 규명한 다음 민국의 정체(政體) 성격을 물어야 할 차례다. 탕평군주들의 민국정체이념이 평민과 천민들의 신분적 성장에 대한 군주의 성찰에서 나온 시혜에만 기인한 것이 아니라, 정통 유학과 외래 사조 양측으로부터 기원하는 이상주의의 강력한 체제 도전을 물리치려는 예방 혁명적 혁신 동기에 의해서도 촉진된 한에서, 민국은 탕평군주들에게는 절체절명의 문제였다. 따라서 민국이념은 결코 '레토릭'으로[157] 끝날 수 없는 실체성을 지녀야 했다. 이태진은 『고종시대의 재조명』(2000)에서 원래 탕평군주들의 민국정체의 실체를 '개명군주제', 즉 '계몽군주제'로 규정했다가,[158] 『새 한국사』(2012)에서는 '절대군주정'으로 달리 규정함으로써[159] 자신의 입장을 후퇴시킨 것으로 느껴진다. 그렇다면 민국체제는 단순히 절대군주정인가, 아니면 계몽군주정인가? 그렇다면 절대군주정은 무엇이고, 계몽군주정은 무엇인가? 탕

---

[157] 주진오, 「개명군주이나, 민국이념은 레토릭이다」, 교수신문 엮음, 앞의 책(2008), 124~125쪽.
[158] 이태진, 앞의 책(2000), 19~25쪽 참조.
[159] 이태진, 『새 韓國史』(까치, 2012), 413쪽 참조.

평군주시대 민국이 취한 정체의 헌정적 성격을 밝히기 위해서는 사학자들이 누구나 다 아는 듯이 전제하는 이 절대군주정과 계몽군주정을 먼저 정치철학적으로 규명해야 할 것이다.

그러나 절대주의·계몽군주정 등의 개념들과 관련해서는 정치철학에서 오랜 논란이 있어왔다. 일단 우리는 훗날의 권력분립적 입헌군주정과 대비하여 도입된 '절대주의(absolutism)' 또는 '절대군주정(absolute monarchy)' 개념의 '절대성'은 군주가 삼권과, 이것의 원천인 주권을 둘 다 자신의 손에 장악하는 데 있다고 말할 수 있다. 절대군주정의 이 절대권력은 보통 중앙집권적 관료제와 상비군에 의해 현실화되는 것으로 얘기되고, 필요한 재정은 농민과 특권 상인과 특권 도시로부터 거두어들이는 세금이다. 그러나 16~17세기 절대왕정의 관료제는 엽관제에, 그리고 상비군은 용병제에 기초했기에 관료제와 상비군은 둘 다 사실상 부실하고 취약했다. 조세제도도 중구난방이고 일반성과 체계성을 결했다. 이 관료제가 엽관성을 탈피하여 공무 담임 자격을 확대하여 시험에 의한 선발제로 바뀌고, 상비군이 징병제로 전환되고 조세제도가 통일적 체계성과 합리성을 갖추어간 것은 18세기 중후반 각국 계몽군주들이 근대화 개혁 조치들과 부국강병책을 통해 점차 중국의 내각제·과거제도·관료제·신사제도·만민교육제·징병제를 도입하여 봉건적 앙시앵레짐을 부분적으로 개혁하면서부터였다. 따라서 서양의 절대주의 기준에 따르면 중앙집권적 관료제·상비군과 체계적·일반적 조세제도와 특권 상업을 가진 조선은 건국 당시부터 완벽한 절대군주정으로부터 출발한 셈이다. 건국 초에 왕권과 신권 간의 갈등이 있었지만, 왕권의 절대권 확립으로 정리되었다. 다만 세종조에 확립된 의정부제도는 '서사권(署事權)'을 근간으로 왕권을 부분적으로 분할하고 제한할 수 있었으나, 조선 전반에 걸쳐 의정부가 늘 힘을 장악하지 못하기도 하고, 또 비변사 등의 비상기구에 의해 대체되어 유명무실화되기도 했기 때문에 왕권의 합법적 제한을 일반화하기는 좀 무리가 있는 것으로 보인다. 서양의 왕권신수설적 '절대주의'는 모든 주권적·파생적 권력을 군주가 쥐고 있지만, 이 권력을 자신을 위해 쓰는 것이 아니라 백성 또는 백성의 일부를 '위하여' 사용한다. 이것은 건국 이래 조선도 마찬가지였다. (따라서 절대주의는 아리스토텔레스의 정의에 따르면 '참주정'이 아니라, '군주정'이다. 아리스토텔레스에 의하면, 참주정은 참주가 모든 권력을 한 손에 쥐고—백성의 이익을 위해서가 아니라—자신의 이익을 위해 사용하는 헌정체제인 반면, 군주정은 주권자로서의 군주가 모든 권력을 한 손에 장악하지만 이 권력을 백성 또는 백성의 일부의 이익을 위해 사용하는 헌정체제이기 때문이다.)

절대주의 논쟁의 쟁점은 절대주의가 과연 백성의 어느 계층을 위한 것인지, 그리고 절대주의가 '봉권체제'인지 '근대체제'인지에 대한 것이다. 일찍이 마르크스 이래 진보사학계에서는 절대군주정을 봉건세력과 신흥 부르주아지의 타협 체제로 보고, 이 체제를 '초기 근대', 또는 '반(半) 근대(half-modern)'에 귀속시켜 왔다. 그러나 이에 대해서는 최근에 반론이 제기되었을 뿐만 아니라, 일찍이 보댕이 정의한 원형적 절대주의를 정밀하게 분석해 보아도 마르크스의 주장을 수용하기 어려운 면이 있다.

진보학계의 저 전통적 절대주의 개념의 주창자들인 마르크스와 엥겔스는 『공산당선언』(1848)에서 주장하기를, 계급적 발전의 매 단계에 상응하여 자신의 정치적 지위를 강화해온 부르주아지는 "매뉴팩처 시대에 신분제적 군주정 또는 절대군주정 안에서의 귀족에 대한 균형추(Gegengewicht)요, 대(大)군주국 일반의 주요 기반(Hauptgrunlage)"이었다고 하고,[160] 『프랑스내전』(1871)에서는 심지어 "편재적인 기관들—상비군, 경찰, 관료체제, 성직자, 기사 신분, 체계적이고 위계적인 분업의 계획에 의해 창출된 기관들—을 가진 중앙집권화된 국가권력이 절대군주정의 시대로부터 유래하는데, 이 시대에 절대군주정은 봉건주의에 대한 이 부르주아사회의 투쟁에서 흥기하는 부르주아사회에 강력한 무기로 이바지했다."라고까지 말한다.[161] 엥겔스도 『주택 문제에 관하여』(1872)에서 '옛 절대군주정'을 '토지귀족과 부르주아지 간의 균형체제'와 등치시키면서 "근대 보나파르트 군주정에서와 마찬가지로 옛 절대군주정에서도 진정한 정부 권력은 […] 특수한 장교·관리카스트의 손아귀에 들어 있다."고 말한다.[162] 그는 『가족·사유재산·국가의 기원』(1884)에서도 유사한 주장을 반복한다.[163] 그러나 절대주의를 귀족과 부르주아 간의 균형체제로 본 이 입장은 절대주의를 일종의 '초기 근대국가' 또는 '반(半) 근대국가'로 간주한 것이다. 마르크스와 엥겔스의 이 절대군주정 개념은 이후 좌우 경계를

---

160 Karl Marx, Friedrich Engels, *Manisfest der Kommunistischen Partei* (1848), in: *Marx Engels Werke* (이하: *MEW*), Bd. 4 (Berlin: Dietz, 1979), p. 464.

161 Karl Marx, *Der Bürgerkrieg in Frankreich* (1871), in: *MEW*, Bd. 17, p. 336.

162 Friedrich Engels, *Zur Wohnungsfrage* (1872), in: *MEW*, Bd. 18, p. 256.

163 "서로 싸우는 계급들 간에 근사한 균형이 이루어져 국가권력이 공언된 중재자로서 한동안 양쪽 계급에 대해 어느 정도의 독립성을 획득하는 시기가 예외적으로 존재한다. 귀족과 시민계급이 상호 간에 균형을 이룬 17·18세기의 절대왕정의 시대가 그랬다." Friedrich Engels, *Der Ursprung der Familie, des Privateigentums und des Staats* (1884), in: *MEW*, Bd. 21, p. 167.

뛰어넘어 일종의 공리로 통용되게 된다.

그러나 마르크스와 엥겔스의 이 절대군주정 개념은 마르크스 자신의 정치경제학에 비추어 보나 실제의 절대주의 역사를 보나 문제가 없지 않다. 페리 앤더슨(Perry Anderson)은 『절대주의 국가의 역사』(1974)에서 바로 이 문제를 집중적으로 다루고 있다. 마르크스는 『자본론』 3권의 지대론에서 "화폐 지배는 봉건 지대의 최후의 형태이고 동시에 해체의 형태이지만, 이 지대의 기초는 현물 지대의 기초와 동일한 봉건적 기초였다."고 갈파하고 있다. 이전과 마찬가지로 직접 생산자는 여전히 상속이나 전통적 권리를 통해 토지의 '점유자'로 남아 있고 '토지 소유자'인 영주를 위하여 초과적 강제 노동인 무지불 노동을 수행해야 했다.[164] 앤더슨은 이 테제를 출발점으로 그리고 실증적 연구를 기반으로 삼아 "산업화 이전의 어떠한 사회에서도 근본적 생산수단의 소유자로 남아 있는 지주는 당연히 토지 소유 귀족"이었고, "근세 초를 통틀어 경제적으로나 정치적으로나 지배적인 계급은 중세와 동일한 봉건귀족이었다."고 단언하고 있다.[165] 앤더슨에 의하면, 봉건귀족은 "절대주의 역사의 시작부터 끝까지 결코 정치권력의 자리로부터 벗어난 적이 없었다." 절대주의는 본질적으로 "농민 대중을 그들의 전통적인 사회적 지위에 재속박하려고 기획된 '재편성, 재충전의 봉건적 지배 기구'다." 말하자면 "절대주의 국가는 결코 귀족계급과 부르주아지 간의 중재자가 아니었으며, 귀족에 대항해 생겨난 부르주아지의 도구는 더더욱 아니었다. 그것은 위협에 처한 봉건귀족의 새로운 정치적 철갑인 것이다."[166] 절대왕정은 그것에 앞선 봉건제적 봉작귀족 우세의 왕정과는 형태상 다른 봉건왕정이지만, 지배계급은 변함없이 봉건귀족이었다는 말이다. 이는 마치 공화국, 입헌군주정, 그리고 파시즘 독재가 모두 부르주아지의 지배 형태일 수 있는 것과 마찬가지라는 것이다.

부언하면 봉건 영주들의 계급권력은 농노제가 점차 사라지면서 곧 위험에 처하게 되었고, 그 결과는 중앙집권화되고 강력한 군사력을 갖춘 정상의 군주로의 정치적, 법적 강제의 상향 이동이었다. 말하자면 촌락 수준에서 크게 약화되다가 사라진 행정적·사법적 강제가 '국가' 수준에 집중되면서 오히려 강

---

164 Kar Marx, *Das Kapital III*, in: *MEW*, Bd. 25, p. 805 이하.

165 Perry Anderson, *Lineages of the Absolutist State* (London: Verso, 1974); 앤더슨, 『절대주의 국가의 역사』(소나무, 1993), 15쪽.

166 Anderson, *Lineages of the Absolutist State* ; 앤더슨, 앞의 책(2008), 15쪽.

화된 것이다. 이와 함께 강력해진 국왕의 권력은 사회 위계의 하부에서 농민과 평민대중을 억압하는 정치적 기능을 행사했다.[167]

중세의 고전적 사회구성체에서 주권은 봉토의 다단계적 수수(授受)관계에 따라 피라미드 형태로 분산되어 있었고,[168] 토지소유권은 봉토 수수 관계를 통해 한 토지에 여러 위계 단위의 권리가 중층적으로 작용하고 있었다. 따라서 임의의 위계 단위에 있는 봉건영주의 토지소유권은 위의 군주와 아래의 부신(副臣) 및 봉건농민들의 부분적 소유권(고유한 관습적 점유권)에 의해 다단계적으로 제약당한 '조건부적' 성격을 지니고 있었다. 그러나 절대주의의 도래와 함께 영주가 행사하던 행정·사법권은 군주에게로 이전·집중되고 이에 대한 보상으로서 영주의 재산권은 로마 사법(私法)의 적용을 통해 경제적 착취를 보장하는 독점적 방향으로 강화되었다. 아래에서 영주의 사적 소유권이 행정·군사·사법권을 잃은 대신 조건부적 성격을 탈각하고 점차 무조건적 사유재산권으로 강화되는 한편, 위에서 군주의 권력도 더욱 절대적으로 되어간 것이다. 말하자면 절대주의 시대에 귀족들은 정치 측면에서는 줄곧 권한을 양보해나간 반면, 경제적 측면에서는 소유와 이득을 자신들에게 절대적으로 집중시킨 것이다.[169]

이 과정에서 신흥 부르주아지의 역할과 지위의 강화는 절대주의국가에 의해 의도된 것이 아니라, 절대왕정의 특유한 패러독스에 의해 우연히 결과적으로 촉진된 것에 불과했다. 물론 부르주아지는 절대군주에 종속된 특권 상인과 특권 도시로서 절대왕정이라는 '새로운 봉건 기획'에 일정한 영향력을 행사하였으나 결코 '참여 세력'으로서가 아니라 '견제 세력'으로서의 역할이었다. 따라서 서구 절대주의에서 부르주아의 역할은 결코 능동적인 '행위자'요 '체제 구성자'가 아니라, 변두리의 우연적 수혜자, 또는 소극적인 견제자에 지나지 않았다.[170]

서구 절대주의의 패러독스는 절대왕정이 근본적으로 귀족계급의 재산과

---

167 Anderson, *Lineages of the Absolutist State*; 위의 책, 17쪽 참조. 물론 이 새로운 국가기구는 본성상 변화에 저항하는 구태의연한 봉건귀족 자체 내의 특수한 개인들과 집단들을 분쇄하거나 규율할 수 있는 강제력을 가지고 있었다. 따라서 절대주의의 발전은 봉건귀족의 이익을 도모하는 것이었으나, 세상물정을 모르는 구태의연한 일부 귀족들에게는 결코 평탄한 과정은 아니었다.

168 Anderson, *Lineages of the Absolutist State*; 위의 책, 12쪽 참조.

169 Anderson, *Lineages of the Absolutist State*; 위의 책, 17, 22~23쪽 참조.

170 물론 이 신흥부르주아지의 견제의 유무는 서구 절대주의와 (이런 견제가 전무했던) 동구 절대주의 간의 결정적인 차이를 만든 요소이긴 하다.

특권의 보호 장치였지만 절대왕정의 관료제와 상비군의 재정을 확보하기 위해 대상인들에게 상업 특권을 남발하고 매관매직을 일상화할 뿐만 아니라 수많은 투자 기회를 제공함으로써 저 보호 장치를 동시에 의도치 않게 신흥 상공업계급의 기본 이익을 촉진시키는 데에도 쓰게 되었다는 것이다. 절대주의 국가는 관료제를 운영하기 위해 일정한 통일적 법제를 낳았고 봉건영주들의 정치적 권력을 박탈함으로써 교역의 국내적 장벽을 차례로 철거하였으며 외국에 대해서는 관세 장벽을 쌓았다. 또한 매뉴팩처와 선대제(先貸制) 수공업자 대중을 장악한 고리대 상업자본가에게 국가의 공공 재정과 군수산업에서 수익성 높은 투자 기회를 제공했고, 교회 재산의 몰수를 통해 농촌의 재산도 동원했다.[171] 또한 매뉴팩처의 작업장 위계와 임금의 안정 및 노동력 확보를 위해 노동자들에게 봉건적 위계와 봉건적 재구속을 강제하기도 했다.[172] 그러나 이것은 초기 임노동제를 역(逆)봉건화하여 '봉건적 임금노동제'라는 기형으로 변질시키고, 동시에 상인 고리대 자본가를 '임명귀족'으로 만들어 봉건체제에 포섭·굴복시키는 체제 통합 기능을 수행하기도 했다. 결론적으로 절대주의는 귀족들의 사회적 우위의 기초 위에 건설되었고 토지 재산의 요구에 의해 제한당한 국가였다. 귀족계급의 어떠한 정치적 지위 강등도 일어나지 않았다. 오히려 반대로 절대주의 국가의 근본적인 봉건성은 끊임없이 자본에 대한 약속을 깨뜨리고 무효화시켰다. 절대주의적 군대, 관료제, 외교, 왕조는 국가기구 전체를 다스리고 그 운명을 주도한 견고한 봉건적 총체로 남아 있었던 것이다. 말하자면 절대주의 국가는 봉건귀족과 자본가의 타협체제가 아니라, 자본주의로 이행하는 시기에 불가피하게 혁신된 '봉건귀족들의 새로운 지배체제'였다.[173]

따라서 이 새로운 봉건체제가 당시의 대외관계에서 드러낸 고루한 봉건적 근본 경향도 곧 이해될 수 있는 것이다. 봉건귀족의 지위와 봉토 편제가 전쟁의 편제이고 동시에 전쟁을 통해 영토를 늘리는 근본 성향을 지닌 한에서 절대주의도 형태만 변화되었을 뿐, 동일한 봉건적 호전성을 내재적 성격으로 지니고 있었다. 절대주의 국가는 특히 전장(戰場)을 위해 구축된 기구였다.[174] 절

---

171 Anderson, *Lineages of the Absolutist State*; 위의 책, 39쪽.
172 황태연, 『지배와 이성』(창작과비평, 1996), 107~112쪽.
173 Anderson, *Lineages of the Absolutist State*; 위의 책, 41쪽.
174 Anderson, *Lineages of the Absolutist State*; 위의 책, 30쪽.

대왕정의 상비군은 바로 전쟁을 위한 새로운 군사제도였고, 재정기구나 다름 없는 관료체제는 세금을 징수하여 전쟁에 전비를 대기 위한 도구였다. 1789년 프랑스혁명 직전에도 프랑스 정부 예산 지출의 2/3가 군사비에 할당되었다. 근대적 영토개념이 미완성되어 봉토와 왕토의 영유권을 둘러싼 계승전쟁과 기타 전쟁이 거의 끊이지 않았기 때문에 후기 봉건국가인 이 절대주의 국가의 거대한 군사기구들은 결코 한순간도 놀지 않았다. 이것은 절대주의의 특징을 극명하게 드러내 준다. 16세기 유럽에서 대규모 군사작전이 벌어지지 않고 지나간 해는 25년뿐이고, 17세기에 대규모 전쟁이 없던 해는 단 7년뿐이다.

절대주의 국가의 이러한 근본적 봉건성으로 인해 부르주아지가 발언권을 행사하기 시작했을 때 절대왕정은 '개혁 대상'이 아니라, 총체적 '혁명 대상' 이 되었던 것이다. 상품 관계의 확산과 농민의 지위 향상, 도시 자본의 증대로 인해 위기에 처한 봉건세력들이 이 위기에 대한 대항기획으로서 새롭게 재편성된 봉건제, 즉 이 절대주의적 후기 봉건제를 필자는 일찍이 '신봉건 기획 (neo-feudal project)'이라 명명한 바 있다.[175]

절대주의의 이러한 전근대적, 신봉건적 기본 속성은 절대군주의 이익과 봉건대귀족의 이익을 대변하여 주권 개념을 최초로 이론화한 보댕의 주권론에서도 그대로 드러난다. 보댕은 『국가에 관한 6책』(1576)에서 주권자를 다음과 같이 왕권신수설적으로 특징짓고 있다. "주권은 국가의 절대적, 영구적 권력이다."[176] 영구적인 것은 주권자가 이 권력을 시한부로가 아니라 영원히 행사한다는 뜻이다. 절대적이라는 것은 신 이외에 누구에게도 복종하지 않는, 국가 안의 어떤 봉건영주들도 도달하지 못한 최고 권력이라는 뜻이다. 또한 왕권은 포기되거나 양도되거나 어떤 시한에 의해 제한될 수 없다. 주권군주가 이 권리를 신하와 분할, 공유하는 일이 벌어지면, 이 군주는 자기 부하를 동료로 삼고 이럼으로써 주권자이기를 그치게 된다. 주권자의 개념은 신하를 동료로 만드는 사람에게는 적용될 수 없기 때문이다. "위대한 주권자인 신이 스스로 무한하고 논리적 필연성에 의해 두 개의 무한자가 존재할 수 없기 때문에 자신과 동등한 또 하나의 신을 만들 수 없는 것처럼, 우리는 신의 모상(模像)

---

175 황태연, 앞의 책(2004), 88쪽.

176 Jean Bodin, *On Sovereignty*. Four chapters from *The Six Books of the Commonwealth* (1576), ed. and transl. by Julian H. Franklin (Cambridge·New York: Cambridge University Press, 1992), pp. 1-2; 장 보댕, 나정원 옮김, 『국가에 관한 6권의 책(제1권)』(아카넷, 2013), 245쪽.

으로서 받아들인 군주가 자신과 동등한 신하를 만들자마자 자신의 권력을 무효화시키는 것이라고 말할 수 있다."[177] 이와 같이 절대주권자인 군주는 '위대한 주권자'인 신의 '모상(image)'이다. 주권군주는 신에 의해 신의 지상(地上) 대리인으로 임명된 자다. 절대주권은 이와 같이 본질적으로 신권적인 것이다. "주권군주들은 다른 사람들에게 명령할 수 있게끔 신에 의해 신의 대리인으로 설정되었다. 이 때문에 우리는 주권군주들의 위엄을 존중하고 존경할 수 있게끔 주권군주들의 특질을 정밀하게 규정할 필요가 있고 우리의 생각과 말에서 이들을 영예롭게 할 필요가 있다. 주권자에 대한 능멸은 신에 대한 능멸이다. 주권자란 바로 신의 속세적 모상이기 때문이다."[178] 이 주권자의 지위 설명에 있어 결정적인 논리를 제공한 것은 성경책이다. 이것은 독자들의 신심을 고려하여 설득력을 높이기 위해 전술적으로 채택된 설명 방식이 아니다. 보댕의 주권 개념은 그 뼈와 살까지 신권적인 것이기 때문이다.

주권자는 신과 자연의 율법에 어긋나지 않는 한 어떤 행위든 할 수 있다. 보댕은 이 주권자의 특징적 권력을 입법권, 전쟁과 평화의 권력, 최고 관직 임명권, 사법권, 사면권, 화폐발행권, 조세권 등 7개 권력을 나누어 설명하고 있다.[179] 보댕은 군주주권자의 지위를 강화하는 온갖 교권적 논리를 동원하는 데에 열성을 다했다. 신의 지상 대리인 개념은 이전이라면 교황에게만 적용되던 것이다. 따라서 보댕의 주권론에는 교황의 교권과의 갈등 소지가 내재해 있었다. 군주는 이제 교황과 동위일 뿐만 아니라 그것이 기본적으로 신권적이기 때문에 무엇이 이단인지를 결정하고 신민의 종교적 신념도 결정할 수 있는 지위를 획득했다.

보댕의 절대주권의 진면목은 주권자가 신에 대해서만 책임을 질 뿐 신민에 대해서는 아무런 책임을 지지 않는다는 것이다. "주권군주는 그가 누구든 신에 의해 임명되고 신에 의해 보내진 것인 만큼 신민들에 대해 불가침이어야 한다. […] 신의 법은 주권자의 관리에 대한 어떤 모욕도 금하고 있다."[180] 말하자면 보댕은 성경의 권위를 인용하여 폭군에 대해서도 인민은 저항할 수 없다는 논리를 펴고 있는 것이다. 일체의 저항을 배격하는 논리를 보댕은 성

---

177 Bodin, *On Sovereignty*, p. 50; 장 보댕, 위의 책(1권)(2013), 392~393쪽.
178 Bodin, *On Sovereignty*, p. 46; 위의 책(1권), 387쪽.
179 Bodin, *On Sovereignty*, pp. 56-88; 위의 책(1권), 401~447쪽.
180 Bodin, *On Sovereignty*, p. 117; 위의 책(2권), 102~103쪽.

경뿐만 아니라 당시 지배적인 가부장제에서도 구하고 있다.

> 신의 법은 자기 아버지나 어머니를 욕되게 말하는 자를 사형에 처한다고 하고 있다. 자기 아버지가 살인자, 도둑, 국가 반역자, […] 추가될 수 있는 다른 그 무엇이라 하더라도, 나는 어떤 종류의 형벌도 자기 아버지의 처벌에 합당하지 않다고 생각한다. […] 게다가 조국애는 (부친애보다) 더 위대한 것이다. 고로 신이 임명하고 파견한 우리나라의 군주는 늘 아버지보다 더 신성하고 더 불가침적인 것이다.[181]

여기로부터 보댕은 공맹과 정반대로 어떤 군주에 대해서든, 아니 심지어 인민을 학살하는 그 어떤 참주나 폭군에 대해서도 일체의 저항권과 방벌권을 배격하는 논리적 결론을 도출하고 있다.

> 나는 주권군주가 아무리 사악하고 잔인한 폭군이라 하더라도 신하가 주권군주에 반하는 어떤 짓을 기도하는 것은 결코 허용될 수 없다고 결론짓는다.[182]

따라서 신이 신의 지상 대리인으로 임명했다는 주권군주가 심지어 신법을 어긴 사악한 폭군이라 하더라도 신하와 인민은 소추할 수 없다는 이 가부장적 논리는 주권군주가 줄곧 반정(反正)과 역성혁명의 대상이 되었던 동양의 전제군주를 능가하는 절대적 지위로 격상시키고 있다.

그러나 봉건영주들과 주권군주의 지위를 차별하는 주권의 대내적 절대성과 최고성도 이러저러한 봉건적 한계를 전제로 하고 있는 점에서 주권의 대내적 측면에서도 봉건성은 고수된다. 말하자면 보댕의 주권론은 '절대'니 '최고'니 하는 '수사'에도 불구하고 실은 봉건적 이익 앞에서는 결코 절대적이 아님을 강조한다. 절대군주정이 군주의 지위를 '절대'의 지위로 높임으로써 역사적 위기상황에서 귀족계급이 자신의 지위를 절대적 지위로 끌어올리려는 정체인 한에서 군주주권은 직접적인 이해 당사자인 귀족계급의 이해관계에 의해 제한당할 수밖에 없었던 것이다. 이런 이유에서 보댕은 일차적으로 군주의 절대주권에 귀족적 세습 봉토의 이익을 유지, 강화하기 위한 제한을 설치하고

---

181 Bodin, *On Sovereignty*, pp. 119-20; 위의 책(2권), 105쪽.
182 Bodin, *On Sovereignty*, p. 120; 위의 책(2권), 105쪽.

있다. 아리스토텔레스의 군주정과 참주정의 개념적 구분과 유사하게[183] 보댕은 법률에 입각하는 '왕도적 또는 합법적 군주정(monarchie royale, ou legitime)'과, 왕이 주인이 노예를 다스리듯이 다스리는 '가부장적 군주정(monarchie seigneuriale)'을 구분하려고 한다. "왕도적 군주정, 또는 법에 입각한 군주정은 신민들이 군주의 법에 복종하고 군주는 자연법에 복종하고 그리하여 신민들이 자신의 자연적 자유와 재산의 소유권을 보유하는 군주정이다. 이에 반해 '가부장적 군주정'은 군주가 정의로운 전쟁에서 무력으로 자신을 재산과 사람의 가부장적 주인(seigneur)으로 만들고 가부장이 노예를 통치하듯 자신의 신민을 통치하는 군주정이다."[184] 보댕 자신이 정의하는 유럽의 절대왕정은 '왕도적(합법적) 군주정'이다. 그는 유럽의 이 절대군주정을 아시아 스타일의 '가부장제적 군주정'과 구별한다.

하지만 보댕은 바로 이어서 이 구별을 다시 모호하게 만들어놓는다. 왜냐면 그가 아시아 스타일의 '가부장제적 군주정'을 유럽에 낯선 것으로 간주하면서도 '합법적인 것'으로 인정하고, 또 두 군주정의 차이를 국가 또는 주권의 본성 자체에까지 확대하지 않고 단지 '통치 양식상의 차이'로 축소시키기 때문이다.[185] 이런 까닭에 17·18세기 절대주의 시대에 군주정과 전제정은 동의어로 통용되었다. 따라서 개념 혼란을 피하기 위해 근대에 쓰인 '전제정'의 개념에 대해 잠시 살펴볼 필요가 있다. 18세기 후반 프랑수와 케네(François Quesnay, 1694~1774)는 『중국의 계몽군주정(Despotisme de la China)』(1767)에서 이렇게 말한다.

우리는 중국의 정치체제를 전제정(despotisme)이라는 명칭으로 파악한다. 이 제국의 주권자는 오직 자신에게 최고의 모든 권위를 집중시키고 있기 때문이다. '전제주(despote)'는 주인(MAÎTRE) 또는 주군(SEIGNEUR)을 뜻한다. 전제주라는 명칭은 법률에 의해 규제받는 절대권력을 행사하는 주권자에게도 쓰이고, 국민에게 좋게 행사되든 나쁘게 행사되든 정부가 기본법에 의해 보장하지 않은 자의적 권력을 찬탈한 주권자들에게도 쓰인다. 따라서 법적

---

183 Aristoteles, *Die Nikomachische Ethik* (München: Deutscher Taschenbuch Verlag, 1986), 1160a10-b3.

184 Jean Bodin, *Six libres de la républicque* (1576, 1583, reprinted in 1961) II, p. 273; Julian H. Franklin, "Introduction", in Jean Bodin, *On Sovereignty* (1576), ed. and trans. by Julian H. Franklin (Cambridge·New York: Cambridge University Press, 1992), p. xxiv 각주에서 재인용.

185 Franklin, "Introduction", 위의 책(1992), xxiv쪽 각주.

전제주들과 자의적이고 비법적인 전제주들이 존재한다. 전자의 경우의 칭호는 군주(monarque)와 다른 것으로 보이지 않는다. 그러나 이 후자(군주)의 명칭은 권위가 유일하고 절대적인 모든 국왕들에게도 적용되고, 자신이 관장하는 정부의 헌정제도에 따라 권위를 나누어 갖거나 변형시킨 모든 국왕들에게도 적용된다. 황제라는 명칭에 대해서도 똑같이 말할 수 있다. 따라서 군주, 황제, 왕은 전제주인 부류가 있는가 하면, 그렇지 않은 다른 부류가 있다. 자의적 전제정에서 전제주라는 명칭은 거의 언제나 자의적이고 폭군적인 주권자에게 주어지는 모욕적 명칭으로 여겨진다. 중국의 황제는 전제주다. 그런데 어떤 의미에서 이 호칭을 중국 황제에게 부여할 수 있을까? […] 중국의 제도는 취소할 수 없는 현명한 법률에 토대를 두고 있고, 황제는 백성들에게 법률을 준수하게 하고 자신도 정확하게 준수하고 있다.[186]

케네 자신도 모호하게 오락가락하는 이 개념 설명에 따르면, 18세기 후반에도 '전제정'과 '군주정'이 동의어로 혼용되고 있다는 것, 그리고 케네가 중국의 황제정을 '법적 전제정(군주정)'으로 분류한다는 것을 즉각 알 수 있다. 따라서 '전통적 봉건군주정' 및 '절대군주정'과 구별되는 '계몽군주정(enlightened manarchy)'도 '계몽전제정(enlightened despotism)'과 통용된다. 우리의 논의에서 이 개념적 확인은 한 치도 오차 없이 분명히 견제되어야 할 것이다.

아무튼 보댕에 의하면, '왕도적 군주정'에서는 군주도 자신의 법으로 표현된 '신의 법'과 '자신의 약속'에 의해 구속된다. "[…] 만약 군주가 사형의 형벌로 살인을 금한다면, 이 군주는 그 자신의 이 법에 의해 구속당하지 않는가? 나는 살인을 금하는 이 법은 군주의 법이 아니라, 군주 자신이 어떤 신민보다도 더 엄격하게 구속당해 있는 신과 자연의 법이라고 말한다. 군주는 원로원이나 인민에 의해 이 신법과 자연법으로부터 면제될 수 없고, 군주는 언제나 신의 심판에 책임을 져야 한다. 솔로몬이 말했듯이 신의 심문은 매우 준엄한 것이다. 이것은 마르쿠스 아우렐리우스가 '치자들(magistrates)은 사인(私人)들을 심판하고, 군주들은 치자들을 재판하고, 신은 군주들을 심판한다'고 말한 까닭이다." 그리하여 보댕은 다음과 같이 종합한다. "이런 고로 군주들이 자신들의 법, 또는 자신들의 계약에 복종하지 않는 것을 일반 규칙으로 진술

---

[186] François Quesnay, *Despotisme de la China* (Paris, 1767); 나정원 역, 『중국의 계몽군주정』(도서출판 엠-에드, 2014), 프랑스어 원문, 22쪽('Avant-Propos[서문]').

하는 자들은 […] 신을 화나게 하는 것이다."[187] 주권군주가 신과 자연의 법과 계약(약속)을 지켜야 한다는 이 논리는 기존의 모든 봉건적 기득권과 귀족적 재산권을 고스란히 지키고 강화하는 결정적 비밀 통로다.

이것은 자신의 약속이 문제일 때, 군주는 신민보다 더 적은 자유를 갖는 이유다. 법원이 통례대로 조정한 것에 따라 사적 주인이 자신이 준 직책을 빼앗을 수 있어도, 군주는 자신의 신민에게 준 관작을 정당한 이유 없이 빼앗을 수 없다. 그리고 봉건적 법률들의 원칙에 따라, 다른 영주들이 봉신(封臣)의 봉토를 빼앗을 수 있어도, 군주는 이유 없이 자신의 봉신의 봉토를 빼앗을 수 없다.[188]

왜냐면 "신 자신도 자신의 약속에 의해 구속당하는 것"이라면,[189] 당연히 '신의 모상'인 주권자도 신처럼 자신의 약속에 구속당해야 하기 때문이다. 또 "정의가 법의 목적이고, 법이 군주의 작품이고, 군주가 신의 모상이라면, 이러한 추리에 의해, 군주의 법은 신의 법을 본떠야 하기" 때문이다.[190] 위 인용문에서 "군주는 이유 없이 자신의 봉신의 관작과 봉토를 빼앗을 수 없다."는 구절은 보댕이 그의 군주론 전체에 걸쳐서 가장 하고 싶었던 말이다. 보댕은 군주를 국내의 어떤 영주도 능가하는 최고의 절대적 지위로 올려놓고, 바로 이 최고의 절대권력의 권위를 이용하여, 봉건대귀족들에 대한 군주의 전통적 관작·봉토 약속을 '약속은 지켜져야 한다'는 신법에 따라 절대 지켜지도록 만들고 있다. 따라서 보댕의 군주제적 절대주권론은 봉건적 대영주들의 이익을 철옹성으로 절대화하는 주권론이다. 그는 위 인용문("다른 영주들이 봉신의 봉토를 빼앗을 수 있어도, 군주는 이유 없이 자신의 봉신의 봉토를 빼앗을 수 없다.")에서 보듯이 대영주 밑에 종속된 군소 영주들의 권리는 대영주의 자유 처분에 맡기면서도, 군주로부터 직접 관작과 봉토를 하사받은 '직신(直臣) 대영주'("자신의 봉신")의 권리만은 신법과 자연법으로 수호하고 있다. 한편으로 관작에 대한 임명권이 주권의 일부라고 주장하고, 다른 한편으로, '직신 대영주'에 관한

---

[187] Bodin, *On Sovereignty*, pp. 31-2; 장 보댕, 앞의 책(1권)(2013), 288~290쪽.
[188] Bodin, *On Sovereignty*, p. 35; 위의 책(1권), 294쪽.
[189] Bodin, *On Sovereignty*, p. 35; 위의 책(1권), 295쪽.
[190] Bodin, *On Sovereignty*, p. 35; 위의 책(1권), 308쪽.

한, 군주의 이 인사권을 제한하고, 또 한편으로 주권자를 유일한 입법자로 만들어 놓고, 다른 한편으로 주권자가 자신의 법과 약속을 마음대로 바꾸지 못하도록 다시 규제하고 있는 이 주권론의 역설과 모순성은 봉건대귀족들의 고유한 이해관계와 요구를 극명하게 드러내 준다. 말하자면 보댕은 신흥 부르주아지와 경제·기술 변동의 역사적 도전에 직면한 봉건대귀족들의 기득권을 군주의 절대주권으로 절대 사수하는 한편, 귀족들에 대한 군주의 주권적 권력 행사는 철저히 제한하려 했던 것이다. 특히 재산권과 관련해서는 앤더슨이 강조해 마지않은 그 봉건성이 더욱 두드러진다.

> […] 군주는 주인의 동의 없이 타인의 재산을 취하거나 처분할 수 없다. 그리고 군주의 모든 증여, 호의, 특권 및 군주의 모든 법령에 있어서 "타인들의 권리를 제외하고"라는 조항은 명시된 것이 없더라도 언제나 암시되어 있는 것이다.[191]

이와 같이 보댕은 귀족들의 재산 및 관작 소유권을 강화하는 논리를 폄으로써 절대주권의 봉건적 목적과 한계를 분명히 하였다. 따라서 보댕의 주권론의 분석을 통해서도 "절대군주는 봉건귀족의 정치적 권력을 회수하여 자신에게 집중시킨 대신 봉건귀족의 재산은 무조건적 사유재산으로 만들어 주었다."는 앤더슨의 중심 테제는 충분히 입증되는 것이다.

결론적으로 보댕의 절대주권론은 귀족과 군주 간의 권력 분할이라는 귀족정의 원리에 따라 운용되던 중세 봉건제의 기본 원리를 변형시켜 군주의 정치적 권력을 절대화하는 대신, 봉건대귀족들의 관작 보유와 봉토·재산 소유의 차원에서는 군주의 권한을 결정적으로 제한하는 새로운 봉건제, 즉 '신봉건 기획'이었던 것이다. 이 점에서 보댕의 절대주권론은 바로 앤더슨의 역사학적 절대주의론에 대한 정치철학적 증거물인 셈이다.

보댕의 주권 개념이 안고 있는 이 '신봉건성'은 70여 년 뒤 상업화가 프랑스보다 훨씬 더 진전된 영국에서 대귀족의 봉건적 이익과 농촌부르주아적 젠트리계급의 이익을 옹호한 토마스 홉스의 주권론에서 반(半)봉건·반(半)근대성의 절충으로 약화될지라도 본질적으로 변함이 없다. 홉스는 『리바이어

---

191 Bodin, *On Sovereignty*, pp. 40-1; 위의 책(1권), 301쪽.

던』(1651년 초)에서 상업사회의 유물론과 이기적 갈등을 엄정한 사실로서 수긍, 전제하고 새로운 정치이론을 전개한다. 하지만 그는 의회의 권한 확대를 요구하는 상업계급들을 대변한 것이 아니라, 절대왕권을 옹호하는 대귀족의 봉건적 이익과 농촌젠트리계급의 이익을 옹호하고 상업사회에 대항하는 왕당파의 논리를 폈다.[192] 홉스는 부르주아적 논리를 자연법칙으로 수락하면서도 이것과 신봉건적·전근대적 논리로 투쟁하는 묘한 자기분열적 입장으로 일관한다. 이 자기분열적 입장이 『리바이어던』을 바로 '절충물'로 만들어놓고 있다. 이런 까닭에 홉스의 주권론은 신봉건적 주권기획의 '수세적' 성격을 노정하고 있다. 이것은 아직 취약한 신흥부르주아에 대한 '반격적 공세의 성격'을 지닌 보댕의 신봉건적 주권론과 본질적인 차이일 것이다. 이 점에서 제2차 영국내전(1648~1651) 중에 집필된 『리바이어던』의 주권론은 탄생하자마자 곧 사망할 운명을 지닌 저작이었다. 당시 도시 부르주아지와 소상인·소생산자의 상업사회를 대변한 의회파가 완전한 승리(1651년 10월)를 거두고 공화국(1649~1658)을 수립했기 때문이다.

보댕의 주권군주가 신이 자신의 모상에 따라 만들고 임명하고 그리고 파견한 신권적 주권자라면, 홉스의 군주는 '만인의 만인에 대한 전쟁 상태'에 처해 있는 개인들이 자신들의 생명의 안전을 위하여 군주가 될 한 사람을 제외하고 서로 사회계약을 맺어 인위적으로 설정한, 즉 사람들이 생명의 최대 안전을 위한 합리적 이익 추구 속에서 산출하여 '신격화한' 주권자이다. 이 점에서 홉스의 리바이어던은 일견 대단히 근대적인 면모를 가지고 있다. 그러나 홉스의 군주는 사회계약 과정에서 원래 빠져 있는 자이기 때문에 인민에 대한 아무런 계약적 의무가 없고, 따라서 이 군주는 인민에 대해 무슨 짓을 해도 애당초 불법을 저지를 수 없는 절대자다. 신에 대한 책임 외에 아무런 책임을 지지 않는 이 막강한 초월적 군주는 개인들 간의 저 사회적 합의를 "항구적인 것"으로 만들어주는 보편권력이다. 따라서 이 군주의 인위적 산출과 동시에 "한 인격체로 결속한 무리"는 곧 국가가 된다. 홉스는 주지하다시피 치자를 백성들의 민주적 동의에 기반을 둔 '계약'을 통해 설치되는 기관('한 사람' 또는 '한 회의체')으로 규정했던 것이다. 이런 신기원적 의미를 명확하게 이해하기 위해 해당 명문을 좀 길게 인용하여 분석적으로 독해할 필요가 있다.

---

192 Iring Fetscher, "Einleitung", in: Thomas Hobbes, *Leviathan* (1651), hg. v. I. Fetscher (Frankfurt am Main: Suhrkamp, 1984), v-lxiv 참조.

그들을 외부인들의 침략과 서로간의 가해 행위로부터 방어하여 자신들의 근면과 대지의 과실로 스스로를 부양하고 만족스럽게 사는 식으로 그들을 안전하게 보위할 그런 공동 권력을 세우는 유일한 길은, 다수결로 그들 모두의 의지를 하나의 의지로 환원할 수 있는 한 인간 또는 인간들의 한 회의체에 그들 모두의 권력과 힘을 수여하는 것이다. 이것은 그들의 인격을 대신하도록 한 인간 또는 인간들의 한 회의체를 임명하고, 모든 사람들이 그들의 인격을 대신하는 사람이 공동적 평화와 안전과 관련된 일에서 행하거나 행해지도록 야기하는 모든 일의 원작자라고 인정·시인하고 모두가 그들의 의지를 그의 의지에, 그들의 판단을 그의 판단에 복종시키도록 명하는 것이라고 말하는 셈이다. 이것은 합의나 화합 이상의 것이다. 그것은 '모든 개개인의 모든 개개인과의 계약'에 의해 마치 모든 개개인이 모든 개개인에게 다음과 같이 말하는 식으로 하나의 동일한 법인격으로 만들어진 그들 모두의 실제적 통일성이다. "나는 그대가 그대의 권리를 이 인간 또는 인간들의 이 회의체에게 양도하고 이 인간의 모든 행위를 같은 방식으로 공인하는 것을 조건으로, 나 자신을 다스리는 나의 권리를 그 인간에게 공인하여 양도한다." 이것이 이루어지면, 하나의 인격체로 이렇게 통합된 다중은 '국가(Commonwealth)', 라틴어로 '키비타스(Civitas)'로 불린다. 이것은 위대한 '리바이어던(LEVIATHAN)'의 산출, 보다 더 경배하여 말하자면, 오히려 불멸적 신(immortal god) 아래서 우리에게 우리의 평화와 방어의 은택을 주는 '필멸적 신(mortal god)'의 산출이다. 왜냐면 국가 안의 모든 개별적인 사람들에 의해 그에게 주어진 이 권위로, 이 필멸적 신은 그에게 부여된 아주 많은 권력과 힘의 사용권을 얻게 되어, 이것의 공포에 의해 그가 국내 평화와 외적에 대항한 상호 원조를 향한 그들 모두의 의지를 수행할 수 있게 된다. 그리고 이 필멸적 신에게 국가의 본질이 있다. 그리고 이 법인격을 보유하는 사람은 주권자로 불리고, 주권적 권력을 가진 것으로 얘기된다. 그 외 모든 사람들은 그의 '피치자'이다.[193]

주권자는 이처럼 반인반신(半人半神)의 절충적 인신격(人神格)을 체현하는

---

193 Thomas Hobbes, *Leviathan or The Matter, Form, and Power of a Commonwealth Ecclesiastical and Civil*. In: *The Collected Works of Thomas Hobbes*. Vol. III. Part I and II, collected and edited by Sir William Molesworth (London: Routledge/Thoemmes Press, 1992), pp. 157-8.

절대자다. 주권자의 인위적 산출 과정이 지닌 세속적 성격을 다시 무력화시키는 주권자의 이 신격화는 논리의 후반으로 갈수록 더욱 강화되고 제3부 '기독교적 국가'에서는 주권자가 아예 '신의 대리인'인 신권자(神權者)로 격상된다. 주권자의 인위적 산출의 세속적 성격과 신격적 격상 간의 모순은 수세에 처한 홉스의 신봉건 기획의 기형적 절충성을 증명하는 것이다.

그러나 이것은 동시에 영국의 선진적 특수성을 표현하는 것이기도 하다. 왜냐하면 홉스의 주권론은 유럽 대륙의 당대 현실보다 사뭇 앞질러 나간 이론이었기 때문이다. 대륙에서는—네덜란드를 제외하고—상업적 경쟁사회의 구성원들의 합리적 이익 타산에 근거한 절대주의가 아니라 여전히 공식적 왕권신수설에 근거한 보댕식의 절대주의가 지배하고 있었기 때문이다.[194]

『리바이어던』의 제18장에서 홉스는 보댕처럼 주권의 구성요소들을 긴 리스트로 나열하고, 이 주권자를 어떤 이유에서도 탄핵될 수 없는 절대적 존재임을 강조하고 있다. 하지만 홉스는 보댕처럼 부자관계를 원용하여 폭군을 변호하는 것이 아니라, 아예 '폭군'이라는 말이 '주권'이라는 명칭 이상도 이하도 뜻하지 않는다고 해석하여 "폭군에 대한 공언된 증오의 용인은 국가 일반에 대한 증오의 용인이며 이전의 나쁜 맹아와 크게 다르지 않은 또 다른 나쁜 맹아"라고 주장한다.[195] 홉스의 주권군주는 심지어 신법을 어겨도 탄핵되지 않는다. 이 점에서 홉스의 주권군주는 신법을 어길 경우 타국의 군주들의 무력소추를 피할 수 없는 보댕의 주권군주보다 더 막강한 존재이다. 홉스는 이 논리를 강화하기 위해 신민들이 신과 직접 교섭하거나 계약을 맺을 수 있는 모든 소통 회로를 차단하고 있다. 신민은 오직 주권자를 통해서만 신과 교류할 수 있다는 것이다. 지상에서 신의 정통적인 대리인은 유일하게 최고 권력을 가진 자, 즉 주권자이기 때문이다.[196]

또한 홉스는 보댕과 마찬가지로 주권국가의 형태로서 군주정·귀족정·민주정 등 세 가지 순수 형태만을 인정하고 이들의 혼합을 주권의 해체 요인으로 보고 있다. 따라서 그는 주권자의 권리를 분할하는 모든 권력분립론을 "위험한 교설"로서 배격한다. 주권은 인격적으로 단일해야 한다. 홉스에 의하면

---

194 Fetscher, "Einleitung", 앞의 책(1984), LX쪽 참조.
195 Hobbes, *Leviathan*, 앞의 책(1992), 539쪽.
196 Fetscher, "Einleitung", 앞의 책(1984), XXX쪽 참조.

권력의 분립은 곧 내전을 뜻한다.[197] 나아가 홉스의 주권자는 보댕의 주권자와 달리 공적 예배와 공식 교리를 결정할 권력을 주권적 사안으로 장악한다. 즉 주권자는 개인의 내면적 신앙(fides) 외에 신민들의 모든 외적 신앙(confessio)을 결정한다.[198] 이것이 바로 개인의 외적 종교 자유를 부정하는 홉스의 치자교권론이다.

홉스의 주권론은 대내적인 측면에서 개인들의 합리적 이익 타산에 따라 군주를 인위적으로 설정하는 논리로 인해 군주의 대내적 초월성이 보댕의 왕권신수설에 비해 약간 훼손되었지만, 보댕에게서 결여된 주권의 대외적 독립성(다른 주권자와 교황에 대한 독립성)은 더욱 선명하고 전투적으로 논증되어 있다. 게다가 17세기 대륙의 정치 현실이 여전히 왕권신수설에 기초한 독립적 주권국가들의 국제체제였던 점을 감안하면, 당대 절대주의의 현실은 보댕의 대내적 주권론과 홉스의 대외적 주권론을 결합한 신봉건적 기획에 입각해 있었다고 말해야 할 것이다.

(3) 민국체제의 근대화 성과와 서구 절대주의와의 비교 평가

절대주의에서 늘 거론되는 전제적·군주적 중앙집권제·관료제·상비군은 519년 조선의 통상적 요소였다. 봉건대귀족의 이익을 대변하는 보댕의 신봉건적 절대군주정이나, 봉건대귀족과 농촌젠트리층의 이익을 대변하는 홉스의 절충적 절대군주정은 사대부를 제치고 소민 보호를 내세운 탕평군주의 민국체제보다는 사대부와 왕의 나라였던 초기 조선국가와 더 유사하다. 따라서 소민 보호, 임노동 촉진, 국민 형성(nation building) 등을 위한 근대화 개혁을 추진한 정조의 민국체제를 '절대군주정'이라고 부르는 것은 적절치 않다. 상술했듯이 조선은 건국과 거의 동시에 이미 절대군주정이었기 때문이다. 또한 서양의 절대군주정이 봉건대귀족과 농촌젠트리를 대변했고 근대화를 위한 개혁을 추진하지 않고 왕권의 강화와 중앙집권화에 그친 반면, 영·정조의 민국체제는 소민(상민과 천민)을 대변하고 이에 합당한 많은 국가 개혁을 준비하고 시행했기 때문이다. 한마디로, 사대부를 대변했던 중앙집권적 초기 조선국은 '절대군주정'으로 보는 것이 옳은 반면, 점진적 신분 상승과 함께 더 많은 신분 자유, 생업의 자유, 봉건적 부담의 경감 등을 — 일부 세력화된 소민 집단에

---

[197] Hobbes, *Leviathan*, 앞의 책(1992), 308~322쪽.
[198] Hobbes, *Leviathan*, 위의 책(1992), 537~546쪽 참조.

서 혁명적 왕조 교체를 도모할 정도로—강력하게 요구하던 소민계층을 보호하기 위한 근대적 개혁을 단행한 민국정체는 절대군주정으로 보는 것은 부당하다. 따라서 민국체제를 구체적으로 규정하기 위해서는 이 민국정체의 실체적 측면을 좀 더 살펴보아야 할 것이다.

탕평군주의 민국정체는 이태진에 의하면 '레토릭'이 아니라, 사회경제적 변동과 소민의 요구를 적극적으로 수용하여 국가기구와 제도를 근대화하는 구체적 성과를 낸 하나의 '실체'였다. 따라서 민국체제의 근대적 성과를 살펴볼 필요가 있다.

첫째, 민국체제는 양민의 군역을 경감하고 그 부족분을 사대부와 중인 이상의 세수 확보로 채우는 균역법을 실시했다. 영조는 소빙기의 대기근과 전염병에 대처하기 위해 양역사정청(良役査正廳)을 설치했다. 기근으로 소민의 생활이 어려워질수록 백성들에게 군역을 실역으로 이행하게 하거나 군포를 내게 하는 것은 큰 부담이 되어 그것을 줄여줄 방안을 모색하기 위한 것이었다. 영조는 오랜 궁리와 여론 수렴 끝에 양역(良役)을 없애고 토지 1결당 2말의 쌀 또는 5전을 균일하게 징수하는 균역법을 채택했다. 그리고 그 부족분은 궁방과 군현으로 들어가던 어염선세, 지방 수령의 금고 은여결(隱餘結) 등을 국용으로 돌려 매웠다. 군포가 원래 2필이고 1필의 공정가가 쌀 6말이었던 것을 감안하면 소민의 군역은 12분의 1로 줄어든 셈이었다. 이 군역법은 궁방, 지방 군현, 지방 토호들의 경제 기반에 큰 타격을 가했다. 궁방과 지방 토호는 자기들의 수입원이었던 염분(鹽盆), 염전, 포구, 어장 등에 세금이 신설됨으로써 면세 특권을 상실했다. 또한 향청, 서원 등에 소속하여 군역을 피했던 부유한 양인들도 이제 세금을 내게 되어 균역법은 토호들의 큰 반발을 샀다. 영조의 왕정에 반대하던 소론들은 이런 불만을 이용하여 나주괘서사건(1755)을 일으켜 저항을 표했다. 그러나 소민들은 크게 반겼다. 농민경제는 크게 회복되었다.[199]

둘째, 탕평군주는 『경국대전』을 헌법으로 삼아 소민의 새로운 권리·의무 관계를 분명히 하기 위해 법전 편찬을 지속적으로 시행하여 법치주의를 확립했다. 17세기 전란과 재난이 계속되는 가운데 많은 법규들은 '수교(受教)'(왕의 교시)의 형식으로 만들어졌다. 숙종은 이 수교들을 모아 『수교집록』(숙종

---

199 이태진, 앞의 책(2012), 427~430쪽 참조.

24)을 편찬했다. 이어서 영조는 재위 16년(1740) 『경국대전』에 그동안의 수교들을 끼워 넣어 『속대전』을 편찬했다. 『경국대전』에 새로 18항목을 추가하고 137개 항목을 수정한 것이다. 추가와 수정은 대부분 소민의 지위 향상과 관련된 것들이다. 정조도 『속대전』에 나중에 나온 수교들과 시행령들을 추가한 『대전통편』을 편찬했다. 이로써 숙종 이래 소민 보호 민국정체는 법제적 기반을 확보했다.[200] 『속대전』과 『대전통편』의 편찬으로, 형정(刑政)의 중심축이 명나라에서 온 『대명률』에서 『속대전』과 『대전통편』의 「형전」으로 이동했다. 동시에 법제들이 명확한 체계성과 계통성을 갖추었고, 비로소 국법을 통일적으로 운용하고 이해할 수 있게 되었다. 나아가 『속대전』에는 백성의 존재가 강하게 부각되었다. 영조는 왕도 국법체계 내에 존재할 것을 천명했다. 이로써 국왕도 법체계 속으로 통합되었고, 백성들은 최대의 법적 권익을 보장받을 수 있게 되었다.[201]

또한 근대적 법치주의의 한 요소인, 전제적 입법권의 탈전제화·민주화도 어느 정도로 진행되었다. 조종성헌(祖宗成憲)에 대한 존숭의식은 『경국대전』으로 상징되는 조선의 국법체계에 대한 수정을 후대 왕들이 함부로 할 수 없고, 특별한 사정에 의해서만 추가로 법제를 조정하도록 했다. 이는 『경국대전』체계가 조선을 움직이는 헌법적 근간이며, 왕들은 열성조의 법제 안에서 국가를 통치해야 하는 것을 뜻했다. 그래서 '법의 안정성과 법에 의한 통치'는 당연한 상식으로 정착했다. 따라서 명분상 입법권은 국왕에게 있었지만, 국왕 단독으로 입법하는 것은 사실상 불가능할 뿐더러, 기왕의 법제를 함부로 개폐하는 것도 쉽지 않았다. 조선시대 법은 각 부서에서 문제점에 대한 대안을 올려서 법제화하는 경우가 많았고, 대신들의 상소에 의한 문제점 지적과 그것에 대한 대응이 또 한 부분이 되어, 이에 대한 공론적 논의를 거쳐 국왕이 최종 법안을 확정하는 형태를 취했다. 따라서 국왕도 법 위에 존재하지 않고, 국왕의 뜻도 일정한 입법 절차를 거쳐야만 시행될 수 있었다. 따라서 국왕은 자신의 새로운 수교를 정당화하기 위해 이 수교를 『경국대전』에 끼워 넣어 수교의 권위를 높이고자 했다.[202]

---

[200] 이태진, 위의 책(2012), 433~434쪽; 박광용, 「영조대 탕평정국과 왕정체제 정비」, 이태진·김백철 엮음, 『조선후기 탕평정치의 재조명(下)』(태학사, 2011), 42~45쪽 참조; 더 자세한 분석은 김백철, 앞의 책 (2010), 89~156쪽 참조.
[201] 김백철, 위의 책(2010), 299쪽.
[202] 위의 책, 95쪽 참조.

셋째, 영조는 소민 보호를 위해 형정(刑政, 형사사법)을 획기적으로 개선하고 각종 형벌을 인간화하는 관벌(寬罰)·관형(寬刑)주의를 확립하고, 행형(行刑)의 내용과 절차를 근대화했다. 영조는 『속대전』을 통해 각종 전근대적 악형(압슬형壓膝刑, 낙형烙刑, 자자형刺字刑, 전가사변율全家徙邊律, 난장형亂杖刑, 주장형朱杖刑)을 폐지하고, 추국죄수의 왼손에는 수갑을 채우지 못하게 했다. 그리고 주리 트는 형, 권세가의 사형(私刑), 치사율이 높은 원장(圓杖) 치기, 도둑이 아닌 자에게 발에 장을 치는 형, 군법이 아닌 데도 곤장을 치는 형 등 각종 남형(濫刑)을 방지했다. 그리고 인신 구속을 제한하고, 죄수들의 처우를 개선하고, 죄수들에게 보석·석방·휴가를 주었다. 또한 역적죄의 경우에도 연좌제를 제한하고, 직접 가담하지 않은 자들을 가급적 살려주는 정책을 취해 역적죄의 형벌을 크게 완화했다. 또한 판결이 나오지 않으면 임금의 전지로도 사형시키는 것을 금했고, 군법이 아니고서는 효수를 금했다.[203] 정조는 소민 보호 차원에서 사법행정도 더욱 엄정하게 운영했다. 정조는 지방 수령들로부터 살인죄 등의 혐의로 사형판결을 받은 경우는 모두 왕에게 보고하게 하고 왕이 증거 자료 보충 등을 지시하면서 2심을 더 거쳐 최종 판결을 내렸다. 정조가 즉위 이래 처리한 1000여 건의 사건 판례는 1799년 『심리록』으로 간행되었다.[204]

넷째, 정조는 소민 보호 이념의 실효를 꾀하기 위해 어사제도를 크게 쇄신·강화했다. 종전의 어사는 특정 고을을 둘러보고 오는 제도였지만, 이제는 한 방면의 모든 고을을 두루 둘러보는 광역 어사제도가 도입되었다. 재위 24년 동안 정조는 규장각의 30대 전후 초계문신 중에서 어사를 선정하여 일반 어사 56회, 암행어사 57회 등, 총 113회의 어사를 파견했다. 약 연 5회에 달하는 이 횟수는 1년에 한 번도 어사를 보내지 않은 왕들과 비교할 때 획기적인 것이다.[205]

다섯째, 상언·격쟁제도의 활성화다. 숙종은 유명무실했던 상언·격쟁제도를 실질화했다. 숙종은 자기 자신만이 아니라, 자손이나 부인, 동생, 노비 등이 아버지, 할아버지, 남편, 형, 주인 등의 억울함을 호소할 수 있도록 허용했다. 정조는 이 제도를 소민의 고충을 해결하는 효과가 있다고 판단하고, 관련 규

---

203 김백철, 앞의 글(2011), 121~124쪽; 김백철, 위의 책(2010), 157~192쪽 참조.
204 이태진, 앞의 책(2012), 434쪽 참조.
205 위의 책, 434쪽 참조.

제를 풀고 이 제도를 활성화시켰다. 지금까지 격쟁은 왕이 거주하는 대궐 안에서 이루어져야만 접수될 수 있었다. 정조는 이 비현실적인 제도를 현실화하기 위해 어가행차 때 꽹과리를 쳐서 억울함을 왕에게 알리도록 했다. 그리고 상소도 어가 앞에서 올리도록 했다. 호소 대상도 조세수탈, 소작료, 금난전권, 공인권(貢人權), 상권 등 모든 민폐로 확대했다. 그리고 탕평군주들은 거둥을 수시화했다. 가령 인조는 약 연 4.5회 출궁행차를 했던 반면, 숙종은 대략 연 6.6회, 경종은 9.6회, 영조는 17.5회, 정조는 25.3회였다. 정조는 24년간 607회 거둥한 것이다. 이것은 연평균 인조의 약 5.4배였다.[206]

여섯째, 영조와 정조는 윤리교육에서 양반과 소민의 구분을 폐하고 소민을 정신적으로 개발하기 위해 소민의 도덕교육에 각별한 노력을 기울였다. 영조는 재위 20년(1744) 『어제소학언해(御製小學諺解)』를 새로 간행했다. 초기 조선에서는 이전에 주자가 편찬한 『소학』을 국역하여 『번역소학』, 『소학언해』라는 이름으로 간행한 적이 있는데, 영조는 이를 개선하여 다시 간행한 것이다. 영조는 이 언해의 서문에서 사대부 자제만이 아니라 소민 자제와 부녀자들에게까지도 남녀의 도리를 가르치고, 궁극적으로는 부자와 군신의 도리를 일깨우고 풍속을 순화하는 데에 도움이 되기를 바라는 기대를 표하고 있다. 영조는 또 소학 해설서로서 『어제소학지남(御製小學指南)』을 출판했다. 영조는 소학을 소민의 독본으로 삼았다. 정조는 재위 21년(1779) 충신·효자·열녀·장유·붕우 등의 덕행 사례를 소개하는 『오륜행실도』를 출간했다. 정조는 삼강행실도와 이륜행실도를 오륜행실도의 이름으로 합치고 유교윤리 실천에서 반상 차별을 없앴다. 이로써 정조는 소민 보호 민국정체를 교육적으로 뒷받침했다. 정조의 이런 뜻은 1779년의 윤음으로도 표명되었다.[207]

일곱째, 탕평군주들은 노비의 근대적 임금노동자로의 전환을 가속화시키기 위해 노비제도 혁파를 결정했다. 우선 영조는 1731~1757년에 걸쳐 도망 노비를 색출하여 거주지로 돌려보내는 추쇄법을 지역적으로 정지했다.[208] 그리고 마침내 정조는 1778년 아예 추쇄관(推刷官)을 혁파한다.[209] 이는 노비들이 도시로 도망하여 고공(雇工)으로 사는 것을 그대로 인정하여 사람이 사람을

---

[206] 위의 책, 435~437쪽 참조.
[207] 위의 책, 437~439쪽 참조.
[208] 『영조실록』 7년(1731) 10월 16일; 13년(1737) 2월 2일; 33년(1757) 1월 19일.
[209] 『정조실록』 2년(1778) 2월 6일.

소유하는 관습을 없애 임금노동관계를 촉진하고 추쇄관의 농간과 비리를 없앨 목적의 조치였다. 임노동의 확산은 광해군 즉위년(1608년)에 경기도 지역에서 처음 시행되기 시작하여 숙종 3년(1677)에 경상도 지방으로까지 확대·실시되어 전국적으로 확립된 대동법의 영향으로 상품경제와 상업관계가 강력하게 흥기하여 원시적 산업자본과 수공업·매뉴팩처 제조업체들이 광범하게 등장했음을 전제하는 것이다. 17세기 이후 국가가 부과하는 부역(요역)이 '고립(雇立)', 즉 고용노동으로 바뀐 것을 계기로 민간에서도 고용노동이 성행하였다. 자기 땅에 더해 남의 땅을 빌어 자기 자본을 투자하여 크게 농사를 짓는 서양의 차지농(借地農, farmer)과 유사한 '광작농(廣作農)'이 계속 발달했고, 고용노동을 사용하기도 했다. 광작농, 도시의 수공업, 광산 등에서 고용노동이 성행하자, 노비가 도망하여 신분을 감추고, 품삯일꾼이 되었다. 17세기 30~40%나 되던 노비의 비율은 18세기에는 7~8%로 급격히 감소했다. 영조가 추쇄법을 폐지한 것은 이 추세를 공인하고 가속화하려는 조치였다.[210] 정조도 새롭게 형성되는 임금노동자계층을 안정화시키기 위해 고용주의 임금노동자[雇工]살해죄에 관한 특별법을 제정하고,[211] 10냥 이상의 임금을 받고 5년 이상 장기 고용되는 자는 호적에 입록(入錄)하게 하는 '고공법(雇工法)'을 시행했다.[212] 그리고 정조는 요순과 공맹의 관점에서 노비제도가 '인정(仁政)'의 법제가 아니라고 고하며 내노비(궁궐 소속 노비)와 시노비(寺奴婢, 중앙관청 소속 노비) 혁파를 건의하는 판중추부사 박종악의 주청에 그렇지 않아도 노비제도를 혁파하려고 했다고 비답하고 있다.[213] 그리고 그는 죽기 넉 달 전에 공사 노비를 혁파할 준비를 마쳤다. 홍봉한의 상소문, 계문(啓文) 등을 엮은 『어정홍익정공주고(御定洪翼靖公奏藁)』에 실린 「노비인(奴婢引)」이라는 글에서 정조는 소민 가운데 노비와 같은 억울한 사람들이 더 이상 존재해서는 안 된다는 각오로 공노비를 즉각 철폐하고, 그들이 몸값으로 내던 신공(身貢)을 다른 재원으로 충당하고, 사노비와 주인의 관계를 고용관계로 바꾸고, 그 자녀들은 즉각 해방해야 한다고 밝혔다.[214] 그러나 정조의 죽음으로 이 결정은 실행되지

---

210 이태진, 앞의 책(2010), 444~445쪽 참조.
211 『정조실록』 7년(1783) 7월 12일.
212 이태진, 앞의 책(2010), 439쪽 참조.
213 『정조실록』, 정조18년(1794) 8월 6일.
214 이태진, 앞의 책(2010), 439~440쪽 참조.

못했고, 나중에 순조가 정조의 뜻을 이어 재위 원년(1802)에 공노비의 부분 혁파 조치만을 취했다. 순조는 모든 공노비가 아니라, 지방 관서에 속한 관노비를 제외한 내노비와 시노비만을 해방한 것이다. 그런데 순조는 이것을 정조의 유지를 받들어 시행함을 분명히 한다.

> 선조(先朝)께서 내노비와 시노비를 일찍이 혁파하고자 하셨으니, 내가 마땅히 이 뜻을 계술(繼述)하여 지금부터 일체 혁파하려 한다.[215]

순조는 승지에게 명하여 내사와 각 궁방 및 각 관사의 노비안을 돈화문 밖에서 불태우게 했다. 이로써 궁에 물품을 내는 내수사(內需司)에 속한 각도 거주 노비와 영흥·함흥의 두 본궁에 소속된 노비 및 기타 궁방들에 속한 내노비 도합 3만 6,974구, 35개 중앙관청에 소속된 시노비 도합 2만 9,093구, 총합 6만 6,077가구(약 25만 명)가 해방되었다. 순조는 다음과 같은 윤음을 내렸다.

> 삼가 생각하건대, 우리 숙종 대왕께서는 많은 사람들을 위해 조정에 하문하신 다음 노공(奴貢)의 반과 비공(婢貢)의 3분의 1을 경감하셨고, 우리 영종 대왕께서는 여러 사람의 괴로움을 안타깝게 여겨 비공을 면제하고 또 노공의 반을 견감하셨다. 그러나 내사에서 추쇄하는 폐단은 여전하여 그 살갗을 찔러대어 진심을 실토하게 하고, 그 젖을 어루만져 잉태함을 증험했으니 동네가 소란스러워서 닭과 개 같은 짐승들도 편안할 수가 없었다. 이에 허다한 사람들이 그 살 곳을 정하지 못하여 지아비는 그 아내와 이별해야 하고, 그 어미는 자식과 이별해야만 하니 가슴을 두드리고 피눈물을 흘리며 서로 돌아보고 허둥지둥 어찌할 바를 모른 채 차마 이별하지 못하였다. 가끔 절에 몸을 투탁하여 스스로 대륜(大倫)을 끊어 버리고, 여자는 흰머리를 땋아 늘인 채 저자에서 떠돌며 걸식하는 자도 있었다. 그런데 관리는 날마다 그 집 앞에 가서 전화(錢貨)를 독촉하여 치고 때리며 호랑이같이 꾸짖는데, 함부로 점고(點考)하면 한 마리의 소값을 써야 하고, 인족(隣族)에게 침징(侵徵)하면 100가구가 재산을 빼앗기게 되니, 길을 가던 나그네들도 한심하게 여겨 눈물을 흘리며 민망해 하였다. 아! 저 호소할 곳 없는 곤궁한 백성들은 유독 무슨 죄란

---

[215] 『순조실록』 1년(1801) 1월 28일.

말인가? 우리 선조(先朝)에 이르러 덕음을 반포하여 추쇄(推刷)를 혁파하는 명을 내리던 날 늙은이와 어린이 할 것 없이 모두 기뻐하여 춤추었으니, 크고 두터운 은택이 궁벽진 해변에까지 미친 때문이었다. […] 기억하건대, 옛날 우리 선조께서 훈유하시기를, "[…] 오늘날 백성들이 노비의 명칭 때문에 억울함을 품어 위로 하늘의 화기(和氣)를 범한 까닭에 풍우가 적기를 잃고 화맥(禾麥)이 영글지 않고 있으니, 내가 이러한 재해를 근심하여 마음이 화평하지 못하다. 내 마음이 화평해지는 것은 노비를 혁파하는 데 있다."고 하셨으니, 이는 조정의 신하들이 받들어 듣고서 칭송한 것이었다. 이제 내가 왕위를 물려받아 예를 행함에 있어서 사모하고 부르짖으며, 이어받은 큰 책임을 생각하고 큰 기업을 태산 반석과 같이 공고히 이루는 것이 곧 그 뜻과 그 사업을 이어받는 것이라고 할 것이니, 그 뜻과 사업을 이어받는 것으로는 노비의 제도보다 앞서는 것이 없을 것이다. 또 더욱이 왕자(王者)가 백성에게 임하여 귀천이 없고 내외가 없이 고루 균등하게 적자(赤子)로 여겨야 하는데, '노(奴)'라고 하고 '비(婢)'라고 하여 구분하는 것이 어찌 똑같이 사랑하는 동포로 여기는 뜻이겠는가? 내노비 3만 6,974구와 시노비 2만 9,093구를 모두 양민으로 삼도록 허락하고, 인하여 승정원으로 하여금 노비안을 거두어 돈화문 밖에서 불태우게 하라. 그리고 그 경비에 쓰이는 노비의 공물은 장용영에 명하여 대급하게 하여 이를 정식(定式)으로 삼도록 하라. 아! 내가 어찌 감히 은혜를 베푼다고 할 수 있겠는가? 특별히 선조께서 미처 마치지 못하신 뜻과 사업을 보충하여 밝힐 따름이다. 이로부터 이후로는 오직 천만 년에 이르도록 전려(田廬)에서 편안하게 생업을 영위하며 그 묘를 지키고 적기에 혼인하여 자식을 낳아 날로 번성할 것이며, 농사를 게을리 하지 않아서 즐겁게 삶을 구가하게 하라. 그리하여 내가 선조께서 노비를 아들처럼 여겨 돌보고자 하신 고심을 본받는 데에 부응하도록 하라.[216]

순조는 "천만 년에 이르도록 전려에서 편안하게 생업을 영위하며 그 묘를 지키도록" 한다고 함으로써 해방된 노비와 일반 백성의 사유재산권과 생업권을 영구적으로 신성하게 만들 것을 선언하고, 이것이 탕평군주들의 유지를 잇는 것임을 거듭 밝히고 있다. 따라서 이 공노비 부분 혁파도 탕평군주들의 치

---

[216] 『순조실록』 1년(1801) 1월 28일.

적으로 간주해도 무방할 것이다. 이것은 훗날 고종의 사노비 혁파로 이어지는 시발점이다.

여덟째, 영조는 서얼에게 양반과 교통을 허락하는 서얼허통(庶孼許通)과, 서얼도 청관(淸官, 옥당[홍문관] 벼슬)에 진출하는 서얼통청(庶孼通淸)을 확대하여 서얼의 국정 참여 수위를 대폭 높였다. 영조는 서얼을 무반직 중 가장 영예로운 국왕친위군인 금군(禁軍)에 편입시키고, 문반직 중 가장 영예로운 자리인 대간(臺諫)과 서부도사(西部都事, 사법기관)에도 진출시켰다. 정조는 1772년 3,000여 명의 서얼들이 연명으로 서얼통청을 상소하자 서얼허통과 서얼통청을 확고히 하기 위해 '정유절목(丁酉節目)'을 제정하고 우선 이덕무·유득공·박제가·서리수 등 4명의 서자 계보 실학자들을[217] 규장각 검서(檢書, 서책의 교정을 맡아보는 관직, 종7품)로 임명했다. 순조는 이를 한층 더 보완한 '서얼소통경정절목(庶孼疏通更定節目)'을 제정했다. 이에 따라 대관직이 서얼들에게도 전면 개방되었고, 종2품까지 승진할 수 있는 길이 열리게 되었다.[218] 서얼들의 집단상소운동 결과, 중앙정계에서의 서얼의 참정의 폭과 수준이 대폭 개선된 것이다.

탕평군주의 민국정체는 이와 같이 실질적 성과를 낸 점에서 단순한 '레토릭'이나 '구상'에 그친 것이 아니라, 실체적 정체라고 평가할 수 있다. 특히 공사노비의 혁파를 결정한 정조의 결단과 그 부분적 실행은 프러시아의 폰 슈타인과 하르덴베르크의 실패한 농노해방(1807)보다 더 빠르고, 러시아 알렉산더 2세의 농노해방(1861)보다 훨씬 이른 것이었다. 감세와 화폐조세, 법치주의 확립, 사법행정의 활성화, 쟁송과 언론의 자유, 감찰제도 확립, 국민교육 강화, 노비 요역의 감면과 추쇄법 철폐 및 임금노동자 보호법(고공법 제정·시행)을 통한 임노동제의 촉진, 신분제 철폐(전면적 노비해방) 결정을 통한 만민평등화 추구 등 민국정체의 성과는 모두 근대화를 지향하는 것이다. 이것은 공자철학과 유교문화에서 내적으로 형성되어 나온 '내재적 근대화'인 것이다.

탕평시대에 이루어진 소민 보호의 이러한 '내재적 근대화'의 성과는 정치권력을 중앙집중화하고 이 권력을 가지고 위기에 처한 봉건귀족 일반 또는 봉

---

[217] 서자의 신분은 대대로 승계되는 까닭에 서자의 아들이나 손자의 손자도 서자로 취급당했다. 가령 이덕무는 정종의 서자 무림군의 10세손이라서 서자로 대우받았고, 유득공은 증조부 유삼익과 외조부 홍이석이 서자였던 탓에 서자로 대우받았다.

[218] 김백철, 앞의 글(2011), 126~128쪽.

건대귀족과 젠트리(농촌호족)의 이익을 철갑화하는 데 그쳤던 서양 절대군주정의 역사적 성과를 능가하는 것이다. 따라서 영·정조 민국시대의 헌정론적 정체 성격은 '신봉건적'(전근대적 또는 반봉건적) 절대군주정 개념으로 결코 포착할 수 없는 것이다. 따라서 필자는 역사학계에서 서양의 '절대군주정'이 무엇인지 제대로 규명하지도 않은 채 '내재적 근대화'를 추구하던 탕평시대 군주정을 단순히 전근대적 절대군주정 개념으로 부르는 관행을 물리치지 않을 수 없다.

(4) 계몽군주정 개념과 탕평시대 '민국'의 정체 성격: 진보적 계몽군주정

민국의 근대화 지향적 실체성이 어느 정도로 입증된 마당에 우리가 최종적으로 탕평시대 민국의 정체 성격을 규명하려면, 절대군주정 단계를 뛰어넘는 또 하나의 헌정 개념인 '계몽군주정' 개념을 검토해볼 필요가 있다. 일견에 탕평시대 '민국'은 '절대군주정'보다 '계몽군주정'에 더 가까운 것처럼 보이기 때문이다.

　서양에서는 공맹철학의 영향으로 계몽주의가 거세게 일어나던 18세기 후반에 이 계몽사상의 영향을 받은 다수의 계몽군주들이 등장하여 선구적으로 국가와 국민을 계몽하던 '계몽군주정(enlightened monarchy)', '계몽전제정(enlightened despotism)', 또는 '계몽절대주의(enlightened absolutism)'가 나타났다. '계몽군주정'은 국민의 참정권을 배제하고 행정·입법·사법의 삼권을 자기 손에 모두 장악한 한에서 본질적으로 전제정의 한 형태이지만 봉건귀족의 특권을 배려치 않고, 아니 차라리 이 특권을 잠식하면서 식산흥업을 위한 자유권 확대 등의 근대화 개혁을 통해 부국강병을 추구한다는 점에서 절대군주정과 본질적으로 다른 국가 형태, 즉 '근대적인' 국가 형태다. 계몽군주들의 통치철학 안에 의도된 것은 주권자가 국민의 이익을 국민 자신보다 더 잘 안다는 것이다. 따라서 계몽군주들은 자기 신민들에 대한 책임감을 느꼈지만, 신민들의 참정권을 인정할 필요성을 느끼지 않았다. 그러나 계몽군주정은 제반 근대화 개혁 조치들을 통해 의도치 않게 백성이 자신들의 참정 요구를 제기할 여지를 창출해 주었고, 또 신분차별 없이 인재를 등용했다.

　따라서 서양의 개화사상인 '계몽사상'에 의해 영향을 받은 18세기 후반 유럽의 계몽군주정들은 그 정책적 지향에서 절대군주정과 명확하게 구분되었다. 계몽군주정의 통치는 최선의 최근 지식을 국정 임무에 적용하려는 체계적·합리적 정책으로 변한 반면, 대내 정책의 주된 목표는 교육 기회, 사회적 조건, 경제생활의 향상을 겨냥했다.[219] 계몽군주는 계몽사상의 근대적 원칙들(인간애, 대중교육, 관용사상, 언론의 자유, 시장, 임금노동제, 군제개혁 등)을 받아들여 자기 나라에 적용했다. 계몽군주들은 절대군주와 달리 종교적 관용, 언론·출판의 자유, 사유재산권을 허용하는 경향을 보였다. 그리고 대부분의 계몽군주는 학문·예술·교육을 육성했다. 또한 계몽철학에서 영감을 얻은 광범한 국가 개혁을 단행했다. 행정, 사법제도, 세무재정체계가 근대화되었다. 농업·상업 등의 발전이 장려되었고, 농노제를 폐지하려는 노력이 있었다. 가톨릭교회에 대한 국가 통제가 확대되고 교회 재산의 일부가 사목 활동의 증가와 개선에 쓰이도록 일정한 시도가 이루어졌다. 동아시아의 서당과 향교를 본뜬 초·중·고등교육 설비가 점차 확대되었다. 이 개혁과 성과는 18세기 후기의 맥락에서 특기할 만하고, 이 조치들의 배후에 놓인 사회적 책임의식은 신기하고 충격적이기도 했다. 이것은 오직 계몽정책들이 구현될 당시에 정확히 절정에 오른 계몽·개화사상으로부터만 설명 가능하다.[220]

또한 계몽군주는 왕권이 신에게서 나왔다는 왕권신수설을 버리고, 왕권이 치자에게 지혜롭게 다스리라는 책무를 부여한 사회계약에서 나온 것으로 생각했다. 상술했듯이 탕평군주들도 민본주의적 군민일체론을 대변했고, 백성이 군주를 위해 존재하는 것이 아니라, 군주가 백성, 그것도 '소민'을 위해 존재한다고 확신했다. 따라서 자신의 권력의 기초로 국민을 내세우는 계몽군주정은 자기 정당화의 토대에서 왕권신수설을 신봉하는 절대군주정과 크게 달랐다. 또한 서양의 계몽군주정은 지향상 귀족과 평민, 대가와 소민의 차별 없는 국민의 이익을 대변한 점에서, 민중을 제치고 봉건귀족, 또는 봉건대귀족과 향촌대가(大家, 영국의 경우에는 젠트리계급)의 이익만을 대변한 절대군주정과 크게 달랐다.

그런데 '계몽절대주의'는 오늘날도 역사학적·정치철학적 의미를 가진 개념인가? '계몽전제정' 또는 '계몽군주정'으로도 불리는 '계몽절대주의(aufgeklärter Absolutismus)'는 독일 역사학자 빌헬름 로셔(Wilhelm Roscher, 1817~1894)가 처음(1847) 만든 술어다. 로셔는 근세 초 역사 발전 단계를 세 단계로 구분했다. 첫 단계는 종교개혁에서 30년전쟁의 종식까지의 '신앙절대

---

[219] H. M. Scott, "Introduction: The Problem of Enlightened Absolutism", in: H. M Scott (ed.), *Enlightened Absolutism. Reform and Reformers in Later Eighteenth-Century Europe* (Ann Arbor: The University of Michigan Press, 1990), p. 1.
[220] Scott, "Introduction: The Problem of Enlightened Absolutism", 앞의 책(1990), 2쪽.

주의'다. 이때 대표적 군주는 스페인의 필립 2세다. 두 번째 단계는 '짐이 국가다'라는 기치의 '궁정절대주의'다. 프랑스의 루이 14세가 대표적이다. 세 번째 단계는 18세기 중반의 '계몽절대주의'다. 로셔는 계몽절대주의 또는 계몽군주제의 대표자로 스스로를 '국민의 제1 공복'으로 규정했던 프러시아의 프리드리히 2세와 오스트리아의 요셉 2세를 들었다. 로셔의 이 구분법은 이후 널리 받아들여졌다.[221]

하지만 1960년대 역사가들은 1930년대에 일반적으로 받아들여진 '계몽절대주의' 개념에 대해 쇼윈도용 '레토릭' 또는 '픽션'일지 모른다고 회의를 표명하기도 했다.[222] 그러나 1970년대에 많은 저술들이 쏟아져 나와 다시 이런 회의를 불식시켰다. 계몽절대주의는 계몽사상들에 의해 영향을 받았고, 단순히 절대주의 국가의 또 다른 단계로 그치는 것이 아니다. 계몽절대주의는 그 자체로 완결된 '근대정체'인 것은 아니지만, 명백히 '근대화정체'라는 것이다. 이런 유의 견해는 1980년대에 더욱 확산되었다. 회의주의자들 중의 일부도 계몽절대주의 개념에 대한 긍정 쪽으로 다시 입장을 바꿨다. 그리하여 '계몽절대주의'는 다시 논란의 여지가 없는 개념으로 굳어졌다.[223]

18세기 당시 유럽에서 계몽군주로 꼽힌 군주들은, 중국의 자유시장과 농본주의를 본떠 시장주의적 중농주의를 창시한 중국 숭배자 프랑수와 케네의 친구로서 케네의 권고에 따라 중국 황제를 모방하여 춘경기에 쟁기로 밭을 가는 장엄한 의식을 가졌던 프랑스의 루이 16세(1754~1793), 루이 16세를 본받아 역시 쟁기로 밭가는 행사를 가졌던 오스트리아의 요셉 2세(1780~1790),[224] '혁명적 공자주의자' 볼테르의 철학을 흠모했으면서도 그의 중국 예찬에 대해서만은 거리를 두었던 프러시아의 프리드리히 2세(1740~1786) 등이 손꼽힌다. 그리고 여기에 볼테르를 흠모한 러시아의 에카테리나(1762~1796), 스페인의

---

221 Scott, "Introduction: The Problem of Enlightened Absolutism", 위의 책, 4~6쪽. Roscher는 이 3단계 절대주의 이론을 "Umrisse der Naturlehre der drei Staatsformen", *Allgemeine Zeitschrift für Geschichte*, 7 (1847)에서 처음 선보였다.

222 Scott, "Introduction: The Problem of Enlightened Absolutism", 앞의 책(1990), 2~3쪽 참조. 회의론자들은 M.S. Anderson (1961, *Europe in the Eighteenth Century* 1713-1783), Francis Bluche (1968, *Le depotisme eclaire*), C. B. A. Behrens (1975, 'Enlightened Despotism', *Historical Journal*, No. 18) 등이다. 특히 Behrens는 아예 계몽절대주의'의 역사학적 범주로서의 가치를 부정했다. Derek Beales 같은 사학자는 계몽절대주의를 심지어 동구의 '제2의 농노제'를 포장해주는 이데올로기적 상부구조로 규정했다.

223 Scott, "Introduction: The Problem of Enlightened Absolutism", 앞의 책(1990), 3쪽 참조.

224 Maverick, 앞의 책(1946), 125~126쪽 참조.

카를로스 3세(1759~1788), 스웨덴의 구스타프 3세, 포르투갈의 호셉 1세 등이 추가된다. 서구에서는 이 18세기 계몽군주시대에 근대국가로서의 '국민국가'의 틀이 형성되기 시작했다.

조선의 탕평군주들은 '국민국가'로서의 '민국'이라는 새로운 국가 형태를 이루는 데 있어서도 18세기 후반에야 나타나는 이 서양 계몽군주들보다 시간적으로 앞섰을 뿐만 아니라, 이 '민국'의 형성 과정에서 이룬 성과에 있어서도 서양의 계몽군주들의 성과를 능가할 뿐만 아니라, 그 의도에 있어서도 이들을 능가한다고 평가할 수 있다. 따라서 17~18세기 조선민국의 정체는 '계몽군주정'으로 규정될 수 있고, 탕평군주들은 이런 저런 봉건적 특권 집단의 이익을 대변한 단순한 '절대군주'가 아니라, 명실상부하게 '계몽군주', 또는 '개명군주'로 불릴 수 있다. 나아가 탕평군주들은 서양의 계몽군주들처럼 봉건귀족까지 포괄하는 '국민' 일반을 막연하게 대변한 것이 아니라, 확실하게 '소민'을 대변했다. 한국 근대국가 건설의 시발점이 되는 원초적 '국민국가'로서의 민국체제는 이 점에서 서양의 계몽군주정을 능가하는 '진보적 계몽군주정'이라고 평가할 수 있다. 민국체제의 선진적 계몽성은 18세기 민국시대 조선의 국민 생활수준을 고려하면 더욱 분명한 실체성을 지닌 것으로 나타난다. 종합하면, '민국'의 역사적 국체 성격과 헌정적 정체 성격은 '진보적·선진적 계몽군주정'의 '국민국가'라고 결론지을 수 있다.

4) 18세기 '조선민국'의 역사적 성과: 생활수준 세계 1위 국가

민국체제의 경제·문화적 수준과 성과를 국제적으로 비교·평가해보자. 18세기 후반 1770년경 조선은 소빙기(1490~1750)의 고난이 끝난 상태였다. 주지하다시피, 1800년까지도 중국 또는 동아시아 제국의 생활수준은 전반적으로 유럽을 앞질렀다. 그런데 영토 면에서 영국과 엇비슷한 18세기 조선은 당시 유럽에서 가장 잘살았던 영국보다도, 아니 영국에서 가장 잘살았던 런던보다도 훨씬 더 잘살았고, 심지어 중국보다도 더 잘살았던 것으로 보인다. 생활수준을 보여주는 한 지표인 임금수준을 알아보기 위해 미국 경제사 전문지 Research in Economic History에 실린 전성호(Jun Seong Ho)와 제임스 루이스(James B. Lewis)의 공동연구를 참조하면, 1780~1809년 사이 30년간 조선 숙련노동자의 실질임금(쌀 8.2kg)은 이탈리아 밀라노(1750~1759)의 숙련노동자 실질임금 수준(빵 6.3kg)을 훨씬 웃돌았고, 당시 영국에서 생활수준이 가장 높은 곳인 런던(1750~1759)의 숙련노동자 실질임금 수준(빵 8.13kg)도 상회했기

때문이다.²²⁵

그러나 이런 단순 비교는 경기변동 또는 은화 가치의 등락이나 천재지변을 고려할 수 없기 때문에 오류 위험을 배제할 수 없을 것이다. 따라서 중장기적 생활수준을 좀 더 정확하게 보여주는 '총요소생산성(total factor productivity)'을 기준으로 비교해볼 필요가 있다. 조선·중국·영국의 총요소생산성을 계산해낸 차명수의 2009년 연구를 참조하면, 1800년 당시 영국에서 가장 잘살던 잉글랜드 지역의 경작 면적 기준 총요소생산성을 100으로 잡을 때, 1800년 조선 전체의 총요소생산성은 134였고, 중국에서 가장 잘살던 양자강 하류 지역인 강소성과 절강성 지역은 191이었다.²²⁶

당시 중국에서 가장 잘살았던 강소성과 절강성의 총요소생산성이 이런 수준이었으므로 중국 '전체'의 평균은 191보다 훨씬 낮았을 것이다. 하지만 애덤 스미스가 1776년 『국부론』에서 "중국은 유럽의 어느 지역보다도 훨씬 부유한 나라다. 중국과 유럽의 생계 수단의 가격 차이는 아주 크다. 중국의 쌀은 유럽 어느 곳의 밀 가격보다 훨씬 더 싸다."라고²²⁷ 말한 것을 상기하면, 중국 전체의 총요소생산성도 잉글랜드 수준을 많이 웃돌았을 것으로 추정된다. 또한 조선 전체의 총요소생산성(134)이 영국에서 가장 잘살던 잉글랜드(100)보다 훨씬 높았으므로, 분명 조선 전체는 영국의 어떤 지방보다 훨씬 더 잘살았다고 할 수 있다. 총요소생산성으로 보아도 이처럼 전성호·루이스의 연구와 대충 일치된 경향을 확인할 수 있다.

그런데 이를 통해 18세기 조선이 영국보다 잘살았다는 것은 알 수 있지만, '조선 전체'가 '중국 전체'보다 더 잘살았는지 여부는 불분명하다. 그런데 자료 부족과 통계 산출자의 서구 편향성 때문에 완전히 신뢰할 수 없는 통계일지라도 앵거스 매디슨(Angus Maddison)의 통계를 참조하면, 이를 추정해볼 수 있는 길이 없지 않다. 매디슨이 간행한 OECD 통계에 의하면, 1820년 조선과

---

225 Jun Seong Ho and James B. Lewis, "Wages, Rents, and Interest Rates in Southern Korea, 1700 to 1900", 232, in: *Research in Economic History* (Vol. 24, 2007).

226 차명수, 「1800년경 잉글랜드, 조선, 양자강하류지역의 총요소생산성 수준 비교」, 제52회 역사학대회 발표논문(2009년 5월).

227 Adam Smith, *An Inquiry into the Nature and Causes of the Wealth of Nations* (1776), volume I·II, textually edited by W. B. Todd (Glasgow·New York: Oxford University Press, 1976), I. xi. 34 (208쪽). 스미스는 I. xi. n. 1(255)에서도 중국을 "유럽의 어느 지역보다도 훨씬 더 부유한 나라"로 묘사한다.

중국의 1인당 GDP는 600달러로 같았다.[228] 중국의 1인당 GDP는 1500년 이래 인구의 비약적 증가 속에서 320년 동안 600달러 대에 머물러 있었다.[229]

그런데 우리는 보통 조선의 생활수준이 소빙기와 겹쳐 임진왜란과 병자호란을 겪으면서 최하로 추락하였다가 숙종대(17세기와 18세기 초)부터 상승하기 시작하여 영·정조시대에 최고 정점에 달했다가 순조 때부터 다시 하강한 것으로 추산한다. 이것은 16~17세기 조선의 생활수준이 당시 중국(1인당 국민소득 600달러)보다 낮았을 수 있지만, 생활수준이 최정점에 달했던 18세기 영·정조시대(1724~1800) 조선은 중국(600달러 정체 상태)을 추월했고, 그러다가 정조 사망(1800년) 이후 다시 추락하기 시작했다는 것을 뜻한다. 왜냐면 저 OECD통계는 20년 후인 1820년에 조선의 1인당 국민소득이 600달러로서 정체 상태의 중국과 같아진 것으로 제시하고 있기 때문이다. 정조 사망 후 조선의 경제생활 수준의 하락 추세를 고려하면, 1820년 600달러의 조·중 일치는 조선이 600달러로 상승한 것이 아니라, 조선이 600달러로 하락한 것을 뜻한다. 따라서 우리는 쉽사리, 1820년 이전 조선의 1인당 국민소득은 중국(600달러)보다 훨씬 높았다는 것을 추론할 수 있다. 그러므로 우리는 18세기 조선은 중국보다 더 잘살았던 것으로 결론지을 수 있다.

종합하면, 18세기 중국은 유럽의 제일 부국 영국에서 가장 부유한 지역인 런던 또는 잉글랜드보다 더 잘살았고, 조선은 영국의 런던보다 더 잘살았을 뿐만 아니라 중국보다도 더 잘살았다고 단언할 수 있다. 즉 18세기 조선은 당시 유럽에서 가장 잘살았던 영국을 능가하고 세계에서 가장 잘살았던 중국도 능가하는 생활수준 세계 1위 국가였다는 말이다.

조선의 이러한 세계적 생활수준은 조선의 교육복지와 인쇄술의 수준만 보더라도 얼마간 구체적으로 가늠될 수 있다.

18세기 조선에는 반상 차별 없이 입학할 수 있었던 335개소(1918년 통계)의 지방 향교와 서울의 사학(四學), 그리고 대학 교육기관인 성균관 등 국립 교육기관들 외에도 양반과 부호 양민들이 주도하던 도합 910개소의 사립 서원·사우·서재·정사가 있었다. 그런데 향교·사학·성균관 등 국립학교는 모든 정식

---

[228] Angus Maddison, *The World Economy-Historical Statistics* (Paris: Development Center of the OECD, 2003), p. 180. 달러는 1990년 국제 Geary-Khamis달러 기준치다.

[229] 위의 책, 180쪽; Angus Maddison, "Historical Statistics for the World Economy: 1-2008 AD." (http://www.ggdc.net/maddison/oriindex.htm. 최종 검색일: 2012. 10.19.) 참조.

유생들에게 무상교육, 무상 숙식, 학비 지급, 학전(學田) 지급, 면세 및 요역 면제의 완벽한 교육복지 혜택을 제공했다. "가르침에는 차별이 없다."는 『논어』의 '유교무류(有敎無類)'의 원칙과,[230] "천자에서 서인에 이르기까지 하나같이 다 수신을 근본으로 삼는다.[自天子以至於庶人 壹是皆以修身爲本]"는 『대학』「수장」의 원칙에 따라[231] 이 교육복지는 신분차별이나 빈부 계급차별 없이 베풀어졌다. 즉 가난한 유생이나 상민 출신 유생만이 아니라 부호와 고위 사대부 출신 유생들도 무상교육·무상 숙식·학비 제공·노비 배정 등의 교육복지 혜택을 다 누렸다는 말이다. 15세기 세종 치세(재위 1418~1450) 이래 18세기까지 조선은 적어도 이런 재정 능력이 있었던 것이다.

한편 카터, 허드슨, 홉슨 등 서양 역사가들은 18세기까지 코리아의 인쇄술이 세계에서 가장 선진적이었고 구텐베르크(Johannes Gutenberg, 1397~1468)는 코리아의 금속활자를 모방하여 알파벳 금속활자를 만들었다고 단언한다. 인쇄술의 발달 수준은 곧 해당 국가의 문화복지 수준임을 감안하면, 이것은 코리아의 문화복지가 세계 1위였다는 것을 뜻한다. 사이빈(Nathan Sivin)은 "목판 인쇄는 6세기 중국에서 처음 모습을 드러냈지만, 목판 인쇄술로 종이 위에 인쇄된 가장 오래된 현존하는 원본은 751년 코리아에서 유래한다."고 갈파한다.[232] 동아시아 전역에서 서적 인쇄는 950년경 이후 계속 증가했다. 953년 중국인들은 이미 인쇄된 유교 경전들을 가지고 있었다.[233] 1040년에는 중국 최초로 이동시킬 수 있는 목활자와 도자기 활자도 발명되었다. 그리고 15세기 말에 중국은 유럽을 다 합친 것보다 더 많은 서적을 찍어냈다.[234] 다시 카터·쩐·이빈·홉슨 등 서양 역사가들은, 1403년 조선인들은 구텐베르크의 금속활자보다 50년 앞서 금속활자를 발명했다고 확인하고, 국가 지원의 금속활자 주조는 세종대왕이 주도한 연속적 시험 사업에서 15세기 초에 정점에 달했는데, 이를 통해 금속활자 인쇄는 한국에서 최고 수준의 완벽화에 도달했다고 분석

---

230 『論語』「衛靈公」(15-39).

231 『大學』「經文首章」.

232 Nathan Sivin, "Science and Medicine in Chines History", in: Paul S. Ropp (ed.), Heritage of China (Berkeley·Los Angeles: University of California Press, 1990), p. 165.

233 Thomas F. Carter, *The Invention of Printing in China and its Spread Westward* (New York: The Ronald Press Company, 1955), p. 239.

234 Tsien Tsuen-Hsuin, *Science and Civilization in China*, V (1) (Cambridge: Cambridge University Press, 1985), p. 145; Sivin, 앞의 글(1990), 165쪽; Donald F. Lach and Edwin J. Van Kley, *Asia in the Making of Europe* III (Chicago: Chicago University Press, 1993), p. 1598 각주 209.

하고 있다.²³⁵

중국의 목활자와 한국의 금속활자 인쇄술은 알려지지 않은 여러 경로로 서구에 전해졌다. 카터는 구텐베르크가 코리아의 금속활자를 직접 보거나 코리아의 금속활자 인쇄술을 누군가로부터 배웠다는 '직접 전파'의 증거는 없지만, 그가 금속활자로 인쇄된 코리아의 서책을 입수해 보았을 '간접 전파'의 정황 증거는 분명하다고 말한다. 첫째, 인쇄의 전제가 되는 제지술이 동아시아에서 서양으로 전파된 것은 사실이고, 둘째, 일련의 인쇄물들이 유럽으로 건너가 확산되었고, 셋째, 활자 조판 기술에 대한 지식이 중국에 왔다간 수많은 유럽인들에 의해 보고되었기 때문이다.²³⁶ 구텐베르크가 코리아 금속활자를 모방했는지 여부에 대한 논란과 관련하여 허드슨은 "구텐베르크에 의해 유럽식 인쇄술이 출현하기 전에 코리아의 금속활자 인쇄술이 그토록 주목할 만한 발전을 이룩했기 때문에, 그리고 당시 극동과 독일 사이에 뉴스 전달의 연결선들이 존재했기 때문에, 거증책임은 유럽의 인쇄술 발명이 완전히 독자적인 것이라고 주장하는 사람들에게 있다."고 잘라 말한다.²³⁷ 이것은 적어도 18세기까지 조선의 인쇄술이 세계 1위였다는 말이다.

또한 책을 찍는 종이를 만드는 조선의 제지술도 세계 최고 수준이었다. 18세기 조선 한지(韓紙)의 품질은 강직성과 내구성 면에서 세계 최고 수준의 품질에 도달해 있었다. 따라서 선교사 레기(Pere Regis)의 증언에 의하면, 조선 한지는 언제나 북경에서 가장 비싼 가격에 팔렸다. 심지어 청나라 황궁의 모든 창호지·벽지에도 다 조선 한지가 쓰였다. 이 때문에 조선 한지가 북경시장에 아무리 많이 공급되어도 조선 한지는 늘 품귀 상태였고, 매번 최고가를 갱신할 정도였다.²³⁸ 이처럼 조선의 인쇄술만이 아니라, 제지술도 세계 최고 수준이었던 것이다.

18세기 조선의 세계 최고 수준의 교육제도는 조선의 교육복지를 세계 최고

---

235 John M. Hobson, *The Eastern Origins of Western Civilization* (Cambridge·New York: Cambridge University Press, 2004·2008), p. 185; Carter, 앞의 책(1955), 239~240쪽; Tsien, 앞의 책(1985), 319~331쪽; Sivin, 앞의 글 (1990), 165쪽.

236 Carter, 앞의 책(1955), 241쪽.

237 G. F. Hudson, *Europe and China* (Boston: Beacon Press, 1961), p. 168.

238 P. Du Halde, *The General History of China-Containing A Geographical, Historical, Chronological, Political and Physical Description of the Empire of China, Chinese-Tatary, Corea and Thibet* (Paris: 1835), Vol. 4 in four Volumes, translated by Brookes (London: Printed by and for John Watts at the Printing-Office in Wild Court near Lincoln's Inn Fields, 1736), p. 387((Pere Regis의 비망록 발췌본).

수준으로 끌어올린 한편, 출판인쇄술과 제지술은 저렴하고 질 좋은 서적 보급을 가능케 하여 대중의 문화복지를 고양시켰다. 18세기 정조가 그렇게 우려하던 이른바 '패관잡기', 소설책, 도참비기 등의 대유행은 바로 이 높은 인쇄·출판기술에 기초했던 것이다. 이 같은 세계 최고 수준의 문화복지와 교육복지는 그 자체로서 조선의 높은 생활수준을 증언해준다. 동시에 이것은 18세기 조선이 경제적 생활수준 면에서 영국도, 영국에 앞선 중국도 능가한 세계 1위였다는 위의 추산명제를 구체적으로 실감할 수 있게 해준다.

18세기 조선이 생활수준 세계 1위 국가였다는 필자의 테제는 물론 조영준과 차명수의 새로운 연구를 옆으로 제쳐 놓은 것이다. 차명수는 위에서 인용된 자신의 연구와 배치되게 16세기 중반부터 19세기 후반까지의 조선 군인들의 신장 기록 자료에 대한 분석을 통해 "조선 중·후기에 신장이 추세적으로 감소했을 확률이 높으며 증가했을 확률은 낮다."라고 결론짓고 이 시장 추세를 조신의 궁핍화된 생활수준이 그 기간 동안 영양의 점진적 악화로 계속 낮아졌다는 간접 증거로 해석하고 있다.[239] 그리고 차명수는 이 해석을 의궤(儀軌)에 나타난 비숙련노동자 실질임금 추세를 이용한 추정으로 보강한다.[240] 그러나 이 추리와 해석은 몇 가지 문제가 있다.

첫째, 군인 신장의 추이가 반드시 인구 전체의 영양수준과 소득 추이를 반영하는 것으로 해석할 수 없다. 신장이 줄어드는 것은 여러 가지 요인이 있기 때문이다. 무엇보다도 먼저 조선 중기를 넘어 후기로 갈수록 군역제도가 문란해져 빈농이나 천민들에게 군역이 전가되었던 점, 그리고 갈수록 군역 의무가 있는 다섯 농가의 남자들 중 건장한 자들을 농사일꾼으로 남기고 가장 허약한 자만을 군인으로 내보게 된 병농일치 군역제도의 구조적 문제점 등을 고려해야 한다. 이것은 키가 가장 작은 사람들이 군인이 되는 비율을 높였을 것이다. 그리고 차명수도 고려하고 있듯이 전염병 등 질병 등이 확산되면 인구의 신장은 감소한다. 그러나 그는 조선 중·후기 전염병의 확산 추이를 전혀 파악하지 않고 있다. 또한 동물성 식료의 섭취가 식물성 식료에 비해 상대적으로 감소해도 인구의 신장은 줄어든다. 이것은 육식을 많이 하는 서양인의 키가 채식 위주의 한국인보다 더 크다는 사실, 일본인보다 육류와 어류의 육식을 조

---

239 조영준·차명수, 「조선 중·후기의 신장 추세, 1547-1882」, 『경제사학』 제53호 (2012. 12.).
240 차명수, 「의궤에 나타난 조선 중·후기의 비숙련 실질임금 추세, 1600-1909」, 『경제사학』 제46호(2009. 6.) 참조.

금 더 즐겼던 조선인이 거의 채식에만 의존해온 일본인보다 더 커서 전통적으로 일본을 '왜(倭)'라고 불렀던 사실, 오늘날 육식을 더 많이 하게 된 동아시아인들의 신장이 이전에 비해 10센티미터 이상 더 커진 사실 등에서 알 수 있다. 잦은 여름 우박과 냉해, 태풍과 이른 서리, 메뚜기 떼의 잦은 출몰 등으로 조선의 안정적 영농이 불가능했던 소빙기는 조선에서 영조 치세기(1724~1776)의 전반(1750년경)에야 끝났다. 따라서 1490년으로부터 1750년에 걸친 260여 년 동안 조선인들은 자주 굶고 헐벗었지만 불안정적 농사에 의존한 부족한 채식 외에 목축동물과 야생동물 육고기, 파충류와 곤충, 강호와 바다의 어패류와 기각류(고래, 물개, 바다표범 등) 등에 상대적으로 더 많이 의존하게 만들었을 것이다. 반면, 소빙기가 끝나고 농업이 안정된 18세기 후반에서 19세기에 걸친 기간에는 다시 채식 위주로 돌아갔을 것이다. 18세기 이래 조선인들은 풍부한 곡류와 야채, 각종 구황 작물들을 주로 즐기면서 육식을 거의 끊게 되었을 것이다. (영·정조가 다스린 1750년부터 1810년까지 약 60년 동안 조선 중흥기는 아마 채식 위주의 풍부한 영향을 섭취했을 것이다.) 그 결과, 일반인들은 육식에 대해 그 냄새조차도 싫어할 정도로 거부감을 가졌다. 이것은 19세기 후반에 출생한 조부모들이 그릇에 남은 미미한 쇠고기 냄새나 돼지고기 냄새도 역겨워하던 것을 보며 자랐던 우리들의 유년기 기억에서 충분히 추정할 수 있는 사실이다. 종합하자면 차명수 등이 포착한 신장 축소 추세는 영양의 하락 및 빈곤화가 아니라, 반대로 섭생의 채색주의화와 육식 감소, 그리고 농가 소출 상승과 채식 영양의 향상, 병농일치 군역제도의 구조적 문제 등을 반영하는 것일 수도 있는 것이다.

둘째, 조선 정부가 순수한 군사적 판단에 따라 병력을 늘리기 위해 징병 기준 신장의 하한치를 하향 조절했을 수도 있다. 마르크스가 『자본론』에서 자본주의적 착취의 증거로 제시하는 프로이센 군대의 입대 허용 신장 수치의 저하 통계도 착취만의 결과가 아니라 제국주의적 강병육성 시대의 병력 확장 정책의 결과일 수도 있다. 이것은 현재 북한군의 징병 기준 신장치의 하락도 궁핍화만의 결과가 아니라, 군대를 확대·강화하기 위해, 그리고 배급체제와 산업체제의 붕괴로 인해 버려지는 굶주린 실업 청년들의 유랑걸식과 소요를 막기 위해 군대를 일종의 수용소로 활용하는 소위 '선군(先軍)정치'의 결과일 수도 있는 것과 같은 이치다.

셋째, 소빙기를 감안하지 않은 통계치는 일직선적 궁핍화 추정 자체를 전반적으로 믿을 수 없게 만든다. 차명수가 도출한 16세기에서 19세기까지의 조선의 일직선적 궁핍화 추정은 15세기 말부터 18세기 중반 260여 년 동안 지속된 소빙기(1490~1750) 대기근 시대와 이후 비교적 풍요로운 시대 간의 차별성을 보여주지 않고 있기 때문이다. 이것은 그의 추정 '일반'에 대한 신뢰도를 떨어뜨린다.

넷째, 설령 16세기에서 19세기까지 400년간의 장기적 흐름에서 조선인의 일직선적 궁핍화가 확인된다고 할지라도 18세기 영·정조시대(영조 중반으로부터 정조 사후 10년 시점까지 약 60년간, 짧게는 1780년부터 1809년까지 30년간)의 추세를 규명하기 위해서는 좀 더 단기적인 기간에 대한 분할 접근이 요구된다. 그렇지 않으면 차명수의 장기적 추정은 「1800년경 잉글란드, 조선, 양자강하류지역의 총요소생산성 수준 비교」에서 자신이 전개한 '18세기 말 조선의 세계적 풍요' 테제와도 충돌하고 말 것이다.

따라서 신장 지표의 간접성, 신장 증감의 원인의 다양성, 소빙기에 대한 비(非)고려, 통계의 지나친 장기성 때문에 필자는 조영준·차명수의 추리의 경제적 타당성을 의심한다. 이런 여러 가지 이유에서 차명수의 '추리'를 우리의 논의에서 제쳐놓는다.

이제 생활수준 세계 1위를 기록한 18세기 조선민국의 구체적 성과와 그 성격을 서양과 종합적으로 비교해보자. 조선민국의 구체적 성과와 성격은 매우 근대적이고 많은 면에서 서구에 비해 진보적·선진적이라고 평가할 수 있다. '근대화'란, 상론한 내용을 간단히 요약하자면, ①정치 차원에서 '백성(民)'의 '국민화'와 '국민국가의 형성'(대내적으로 자유평등하고 대외적으로 독립적인 개인들의 연대적 공동체로서의 '국민'의 형성과 직간접적 국민참정의 구현)과 '민주화', ②경제의 시장화와 산업화(즉, 재화·서비스·노동의 상품화와 생산방식의 기술적 효율화), ③사법의 인간화와 법치주의 확립, ④사회 차원에서의 개인적 사회활동의 자유화(양심·종교·사상·학문·예술·언론·출판·표현의 자유의 신장)와 (통치체제와 분리된 자율적 사회 영역으로서의) '시민사회'의 형성, ⑤교육·문화·예술의 대중화 등으로 나누어볼 수 있다.

영·정조시대 정치 차원에서 '민국'의 형성은 근대적 '국민국가'의 형성의 개시를 뜻하는 것으로 '가장 근본적인' 근대화 요소에 해당한다. 그리고 영·정조시대 민중의 직간접적 참정은 먼저 상술했듯이 중앙에서 서얼의 통청이 확대된 것을 들 수 있다. 그리고 지방에서는 준양반층(유학으로 신분상승한 상민층 또는 중인층)이 지방관의 지원을 받아 '신향약'을 조직하여 전국적으로 '향전'을 벌여 승리함으로써 기존 지방사족의 향약적 '향권' 지배를 벗어나 신향세력으로서 향정(鄕政) 자치권을 확립한 것과, '소민', 즉 준양반보다 지위가 낮은 농민들(자작농, 자소작농, 소작농)이 두레공동체를 결성하여 양반사족들의 향약질서로부터 벗어나 농촌 공동체 관리 및 농경 관리의 자치권을 확립한 것을 들 수 있다. 조선민국의 이 국민참정 수준은 동시대 영국·네덜란드·스위스·미국 등 예외적인 서양 국가들에 비하면 뒤진 것이지만, 나머지 모든 유럽 대륙 국가들의 절대왕정체제에 비하면 더 진보적이었다. 그리고 조선의 해방되고 자주화되는 '국민'의—특히 종주국 청나라에 대한—대외적 자주독립의식은 오랑캐 청나라에 대한 '소중화(小中華)의식'을 매개로 형성되어 나왔다. 그리고 이것은 대한제국의 독립정신에까지 이어졌다. 한영우는 말한다.

> '조선유일중화'와 '조선정통론'은 도덕적으로 서로 상부상조하는 동양문화의 전통이 청의 등장으로 깨지고, 명나라의 도덕문화를 계승한 조선이 명의 정통을 잇게 되었다는 자부심을 말한다. 그래서 조선 후기 대한제국이 등장할 때까지 조선은 청나라의 문화적 정통성을 인정한 일이 없었고, 고종과 대한제국은 바로 그 정신을 계승하여 세워진 나라였다. 대한제국이 도입한 각종 의례는 그래서 명나라 황제의 격식을 모델로 하여 재정비했다. 환구단 건설과 친왕제도의 도입이 그것이요, 황실제사나 황실존호 등 각종 국가의식도 명나라 황제의 격식을 좇았다.[241]

오랑캐 종주국(원나라)에 대한 도덕적 경멸과 차별의식은 고려 때에도 일시 존재했지만, 청나라에 대한 조선민의 도덕적 우월의식은 화이론적(華夷論的) 관점에서 조선이 스스로를 명나라를 승계한 '유일중화' 또는 '진(眞)중화'로 자부할 만큼 유별난 것이고, 또 1636년 병자호란 이래 200여 년에 걸쳐 지속된 만큼 장기적인 것이다. 이 조선중화론적 반청(反淸)민족자주의식은 동학에서도 계승된다.[242] 혹자는 조선이 자국을 과거의 '종주국'인 명나라로 자부하며 현재의 종주국을 도덕적으로 자국과 구별하는 화이론적 자부심이 어찌 독립정신일 수 있느냐고 반문할 수도 있겠지만, 조선의 이런 유일중화적·진중화적 자주독립 정신은 1688년 네덜란드로부터 외국 군대를 불러들여 제

---

241 한영우, 앞의 글(2006), 43쪽.
242 『용담유사』는 "대보단(大報壇)에 맹세하고 오이(汚夷) 원수 갚아보세"라고 노래한다.

나라 왕을 치고 '명예혁명'이라고 부른 300년 전 영국민의 저 형편없던 자주의식에 비하면 실로 견실하고 선진적인 것이다. 조선민은 조선중화론적 유일중화의식에서 동시대 종주국인 오랑캐 청나라를 거부하는 독립된 민중 단위 의식, 즉 종주국에 종속되지 않으려는 '독립적 국민의식'을 배태시키고 이것을 봉건적 속방체계를 분쇄할 수 있는 근대적 대외주권의식으로 성숙시킬 수 있었기 때문이다.

그리고 '조선민국'의 시장화 수준(물품과 노동의 상품화 수준)은 당대 유럽에 비해 훨씬 앞서 있었다. 당시 유럽은 자유상업과 자유시장이 발붙일 곳이 없는 중상주의시대였기 때문이다. 원방 대외무역만을 특대(特待)한 유럽국가들의 중상주의정책과 중상주의적 국가특권을 독점한 상인자본가들의 선대제적 횡포와 지배로 국내의 자유상공업은 유린, 말살되어 당시 유럽에는 통합된 국내 시장과 자유상업 자체가 불가했다. 그러나 '조선민국'의 산업화(공업화)와 산업자본(매뉴팩처 자본)의 축적 수준은 유럽에 비해 뒤떨어졌다. 이것은 주로 총·포·화약·전함 등에서의 군사기술과 대규모 군수산업의 미발달로 인한 것이다. 한편 18세기 '조선민국'의 법제체계화, 법치주의 확립과 행형(行刑)의 인간화 수준은 유럽대륙보다 앞섰고, 관습법의 불합리한 미로 속에 헤매고 있던 영국보다도 앞섰다. 그리고 조선민국의 '사회의 시민적 자유화' 수준은 양심·종교·사상·학문·예술·언론·출판·표현의 자유 등 모든 면에서—서양서적·서양사상·청나라 패관잡서의 수입금지 조치를 제외하면—당대의 어떤 유럽국가보다 앞서 있었다.

마지막으로 교육·문화·예술의 대중화 수준도 탕평군주들이 일반 백성들에게 도덕 서적을 보급하고 도덕 교육을 독려하여 백성의 교육문화 수준을 높였기 때문에 서양보다 훨씬 앞질러 있었다. 또한 탕평시대는 이야기책, 대중적 시문, 야담, 야사, 골계전, 도색 잡지 등 이른바 '패관잡기'의 대중문학과 노래·가무·마당극·인형극 등 대중문화가 넘쳐났다. 물론 정조는 '패관잡기'를 싫어하여 청나라의 패관소설·잡서의 수입을 금했고, 양반들의 일탈적 자유 문체를 경멸하고 이른바 '문체반정'을 통해 이를 바로잡으려고 패관문체를 금지했고, 이런 문체의 글을 쓴 고위 관리들, 나아가 '민중의 계몽사상'인 각종 '개벽사상'과 쌍벽을 이룰 만한 조선의 '관변 계몽사상', 즉 '실학'을 이끌던 박지원·박제가·이덕무 등도 견책하고, 앞으로는 잡문을 집필하지 않겠다는 맹세와 반성문을 받았다. (북학파의 국제적으로 열린 실학은 실로 정조의 조선민국에 사상적 기반을 제공할 말한 학문이었지만, 정조에 의해 이 같은 탄압을 당했다.) 정조의 이 반동적 문예 지도와 자가당착적 탄압 조치는 18세기 양반식자층의 문예·실학운동과 표현 자유를 위축시키고 문학·학문 발전을 저해했다. 그러나 정조 혼자서는 대세를 막을 수 없었다. 게다가 서민들의 문예활동은 거의 자유방임되었다. 이 덕택에 서민 문예운동은 방해 받지 않고 크게 흥기하여 확산되었고, 실학도 정조의 문체반정을 뚫고 계속 확산되었다. 그리하여 전반적으로 17·18세기 『일지록』, 『천주실의』 등 청국·서양 서적의 유입, 명대 공안파 문예물 및 중국 소설, 명대 삽화와 판화 및 서양화법(원근법 등)의 유입, 각종 세계지리서, 외국의 천문역법, 청대 실학사상의 수입 등은 실로 광범했다.[243] 이로 인해 조선은 심층적 문예 변동과 독서문화의 발달을 가져왔다.[244] 실학유파 중 18세기 후반 성호좌파 계열 실학은 심지어 천주교를 받아들여 '동도(東道)'까지도 개편하는 방향으로 나아감으로써 1880년대 개화기에 전통적 성리학에서 발전·분리되어 나온 김윤식·신기선 등의 '동도서기론'을 이미 넘어서고 있었다.

한마디로, 중국의 강희제·옹정제·건륭제와 유사하게 조선의 진보적 계몽군주들은 이념적으로 당대 서양의 계몽군주들보다 더 진보적이고 성과도 더 많았다고 평가할 수 있을 것이다. 그러나 국가가 무중력 상태에 홀로 존립하는 것이 아니기 때문에, 조선 전성기의 탕평군주들은 청나라 전성기의 건륭제와 마찬가지로, 서양의 절대군주와 비교할 때, 망국의 원인이 될 두 가지 치명적 실책을 저질렀다.

5) 조선 계몽군주들의 두 가지 치명적 실책

탕평군주들은 많은 성과를 이루었지만 미래에 치명적으로 작용할 실책들을 저질렀다. 이것은 서양의 계몽군주들과 반대로 행동함으로써 빚어진 결정적 실책들이었다. 이 실책들은 서양 계몽군주들의 치적과 비교할 때 두 가지 분야로 요약된다.

서양 계몽군주들은 — 계몽사상 자체가 공맹철학과 동아시아 사상을 패치워킹한 사상인 한에서 — 동아시아 문명에 대해 개방적이었고, 또 17~18세기

---

[243] 17·18세기 조선에 유입된 외국 서적의 도서목록은 홍선표 외, 『17·18세기 조선의 외국서적 수용과 독서실태-목록과 해제』(혜안, 2006) 참조.

[244] 이에 대한 논의는 위의 책(2006); 홍선표 외, 『17·18세기 조선의 외국서적 수용과 문화변동』(혜안, 2007) 참조.

내내 종교적·사상적 자유와 관용, 자유시장, 복지복가, 3단계 교육제도(서당·향교·대학), 만민평등 교육제도, 중국의 시험능력주의 관료제와 명·청의 내각제 등 수많은 동아시아 제도들을 도입하거나 도입하려고 애쓴 반면,[245] 조선의 탕평군주들은 문명적으로 오만했던 까닭에 '양이(洋夷)'의 문명에 관심이 없었을 뿐만 아니라 당시의 광신적인 '천주학쟁이들' 때문에 적대적이었다. 그리하여 그들은 서방에 문호를 개방하지 않았고, 서학과 서양 관련 사상과 서적에 대해서만은 강경한 억압정책을 시행했다. 영·정조가 서양 계몽철학자들이 정신없이 공맹철학을 배우고 서양인들 일반이 동아시아 문화의 수입에 열을 올리고 있었다는 것, 그리고 서양의 많은 철학사상과 제도가 공맹철학 및 동아시아 문명과의 패치워킹을 통해 일대 격변을 겪으며 제3의 새로운 선진적 제도로 발전하고 있다는 것, 아니 한마디로 17세기 후반부터 18세기 말까지 유럽대륙과 영국 사상계가 거의 150년 동안 '공자 열풍' 속에 휩싸여 있다는 것만 알았어도 서양에 대해 그리 폐쇄적이지 않았을 것이다. 그러나 탕평군주들은 서양의 이런 계몽철학적 동향에 대해 까마득히 몰랐고, 따라서 지극히 폐쇄적이었으며, 이 때문에 서양 문물을 조기에 패치워킹하는 데 실패했다. 문명의 발전은 접촉·자극·공감·선망·모방·혼합·혁신·역전을 통해 이루지는 문명 간의 패치워킹 속에서 고도화되고 세련되고 발전하기 때문에 문명적 패치워킹의 부재는 곧 '정체'와 '낙후', 나아가 '패배'와 '쇠망'으로 귀결된다.[246] 그리하여 조선의 진보적 계몽군주들은 이 대서방 쇄국으로 인해 '타 문명의 패치워킹' 경쟁에서 서양의 계몽군주들에게 패한 것이다.

둘째, 조선의 진보적 계몽군주들은 신무기 개발에서 서양의 계몽군주들에게 패배했다. 서양에서 17~18세기는 신무기 개발의 시대였다. 특히 서양 계몽군주들은 무기 개발과 군사력 증강에 각별히 심혈을 기울였다. 물론 숙종·영조·정조 들도 군사에 관심과 노력을 전혀 기울이지 않은 것은 아니다. 그들은 흩어진 군영들을 '5군영'으로 정비하고 도성 수비체제와 금군(영조의 '용호영', 정조의 '장용영')을 강화하고, 남한산성을 수축하고 새로운 산성들을 신축하고, 군제를 정돈했다. 또 명군과 왜군의 무예를 추가하여 조선의 전통 무예

---

[245] 서구의 관용 사상과 종교·사상·학문의 자유 이념의 동아시아적 기원에 대해서는 황태연, 앞의 글(2013) 참조. 서구의 자유시장·복지국가·내각제의 동아시아적 기원에 대해서는 황태연, 앞의 글(2012) 참조. 서구의 근대적 교육제도의 동아시아적 기원에 대해서는 황태연, 위의 글(2012), 각주 90 참조.

[246] '패치워크 문명론'에 관해서는 황태연, 『공자와 세계(1)-공자의 지식철학(상)』(2011), '서론-패치워크 문명 시대, 동아시아 문명과 공자의 부활', 25~71쪽 참조.

를 새로 정리했다.[247] 그러나 그들은 군사적 관심을 이러한 군영 정비, 군제 정돈, 산성 개·신축, 전통 무예 정리 등 복고적 군사 업무에 한정시킨 채, 세종처럼 신무기 개발과 군사력의 혁신에는 전혀 신경 쓰지 않았다. 정조 9년에 나온 『병학통(兵學通)』은 과거 회귀적으로 군제를 정돈한 것이고, 정조 14년의 『무예도보통지(武藝圖譜通志)』는 복고적으로 각종 조선의 전통 무예에 임란 중에 들어온 중국·일본 무예를 합쳐 정리한 것이다. 특히 『무예도보통지』는 고종 때 구식 군대가 폐지되기까지 조선군의 '필드 매뉴얼(FM)'로 쓰였다.

그러나 임진왜란(1592~1598), 정묘호란(1627), 병자호란(1636~1637) 등 세 차례의 대전란을 겪었고, 서학이 횡행하고 이양선이 서해안에 출몰하는 그 엄중한 시기에 탕평군주들이 군사문제 중 가장 절실하게 여겨야 하는 문제는 전통적 군제나 무예의 복고적 정리가 아니라, 총·포의 정교화·강화·속사화·사정거리 확장, 화약의 폭발력과 생산량 제고, 기타 신무기의 개발·개선·대량생산, 신무기에 의한 군사훈련, 그리고 신무기에 기초한 새로운 전법의 부단한 개발이었어야 한다. 이것은 영국·프랑스·독일의 경우에 국민경제 전반의 공업화가 무기·군수품의 개발과 생산을 리드한 것이 아니라, 거꾸로 대규모의 국영 군수 공장, 국영 무기 제조창, 전함 조선소들이 국민경제 전반의 공업화를 리드했다는 경제사적 사실을 상기할 때, 민국의 국정 과제에서 신무기 개발과 신식 군대 육성이 누락된 것은 더욱 안타까운 일이다.

정조대의 조선군은 이미 낯선 외적을 상대할 수 없는 오합지졸의 상태에 있었다. 이것은 정조 19년에 나타난 이양선에 대한 조선군의 대응 자세를 보면 금방 알 수 있다. 당시 황해도 관찰사는 다음과 같이 그 경위를 보고하고 있다.

> 국적을 알 수 없는 배 한 척이 바람에 밀려와 홀연히 오차진(吾叉鎭) 앞에 정박하였기에 해당 첨사 장경홍(張景泓)이 군교를 이끌고 기계(器械)를 지니고서 급히 포구 가로 달려가 활을 당기고 총을 겨누며 위엄을 보이려 했습니다. 그러자 그 사람들이 거꾸로 성을 내면서 일제히 상륙한 뒤 돌을 던지고, 몽둥이를 휘두르며 곧장 앞으로 나와, 극력 저항하였습니다. 이렇듯 분위기가 위태롭고 공포스럽게 되자 진장(鎭將)과 진졸(鎭卒)들이 겁을 집어먹고 달아났

---

[247] 이태진, 앞의 책(2012), 422~427, 430~431쪽 참조.

는데 그럴 즈음에 가지고 있던 활과 칼과 총대 등을 포구 가에 내버리고 갔으므로, 그 사람들이 주워서 망가뜨려버렸습니다. 그리고는 그들도 닻을 올리고 바다 밖으로 재빨리 빠져나갔습니다.[248]

이것을 보면 그야말로 당시 조선군의 사기와 무용(武勇)은 낯선 외국인들에 대해 무조건 겁을 집어먹는 아프리카 토인 수준에 처해 있었음을 알 수 있다. 그러나 정조는 이를 보고도 군사개혁을 단행할 절박성을 느낀 것이 아니라, 오차진 진장(鎭將)과 장연현(長淵縣) 현감을 파직하고 수사(水使)를 처벌하라고 명하는 것으로 그쳤다.

결론적으로, 청나라의 건륭제가 63년의 재위 연간(1735~1799) 중국을 정치·경제·문화적으로 가장 번영하게 만들고 주변의 낙후한 이민족들에 대한 10회의 정복전쟁을 치러 영토를 최대로 넓혔으면서도 신병기 개발을 방기함으로써 중국을 군사적으로 무력화시켰던 것처럼, 영조와 정조도 도합 76년의 재위 연간(1724~1800) 조선민국을 정치·경제·문화적 측면에서 세계 1위 국가로 만들었지만, 군사적 측면에서는 민국을 가장 허약한 나라로 노폐화(老廢化)시켰다는 비판적 평가를 면할 수 없다고 할 것이다. 특히 정조는 건륭제처럼 당대의 경제·문화적 풍요와 안일에 젖어, 공자의 안보 원칙을 망각한 것이다. 공자는 말한다.

위태롭게 여기는 것은 그 지위를 보전하는 것이고, 망할 것처럼 여기는 것은 그 안존을 보전하는 것이고, 난을 우려하는 것은 치(治)를 보존하는 것이니, 군자는 안전한 가운데서도 위태로움을 잊지 않고, 안존하는 가운데서도 망하는 것을 잊지 않고, 치세에도 난을 잊지 않으므로, 자신이 안전하고 국가가 보존될 수 있는 것이다.[子曰 危者 安其位者也 亡者 保其存者也 亂者 有其治者也, 是故君子安而不忘危 存而不忘亡 治而不忘亂, 是以身安而國家可保也.][249]

공자의 유사한 안보 가르침은 경전의 곳곳에 등장한다. 또한 데이비드 흄과 프랑수와 케네를 통해 공맹의 양민·시장철학의 영향을 받아 경제적 부를 그리도 중시하고 중국의 국부를 동경했던 애덤 스미스조차도 정조의 동시대인

---

248 『정조실록』 19년(1795) 8월 1일.
249 『易經』 「繫辭下傳(5)」.

으로서 『국부론』(1776)에서 "국방은 풍요보다 훨씬 더 중요한 것이다.(Defence is of much more importance than opulence)"라고 갈파했다. 이런 안보철학들을[250] 종합적으로 상기할 때, 정조의 실책은 결코 가벼이 보아 넘길 수 없는 성질의 것이다.

서구와의 문명 패치워킹 경쟁에서 패배함으로써 야기된 '동·서양 문명 간의 세력 관계의 대역전'과 '군사력의 노폐화'는 조선·중국·월남 등 동아시아 유교문명권 국가들이 19세기 중반부터 20세기 중반까지 겪은 100년간의 굴욕과 치욕의 결정적 요인이 되었다. 그러나 동아시아권에서 가장 변방에 있던 일본만은 예외였다. 유일하게 일본은 동아시아의 다른 나라들처럼 서양에 대해 쇄국적이었을지라도 오랜 세월 서양 문명과의 교류 속도를 스스로 조절하여 대내적 충격을 완화하면서 서양 학문과 신무기를 제한적으로 조금씩 받아들여 서양 문명을 점진적으로 자국 문화와 '패치워크'했고, 인도·중동·서방으로 도자기, 비단, 미곡 등을 수출함으로써 국부를 키워 국력을 신장했다. 일본은 국부와 국력이 어느 정도 증대되자 조선통신사를 불필요하게 느끼고 이미 정조 때 통신사 파견의 연기를 요청했다. 정조는 일본이 그간의 국력 신장으로 조선을 얕보게 된 상황 변화를 알아채지 못했다.

1639년 이래 1853년까지 일본 막부는 포르투갈과 스페인의 상인·선교사들을 추방하고, 당시 유럽에서 가장 계몽주의적으로 개화된 프로테스탄트 국가 네덜란드공화국(1581~1795)의 상인들에게만 교역을 허용했다. (비가톨릭인 영국 상인들에게도 교역을 허용했으나, 이들은 곧 자진 철수했다.) 일본 정부는 가톨릭 국가들이 포교를 내세우지만 중남미의 정복 사례를 통해 가톨릭 신부들에게 포교가 구실에 지나지 않고 '정복'이 궁극 목적이라는 것을 어리석은 포르투갈 선교사들로부터 들어서 잘 알고 있었고, 또 포르투갈 신부들의 배후 조종을 받은 4만 명의 가톨릭교도 농민들이 일으킨 대규모 반란인 '시마바라의 난(島原の亂)'을 겪었기 때문에, 포교가 아니라 교역에 관심을 가진 네덜란드인들을 선택한 것이다. 일본 막부는 조선 정부와 달리 기독교의 개신교파와 가톨릭교파 간의 차이를 잘 알고 분리 대처한 것이다. 그러나 일본은 이 단일화된 교역로를 활용해 중국, 인도네시아, 인도, 중동, 유럽으로 다양한 종류의 상품을 수출했다. 1641년부터 네덜란드 상인들의 거주는 1.3ha의 '데시마

---

[250] Smith, *An Inquiry into the Nature and Causes of the Wealth of Nations*, vol. I, IV. ii. 30 (464~465쪽).

(出島)'라는 인공섬에 국한되었지만, 일본인들은 이 작은 통로를 통해 많은 서양 지식과 서양 문화를 천천히 흡수했다. 무역의 중요성이 종종 감소했을 때에도 이 통로를 일본인들은 아주 유익하게 활용했다. 특히 세 명의 아주 뛰어난 서양학자들이 한동안 데지마에 상주하며 많은 긍정적 영향을 끼쳤다. 모험적인 독일 과학자 캠퍼(Deshima-Engelhart Kaempfer, 일본 체류 1690~1692), 걸출한 스웨덴 식물학자 툰베르크(C.P. Thunberg, 일본 체류 1775~1776), 독일 의사이자 자연박물학자 지볼트(Franz Philipp von Siebold, 일본 체류 1823~1829, 1859~1862)가 그들이다. 일본에 대한 서구 지식의 중요한 원천이 된 저작들을 쓰기도 한 이 학자들은 유럽의 과학과 기술이 일본에 전파되는 과정에서도 대단히 중요한 역할을 했다.[251]

일본인들도 원래는 중국의 서적들을 통해 서방에 대한 지식과 정보를 구했다. 하지만 식산흥업에 진력하여 이른바 '덕천중흥(德川中興)'을 일으킨 8대 쇼군 도쿠가와 요시무네(德川吉宗, 재위 1716~1745)가 1720년 유럽 서적 금령을 폐지했다. 이때부터 일본인들은 자유롭게 데지마를 통해 유럽 서적을 직접 구해 읽고 비교 연구를 수행했다. 일본의 두 학자가 인체를 해부한 후 신체 부위들을 중국 의서 및 네덜란드 해부학 서적과 각각 비교한 1771년은 일본 '난가쿠(蘭學)'의 중요한 전환점이었다. 이 두 일본학자는 네덜란드 해부학 서적에 실린 신체부위도가 실제의 인체와 일치하는 것이고, 중국 의서는 허무맹랑한 것이라는 것을 알았다. 이후 '난가쿠'의 번역은 중요한 문화적 영향력을 발휘하게 되었다. 난가쿠 번역서는 양적으로 제한되었을지라도 '중국풍'에 대한 존중심을 다 파괴해버렸고, '양풍'에 대한 호기심을 강화시켰다. 서구 세계로 통하는 유일한 창구인 데지마의 '난창(蘭窓)'은 1868년의 메이지 유신을 향한 기반을 사상적으로 준비하는 데 도움을 주었다. 고통스럽게 발전된 '난학(蘭學)'은 주지하다시피 훗날 후쿠자와 유키치(福澤諭吉, 1832~1901)와 같은 서구주의자들의 주된 계몽 수단이 되었다.[252] 일본은 드디어 1인당 국민소득이 1700년 570달러에서 1820년 669달러 올라섬으로써, 1700년 이래 국민소득이 정체되어 1820년에도 600달러에 머물러 있던 중국과, 그간 600달러

---

251 Angus Maddison, *Contours of the World Economy, 1-2030 AD, Essays in Macro-Economic History* (Oxford: Oxford University Press, 2007), p. 141.

252 위의 책(2007), 146쪽.

로 하락하여 중국과 같아진 조선을 동시에 앞질렀다.[253]

서방과의 직간접적 교류와 접촉을 통해 이렇게 서양 학식을 늘리고 문화를 일신하고 국력을 신장한 일본은 조선과의 교류를 이제 시시하게 여기고, 거창한 비용이 드는 조선통신사 빙례를 부담스러워했다. 그리하여 1787년(정조 11) 새로운 쇼군(제11대 도쿠가와 이에나리)은 쇼군의 즉위에 즈음한 빙례가 양국 간의 전통적 외교 예법인데도 조선에 핑계를 대고 빙례 연기를 요청했다. 그리고 1791년(정조 15)에는 대마도 측에 '역지빙례(易地聘禮)'에 관한 권한을 위임했다. 마침내 1794년(정조 18)에는 대마도주가 조선 예조에 역지빙례를 공식 요청했다.

> 일본국 대마주 태수 습유 평의공은 조선국 예조참의 대인 합하께 글을 올립니다. […] 이번에 통신사가 올 기일과 관련, 앞서의 글에서 다시 보이는 뜻을 기다리고 싶다고 했습니다. 그러나 이 일은 본래 용이한 것이 아닌 만큼 양국의 수고와 비용을 어찌 이루 다 말할 수 있겠습니까. 만일 거듭 흉년이라도 만나서 다시 기일을 늦춰야 한다면 예와 뜻을 오래도록 갖추지 못해 피차간에 서로 편안하지 못할 것입니다. 이 때문에 정부에서는 교지를 받들어 건의하기를, 영원히 우호관계를 유지하는 일은 간략하고 쉽게 하는 것만 한 것이 없다고 했습니다. 그리하여 지금부터는 귀국 사신이 올 경우 본주에서 맞이하고 접대하여 빙례를 행하려 합니다.[254]

그러나 조선은 끝내 이 간교한 언사의 속뜻을 풀지 못하고 전례에 맞지 않는다는 시비로 줄다리기만 계속했다. 그러다가 정조 재위 기간에 조선통신사는 떠나지 못했다. (최초의, 그리고 최후의 대마도 역지빙례는 순조 11년에 있었다.)

메이지유신 이전에도 일본은 이미 서양 문명과의 패치워킹 속에서 비약적으로 성장하고 있었던 것이다. 그러나 정조는 패치워킹 경쟁에서의 이러한 패배에 대해 감도 잡지 못했다. 대서방, 대일본 패치워킹 경쟁에서 패배하고 또 민국을 군사적으로 가장 약한 나라로 노폐화시킨 탕평군주의 이런 실책으로 인해 훗날 조선의 국권이 외국 군대에 의해 좌지우지되는 굴욕을 당하게

---

253 Maddison, "Historical Statistics for the World Economy: 1–2008 AD, 2".
254 『정조실록』 18년(1794) 8월 27일.

된다. 그리하여 조선민국의 세계사적 성과를 계승·발전시키려는 의지를 가진 영민한 군왕이 나중에 출현했을지라도 이 의지를 집행할 왕권 자체가 부지되기 힘들었던 것이다.

4. 고종시대의 재조명

필자는 이태진의 민국론을 다각도로 분석하고 비교함으로써 민중의 민압을 반영한 영·정조의 '민국정체'를 '진보적 계몽군주정'으로 규정했다. 그러나 19세기에 들어와서는 군주들(순조·헌종·철종)이 계속 어린 나이에 즉위하게 된 것을 틈타 수구적 사대부 당파(일부 노론 권세가)가 국가권력을 독점하여 마침내 소위 '당파싸움'의 박멸과 왕권의 무력화를 달성하고 탕평군주들의 민국정체를 해체시킨 가운데 모든 공기를 사익 추구에 쓰는 노론 당파의 일당 독재체제를 구축했다. 흔히 '세도정치'로 불리는 이 노론 일당 독재는 백성에 대한 일방적 수탈로 민란과 변란 형태의 광범한 저항을 일으켜 사회·정치 혼란을 극화시켰다.

순조·헌종·철종조의 '세도정체'는 세도 가문과 '특정 사대부 패거리'의 이익을 앞세워 조선민국의 개혁 성과들을 무력화시킴으로써 광범한 '민란'을 초래하여 국가공공성을 파탄시킨 '반동정체'로 규정될 수 있다. 세도정치세력들은 탕평군주들의 백성의 나라 '민국'을 순식간에 해체하거나 무력화시키고 부패한 사대부들의 나라 '국가'로 되돌려 '복고반동정체'를 수립한 것이다. 이 세도정치 시대에 국가는 민국적 공공성을 완전히 상실했고, 세도정체에 도전하는 각종 '민란'·'변란' 세력이 오히려 공공성을 얻어 유행처럼 확산되었다. 1800년에서 1863년까지 세도정치가 지속된 이 시기는 동서 간의 세력 역전, 조선과 일본의 국력 역전이 벌어지는 중차대한 시대였다. 그러나 조선의 세도정치세력은 가문의 안일만을 추구하고 거대한 세계사적 변동에 대해 실로 아무것도 대비하지 않았다. 조선의 국망은 이 '복고반동시대'의 60여 년 무사안일 속에 이미 프로그래밍된 것이다.

다시 확인하는 바, 80여 년 세도정치의 국가 파탄과 이에 저항하는 민란의 확산으로 인해 '민국'은 완전히 파괴되고, 조정과 국가는 공공성을 완전히 상실했다. '민국의 파괴'로 '민'과 '국'이 이제 완전히 분리되고 만 것이다. 하지만 '민'은 이때 저항하는 공공적 '민중'으로 거듭나서 정여립과 정조에 의해 개시된 신분해방과 개혁의 배턴을 이어받았다. 여기서 본격적으로 다룰 주제는 아니지만, '민'은 임금과 조정에 대한 일체의 기대를 버리고 국가와 분리되어 민란 과정을 통해 자발적 '국민형성'의 역할을 수행하여 '국민'으로 주체화되기 시작한 것이다. 조선 지식인 1000명을 앗아간 정여립사건 이래 각종 비결서와 참위서를 통해 중구난방으로 이어져온 민란시대 '개벽사상'의 여러 흐름들이 동학과 동학의 대중적 종교·정치사상 운동으로 집대성되고 나서부터 모든 '국민형성'은 동학운동에 의해 주도되었다. 1860년 이래 1919년까지 50년간 '동학운동'은 곧 신분해방·인간해방을 통해 자유롭고 평등한 대외 독립적인 '국민'을 만드는 '국민형성운동'이었고, 반봉건 반외세 신분해방·인간해방의 '국민형성운동'은 곧 '동학운동'이었다. 동학운동의 '국민형성적' 동력은 1894년 4월에 타오른 동학농민(혁명)전쟁으로 처음 가시화되었다. 이때는 동학교도가 대략 60만 명에 달한 시점이었다. 동학혁명은 일본군과—일본군의 7월 23일 궁궐 침공과 점령에 의해 급조된—친일괴뢰세력에 의해 진압되었지만, 동학군은 전봉준 체포 이후에도 섬멸되지 않은 채 호남 지역의 산중에 '보국안민'의 깃발을 들고 여기저기 산재해 잠복해 있다가 1895년 봉기한 을미의병과 융합되어 들어갔고, 동학은 30만 교도를 잃었지만, 동학의 국민형성운동은 중단 없이 오히려 더욱 거세게 확산되었다.[255] 이것은 1907년 7월 법부대신 조중응(趙重應)의 보고에서 드러나듯이 동학 봉기 이후 12년 만인 1907년 동학교도의 수가 6배 이상 늘어 무려 200만 명에 달한 것에서[256] 입증된다. 또한 조중응에 의해 전달된 교조신원 청원으로 동학이 합법화된 1907년 7월 이후부터 동학의 국민형성운동은 가을 벌판의 들불처럼 더욱 세차게 가열되어 1919년 당시 동학교도와 동학 관련 민족종교 교도의 수가 무려 600만 명에 달해 3·1운동을 주도한 것에서도 입증된다. 다시 12년 만에 세 배에 달한 것이다. 1870년대로부터 1920년대까지 50여 년간 동학운동은 국민형성운동 또는 민권운동을 대표적으로 수행한 것이다. 만약 기존 사학자들이 그래왔듯이 '국민형성·민권운동으로서의 동학운동'이라는 역사 해석을 근세사의 시야에서 놓친다면 "독립협회의 의회개설운동이 실패로 돌아간 후 대한

---

[255] 신기선은 1904년 9월 보고에서 "영남과 호남에서 비적들의 준동이 그치지 않고 동학비적 잔당들[東匪餘孼]이 다시 날뛰며 소란을 일으키고 있다."라고 한다. 『고종실록』 41년(1904, 대한광무 8년) 9월 9일조 세 번째 기사.

[256] 『고종실록』 44년(1907, 대한광무 11) 7월 11일.

제국에서 어떠한 국민참정 선언이나 운동도 허용되지 않았다."고 단언하거나 "국민국가 형성을 주도할 민권운동세력의 미숙 혹은 그로 인한 외세 의존성으로 인하여 군주 주도로 근대로의 이행이 이루어지고 있는 대한제국의 특수한 경험"을 운운하며[257] 푸념할 수밖에 없을 것이다.

다시 세도정치로 돌아오자. 민국에 반동한 세도정치는 비로소 1863년 고종의 즉위와 대원군의 집권으로 마감되었다. 대원군은 일련의 획기적 개혁 조치로 국가공공성을 부분적으로 회복시키는 데 성공했다. 그러나 그는 대내적 정비에 치중한 나머지 대외적으로 더욱 쇄국함으로써 역사를 다시 되돌리기 시작했다. 조선은 금쪽같은 10년을 또다시 잃었다. 이 상황은 1873년 고종이 최익현 등 유생들의 지원으로 친정을 선언함으로써야 비로소 종식되었다. 고종은 개혁·개방이 불가피하다고 판단하고 수구파의 저항을 뚫고 1876년 개항을 단행하여 1880년부터 근대화 개혁을 추진하기 시작했지만, 주지하다시피 1882년 임오군란과 청군 개입, 1884년 친일 갑신정변, 정변 진압을 위한 청군의 개입, 1894년 청일전쟁까지 계속된 원세개의 내정간섭 및 고종 폐위 기도, 1894년 일제의 갑오왜란과 '갑오경장' 친일괴뢰내각의 왕권 찬탈, 청일전쟁, 1895년 을미사변까지 계속된 친일괴뢰정부의 권력 찬탈 등의 엄청난 정치적 굴곡으로 고종의 통치권은 1895년까지 30여 년 동안 줄곧 훼절되어 자주개혁을 전혀 수행할 수 없었다. 고종이 비로소 실질적 자주개혁을 추진할 수 있었던 것은 1873년부터 1881년까지 20대 왕의 미숙한 친정 시기를 제하면 44년 재위 기간 중 단 8년간(1896년 2월 아관망명~1903년 12월)뿐이다.

1) 고종은 '정조의 민국사상'을 '의식적'으로 계승했나?

고종에게 주어진 역사적 임무는 저 탕평군주들의 선구적인 계몽 임무가 아니라, 서양과 일본을 화급하게 뒤따라 잡아야 하는 만회적·추종적 임무였다. 그러나 이태진은 19세기 세도정치 아래서 전면적 반동을 받아 반세기 이상 공백기를 거친 18세기 탕평군주들의 민국론이 "고종의 친정선언으로 부활된" 것으로 파악한다.[258] '민국'이라는 말은 고종시대에 더 광범하게 일반적으로 쓰이고 있다. 『고종실록』에만 '민국'은 고종의 윤음이나 명령만이 아니라 신하들의 보고와 상소를 가리지 않고 229번이나 사용되었다. 그중 몇 개만 예시하

---

257 서영희, 앞의 글(2006), 84, 85쪽.
258 이태진, 앞의 책(2000·2008), 25쪽.

면 다음과 같다.

① [호조판서] 본조(本曹)의 눈앞의 사세로 말하면 물방울만 한 것이 새어나가거나 푼돈 정도의 차이라 해도 민국의 이해와 크게 관계됩니다. [本曹之目下事勢 涓滴之漏 銖鎰之差 大關民國之利病][259]

② [고종] 바로 이 때문에 내가 대동의 논의에 따라 중서(中書)에 임명한 것이다. […] 민국을 위하여 다행스럽고 경대부를 위하여 다행스런 일이다. [此予所以克循大同之論 復授中書之任者. […] 爲民國幸 爲卿大夫幸][260]

③ 우의정 박규수는 말하기를, 돈과 물건은 경중귀천이 반드시 공평해야만 민국에 해가 되지 않는다.[261]

④ 고종이 우의정 민규호에게 유시했다. "[…] 민국 사계(事計)를 돌아보니 […]"[262]

⑤ 이인근의 상소의 대략. "민국 대정(大政)에 백성을 편안케 하고자 한 것인데 불편하게 만들고 나라를 이롭게 하는 데 불리하게 만드는 것이 이루다 꼽을 수 없기에 조목별로 진달합니다. […] 신의 이 글을 정부에 내려 편의품처하게 한다면 실로 민국을 위해 큰 다행일 것입니다."[263]

고종시대에 '민국'은 이와 같이 군·신 어느 쪽에 의해서나 널리 사용되는 공식 술어였다. 왕조가 끝나가도록 정부 부문에서 '민국'의 이런 용례는 수없이 많다.

나아가 '민국'은 행동에 떨쳐나선 백성들의 술어이기도 했다. 가령 동학교도들도 집회에서 '민국'이라는 용어를 자연스럽게 구사하는 것을 볼 수 있다. 어윤중(魚允中)이 조정에 보낸 장계에 따르면, 1893년 3월 10일 '척왜양창의(斥倭洋倡義)'를 기치로 내걸고 교조신원을 요구하러 2만여 명의 동학교도들이 집회한 보은집회에서 교도들은 해산을 명하는 선무사 어윤중에게 이런 말로 따지고 있다.

---

[259] 『고종실록』 1년(1864) 8월 3일.
[260] 『고종실록』 4년(1867) 5월 4일.
[261] 『고종실록』 11년(1874) 1월 13일.
[262] 『고종실록』 15년(1878) 10월 8일.
[263] 『고종실록』 33년(1896) 12월 29일.

이 모임은 촌척의 무기도 휴대하지 않았으니 이것은 민회(民會)다. 일찍이 각 나라에도 역시 민회가 있어 조정의 정령이 민국에 불편한 것이 있으면 회의하여 강정(講定)한다고 들었다. 우리 모임도 이와 비슷한 일이다.[此會不帶尺寸之兵 乃是民會 嘗聞各國亦有民會 朝廷政令有不便於民國者 會議講定.]²⁶⁴

동학교도들이 여기서 자신들의 집회를 '민회'라고 부르며 이것과 연관지어 '민국'을 운위하는 것을 보면 이 '민국'이라는 말을 단순히 '수사(修辭)'로 쓰고 있는 것이 아니라, 백성이 그 정사에 참여하여 '강정'할 수 있고 또 참여해야 하는 '백성의 나라'라는 '개념어'로 쓰고 있음을 알 수 있다. 또한 동학교도의 입에서까지 이렇게 '민국'이라는 단어가 나올 정도이므로 조선 후기에 '민국'이라는 말이 얼마나 대중화되었는지를 짐작할 만하다.

민국의 이런 대중화는 대한제국기에 창간된 민간 신문들에 의해 확증될 수 있다. '민국'은 『독립신문』(1896. 4.~1899. 12.)에서 3년 8개월 사이에 총 63회 사용되었고, 1년 2개월간 발간된 최초의 일간지 『매일신문』(1898. 3.~1899. 4.)에서는 9개월간 34회, 『황성신문』(1898. 9.~1905. 11., 1906. 2.~1910. 9.)에서 12년 동안 총 395회, 『대한매일신보(大韓每日申報)』(1904. 7.~1910. 8.)에서는 6년 동안 240회가 사용되고 있다. '민국'은 단순히 조정(朝廷)의 어휘가 아니라, 이제 가히 백성의 언어임을 알 수 있다.

그러나 고종이 하필 '정조'의 그 민국사상을 '의식적'으로 계승했는지 여부는 민국 개념의 이러한 대중화와 별개의 문제다. 물론 고종이 정조의 태극기를 계승하고²⁶⁵ 정조의 법적 종통(宗統)을 계승한 것은²⁶⁶ 분명한 사실로 보인다. 그리고 정조의 학문사상을 지극히 숭상하고 정조의 유학사상을 계승하려는 의지를 천명한 것도 사실이다. 고종은 13도에 유교를 장려하는 조령(詔令)을 내리면서 이렇게 말한다.

---

264 魚允中, 「宣撫使再次狀啓」, 東學農民戰爭百周年紀念事業會推進委員會, 『東學農民戰爭史料大系(2)』 (여강출판사, 1994), '聚語' [64-72쪽], 68쪽.

265 이태진, 앞의 책(2000·2008), 242~278쪽.

266 한영우는 "고종은 혈통상으로 이하응의 아들이었지만 종통상으로 익종(순조의 아들)과 신정왕후 조씨의 아들로 입적됨으로써 현종과 철종을 뛰어넘어 바로 영조와 정조의 후계자로 올라섰다."라고 말한다. 한영우, 앞의 글(2006), 37쪽.

우리 왕조에 이르러 더욱더 발전하여 정사와 교화는 밝아지게 되었고 어진 사람들이 배출되어 유풍(儒風)이 크게 행해졌으니 실로 신라와 고려의 어지러운 기풍을 씻어버리게 되었고 염락관민(濂洛關閩, 주돈이·정호·정이·장재·주희의 성리학)의 학통이 이어졌다. 우리 정조대에 와서는 하늘이 낸 성군으로 날로 새로워지는 공부에 힘쓰고 그 문장을 발휘하여 유학을 숭상하고 장려하여 일세(一世)를 고무하니 문명의 경지에 오르게 되었다. 높고 높도다, 그 공적! 빛나고 빛나도다, 그 문장이여! 아송(雅誦)의 서문을 받들어 읽어보면 성조(聖祖)가 주자의 도통을 이었다는 것은 속일 수 없는 사실이다. […] 황태자에 대한 착한 소문이 일찍이 퍼지고 재주와 학문이 날마다 전진하여 이제부터는 짐이 동궁과 함께 일국의 유교 종주가 되어 기자와 공자의 도를 밝히고 성조(정조)의 뜻을 이을 것이다.[紹聖祖之志]²⁶⁷

여기서 분명히 고종은 '유교의 종주'로서 '유학의 도'를 밝혀 정조의 뜻을 이을 것이라고 천명하고 있다. 하지만 고종이 정조의 태극기를 계승한 것과 정조의 법적 종통을 계승했다는 것, 그리고 정조에 대한 지극한 숭앙심을 표명하고 정조의 유학사상을 잇겠다는 것 외에 정조의 민국이념을 계승하겠다는 뚜렷하고 명시적인 의도 표명이나 객관적 증좌는 발견되지 않는다.

이 때문에 고종의 민국정체가 정조의 민국정체를 계승했다는 주장에 대해서는 역시 의문이 남는다. 고종 즉위 초기에 보이는 정조와의 연관성에 대한 기록도 위 인용문과 유사하게 막연히 정조의 전범을 따르고 정조를 숭상하여 추념하는 것들이다. 고종 즉위년에 강관(講官) 정기세(鄭基世)가 아뢰기를, "정조께서는 동궁에 계실 적부터 조석 끼니를 보살피거나 밤 문안을 드린 여가에는 빈료 중에 경서를 공부한 사람들과 아침저녁으로 학문을 토론하셨고, 또 일찍이 조용한 방 하나를 깨끗이 치워놓은 다음에 거기에서 전일한 마음으로 이치를 궁리하고 혹은 하루 종일 무릎을 꿇고 앉아 심지어 의복이 닳아서 뚫어진 적도 있었습니다. 일찍이 전교하기를, '내가 처음 먹은 마음은 당요(唐堯)나 우순(虞舜)의 경지에까지 꼭 도달하려는 것이었다.'라고 하셨습니다. 또한 공부를 부지런히 하는 것을 정사에 부지런히 하는 근본으로 삼으셨으므로, 어제(御製)하시어 『홍재전서』라고 제목을 붙인 것이 100권이나 됩니다. 이제

---

²⁶⁷ 『고종실록』 36년(1899, 광무 3) 4월 27일(양력) 2번째 기사.

전하께서도 정조께서 공부를 부지런히 하고 정사에 부지런했던 것을 본받으소서."²⁶⁸ (이에 대한 고종의 반응은 실록에 기록되어 있지 않다.) 또한 고종은 정조가 재회갑을 맞는 1872년 9월 "지난날을 추억하니 그리운 생각이 간절하여" 작헌례(酌獻禮)를 행할 것을 명하기도 한다.²⁶⁹

분명 고종이 조선을 칭제건원하여 나라를 대한제국으로 쇄신한 것은 김병시의 주청과 고종의 논변을 보면 흔들리는 국가의 통치권을 고종 중심으로 강화하여 그간 분리된 '민'과 '국'을 다시 '일체'로 만들려는 데 백성과 임금의 합심이 있었던 것은 분명한 것으로 보인다. 아관망명 8개월 후에 의정 김병시는 "민(民)은 국(國)에 의지하고 국은 민에 의지하여 민국이 일체인 것은 오랜의(義)입니다.[民依於國 國依於民 民國一體 古之義也]"라고 전제하고 "그런데 요사이 백성은 백성 따로, 나라는 나라 따로 잡아당겨서 나라가 백성을 서로 잊은 듯이 홀대한 지가 오래되었습니다. 이러니 민국의 근심이 어찌 이 지경에 이르지 않을 수 있겠습니까?[挽近民自民 國自國 國於民恝然若相忘久矣. 民國之憂 安得不至此乎?]"라고 당시 국가 상태를 비판하고 임금에게 용단을 내려 온갖 법도를 똑바로 세워 '민국일체의 고의(古義)'를 회복할 것을 강력히 주청하고 있다.²⁷⁰ 이 주청은 임금의 통치권을 강화하고 임금의 지위를 높여 민국일체의 명실상부한 '민국'을 만들라는 요구로 들린다. 또한 고종도 '민국의 근심[民國之憂]'과 '민국의 믿을 데[民國有賴]'를 들어서, 민국일체 이념의 회복을 주청한 김병시의 거듭된 사직 상소를 물리친다.²⁷¹ 또한 징병제도 정비를 명하는 조령에서 고종은 이렇게 말한다. "무릇 나라는 백성에게 의지하고 백성은 나라에 의지하는 것이니, 백성이 편안하면 나라가 편안하고 나라가 편안하면 백성도 편안하다. 민국상여(民國相與, 민국이 서로 함께하는 것)란 인신이 머리와 눈, 사지와 몸통을 보유하고 방위·보호하는 데에 필수적으로 그 심력(心力)을 합동시키는 것과 같은 것이다."²⁷² 이 논변에서 고종 황제는 김병시처럼 '민국일체'의 민국이념을 역설하고 있다. 이런 논변과 용례를 보면 고종도 민국이념을 조선의 전통사상으로 '당연시'하고, 그간 세도정치 및 일제·친일

---

268 『고종실록』 1년(1864) 12월 15일.
269 『고종실록』 9년(1872) 9월 17일.
270 『고종실록』 33년(1896) 10월 9일.
271 『고종실록』 33년(1896) 11월 8일.
272 『고종실록』 40년(1903, 광무 7) 3월 15일(양력) 1번째 기사. "夫國依於民 民依於國. 民安而國安 國安而民亦安. 民國相與 如人身之有頭目 肢體 捍衛保護, 必須同其心力."

파의 갑오경장 책동과 을미사변에 의해 서로 분리되게 된 '민'과 '국'을 다시 굳게 통합하는 것을 국가와 민심의 급선무로 이해하고 있다. 그리하여 을미사변 이후 백성이 나라의 급선무로 제기한 민국의 국무(國務)를 정확하게 반일(反日) '자주독립'으로 파악한 고종은 교묘한 감언이설로 '민'과 국' 간의 이간질을 획책하여 왕권을 파괴하고 나라를 일본의 속지로 만들려는 친일파들의 '민권' 요구를 제압하는 비상한 방법으로 왕의 주권적 통치권을 강화하고 이 강화된 주권적 통치권에 의해 개혁 정치를 가속화함으로써 '민국'을 '대한제국'이라는 자주독립국의 형태로 재건하려고 한 것으로 보인다.

자주독립을 백성의 힘에 의지하여 달성하려는 고종의 민국일체의 길은 일찍이 동학농민전쟁이 끝난 직후에 더욱 분명해진 당연지사였다. 1894년 12월 13일 고종은 경향의 백성과 관리에게 백성에 의거한 민국적 자주독립, 백성의 탕평등용, 법치주의, 백성에 의한 만국학식의 취득 등에 대해 이렇게 윤음한다.

오, 그대 백성들은 실로 나라의 근본이다! 그러나 자주라야 백성이고 독립이라야 백성이다.[自主惟民 獨立惟民] 임금이 아무리 자주를 하려고 해도 백성이 아니면 무엇에 의지하고, 나라가 아무리 독립을 하려 해도 백성이 아니면 누구와 함께하겠는가? 생각건대 그대 서민이 한결같은 마음으로 나라를 생각하는 것이 애국이고 그대들의 한결같은 심기로 임금을 생각하는 것이 충성이다. 진실로 이렇게 한다면 짐은 외세에 대한 적개심이 있다고 말할 것이고 수모를 막을 방어력이 있다고 말할 것이다. 재간과 덕망이 있으면 보잘것없는 사람도 위로 오르고 촌에 무성한 어리석은 자들도 권귀(權貴)들에게 가려지지 않을 것이다. 초목이 빽빽하게 자라는 탕평한 어머니 땅에 그들을 등용해 쓸 것이다. 오로지 그대 서민들은 갈고닦는 생각만 하면 된다. 그대들의 생명과 재산은 짐이 보호하고 안전하게 할 것이다. 법이 아니면 그대들을 형벌이나 죽임에 당하게 하지 않을 것이고, 율령이 아니면 그대들에게 세를 부과하거나 그대들에게서 거두지 않을 것이다. 그대들의 생명과 재산은 한결같이 법률을 써서 보호할 것이니 그대 백성은 힘써라. 부국강병하지 않는다면 아무리 자주와 독립을 말해도 그 실(實)이 나아지지 않을 것이다. 이제 우리의 자주독립의 위업을 확고히 세우고 그대들 팔방 백성들에게 널리 알린다. 짐의 나라가 비록 오래되었지만 그 천명을 새롭게 하리니 그대 관리와 백성들은 서로 권하고 서로 알려서, 끄떡없고 육중한 산처럼 충군하고 애국하는 마음을 장려하고 만국에서 학식을 광구(廣求)하며 역시 기예도 따라 키우고 취해 쓸 수 있게 함으로써 우리의 자주독립의 기반을 공고히 하라."²⁷³

고종의 이 윤음에는 비록 그가 일본군과 친일파의 포위 상황에 처해 있지만 백성을 중심으로 한 자주독립의 민국사상이 매우 뚜렷하게 표현되고 있다. 이 것을 보면 고종에게 전래된 민국이념은 처음부터 대한제국에 이르기까지 '당연지사'였던 것으로 보인다.

하지만 고종이 민국이념을 조선의 정치 전통으로 '당연시'하여 대변한 것을 그가 하필 '정조'의 민국철학을 '의식적'으로 계승했다고 이해하게 만들 만한 명시적 증거가 아직 발견되지 않고 있다. 따라서 저런 간접적 증거들만으로는 고종이 정조의 민국이념을 의식적으로 계승했다는 '강한' 주장을 제기하기에 어려울 듯하다. 따라서 이런 '강한' 주장을 견지하려면 앞으로 고종의 민국이념이 정조의 민국이념과 소민보호 사상을 '의식적'으로 계승했다는 것에 대한 뚜렷하고 명시적인 증거를 찾는 것이 향후 연구과제일 것으로 보인다.

고종이 민국이념을 당연지사로 계승한 것은 분명하지만, 대원군과 외세(청나라와 일본)의 간섭으로 고종이 자신의 이런 뜻을 구현하기는 매우 어려웠다. "임오군란(1882)에서 아관파천에 이르기까지 약 15년간 국왕 중심의 개화정책이 외세, 그것도 동아시아의 이웃인 중국·일본으로부터 방해를 받던 '낭비의 세월'이었다. 국제적으로 조선은 서양 열강을 끌어들여 자주국가의 길을 찾으려 했던 반면, 중국과 일본은 모두 서양세력에 대한 자기방어책으로 조선을 이용하려고 들었던 것이다."²⁷⁴ 물론 외세에 휘둘린 근본 원인은 정조 이래의 두 가지 치명적 실책, 즉 문명 패치워킹의 실패와, 외세를 물리칠 첨단

---

273 『고종실록』 31년(1894) 12월 13일 2번째 기사. "嗚呼, 爾庶民 實惟邦本! 自主惟民 獨立惟民, 君雖欲自主 匪民何依? 國雖欲獨立 匪民曷與? 惟爾庶民 一乃心 惟國是愛 同爾氣 惟君是忠. 允若玆 朕曰有敵愾 朕曰有禦侮, 厥有才德 側陋亦揚 闇茸罔覺 不蔽于貴. 蕩蕩絶植母域 玆登庸, 惟爾庶民 念厥修, 惟爾民 厥有生命有財産 朕其保其安. 非法不底汝于刑于殺 非律不賦汝取汝, 惟汝命汝産 一用法律是護 惟國民勖哉. 而國不富兵不强 雖曰自主曰獨立 其實不擧, 今確建我自主獨立之鴻業 誕告爾八方有衆, 而朕邦雖舊 惟新厥命 惟爾士爾民 胥勸胥告 勵忠君愛國之心 若山之不騫不拔 廣求學識于萬國 亦惟技藝從長克取用 鞏固我自主獨立之基." "朕의 나라가 비록 오래되었지만 그 천명을 새롭게 하리니.[朕邦雖舊 惟新厥命]"라는 구절은 『시경』(대아·문왕)과 『대학』의 "周雖舊邦 其命維新(주나라는 비록 오래된 나라이지만 그 천명을 새롭게 했다.)"라는 구절을 본뜬 표현이다. 이 원칙은 나중에 대한제국 광무개혁의 핵심 이념이 된다.

274 이태진, 앞의 책(2000·2008), 32쪽.

무력의 부재다. 국왕의 주권적 통치권이 외세, 특히 일제와 친일세력에 의해 훼절되고 침탈되는 상황이란 '권위로운 국론통일 기제'가 없다는 말이 된다.

이런 까닭에 동학운동을 포용하여 국력을 결집하고 군민공치를 이루려는 고종의 의도도 제대로 구현되지 못하고, 포용과 갈등, 타협과 대립의 갈지자 걸음을 하게 된다. 고종은 처음부터 동학교도 탄압을 요구하는 양반 신하들의 상소에도 불구하고 관용과 포용의 자세를 견지했다. 1893년 2월 부사과(副司果) 윤긍주(尹兢周)가 동학과 예수교를 배척할 것을 상소하고, 부사과 이재호(李在浩), 의녕원수봉관(懿寧園守奉官) 서홍렬(徐鴻烈) 등도 모두 상소를 진달하여 동학의 괴수를 죽일 것을 청했으나, 고종은 "세 상소에 대하여 모두 비답을 내리지 않고 단지 계자인(啓字印)만 찍어주었다."[275] 또 1893년 2월 25일 지방 유생 유학 박제삼(朴齊三) 등이 상소를 올려 동학 무리들을 반역 무리로 성토하고 효수를 요구했다.

신들이 저 이른바 동학당 무리들이 돌린 통문 4통과 전주감영에 정소(呈訴)한 글을 보니, 모두 임금을 섬기는 오늘날의 신하로서는 차마 들을 수 없고 차마 말할 수 없는 것들이었습니다. 그 심보를 따져보고 그 하는 행동을 보면 겉으로는 이단의 학설을 빙자하면서 속으로는 반역 음모를 도모했습니다. 선생을 신원하겠다고 공공연히 말하며 새로운 명목을 표방하여 내세우고, 어리석은 사람들을 위협하거나 꾀어 들여서 같은 패거리들을 불러 모았습니다. 팔도에 세력을 뻗치니, 움직였다 하면 숫자가 만 명을 헤아리게 되었으며, 마을에서 제멋대로 행동하고 감영과 고을에서 소란을 일으켰습니다. 수령은 겁을 먹고 어찌할 바를 모르고, 감사는 두려워하고 위축되어 감히 누구도 어떻게 하지 못하였습니다. 회유하고 무마하기를 마치 인자한 어머니가 교활한 자식을 기르고 연약한 상전이 억세고 사나운 종을 다루듯 하면서 구차하게 그럭저럭 눈앞의 근심만 피하려 하니, 지렁이처럼 결탁하려는 계책과 올빼미처럼 드센 형세는 들판에 타오르는 불보다 더 심하였습니다. 역참의 길목까지 연달아 미치고 여파가 도성에까지 흘러들었습니다. 먼저 저주와 참위의 내용이 담긴 부적을 사람들이 통행하는 길가에 게시하고, 나중에는 패악하고 법도에 어긋나는 말을 감히 궐문 앞에서 부르짖었습니다. 속에 품은 흉

---

[275] 『고종실록』 30년(1893) 2월 25일.

악한 계책과 술을 빚듯 키워온 역모는 나라의 공론을 떠보고 인심을 현혹하게 하지 않음이 없으며, 마침내 도적의 나머지 술수를 드러내어 온 나라 백성들로 하여금 전하의 백성이 될 수 없게 하려고 한 것은 지혜로운 사람이 아니라도 알 수 있습니다. […] 요망스러운 적들이 제멋대로 날뛰고 기세를 부리면서 거리낌 없이 행동하여 그 반역죄상이 이미 드러나고 흉계는 점점 굳어가는데, 지금에 와서 발본색원하지 못하고 곁가지만 잘라내어 고식적인 것만 일삼아서 큰 재난을 가져오게 한다면, 종묘사직은 관에 매달린 구슬처럼 위태롭고 백성들의 운명은 염교 위의 이슬과 같이 될 것입니다. […] 그러므로 처단하거나 성토하는 모든 조치를 잠깐이라도 늦출 수 없으니, 속히 그 괴수와 무리들을 찾아내어서 죽여야 할 자는 죽이고 효수해야 할 자는 효수하며 회유해야 할 자는 회유해야 합니다.[276]

이에 대해 고종은 "경전에도 이르지 않았는가? '떳떳한 도리를 회복할 뿐이니, 떳떳한 도리가 바르게 되면 백성들이 흥하고 간사한 무리들이 없어질 것이다.'라고 하였다. 그대들은 물러가서 경전을 연구하여 밝히는 데 더욱 힘써라."라고 비답한다.[277] 이처럼 고종은 정조의 종교적·사상적 관용을 거의 그대로 계승했다.

『고종실록』은 1907년 동학이 공인된 해에 작성된 것으로 보이는 동학 연혁 설명문을 고종 31년(1894) 2월 15일조 기사로 추가해놓고 있는데, 그 어조는 자못 우호적이다.

고부 백성들의 소란은 곧 이른바 동학당의 난의 시초였다. 원래 경주 견곡면 용담리 사람인 최제우(崔濟愚)는 어릴 때 이름은 복술(福述)이고, 호는 수운재(水雲齋)이다. 순조 갑신년(1824)에 태어나서 목면 파는 것을 업으로 삼고 경주와 울산 사이를 왕래하였다. 하루는 하늘에 정성을 다하여 제사를 지내고 상제의 신탁을 받았다고 하고는, 주문을 만들어 퍼뜨리기를, "나의 교를 믿는 사람은 재난을 면할 수 있고 오래 살 수 있다."고 하였으니 이것이 바

---

[276] 『고종실록』 30년(1893) 2월 25일.

[277] 『고종실록』 30년(1893) 2월 25일. 또 고종은 동학의 수괴를 엄하게 신문하여 처벌하라는 호남 유생 김택주의 2월 27일 상소에 대해서도 "사설과 정학을 엄격히 구분하려면 응당 덕으로 인도하고 형벌로 바로잡는 방도를 강구하여야 할 것이니, 그대들은 그렇게 알고 물러가서 학업에 힘쓰도록 하라."고 비답한다. 『고종실록』 30년(1893) 2월 27일.

로 천도교가 포덕을 한 원년이다. 이때 천주교가 점점 성해지자 포덕문을 지었는데, "서교는 우리의 옛 풍속과 오랜 습관을 파괴하니, 만일 그것이 퍼지도록 내버려둔다면 장차 나라를 잃고 백성이 장차 망하게 될 것이다. 이것을 빨리 막아야 하겠는데 유교는 힘이 약하니 임무를 감당할 수 있는 것은 우리 교이다." 하고는, 그 교를 '동학'이라고 불렀다. 이것은 서학에 상대하여 이른 말이다. 고종 광무 9년에 교의 이름을 '천도교'라고 고쳤다. 그 교의는 유불도 삼교의 내용을 대략 취하여 부연하여 꾸미고 또 상제가 우주를 주관한다는 기독교의 주장을 취하여 상제가 인간의 화복을 실제로 맡고 있다고 하여, 시골 백성들이 많이 믿었다. 그 신도들은 밤이면 반드시 맑은 물을 떠놓고 보국안민을 빌었으며 밥을 지을 때에는 쌀 한 숟가락씩을 덜어 내어 '성미(誠米)'라고 하면서 교주에게 바쳤다. 몇 해 사이에 신도가 점점 많아지니 정부에서는 그것이 이단이고 사설(邪說)이라고 해서 금지하였다. 옛날 철종 계해년(1863)에 최제우를 체포하여 대구의 옥에 가두었다가 이듬해 고종 갑자년(1864)에 저자에서 참수하였다. 그의 제자인 최시형(崔時亨)이 그 뒤를 이어 제2세 교주가 되어 포교하는 데 힘쓰면서 『동경대전』을 간행하였다. 그 후 그의 제자인 손병희(孫秉熙)가 최시형의 뒤를 이어 제3세 교주가 되었다. 이때에 주군(州郡)에서 동학을 금지한다고 하면서 때때로 그들을 박해하고 못살게 구니 교도들이 분노하여 모여 상소를 올려 교조가 억울하게 죽은 일을 하소연하고 탐오하는 관리들의 포학상을 호소하였다. 이에 그들은 더욱 굳게 단합되고 신도가 더욱 많아져서 곳곳에서 소동을 피웠다. 정부에서는 전라감사 김문현(金文鉉)과 경상감사 이용직(李容直)에게 타일러 해산시키도록 명령하였으며, 또 어윤중을 양호선무사(兩湖宣撫使)로 임명하여 충북 보은군에 달려가서 그 신도를 모아놓고 선유하였으나 모두 따르지 않았다. 고종 갑오년(1894) 2월 전라도 고부 백성들이 군수 조병갑의 탐오와 횡포에 견딜 수 없어 모여서 소란을 일으켰다. 정부에서는 장흥부사 이용태를 안핵사로 삼아 그로 하여금 진무하게 하였는데 이용태는 그 무리가 많은 것을 꺼려서 병을 핑계대고 머뭇거리면서 도리어 이 기회를 이용하여 백성의 재물을 약탈하니 민심이 더욱 격화되었다. 고부사람 전봉준(全琫準)이 떨쳐 일어나 동학당에 들어가니 각지의 폭도들이 소문만 듣고도 호응하였으며, 김해 백성들은 부사

조준구(趙駿九)를 내쫓았다.[278]

그러나 고종은 일본의 방해와 간섭으로 인해 동학을 선용(善用)한 민국 재건을 성취할 수 없었다. 고종의 민국정치의 현장으로 기록될 수 있을 전라·충청·경상도 동학집강소의 관민공치(1894년 5~10월)도 갑오왜란과 청일전쟁으로 파괴되고 말았다. 고종은 일본의 압력 하에 1898년 최시형의 교수형을 윤허하고,[279] 광무 8년(1904) 2월 거듭 각도 관찰사에게 러일전쟁 중에 의병으로 바뀐 동학교도의 봉기를 진압하고 동학도를 체포하도록 명한다.[280] 그러다가—위에서 시사했듯이—3년 뒤 법부대신 조중응(趙重應)이 고종에게 보고한 한성부 남서(南署) 미동(美洞)에 사는 박형채(朴衡采)의 청원에 따라, 대한제국이 무너져 내리고 고종이 퇴위하는 1907년에는 최제우와 최시형의 죄명을 취소하는 결정을 내려 동학을 합법화하였다. 박형채의 청원서에 의하면, 1907년 당시 동학교도의 수는 무려 200만 명에 달해 있었다.[281] 동학이 합법화된 뒤 동학은 급격히 교세를 확장하여 3·1운동 당시 동학교도는 거의 600만 명에 달한 것으로 전해지고, 이들은 이후 전국적 3·1 궐기, 의병, 해외 독립투쟁의 손발이 된 것으로 알려져 있다.[282]

---

278 『고종실록』 31년(1894) 2월 15일.

279 『고종실록』 35년(1898) 7월 18일.

280 『고종실록』 41년(1904) 9월 20일, 22일.

281 『고종실록』 44년(1907, 대한광무 11) 7월 11일. 실록은 전한다. [내각 총리대신 이완용, 법부대신 조중응이 아뢰기를, "한성부 남서 미동에 사는 박형채의 청원서를 받아보니, 그 내용에 '지난 갑자년(1864)에 동학의 우두머리로 사형을 당한 최제우와 무술년(1898)에 죽음을 당한 최시형은 정도(正道)를 어지럽히고 사악하게 하였기 때문에 사형을 당하였으니 시기에 맞는 법을 시행한 결과였습니다. 그러나 그 후 뜻있는 선비들이 이따금 그의 학문과 연원을 탐구해보니 사실은 서학에 대조하여 동학이라고 칭하였고, 그 도를 앞을 다투어 숭상하여 동쪽에서 서쪽으로 점차 퍼지기를 마치 우체소를 설치하고 명령을 전달하듯이 되어 지금 그 학문을 받들고 그 도를 지향하는 사람이 200여만 명이나 됩니다. 다행히 하늘의 도가 순환해서 교화의 문이 크게 열리게 되었으니, 환히 살펴보신 다음에 최제우, 최시형을 속히 죄인 대장에서 없애버리고 오랜 원한을 풀어줌으로써 여러 사람들의 억울한 마음에 부합되게 하여주기 바랍니다.'라고 하였습니다. 이것을 조사해보니 당사자 최제우, 최시형을 당시의 법으로 다스린 것은 당연한 것이나 모든 것을 일신하는 때를 당하여 상서로움과 화기를 이끌어오는 입장에서는 참작할 것이 없지 않습니다. 이 두 사람의 죄명을 본 대장에서 특별히 지워서 한편으로는 그의 사정을 풀어주고 한편으로는 여러 사람들의 소원에 부합되게 해주자는 내용을 가지고 내각의 의논을 거친 후에 특별히 용서해주기를 바라면서 폐하의 재가를 바랍니다." 하니, 윤허하였다.]

282 천도교는 3·1운동 거사 자금의 대부분을 천도교도의 성금으로 부담했고, 이후 독립운동 및 계몽운동도 교단 자금으로 지원했다. 백승종, 앞의 책(2012), 278쪽 참조. 또 3·1운동 민족 대표 33인 중 16명이 손병희 등 천도교도였다.

우리는 1894~1895년간 일제괴뢰들의 '개화정권'이 '근대화 개혁'을 표방한 소위 '갑오경장' 정권이었지만, 이 친일 '개화정권'을 '근대화를 위한 민국정체'로 보기 어렵다고 결론지을 수밖에 없다. 또한 이 친일 개화정체에 이어 등장한 '대한제국'은 그 국가공공성의 성격을 더 따져 봐야 알겠지만, 만약 우리가 '대한제국'을 해외망명정부인 '대한민국 상해임시정부'에 10여 년 앞서는 '국내망명정부'로 본다면, 대한제국도 정상적 헌정체제로 논란하기 어렵다는 생각이 든다.

따라서 조선의 멸망의 원인을 두고 벌어지는 두 가지 논란에 먼저 답해야 할 것 같다. 식민지근대화론자들은 한편으로 고종의 개혁·개방정책과 대한제국의 광무개혁의 실패로 조선이 경제적으로 '내재적 파탄'을 당해[283] 자멸적 멸망을 초래했다고 주장하고, 다른 한편으로 대한제국은 민국은커녕 "황제만 사는" 전제정이었다고 주장한다.[284] 13년간(1897. 10. 12.~1910. 8. 29.) 존속한 대한제국이 20세기로의 세기 전환기에 수립된 단순한 '전제정'이었다면, 그것이 — 광무개혁을 추진한 점에서 — '계몽전제정'이었을지라도 시대착오적 정체, 따라서 탄생하자마자 멸망할 정체라는 것이다. 따라서 식민지근대화론자의 주장에 의하면, 조선의 멸망은 '내재적 파탄과 시대착오적 전제주의를 통한 자멸'이 된다. 필자는 고종시대 조선의 경제적인 '내재적 파탄'이 사실인지, 그리고 이것이 국망의 원인인지를 검토해보고, 대한제국이 '가산제국가'니, '절대주의 국가'니 하는 헌정론적 분류를 당하고 있을 만큼 '한가한', 아니 '대한제국 재정정책은 주먹구구식'이라는 재무검사나[285] 받을 만큼 '한가한' 평시 정체였는지, 아니면 '국내망명정부'로서의 '대한제국 한양임시정부'인지를 따져볼 것이다.

2) 고종의 조선은 고도성장 중이었다 – 그런데 왜 멸망했나?
(1) 고종시대 조선 경제의 고도성장: 통계적 증거들

식민지근대화론자들은 근대화의 핵심적 내용을 '근대적 경제성장(modern economic growth)'으로 보고, 이 성장이 전근대사회와 달리 한 사회의 장기 지속적 경제성장을 개시하게 되는 것으로 풀이한다. 지속적인 인구증가 외에도 1인

---

283 김기봉, 「내재적 발전론과 식민지근대화론을 넘어서」, 교수신문 엮음, 앞의 책(2008), 72쪽 참조.
284 김재호, 「대한제국에는 황제만 산다」, 교수신문 엮음, 앞의 책(2008), 34~40쪽 참조.
285 김재호, 「대한제국 재정정책은 주먹구구식」, 교수신문 엮음, 앞의 책(2008), 78~85쪽 참조.

당 소득이 증가했다는 것이 가장 중요한 지표가 된다는 것이다. 그들은 이것을 기준으로 따져볼 때 고종은 근대적 경제성장을 가능하게 하는 자본 축적과 제도를 갖추는 데 실패했다고 본다. 이른바 '식민지근대화론'이란 고종시대에 근대적 경제성장은 일어나지 않았고, 그래서 조선은 멸망했으며, "근대적 경제성장은 식민지기에 개시됐다고 주장하는" 논변이다. 내재적 발전론자들은 식민지화 이전에 왜곡되지 않은 근대화가 진행되고 있었고, 제국주의에 의한 왜곡과 좌절이 없었다면, 그리고 지금이라도 그러한 왜곡을 바로잡는다면 제대로 된 근대화가 가능하다고 보고 있는데, 우리나라가 식민지화 이전에 근대화가 시작되었다고 하는 것을 증명하기 위해서 수십 년을 노력했지만, 이를 증명하지 못했다는 것이다. 그리고 "우리 사회는 식민지시대에 개시된 근대적 경제성장의 연장선상에 있으며, 식민지시대의 과거는 제도의 연속성을 통해서 현재와 굳게 연결되어 있다."는 것이다. 따라서 "식민지시대에 개시된 근대적 경제성장을 우리의 장기 역사에 통합해야 한다."고 주장한다.[286] 조선총독부 '덕택에' 비로소 조선의 근대적 경제성장이 개시되었고, 해방 이래 오늘날까지의 경제성장도 식민지시대의 근대화 덕택이라는 말이다.

이에 대해 이태진은 고종시대의 경제성장 지표들을 제시했다. 우선 이태진은 대표적인 식민지근대화론자가 펴낸 『수량경제사로 다시 본 조선후기』(2004)에 실린 박희진과 차명수의 「조선시대와 일제시대의 인구변동」에서 19세기 말부터 인구 동향이 전통사회의 인구증가율 상한선(0.5%)을 크게 초과하고(0.79~1.57%), 이런 빠른 인구증가가 19세기 말부터 사망률이 크게 떨어졌기 때문이라고 결론짓는 분석 내용을[287] 제시했다. 또 대표적 식민지근대화론자들(안병직·이영훈)이 펴낸 『맛질의 농민들』(2001)의 농업 임금 추이 파악에서도 1905년 이후 가작답(家作畓)에서 수확량의 반전·상승이 나타났다는 것을 제시하고, 『경제사학』(1998)에 실린 정승진의 논문을 인용하여 1896년부터 영광신(辛)씨가의 작인층의 두락당 지대량이 23두에서 45두로 '드라마틱하게 반전된' 것, 영암 남평문씨 문중의 농업경영을 다룬 김건태의 연구 『조선시대 양반가의 농업경영』(2004)을 인용하여 1890년대 중반 이전까지 조(租) 수취율이 큰 폭으로 등락을 거듭하다가 중반 이후로 상대적으로 안정된

---

[286] 김재호, 「누가 근대화 지상주의자인가?」, 교수신문 엮음, 앞의 책(2008), 54~58쪽.
[287] 박희진·차명수, 「조선시대와 일제시대의 인구변동」, 이영훈 편, 『수량경제사로 다시 본 조선후기』(서울대학교출판부, 2004·2008), 17쪽.

것, 나주박씨가의 경우도 지주지 규모가 1897년 목포 개항 이후 대일본 수출의 증가로 1901년 이후 빠른 속도로 증가하고 지대 수입도 따라서 증가한 것 등을 들었다. 그는 이런 지표를 바탕으로 1896년 이후부터 대한제국의 농업경제가 '근대적 경제성장'의 기본 조건을 갖추기 시작한 것으로 풀이했다. 그는 "근대적 경제성장은 일제시대가 아니라, 대한제국기에 이미 이뤄지기 시작한 것"이라고 반박했다.[288]

그러나 식민지근대화론자는 이태진의 해석을 '과잉 해석'으로 물리치고, 반전은 전면적인 것이 아니었고, 더욱이 대한제국의 근대화 정책의 성과로 해석해야 할 근거가 취약하다고 반박한다. 그러면서 그는 엉뚱하게 저점론을 개진한다. 개항 이후 새로운 문명과의 충돌, 개방경제로의 이행, 새로운 지식과 자본·기술의 도입, 갑오개혁으로 대표되는 제도 변화 등 실로 무수한 요인이 축적돼, 겨우 밑바닥을 통과하기 시작한 경제가 이후 지속적으로 성장할 것인가에 있어서 제도적 환경은 결정적 조건이지만, 낙관적 전망을 하기에 대한제국의 제도는 '지대 추구적' 성격이 너무 강했다는, 즉 비관적이었다는 것이다.[289] 이 '식민지근대화론자'는 조선의 경제성장이 일제시대 이전에 이루어지지 않았고, 일제시대에야 이루어졌다는 자기의 주장이 객관적 지표들로 흔들리게 되자 대한제국 시기의 성과로 볼 수 없다느니, 저점이 19세기 말 20세기 초에 통과되었다느니, 대한민국의 제도화 조치가 이 성장을 계속 지속시키는 것이 비관적이었다느니 하는 자의적 추정으로 얼버무린 것이다.

이런 해석과 태도는 식민지근대화론자들에게 일반적인데, 그간 식민지근대화론에 짙게 물든 차명수도 마찬가지로 이렇게 과격한 친일적 주장을 편다.

식민지시대는 일본인들이 한국 사람들을 '수탈과 착취'했던 제로섬 게임의 시대였고, 그래서 한국 사람들은 점점 더 못살게 되고 일본 사람들은 더 잘 살게 되었다는 생각은 휴전선 남쪽과 북쪽에서 모두 상식이 되어 있다. 그렇게 된 중요한 이유는 남북한 정부가 각각 검정한 역사 교과서들에서 그렇게 가르치고 있기 때문이다. 낙성대연구소의 국민계정 추계는 이런 주장이 아무 근거가 없음을 보였다. […] 식민 시기에 전체 자산에서 일본인 소유 자산의 비중이 빠른 속도로 증가했다. 그러나 이는 식민지 권력이 조선인의 자산을

---

288 이태진, 「대한제국 근대화성과, 경제지표로도 읽힌다」, 교수신문 엮음, 앞의 책(2008), 66~69쪽.
289 김재호, 「대한제국 재정정책은 주먹구구식」, 교수신문 엮음, 앞의 책(2008), 80, 83쪽.

수탈해서 일본인에게 분배하거나 조선인들이 가난해져서 자산을 일본인들에게 팔아넘긴 결과가 아니었다. 이는 유입된 일본 자본이 한국에 새로운 생산설비를 건설하고 자본스톡을 확대시키는 과정에서 나타난 현상이었다. 필자는 이런 사실들이 역사 교과서에 제대로 반영되고 근거 없는 주장들은 제거되어야 한다고 생각한다. 남북한 교과서가 입을 모아 가르치고 있는 또 하나의 가설은, 조선 후기에 자본주의의 싹이 자라나고 있었는데, 이것이 일제의 착취로 짓밟혔다는 것이다. 그런데 최근의 경제사 연구는 18·19세기에 인구는 정체했으며 생활수준은 하락했을 가능성이 높다는 것을 보여준다. 이는 식민지시대에 인구가 매년 1.33%, 1인당 생산이 2.37%의 속도로 증가했던 것과 커다란 대조를 이룬다. 이는 남북한 역사 교과서에서 가르치고 있는 것과 정반대로 조선 후기는 정체, 식민지 시기는 발전의 시대였음을 보여준다.[290]

차명수는 1911~1992년간의 식민지 조선에 관한 앵거스 매디슨의 1995년 통계를 신뢰하기 어렵다고 물리친다. 이 통계는 문제가 많은, 대만·조선의 고정자본 형성에 관한 일본학자 미조구치 토시유키(溝口敏行)의 통계(1988)에 근거한 것이므로 문제가 많다는 것이다. 하지만 그도 마찬가지로 불분명한 근거에서 1911~1938년 조선의 1인당 생산을 1990년 미국 물가로 평균 893달러로 추산하고 있다.[291] 아무튼 차명수의 결론도 식민지 조선에서야 '근대적' 경제성장이 이루어졌다는 말이다.

필자의 관심의 초점은 1911년의 GDP 통계치다. 1911년 통계치는 1910년 한국병합 당시의 한국의 국민생산을 보여주는 수치이고 이를 바탕으로 고종시대의 성장률 추이를 알 수 있기 때문이다. 일본은 한국의 외교권을 박탈했던 1905~1910년 사이에 그 권한이 주로 외교권에 집중되고 국내 정치에 대한 간섭의 초점이 주로 수탈에 맞춰졌기 때문에 한국 경제의 발전을 정치적으로 촉진하거나 국내에 투자를 주도할 수 없었고, 극한적 저임금 지불로 한국 민인과 동학교도의 노동력을 착취한 경부철도 건설을 제외할 때 보이지 않는다. 이에 대한 실증 연구는 1990년대에 집중적으로 이루어진 연구를 통해 밝혀졌

---

[290] 차명수, 「제13장 경제성장·소득분배·구조변화」, 337쪽. 김낙년 편, 『한국의 경제성장 1910-1945』(서울대학교출판부, 2006).

[291] 차명수, 위의 글(2006), 317, 329쪽.

듯이, 일본 자본의 한국 침투는 1870년대 개항과 더불어 개시되었고, 갑오농민전쟁 이후부터는 일본 자본의 침탈로 반(半)봉건 지주제가 강화되고 상업적 부농이 위축되는 경향이 나타났고, 1905년부터 1910년까지는 일본 자본의 진출과 한국 경제의 식민지화가 강력히 추진되었다.[292] 따라서 한국에 침투한 일본 자본은 한국 경제의 성장 요인이라기보다 위축 요인으로 작용했다. 그러나 조선 말기와 대한제국기의 한국 경제는 자력 발전과 개항 및 대외무역의 일반적 영향과 자극으로 일제 자본의 수탈과 방해를 뚫고 아무튼 계속 성장한 것으로 보인다. 애초에 개국을 주장한 박규수 등은 서양과 통교하더라도 문제가 없을 뿐만 아니라 서양의 기술을 배워 서양의 이익 수취에 대처할 수 있고, 또 통상무역으로 인한 이익도 정부나 일반인이 모두 얻게 될 것이기 때문에 서양의 경우처럼 해외 무역을 하게 되면 국가의 재정도 확충되어 나라가 부강하게 될 수 있다고 전망했는데,[293] 이런 전망은 기본적으로 옳은 것으로 입증된 셈이다. 그러므로 1911년의 통계치는 병합 직전 1910년 한국의 자력 성장의 최종 성과를 보여주는 것이다. 오랜 세월 OECD 경제 통계의 책임을 맡았던 매디슨이 2012년 산출한 아시아 각국의 1인당 GDP 통계를 보면, 조선 경제는 늦어도 개항 훨씬 전인 1869년 이전에 저점을 통과했고, 1911년 통계치를 주시하면, 고종시대 전반에 걸쳐 고도성장이 진행되었다는 것을 알 수 있다. (차명수는 위에서 매디슨의 1995년 통계만을 보았을 뿐, 매디슨이 2012년에 제시한 변화된 통계를 보지 못했다.)

이 통계에 의하면, 조선은 1820년 1인당 국민소득 600달러로 중국과 공동으로 동아시아 3위 국가였으나 늦어도 1869년 이전에 저점을 통과하여 1870년 604달러로 반등하기 시작했고, 이후 40년 동안 연평균 약 5.3달러씩 매년 고도성장을 거듭하여 1911년 815달러에 달해 일본·필리핀·인도네시아에 이어 아시아 4위 국가가 되었다. 1911년 통계는 1910년 통계이므로 대한제국의 성과로 봐야 한다. 이렇게 보면, 근대적 경제성장이 일제시대에 들어서야 비로소 개시되었다는 것은 수준 미달의 거짓이 되고, 저점 통과 시점을 19세기 말과 20세기 초로 잡는 것도 거짓이 된다.

또 일제시대에 '근대적 경제성장'이 이루어졌다는 것도 매디슨의 2012년

---

[292] 1990~1994년까지 공간된, 조선 말과 대한제국기 경제에 대한 경제사적 연구들의 요약은 하원호, 「개항기 경제구조연구의 성과와 과제」, 『韓國史論』 25~26권(국사편찬위원회, 1995) 참조.

[293] 『日省錄』, 고종 11년(1874) 6월 25일.

통계를 보면 매우 의심스럽다.

표 1. 동아시아 주요 국가 1인당 GDP[294] (1990년 국제 Geary-Khamis달러)

	1700	1820	1850	1870	1911	1912	1913	1914	1915	1916
조선		600		604	815	843	869	902	1,048	1,018
중국	600	600	600	530			552			
일본	570	669	679	737	1,356	1,384	1,387	1,327	1,430	1,630
인도	550	533	533	533	691	689	673	709	691	710
인도네시아	580	612	637	578	839	838	874	864	866	870
필리핀		584		624	913	911	938	952	875	1,003
타이		570		608			841			

※ 조선의 1820년 통계수치 600달러는 중국의 1인당 GDP와 같은 것으로 산정한 추정치이고, 조선의 1870년 통계는 인도네시아, 스리랑카, 타일랜드의 1870~1913년간의 1인당 GDP 평균치와 평행한 것으로 산정한 추정치임.[295]

표 2. 일본과 식민지 조선의 1인당 GDP[296] (1990년 국제 Geary-Khamis달러)

	1911	1912	1913	1914	1915	1916	1917	1918	1919	1920	1921	1922	1923	1924	1925
조선	815	843	869	902	1,048	1,018	1,118	1,196	1,265	1,092	1,169	1,065	1,131	1,129	1,119
일본	1,356	1,384	1,387	1,327	1,430	1,630	1,665	1,668	1,827	1,696	1,860	1,831	1,809	1,836	1,885

	1926	1927	1928	1929	1930	1931	1932	1933	1934	1935	1936	1937	1938	1939	1940
조선	1,152	1,191	1,190	1,118	1,049	1,046	1,039	1,247	1,236	1,337	1,437	1,561	1,619	1,439	1,600
일본	1,872	1,870	1,992	2,026	1,850	1,837	1,962	2,122	2,098	2,120	2,244	2,315	2,449	2,816	2,874

	1941	1942	1943	1944	1945
조선	1,598	1,566	1,566	1,476	683
일본	2,873	2,818	2,822	2,659	1,346

294 Maddison, "Historical Statistics for the World Economy: 1-2008 AD."(2012). 이 통계는 최종 검색일이 2012년 10월 19일이다. 그러나 2011년 검색했을 때는 조선의 1911년 1인당 GDP가 777달러로 되어 있었다. 2003년 출판된 Maddison의 통계 서적에도 777달러로 제시했었다. Maddison, 앞의 책(2003), 180쪽 참조. 차명수와 식민지근대화론자들이 이 2003년, 2011년, 2012년의 매디슨 통계에 대해 논평하는 것은 아직 보이지 않는다. 이들의 비판적 논평이 나오더라도 이 신친일파들의 통계와 OECD·매디슨의 통계 중 어느 쪽이 더 공신력이 있는지는 불문가지다.

295 Maddison, *The World Economy - Historical Statistics*, 154쪽 참조.

296 Maddison, "Historical Statistics for the World Economy: 1-2008 AD.2".

조선은 일제강점 시기에 계속 성장한 것이 아니라, 1912년 843달러, 1915년 1,048달러, 1919년 1,265달러로 상승하는 듯하다가 1920년 1,092달러로 추락하고, 이후 1925년까지 6년 동안 1065~1131달러 대를 오르락내리락하다가, 1926년 1,152달러, 1927년 1,191달러로 상승했고, 1929년 다시 1,118달러로 추락하여 계속 하락세를 이어갔고, 1932년 1,039달러로 저점을 통과하여 1933년 1,247달러로 상승, 계속 상승세를 이어가 1938년 1,619달러에 도달했다. 그러나 1939년 1,439달러로 다시 내려 앉아 1940년 1,600달러까지 잠시 반등한 후 계속 추락하여 1944년 1,476달러가 되어 1936~1937년대 수준으로 되돌아갔다. 반면, 조선이 1912년에서 1929년 사이에 겨우 275달러 상승하는 사이 일본은 무려 642달러 포인트 상승하여, 일본의 1인당 국민소득(2,026달러)은 조선(1,118달러)의 거의 두 배가 되었다. 조선과 일본의 소득 차이에 미미한 변동이 있었지만, 전쟁 기간에도 두 배에 가까운 소득 격차는 계속 유지되어, 경제적 소득격차에 의해 조선인은 '2등 국민'으로 고착되었다. 1911년 일본의 1인당 국민소득은 조선의 소득의 1.6638배(1,356달러÷815달러)였으나, 1940~1944년 사이에는 무려 평균 1.9273배(14,046달러÷7,806달러)가[297] 되었기 때문이다.

이와 관련된 최근의 논쟁을 잠시 돌아보자. 일제총독부시대(1920~1930) 조선의 매년 평균성장률(4.4%)이 유럽을 앞질렀다고 추산하는 차명수의 주장에[298] 대해 정재정 교수가 식민지 조선에서 조선인과 일본인의 소득격차가 너무 커서 1인당 생산의 평균증가율은 의미가 없고 또한 발전이 있었던 것은 사실이지만 '일그러진' 발전이었다고 반론한 바 있다.[299] 정재정의 논지는 식민지근대화론을 부정하는 측에서 내놓는 핵심 논지를 대표한다.[300] 이 반론에 대해 차명수는 정재정의 주장을 "민족주의적 신화를 앵무새처럼 반복하는 것"으로 격하하면서 조선인과 일본인의 소득격차의 통계적 증명도 힘들고 조선인의 소득도 조선 거주 일본인의 소득의 증가율보다 낮았을지라도 계속 증가

---

297 '1,4046달러'는 1940년에서 1944년 사이의 일본 1인당 GDP 2,874+2,873+2,818+2,822+2,659의 합산이고, '7,806달러'는 1940년에서 1944년 사이의 조선 1인당 GDP 1,600+1,598+1,566+1,566+1,476의 합산이다.
298 차명수, 「1920-1930년대 경제성장률 4.1% […] 유럽 앞질러」, 조선닷컴, 2004년 3월 3일자 기사.
299 정재정, 「'조선 지역'의 발전·'조선민족'의 발전은 달라」, 조선닷컴, 2004년 3월 3일자 기사.
300 이런 관점에서 식민지근대화론에 대한 본격적 비판은 허수열, 『개발 없는 개발. 일제하, 조선경제개발의 현상과 본질』(은행나무, 2011) 참조.

했다고 반박했다.[301]

그러나 필자가 보기에 차명수는 가장 중요한 쟁점들을 몰각하고 있는 것으로 보인다. 주인의 소득이 증가하면 노예의 소득도 대개 얼마간 증가하기 때문에 가장 중요한 쟁점은 식민지시대 조선인의 소득 증가 여부가 아니라, 조선총독부 치하의 조선인의 소득 증가 속도가 조선총독부 없이 조선인들이 자주적으로 소득 추구 활동을 한 경우보다 더 나은 것인지 여부와 주인과 노예의 지배 억압의 왜곡된 식민지 수탈 관계와 이로 인한 조선 경제의 구조적 왜곡 문제이어야 하기 때문이다. 이 관점에서 보면, 위에서 추산된 통계치에서 보듯이 1910년 당시에 조선과 일본의 1인당 국민소득 격차가 1.6638배에 불과했음에도 1940~1944년 사이에는 약 2배로 벌어졌기 때문에 조선총독부의 지배·수탈정책과 경제구조 왜곡(소작제도의 확대 온존, 일본에 대한 경제적 종속과 불평등 교역의 구조화, 소비재·생산재 산업의 상대적 저발전에 대비되는 군비산업의 팽창, 전쟁 동원에 의한 조선인 노동력의 대량 손실, 총독부와 일본인들에 의한 조선인의 수탈과 약탈의 경제적 구조화 등)은 식민통치 전 기간에 걸쳐 조선의 경제발전을 저해했을 것이라고 추정할 수 있다. 그렇다면 식민지시대 조선인의 소득 증가는 총독부 '덕택'이 아니라 총독부의 압제와 수탈, 그리고 식민지체제·전쟁동원체제의 구조적 경제 왜곡을 '뚫고' 조선인 '자신'의 피땀 어린 노고와 분발로 이룩한 것이다. 차명수는 불현듯 자신의 주장의 위험성과 어리석음을 느껴서인지 반론의 끝에 "식민지 시기의 고도성장은 우리나라 사람들의 능력을 보여주는 것일 수도 있다."라고 덧붙이며 한 발 빼고 있다.

차명수의 이런 자인까지 종합하면, "근대적 경제성장은 식민지기에 개시됐다." 환언하면 '조선총독부 덕택에 근대적 경제성장이 이루어졌다'는 식민지근대화론자들의 주장만이 거짓인 것이 아니라, 식민화로 인해 조선인들이 일본총독부의 은택을 입은 것인 양 생각하는 그들의 추정도 황당하다는 것을 알 수 있다. 일제시대에는 오히려 조선의 경제성장은 일본의 빠른 성장세에 비해 크게 둔화되었다. 그럼에도 얼마간 진행된 조선의 경제성장은 조선총독부 '덕택에' 가능했던 것이 아니라, 조선총독부(의 수탈)에도 '불구하고' 한국 국민의 자력으로 달성한 것이다. 만약 대한제국인들이 자주적으로 경제발전을 추구할 자유를 박탈당하지 않았다면, 조선총독부 치하에서의 발전을 앞

---

[301] 차명수, 「조선·일본인 사이 소득격차 증명 힘들어」, 조선닷컴, 2004년 3월 4일자 기사.

질렀을 것이고, 36년 동안 이런 자주적 발전이 지속되었다면 일본열도의 경제 수준도 추월했을 것이다.

이런 관점에서 보면 박정희의 경제개발 기여 여부와 관련된 논쟁도 자연스럽게 해결될 수 있다. 우리나라 국민의 이런 자발적 역량을 볼 때, 1970년대 한국의 산업화가 박정희의 조선총독부식 군사정부 '덕택에' 이루어진 것인지, 아니면 이 군사정부에도 '불구하고' 이루어진 것인지도 아래의 '해방 후 한국의 1인당 국민소득 추이' 통계를 보면 명약관화해지기 때문이다. 차명수 같은 식민지근대화론자도 적어도 다음과 같은 정도의 깨달음을 토로하고 있기 때문이다. "식민지시대 경제성장이 조선총독부의 능력을 입증하는 것도 아니다. 비민주적 정치체제와 과도한 정책 간섭은 성장률을 떨어뜨리며, 새로운 기술을 흡수하고 발전시키는 민간의 경제성장을 좌우하는 핵심 변수라는 것을 경제사는 가르쳐준다."[302] 따라서 박정희시대 경제성장의 그렇고 그런 수준은 박정희 독재체제의 경제적 기여를 입증하는 것이 아니라, 아마 그 반대, 즉 경제적 '저해'를 입증하는 것일 것이다.

한편, "우리 사회는 식민지시대에 개시된 근대적 경제성장의 연장선상에 있으며, 식민지시대의 과거는 제도의 연속성을 통해서 현재와 굳게 연결되어 있다."는 식민지근대화론자의 주장도 다음 통계를 보면 허무맹랑하다는 것을 알 수 있다.

표 3. 해방 후 한국의 1인당 국민소득 추이[303]

1946	1947	1948	1949	1950	1951	1952	1953	1954	1955	1956	1957	1958	1959	1960	1961
686	719	768	819	854	787	835	1,072	1,124	1,169	1,149	1,208	1,234	1,243	1,226	1,247

1962	1963	1964	1965	1966	1967	1968	1969	1970	1971	1972	1973	1974	1975	1976	1977
1,245	1,316	1,390	1,436	1,569	1,645	1,812	2,040	2,167	2,332	2,456	2,824	3,015	3,162	3,476	3,775

1978	1979	1980	…	1993	~	1997	1998	~	2003	2004	~	2008
4,064	4,294	4,114		10,232		13,066	12,282		16,177	16,873		19,614

---

302 차명수, 「조선·일본인 사이 소득격차 증명 힘들어」.
303 Maddison, "Historical Statistics for the World Economy: 1-2008 AD. 2".

이 통계수치를 보면, 1946년 한국은 분단으로 인해 일제 군수산업이 집중된 북한이 떨어져 나감으로써 686달러대로 추락하여 초토화되었다는 것을 알 수 있고, 잠시 자력으로 835달러까지 상승 국면을 맞았던 한국 경제가 한국전쟁의 발발로 787달러대(1951)로 다시 주저앉아 또 초토화되었다는 것을 알 수 있다. 따라서 한국은 전후 제로베이스에서 연합국의 원조 물자로 출발할 수밖에 없었던 것이다. 그러나 한국은 휴전을 체결한 해(1953)에 단번에 1,072달러대를 회복하여 일제치하 1917년 수준(1,118달러)에 거의 다다랐고, 5·16쿠데타 직전 1960년의 소득을 보여주는 1961년 수치는 1,247달러에 달해 한국전쟁 후 겨우 6년 만에 일제치하 1933년 수준(1,247달러)에 도달했다. 이후 경제발전 과정에서 식민지근대화론자들이 애지중지하는 '식민지시대의 과거제도'는 그 '연속성을 통해' 발전에 도움이 된 것이 아니라, 끊임없이 장애로 작용했고, 이 제도의 남김 없는 분쇄를 통해서야 경제발전에 성공할 수 있었다.

그리하여 2008년 현재 한국의 1인당 국민소득 19,614달러, 일본 22,950달러로, 양국의 소득이 거의 엇비슷해졌다.[304] 생활수준을 좀 더 구체적으로 나타내주는 구매력 기준(PPP) 1인당 국민소득(GNI)으로 평가하면, 2011년 현재 한국의 1인당 국민소득(30,290달러)은 일본(35,510달러) 및 서유럽 평균(약 32,640달러)과 거의 같아졌다.[305] 오늘날은 아마 한국인들이 2011년 후쿠시마 쓰나미 자연재해 이후 경제 침체를 겪고 있는 일본인들보다 더 잘살고 있을 것이다. 분단과 전쟁으로 폐허가 되었던 한국은 휴전 50여 년 만에, 한국전쟁과 월남전 동안에 피 묻은 돈을 닥치는 대로 긁어모은 일본을 사실상 따라잡은 것이다. 이것은 일제 식민체제로 인해 36년간 중단되었던 질풍노도 같은 '자력 발전'의 증거인 것이다.[306]

---

[304] Maddison, "Historical Statistics for the World Economy: 1-2008 AD,2".

[305] World Bank, '2011 PPP GNI Database'. 서유럽의 1인당 평균소득(32,640달러)은 독일 40,170달러, 영국 36,970달러, 프랑스 35,860달러, 아일랜드 33,310달러, 이태리 32,350달러, 스페인 31,930달러, 그리스 26,000달러, 포르투갈 24,530달러의 합계(261,120달러)를 인구 가중치 산입 없이 단순 평균한 것이다.

[306] 그리고 박정희 군사정부가 15년간 조선총독부식으로 밀어붙인 제1·2·3차 경제개발 5개년계획 기간(1962~1976)의 경제 동향을 보면, 이 기간에 한국의 1인당 GDP는 연평균 겨우 148.7달러씩 증가했다. 반면, 김영삼·김대중·노무현 민주정부 15년간(1993~2008)에 경제 규모의 확대(자본의 유기적 구성도의 고도화)로 성장률이 박정희 시절보다 절반 이하로 크게 둔화되고 OECD 가입 충격으로 인한 외환위기를 겪었음에도 불구하고 1인당 GDP는 연평균 무려 635.3달러씩 증가했다. 한마디로 한국은 경제적으로 박정희 독재의 덕을 본 것이 아니라, 오히려 일본 군대식 군사독재 때문에 큰 손해를 봤다. 왜냐하면 한국은 줄곧 4·19 민주체제하에 있었더라면 군사독재에 해당되는 15년 동안에 훨씬 더 빠른 성장을 이루었을 것이기 때문이다. 따라서 이런 사정을 고려하면 박정희 치하에서 그래도 이루어진 산업화 성장이란 일제치하의 경제성장처럼—군사정부 '덕택'이 아니라—군사정부에도 '불구하고' 이루어진 것이다.

다시 본래의 논지로 돌아오면, 조선은 '내재적 파탄'으로 인해 가난해져서 '자멸적' 망국의 불행을 당한 것이 아니다. 조선은 고도성장 중에 일본 제국주의의 무력 강점에 의해 멸망한 것이다. 어떤 나라든 단순히 경제적으로 빈곤하다고 해서 멸망하는 것도 아니지만, 부유하다고 해서 멸망하지 않는 것도 아니다. 한국이나 일본보다 가난한 저 수많은 아시아·아프리카 나라들이 지금 망국의 길로 가고 있는가? 천만에! 방글라데시(2008년 1인당 국민소득 1,146달러)보다 더 가난한 북한(1,122달러)도 망하지 않고, 북한보다 더 가난한 몽고(1,001달러)도 망하지 않고 있다. 한마디로, 제국주의적 침략국이 없다면, 아무리 가난한 나라도 망하지 않는다. (가난한 나라에서는 내부로부터 '혁명'도 일어나지 않는다. 모든 혁명은 생산력 발전의 고도화로 나라가 부유해지면서 일어나기 때문이다.) 또 주변국이 침략하더라도, 나라가 아무리 가난하더라도 북한처럼 적절한 대내외적 방비를 갖추고 유지할 수 있다면, 결코 망하지 않는다. 반대로 로마나 명나라처럼 아무리 부유해도 적절한 대내외적 방비가 없다면 얼마든지 망할 수 있다. 한마디로, 국가의 멸망 여부는 경제적 빈부와 직결되어 있지 않다. 국망(國亡)을 대내외적 안보 논리를 무시한 채 경제적 원인으로 환원하는 '경제주의적 유치증(economistic idiotism)'에 빠져서는 아니 될 것이다. 대한제국은 고도성장 중에 멸망했다. 따라서 우리가 정작 물어야 하는 역사적 질문은 '조선은 40년 이상 고도성장을 계속했는데도 왜 멸망했는가?'이다.

(2) 조선 멸망의 진짜 이유: 국론 통일 기제, 첨단 무력, 동맹의 결여
앞서 시사했듯이, 경제법칙과 안보법칙은 확연하게 다른 것이다. 만일 일국의 안보가 경제 수준에 의해 전적으로 결정된다면, 부유한 로마가 야만적인 게르만족의 침공에 멸망하지 않았을 것이고, 송나라와 명나라가 각각 야만적인 몽고와 여진족에 의해 멸망하지 않았을 것이다. 많은 국제정치적 경험으로부터 누구나 동의할 수 있는 보편적 안보 개념을 도출하자면, 군비 경쟁이 계속되고 호전적인 경쟁 국가들이 존재하는 경우에 일국이 망하지 않고 독립을 유지할 수 있는 대내외적 필수 안보 요건은 ①권위로운 국론 통일 기제, ②첨단 무력, ③적절한 동맹, 이 세 가지로 정의될 수 있을 것이다.

①권위로운 국론 통일 기제에 대해 따져보자. 일국의 국론은 어차피 늘 분열되고 국내 정파들은 늘 대립투쟁한다. 어느 나라도 국론의 분열과 정파들의 대립투쟁으로부터 자유로울 수는 없다. 그러나 행동할 필요가 있는 때에는 언

제든 이 행동이 필요한 특정 사안에 관해 국론을 통일시키고 집행할 수 있는 권위로운 기제가 있다면, 국가는 아무리 국론이 분열하고 정파들이 치열하게 서로 싸우더라도 적시에 결정을 내리고 실효적으로 행동할 수 있다. 국가에 필요한 것은 항상적 국론 통일이 아니다. 이것은 어차피 불가능하다. 또한 언론의 자유와 중지(衆智) 수렴을 위해 항상적 국론 통일 같은 것은 해롭기까지 하다. 국가에 진정 필요한 것은 평소에 국론이 분분하더라도 적시에 국론을 통일시킬 수 있는 권위 기제다. 부강한 명(明)나라는 권위로운 국론 통일 기제의 부재로 인해 조정에서 정파들이 치열한 입씨름을 끝도 없이 이어가던 중에 빈궁한 만주 오랑캐에게 멸망하고 말았다. 고종시대 조선도 권위로운 국론 통일 기제가 없었다. 섭정, 외세, 외세를 등에 업은 당파들 때문에 유일하게 유력한 국론 통일 기제였던 국왕이 수시로 침범당하고 무시되고 무력화되었다. 임오군란에서부터 아관망명 직전까지 약 15년 동안 고종은 즉각 공적 결정과 처분이 필요한 때에도 국론을 통일시키는 권위를 행사하지 못했고, 또 새로운 권위적 국론 통일 기제도 산출할 수 없었다.

권위로운 국론 통일 기제가 있더라도 ②첨단 무력이 없다면, 나라의 독립을 유지할 수 없다. 로마는 무용을 자랑하는 게르만 용병들에게 국방을 맡겼다가 용병대장 오도아케르(Odoacer)에게 멸망했고, 청나라는 1860년 당시 첨단 무기인 수백 정의 기관총으로 무장한 2,000여 명의 영불 연합군에 의해 청나라 정예 기병대 3만 명의 팔기군이 전멸당해 영불의 요구에 굴복했다. 1871년 신미양요 때 강화도 광성보전투(6월 11일)에서 조선군은 보를 수비하던 600여 명의 조선군 중 중군장 어재연(魚在淵)을 비롯한 350명이 전사하고 20명이 부상당한 반면, 존 로저스(John Rodgers) 제독 휘하의 미군은 644명 중 3명이 전사하고, 10명이 부상당했다. 전사 비율 100대 1이 넘는 중과부적의 싸움이었다. 훗날 밝혀진 것이지만, 로저스는 이날 함상 일지에 기독교인의 양심상 '조선군 학살'을 계속할 수 없어 후퇴를 결정했다고 쓰고 있는 반면, 흥선대원군은 이것을 오랑캐를 물리친 승리로 자축하고 전국에 척화비를 세웠다. 또 1894년 1분에 2발을 발사하는 화승총과 죽창으로 무장한 최초의 '조선독립군'이었던 동학군 1만여 명은 우금치에서 1분에 12발을 발사하는 무라다소총과 스나이더소총 및 몇 10정의 경기관총으로 무장한 일본군 200여 명에게 패퇴를 당했다. 고종시대 조선 관군도 첨단 무력을 갖추지 못했고, 이로 인해 나라는커녕 왕궁도 지킬 수 없어 유일한 '국론 통일 기제'인 국왕의 지존 권위를 보위할 수 없었다. 첨단 무기 개발과 신식군대 육성을 소홀히 한 정조 이래 왕들의 치명적 실책 탓에, 고종시대에 들어 유일한 국론 통일 기제인 국왕의 권위의 무력화 및 외세의 영토 강점을 막지 못한 것이다.

나아가 '권위로운 국론 통일 기제'와 '첨단 무기의 군사력'을 갖췄더라도, ③적절한 동맹이 없다면, 국망을 당할 수 있다. 국론을 잘 수습하고 첨단 무기와 강군으로 무장한 초강대국이라고 하더라도, 국제적으로 고립에 빠진다면, 과거 나치스 독일이나 군국주의 일본처럼 멸망한다. 현재의 미국이라도 적절한 동맹관계를 잘 유지 못하면 멸망할 수 있다. 하물며 소국은 어떻겠는가! 한국처럼 강대국들에 둘러싸인 소국은 초강대국을 적절한 동맹국으로 획득해야 한다. 그러나 가급적 국경을 맞댄 인접 초강대국이 아니라 멀리 떨어진 초강대국과의 동맹을 선택해야 한다. 인접국들은 언제나 갈등관계에 있기 마련이다. 미국 건국의 아버지 해밀턴(Alexander Hamilton, 1755~1804)의 말대로 인접국들은 '역사 문제'와 '국경·영토 문제'로 인해 애당초 서로에 대해 '천적(natural enemy)'이기 때문이다. 따라서 어떤 소국이 인접한 강대국을 동맹국으로 얻으면, 오랜 세월 중국이 조선에 대해 그랬듯이, 이 동맹한 인접 강대국은 필연적으로 이 소국을 위성 국가로 전락시키고 이 소국의 영토에 마수를 뻗칠 것이다. 따라서 소국의 적절한 동맹 상대는 국경을 맞대지 않고 적당히 멀리 떨어져 있어서 영토 야욕을 갖지 못할 초강대국이다. 고종 당시로서는 이런 적절한 동맹 상대는 영국, 프랑스, 미국이었다. (당연히 중국, 일본, 러시아는 인접국이기에 동맹 후보에서 배제되고, 당시 독일·스페인·네덜란드는 초강대국이 아니기 때문에 배제된다. 다만 한국의 인접국 중·일·러 3국 중 러시아는 우리나라와 접촉하는 국경선이 아주 짧아서 동맹을 맺더라도 우리나라를 위성국으로 만들 의도를 가장 적게 가질 것이다.) 그러나 고종은 이 영·미·불 중 단 한 나라도 동맹으로 잡을 수 없었다. 적어도 영국은 (그리고 1898년 문호개방선언 이후에는 미국도) 극동에서 러시아 남하의 견제에 관심이 있었다. 영국은 러시아의 남하를 견제하기 위해 거문도를 불법 점령하기까지 했다.(1885. 4.~1887. 2.) 이런 조건에서라면 영국이나 미국과 집요한 협상을 통해 이들 중 일국을 동맹으로 잡았어야 했다. 그리고 아관망명 이후에 극동에 이해관계가 강하고 러시아의 우방국인 프랑스를 동맹국으로 얻는 것은 아주 용이했을 것이다. 프랑스는 러시아, 독일과 더불어 중국 내 이권과 관련하여 일본의 과도한 세력 팽창을 우려하여 삼국간섭(1895년 5월)에도 동참했던 나라들이었다. 지리적으로 멀리 떨어진 초강대국과의 동맹이 있다면, 이 동맹국의 도움으로 신병기의 확충과 군사력의 보강도 가능할 것이다. 그러나 고종은 거꾸로 아관망명 이후 국경을 맞댄 인접국인 러시아와의 동맹을 기도함으로써, 러시아의 남진을 우려하는 영국·미국·중국·일본의 '공적(共敵)'이 되고 말았고, 영·미는 '귀찮고 위험한' 조선을 일본에게 넘기게 되었다. 당시 러시아는 초강대국이 아니라, 실은 '썩은 동아줄'이었던 데다가 조선과 국경을 맞댄 나라라서, 영국·미국·중국·일본의 눈에 기회가 닿는 대로 조선을 수중에 넣을 야욕을 가진 나라로 비쳤다.

따라서 당시 조선은 독립 유지를 위한 필수적 조건들인 ①권위로운 국론 통일 기제, ②첨단 무기의 군사력, ③국경을 맞대지 않은 초강대국과의 동맹이라는 세 가지가 필요했으나, 이것들을 다 결여하고 있었다. 그래서 어쩔 수 없이 러시아라도 동맹으로 잡으려고 했던 것이다.

이 세 조건의 관점에서 현재의 최빈국 북한을 보면, 북한은 이 세 가지 조건을 다 구비하고 있다는 것을 알 수 있다. ①'너무나도 권위로운' 수령, ②첨단 무력 핵무기, ③초강대국 중국과의—적절치 않지만 그래도 현재의 분단 상황에서 그런대로 유용한—동맹이 그것이다. 북한이 구비한 이 세 가지 조건은 북한이 그렇게 빈곤해도 현재 독립을 유지하는 근거로 보인다.[307]

오늘날 대한민국의 독립 유지와 번영도 이 세 가지 조건을 구비한 덕택이다. 여론이 아무리 분분하고 정당 갈등이 심해도, 아니 여야가 국회 안에서 상호 기만·몸싸움·난투극·도끼질을 벌이더라도 국회가 법안을 통과시켜 일단 입법이 이루어지면, 행정부는 이 법을 공포하여 에누리 없이 실효적으로 집행하고, 국민과 사법부는 군말 없이 공포된 법에 복종한다. '권위로운 국론 통일 기제'가 존재하는 것이다. 그리고 신병기로 무장한 막강한 국군과 핵우산이 있다. 마지막으로 국경을 맞대지 않은 초강대국인 미국을 동맹국으로 가지고 있다. 이것이 현재 한국의 독립과 번영을 보장하는 안보적 조건이다.

---

307 이 점에서 북한은 구(舊)한국의 멸망을 잘 연구했던 것으로 보인다. 그러나 북한 수령의 권위는 백성에 대한 거짓된 '신화 조작'과 '대외적 소통 차단'을 통해 조성된 일종의 환상이기 때문에 어느 날 갑자기 신기루처럼 사라져버릴 수도 있다. 그래서 북한은 대북 전단 살포를 미국의 핵무기보다 더 두려워하는 것으로 보인다. 이 점에서 모든 거짓이 오래가지 못하듯이 북한체제는 결코 튼튼하다고 말할 수 없다. 또한 동맹국인 중국이 인접국인 까닭에 북한의 동맹관계가 완전히 적절한 것은 아니다. 이것은 북한이 지금까지 동북공정이나 국경 문제에 관하여 중국에 아무런 이의를 제기하지 못하는 것에서도 드러난다. 국경을 맞댄 인접국과의 동맹관계는 늘 열세한 동맹 파트너를 일종의 '위성국' 지위로 전락시키기 쉽다. 그러나 북한이 중국의 위성국으로 전락하지 않는 것은 러시아 변수와 분단 상황의 특수성 때문이다. 중국이 위성국화를 기도하면, 북한은 남한과의 적절한 수위의 관계 개선이나 러시아와의 관계 개선이라는 대항 카드가 있다. 북한은 가령 중국이 남한과의 관계를 돈독히 하여 북한을 포위 압박하면 대러 관계를 더욱 긴밀화하는 카드로 대항해왔다.

그러나 지금이라도 우리가 가령 4·19 이래 지식인과 종교계 일각에서 떠도는 그 환상적인 '중립화 통일 방안'을 국가전략으로 채택한다면, 현재의 부유한 대한민국도 즉각 멸망할 것이다. '영세중립'이란 다름 아닌 '한미동맹의 영구적 단절'과 '미군 철수'를 뜻하기 때문이다. 조선 말 종종 제기된 중립화론도 만약 실행되었다면 중국과의 전통적 영구 동맹관계(속방관계)의 조기 단절을 뜻하는 까닭에 중국과 조선의 분리와 반도 강점을 노리는 일본을 유리하게 함으로써 망국을 촉진시켰을 것이다.

(3) 부들러의 스위스식 영세중립론

영국의 거문도점령 2개월 전 시점인 1885년 2월 22일(음력), 당시 조선 주재 독일 부영사 부들러(Hermann Budler, 卜德榮)는 조선을 청·러시아·일본의 공동 보장 아래 스위스식으로 영세중립화하는 방안을 당시 독판교섭통상사무 김윤식에게 공문으로 그 내용을 설명하고 일본 공사가 이 방안에 동의했다고 알려왔다. 독일 부영사 복덕영(卜德榮)이 발송하고 독판교섭통상사무 김윤식이 접수한 것으로 되어 있는 외교문서의 내용은 다음과 같다.

> 이 논(論)은 이미 탈고했고, 일본 공사(곤도 모토스케近藤眞鋤)가 와서 마침내 그 뜻을 두고 탐문하였습니다. 일본 공사는 이에 응해 소리 내 말했습니다. "그렇다 우리는 조선의 땅을 1보도 원치 않고, 우리는 또한 변방에서도 사람들을 복속시키고 싶지 않아서 청국의 철병을 기다리며 지금 우리는 보고 오도록 북경으로 사신을 보내고 화의가 성공할 것을 바랄 수 있고, 혹은 두 사정이 다 결렬되더라도 옥백(玉帛) 예물을 버리고 무기를 수련하여 우리나라 군세(軍勢)가 반드시 천진에서 예봉을 교합하고 단연코 왕성으로 나아가 전장을 만들지 않을 것입니다. 어느 때 서울에 양국 군대를 주차시키면 스스로 반드시 서로 멀리 거리를 두고 영둔(營屯)하고 소식을 정청(靜聽)하여 망동하는 일을 없게 하고, 혹시 청나라 병영이 마산으로 옮겨 주둔하면 일본 병력도 인천을 떠날 것입니다. 어찌 조선국 중립을 화약한 마당에 경솔하게 심한 불화가 있겠습니까? 우리 일본은 반드시 여기서 반드시 먼저 치고나가지 않습니다." 이에 다시 금단지대의 법을 설정한다고 일본 공사에게 말하자, 일본 공사는 이렇게 말했습니다. "이 법은 역시 자못 양미(良美)합니다. 조선은 무사할 수 있고 삼국은 교전에 이르지 않고, 생각건대 우리 일본도 또한 원하는 바입니다." 또 정상형(井上馨) 대사는 조선에 있을 때 일간(日間)에

일찍이 언급하기를, "이 방법은 심묘하게 여기고 기(杞)나라 사람이 단지 그 말을 먼저 행한 뒤에 이를 따르기를 원하는 경우일 뿐입니다."라고 했습니다.

2월 1일 복덕영[308]

이 문서의 요지는 버들러가 자신의 방안을 당시 일본 공사관 서기관 곤도에게 보여주었을 때 이것은 대단히 좋은 안이어서 조선이 무사하여 3국이 다투는 일이 없기를 우리 일본도 또한 원하는 것이라는 답변을 들었고, 일본대사 이노우에 가오루(井上馨)로부터도 이 방법이 심묘한데 다만 기(杞)나라 사람이 먼저 그 말을 행한 뒤에 그것을 따르기를 바라는 경우라는 답을 들었다는 것이다. 이노우에의 평가는 버들러의 방안을 '고양이 목에 방울 달기'와 같은 것으로 평가절하 하는 말로 들린다.

아무튼 김윤식은 버들러의 공문에 응답하면서 "지극한 논설이 나랏일의 형세를 폐일언함이 심히 명확하고 명석하고 응당 더불어 동지공관(同志共觀)함을 전하되, 다만 일반 백성들이 쉽사리 혹하여 깨닫기 어려워 이를 듣고 반드시 반신반의하며 유달리 괴로워할 수 있다."는 말로 거부의 뜻을 보냈다.[309]

'영세중립'은 아무 나라나 임의로 취할 수 있는 자유 선택 사항이 아니다. 일국의 영구중립 주장과 유지의 필수불가결한 조건은 지정학상의 완충국적 위치와 완충 능력(중립화될 경우에 주변국들의 직접 충돌을 완충하여 중립의 유용성을 납득시킬 정도의 지정학적 타당성과 적절한 국력), 주변국들 간의 세력균형에 대한 중립화 조치의 기여, 그리고 중립국의 영구중립을 사활을 걸고 항구적으로 존중할 영토 야욕 없는 주변국들이 수적으로 다수인 조건 등이다.

가령 70% 가까운 인구가 독일인인 스위스의 영구중립 선언은 주변의 어떤 나라보다 강대하고 침략적인 독일의 범게르만적 영향력을 축소시켜 유럽에서 세력균형을 공고화하는 데 이바지하기 때문에 전통적으로 독일의 팽창을 우려하는 프랑스·이탈리아·영국·네덜란드 및 (오늘날은) 미국 등에 의해 적극적 지지를 받아왔다. 또한 영·미·불과 네덜란드는 모두 척박하고 험준한 산중의 미소국(微小國)인 스위스에 대해 전통적으로 영토적 관심이 전무하지

---

308 고려대학교 아세아문제연구소 편, 『舊韓國外交文書』 제15권 '德案'[1](고려대학교출판부, 1962), 51쪽, '98. 中立勸告案에 對한 日使의 同意件'(고종 22년 2월 1일; 1885년 3월 17일).

309 위의 책, 51쪽, '99. 同上論說에 對한 致謝 및 그 返送'(고종 22년 2월 2일; 1885년 3월 18일). 이에 관한 논의는 윤병희, 「유길준이 「중립론」을 작성할 때 무슨 생각을 했을까」, 박경자 등, 『개화기 서울 사람들(2) - 우리 역사속의 사람들(2)』(어진이, 2004), 131쪽 참조.

만, 스위스의 세력균형적 중요성을 점하는 지정학적 교두보나 통로로서의 완충국 위치와 완충 능력을 중시한다. 그리고 스위스는 자신의 중립을 지킬 강력한 군사 동원체제, 방위 의지, 군사력(스위스를 통과하기 위해 침공할 국가의 군대를 치명적으로 타격할 수준의 병력과 첨단 화력), 그리고 이를 뒷받침할 국력이 있다. 스위스가 이런 힘이 없었던 1800년 나폴레옹이 알프스를 넘어 스위스를 군사 점령하는 바람에 스위스의 중립이 유린당한 반면, 제2차 세계대전 당시에 스위스는 합당한 국력을 갖췄기 때문에 영세중립을 지킬 수 있었다. 스위스는 히틀러의 폴란드 침공 이전에 이미 엄정중립을 선언하고 총동원령을 내려 험준한 산악을 이용한 게릴라전투 태세를 전국적으로 조직하여 군사적 방비를 강화하는 한편, 이탈리아와 프랑스로 통하는 모든 협곡과 통로를 파괴할 준비를 완료하고 독일의 침공 시에 이 모든 통로와 협곡을 모조리 파괴하겠다고 공언하였다. 스위스는 이로써 히틀러의 통과 요구를 물리치고 중립을 지킬 수 있었다. 영세중립은 '공짜'가 아니라 이런 주·객관적 조건들의 결합을 통해 얻어지는 것이다.

그러나 당시 조선은 이런 조건을 거의 다 결하고 있었다. 중국은 조선에 대한 종주국적 영향력이 있었고, 일본과 러시아는 한국 영토에 야욕이 있었다. 그리고 당시 영국과 미국, 프랑스는 조선의 동맹 제안에 관심이 있었을지 모르지만 중립화에 대해서는 관심이 없었을 것이고, 멀리 떨어진 나라의 중립을 지켜줄 엄두도 내지 못했을 것이다. 오히려 영국은 조선의 중립으로 인해 조선에 대한 중국의 기득권과 영향력이 감소하여 당시로서는 일본과 러시아가 조선에 진출하기 쉬워질까 우려했을 것이고, 아직 먼로독트린을 견지하던 미국은 무관심했을 것이다. 위에서 상론한 일본 공사의 반응에서 알 수 있듯이 조선에 영토 야심을 갖고 중국의 영향력을 물리치려는 일본만이 조선 중립을 중국의 후퇴로 여겨 크게 환영할 방안이었다. 러시아도 시베리아철도를 완공하려면 아직 많은 시간이 더 필요했기에 조선에 대한 관심이 아직 관념적이라서 조선에 대한 중국의 영향력의 잔존이 아직 좀 더 요구되기에 조선의 중립화 조치를 그렇게 크게 환영할 처지가 아니었을 것이다.[310] 프랑스나 독일은 러시아와 공동 보조를 취했을 것이다. 한편, 영국은 조선의 중립화를 단기적

---

310 청일전쟁 강화 직후 러시아·프랑스·독일이 삼국간섭으로 일본에 압력을 가하여 요동반도 할양을 무효화시킬 때 러시아는 일본 정부에 대해 일본의 요동 점거가 중국에 대해 항구적 위협을 초래하고 조선의 독립을 위태롭게 할 것이라는 두 가지 이유를 들었던 것을 상기할 필요가 있다.

으로 조선에 대한 중국과 일본의 영향력을 급격히 약화시키고 장기적으로 러시아의 남하를 유리하게 만들어줄 것으로 여겨 조선의 중립화 시도를 위험시했을 것이다. 한마디로, 미국은 당분간 조선의 중립에 아직 관심이 없을 것이고, 러시아·프랑스·영국·독일 등은 서로 다른 이유에서 조선의 중립화를 달갑지 않게 여겼을 것인 반면, 일본만이 중립화를 속으로 반겼을 것으로 분석된다. 또한 당시 조선은 지정학상의 완충국 위치에 놓여 있었지만 조선을 둘러싼 열강들의 직접 대결의 충격을 완화·흡수할 완충 능력과 중립을 지켜낼 군사력이 없었다. 게다가 조선의 중립은 당시 변화무쌍한 세력균형 상황(중국과 러시아의 국력이 급격히 퇴조하는 반면, 일본과 미국은 급부상하고 있는 세력변이 상황)에서 국제관계의 변화를 유연하게 조정하는 효과도 전무했다. 조선의 중립선언은 조선에 종주권적 기득권과 패권적 야심을 가진 중국의 반발을 초래하고 일본에게만 유리한 것이기에—당시 영·미·불의 대(對) 조선 관심이 지리적 원격성으로 인해 저조한 가운데—잠시 유지되던 세력균형의 일시적 안정성마저도 해칠 것이기 때문이다. 그러므로 조선이 적절한 수준의 국력이 없는 한, 국력의 이런 취약성을 덮기 위한 스위스식 영세중립 선언은 아무도 듣지 않을 '독백'에 지나지 않는 것으로 무시되었을 것이다. 하루아침에 공짜로 얻으려는 조선의 중립은 오히려 자신의 손발을 자승자박하여 동맹을 구하거나 일본의 침략적 마수를 이리저리 피하기 위해 다양한 외교술과 정치전술을 발휘할 기회를 완전히 없애버림으로써 국망을 앞당겼을 것이다.

이런 분석과 판단은 오늘날의 한국에 더욱 타당하다. 한국이 스위스를 환상적으로 동경한 나머지 영세중립을 선언한다면, 이것은 한미동맹의 단절과 동시에 6·25사변 때 군대를 파견해준 16개국과의 특별한 역사적 우방관계의 자발적 폐기를 뜻하기 때문이 이 국가들의 불만과 반발을 사게 될 것이다. 반면, 한국의 영토나 한반도에서의 패권에 관심이 많은 북한·중국·러시아 등 전통적 적대국가들만이 중립화를 일시 환영할 것이다. 하지만 이 나라들은 남한의 중립을 영구히 지켜줄 의사가 없다. 북한은 남한에 영토적 야심이 있어 남한의 중립화 선언을, 자신들이 감독하에 납북자 조소앙이 설계한 중립화 통일 방안의 관점에서 '적화통일'의 길을 열어줄 방안으로 여겨서 속으로 대환영을 할 것이다. 한편, 일본, 중국, 러시아는 이 중립화 통일 방안을 미국과 일본 및 서방의 영향력이 남한에서 퇴각하는 것으로 여겨 남한 지역에 대해 이전보다 강한 패권적 야심을 품게 될 것이다. 따라서 남한이 영구중립을 선언하더라도, 이 중립선언을 진정으로 존중할 나라는 하나도 없다. 결론적으로 중립화 통일 방안이란 한미동맹을 단절시키고 기존의 세력균형을 깨뜨림으로써 스스로 대한민국의 국망과 반도 전체의 '북조선화'를 초래할 망상적 자멸 전략일 뿐이다. 따라서 중립화 통일 방안이란 근본적으로 북한이 대환영하고 중국과 러시아가 패권적 관심을 가질 방안인 한에서, 휴전 이후부터 진보적 자유주의자들 사이에 떠도는 이 환상적 중립화 통일 방안의 출처가 어디인지 말하지 않아도 짐작이 갈 것이다. 지금 회자되는 '중립화 통일 방안'이란 '한미동맹 단절!'과 '미군 철수!' 구호의 교묘한 미사여구적 버전일 뿐이기 때문이다. '중립화 통일 방안'은 납북된 조소앙이 다른 납북 인사들과 오랜 논의 끝에 '창안'하여 1954년 4월 20일 처음 발표했고 조소앙과 안재홍 중심의 납북 인사들이 훗날 그곳에서 북측 노동당과 타협하여 1956년 7월 2일 결성한 노동당 외곽 단체 '재북평화통일협의회'의 행동강령으로 처음 제시했던 것이다.[311]

(4) 김윤식의 벨기에+불가리아 절충형 중립론

중립화 전략의 부당성과 위험성에 대한 비판은 부들러의 중립 방안에 이어 제기된 유길준의 조선 중립화 방안에도 그대로 적용된다. 1885년 9월 유길준은 거문도사건(1884. 4.~1887. 2.)과 연계하여 부들러의 스위스식 영세중립화론과 별도로 청국 주도하의 영국·프랑스·일본·러시아 등 열강들의 보장하에 벨기에(자주독립국)와 불가리아(터키의 속방)의 중립 지위를 절충한 독특한 중립 형태로서, "우리나라가 아시아의 중립국이 되는 것이 실로 러시아를 막는 큰 계기이자 또한 아시아의 대국들이 서로 보장하는 정략이기도 하다."라는 논변의 「중립론」을 제안했다.[312] 유길준은 러시아의 100만 정예 병력과 팽창주

---

311 김기승, 『조소앙이 꿈꾼 세계』(지영사, 2003), 309~310쪽. 조소앙의 '중립화 통일 방안'은 외국 군대 철수(사실상 유엔군 및 미군 철수), 미·소 등 강대국의 한반도 평화 보장, 남북 군축, 남북정당연석회의, 남북 총선에 의한 입법 기관 구성, 통일헌법 채택과 통일정부 구성, 통일정부에 의한 국제적 중립화선언, 중립국 건설 등 북에 이로운 주장들로 짜여 있다. 또 재북평화통일촉진협의회의 행동강령은 이 '중립화통일'과 '진보적 민주주의'(사회주의도 자본주의도 아닌 만민균등의 정치이념)를 규정하고 있다. 이태호, 신경완 증언, 『압록강변의 겨울』(다섯수레, 1992), 129~140, 249~251, 336~378쪽 참조. 북은 남한추종세력들에게 '적화통일'과 '사회주의'·'공산주의'가 아니라 남한 사람들이 만든 저 '중립화 통일'이나 '진보적 민주주의'와 같은 낮은 수준의 대중적 강령을 쓰도록 해왔다. 이 맥락에서 최근 해산된 통합진보당의 강령 이념이 왜 '진보적 민주주의'이었는지도 이해될 수 있을 것이다. 하지만 조소앙의 중립화 통일 방안은 그가 부자유스런 북쪽 땅에서 북으로부터 숙식을 제공받으며 짜낸 것인 한에서 북의 콧김이 서린 방안이다.

312 兪吉濬, 「中立論」, 유길준전서편찬위원회 간행, 『兪吉濬全書 (IV)-政治經濟編』(일조각, 1982), 319~331쪽; 兪吉濬, 「中立論」, 許東賢 譯, 『兪吉濬論疏選』(일조각, 1987), 13~20쪽.

의를 가공스런 "호랑지심(虎狼之心)"으로, 러시아를 "특히 무도함이 심하고" "천하가 탐욕스럽고 포악함을 지목하는[天下目之以貪暴]" 나라로 과장하는 관점에서 청국과 영국의 이해에 경도되어 조선의 최대 위협을 러시아로 단정하고 일본의 잠재적 침략 야욕을 미리 고려하며 청국의 상대적 취약성을 감안하여 "오로지 중립의 일사(一事)만이 우리나라 보수의 방책[唯中立之一事寔我邦保守之策]"이라고 주장한 것이다.[313] 그러나 우리가 알다시피 19세기 말 일시적인 국제적 세력균형 속에 잠시 인정되는 듯했던 불가리아와 벨기에의 중립국 지위는 국제적으로 결코 오래 지켜지지 않았다. 그리고 중국 주도론은 유길준 자신의 입으로 "예로부터 지금까지 […] 그 공물을 받고 책봉을 주고 스스로 자치하게 한" 중국이 우리나라와의 관계에서 "몇 천 년간 봉공(奉貢)·수책(受冊)해온 나라"라는 종주·속방관계를 인정하는 점에서[314] 중국의 중립화 주도권이 조선에 대한 중국의 종주국 지위의 강화와 내정간섭 빌미가 될 것이 뻔하고 이런 까닭에 일본이 이에 반대할 것이 명약관화한 것이었다. 그런데도 유길준은 임오군란 이후 조선 정부와 고종에 대한 청국의 과도한 내정간섭에 눈감고—중국이 이미 25년 전 제2차 아편전쟁(1860)에서 겨우 2,000명의 영불 연합군에 의해 북경을 점령당한 '종이호랑이'로 전락해버린 상황을 모르는 듯이—시대착오적으로 중국에 대한 러시아와 일본의 "두려움[畏中國]"을 과장하고[315] 또한 미국의 지리적 원격성과—10여 년 뒤 폐기될—먼로독트린을 들어 미국을 동맹 또는 우방국 후보군에서마저 완전히 배제하면서[316] 저런 나이브하고 어리석은 중립론을 제기한 것이다. 주지하다시피 9년 뒤 청일전쟁에서 일본은 중국을 처부숴 중국이 '종이호랑이'에 불과하다는 것을 만천하에 다시 한번 보여주었다. 이런 까닭에 유길준의 「중립론」은 "중국에 보여주기 위해 쓴 글"이거나 "집안에 보관할" 습작용으로 간주되기도 한다.[317] 그러나 1970년대 강만길은 유길준의 이 오판 가득한 어리석은 중립론을 긍정적으로 평가했다. 강만길은 조선은 "중립화함으로써 주권을 보전할 수 있는

---

313 兪吉濬, 「中立論」, 위의 책, 15, 19쪽; 위의 책, 79~81쪽.
314 兪吉濬, 「中立論」, 위의 책, 16~17쪽; 위의 책, 80~81쪽.
315 兪吉濬, 「中立論」, 위의 책, 16쪽; 위의 책, 80쪽.
316 兪吉濬, 「中立論」, 위의 책, 16쪽; 위의 책, 80쪽.
317 윤병희, 앞의 글(2004), 144쪽. 훗날 유길준은 이 중립론 원고를 스스로 평가하기를, "이 편의 논의는 가히 돌에 그은 것이라 할 말하지만 볼 눈에 장애가 크게 있어 잠시 삭제하는 것이 좋을 것이다. 다만 집에만 소장한다면 삭제할 필요는 없을 것이다."라고 추서해 두었다. 兪吉濬, 「中立論」, 앞의 책(1982), 319쪽.

기회를 잃었다."고 평가하고, 조선이 국권을 유지하기 위해서도 "완충국으로서 강대국의 협약이 보장하는 중립국이 되는 것이 바람직한 정책 중의 하나"였다고 주장했다.[318]

그러나 위에서 분석했듯이 당시 중립론은 조선의 중립화로 인해 조선에 대한 잔여 기득권마저 완전히 다 잃을 청국과, 러시아 견제 의지를 가진 초강대국 영국이 혹시 반대할지도 모르는 것이다. (그러나 중국은 9년 뒤에도 청일전쟁을 치를 만큼 한반도가 무해중립지역임을 넘어 잔여 종주권을 유지하려는 강한 관심을 갖고 있었다. 그러나 유길준은 중국이 조선을 방어할 군사력이 없어 한반도의 중립화에 관심을 가질 것이라고 오판했다.) 반면, 청을 물리치고 조선을 병탄하려는 야욕이 있지만 아직 힘이 열세인 일본, 청과 일본을 물리치고 남하하려는 의지를 가졌지만 아직 대규모 군대를 실어 나를 시베리아철도 부설에는 시간이 필요한 러시아, 러시아의 우방 프랑스 등이 조선의 중립을 조선이 중국으로부터 한 족장 떨어지는 것으로 여겨 환영했을 것이다. (이런 까닭에 '조선의 중립'은 유길준이 배운 경응의숙慶應義塾의 설립자인 후쿠자와 유키치의 주장이기도 했다.) 따라서 이 조선 중립안은 열강들의 상반된 이익을 더욱 상반되게 만들고 기존의 세력균형을 뒤흔들고 엉클어놓을 방안이었다. (참고로 당시 영국, 러시아, 프랑스, 독일 등은 일본의 지나친 팽창을 견제하기 위해 중국의 급속한 약화를 원치 않았지만, 동시에 러시아의 남하를 염려하여 일본의 현상유지를 원했다.) 일반적으로 영세중립선언은 선언국의 중립·완충 능력이 부재하거나 열강의 이해 관심이 적대적으로 상반된 상태에서 중립선언이 기존의 세력균형을 흔들거나 패권을 쥔 세력들의 기득권을 저해할 때 완전히 묵살당하거나 무효화된다. 대한제국은 가령 1903년 일제의 재침(갑진왜란)을 예감하고 영세중립국 선언을 추진했지만, 고종황제의 영세중립 선언을 지지한 러시아와 반대로 한국의 군사정복을 준비하던 일제는 한국의 영세중립 선언을 인

---

318 강만길,「兪吉濬의 論文 '中立論'」,『創作과 批評』 8권 4호(1973), 1140쪽. 강만길은 서두에 이렇게 논의의 전제를 깔고 중립 방안 논의를 시작한다. "19세기 후반기의 한국사는 실패의 역사였다. […] 원인은 여러 가지 측면에서 추구될 수 있지만, […] 그 가장 중요한 것의 하나는 지배계층의 외세 의존에 있었다. […] 급격히 밀려들어오는 외세 앞에 무릎을 굽힌 지배계층은 항상 가장 강한 외세를 찾아 그것에 의탁함으로써 지배권력을 유지하려고 하였고, 그 결과 이 지역을 탐낸 최후의 강자에게 모든 것을 내맡기지 않을 수 없게 된 것이다."(1129쪽) 따라서 강만길의 이런 중립주장의 지향점은 이전에 조소앙이 북한에 납북되어 제시한 뒤에 북측에 의해 여러 경로로 남한에 투입되기 시작한 중립화 통일 방안과 정서적으로 상통하는 바가 있다. 즉 그 지향점은 현재 '가장 강한 외세'인 미군의 철수와 한미동맹의 폐기로 비쳐진다.

정치 않았고, 일제와 동맹한 영국, 일제와 밀약한 미국 등도 인정치 않았다. 그리고 1904년 2월 초 러일전쟁의 발발과 동시에 전시중립을 선언했지만,[319] 당시 이 전시중립선언 조차도 한국을 이미 사실상 정복한 일본과, 일본을 무조건 두둔해야 할 동맹 의무를 짊어진 영국, 그리고 한국을 희생시켜 필리핀 정복을 국제적으로 승인받기 위해 일본과 밀약을 모색하던 미국 등의 공동 기득권에 정면 배치되는 것이어서 완전히 묵살당했다.

거문도사건 당시에도 선택했어야 할 바른 정책은 저 어리석고 망상적 중립정책이 아니라, 1882년에 이미 거문도 조차를 제의했었던 영국에게 과감하게 거문도 조차권을 부여하고 영국을 차제에 동맹국으로 붙드는 동맹정책이었어야 했다. 아! 하지만 유길준·강만길 유의—국제정치학적 전문 지식과 지혜를 결한—저런 나이브하고 어리석은 중립화 망상은 오늘날 사학계에서도 여전히 떠돌고 있고,[320] 이들의 영향에서인지 어제오늘의 국회 외교통상위원회의 나이브한 국회의원들까지 중립화 통일 방안을 만지작거리고 있으니, 참으로 안타까울 따름이다. 한영우조차도 영세중립국을 인정받아 약육강식에서 벗어나려고 했던 "대한제국의 중립화 노선이 만약 잘못되었다면, 그 대안으로 누구와 손을 잡는 것이 좋았다는 것인지를 되묻지 않을 수 없다."라고 톤을 높인다. 그러나 분초를 다투는 시간 싸움 속에서도 1896년 2월 아관망명으로부터 러일전쟁(1904년 2월~1905년 9월) 또는 태프트-가쓰라 밀약(1905년 7월) 이전까지, 즉 1903년 12월 말까지 적어도 자주외교가 가능했던 '황금의 8년 동안'에 대한제국이 손잡을 수 있었던 '적절한' 동맹 후보(국경을 맞대지 않은 초강대국)로는 영·미·불이 있었다. 극동에서 러시아를 견제할 동맹을 찾던 영국에 대해서는 늦어도 영일동맹 체결(1902년 1월) 전까지 동맹을 추구할 수 있는 6년간의 시간적 여유가 있었고, 극동에 관심이 높은 프랑스에 대해서는 줄곧 8년간 내내, 그리고 미국에 대해서는 미국이 먼로독트린을 폐기하고 극동 지역에서 열강에 문호개방을 요구한 문호개방정책 선언(1898)으로부터 늦어도 1903년까지 6년간의 시간적 여유가 있었다. 아관망명 이후 상황에서는

---

319 『고종실록』 40년(1903) 11월 23일. 대한제국의 중립선언에 대해 영국은 중립선언을 지지하는 취지의 회신을 보냈으나, 독일, 프랑스, 덴마크, 청국은 중립선언을 단순히 수령했다는 회신만을 보냈다. 그러나 정작 중요한 당사국들인 러시아·일본·미국은 끝내 선언 수령 사실도 회신하지 않았고 끝내 중립선언을 묵살했다. 서영희, 『대한제국 정치사 연구』(서울대학교출판부, 2003·2005), 183~187쪽.

320 이윤상, 「대한제국의 생존전략」, 『역사학보』 188(2005), 156~160쪽; 이윤상, 「대한제국의 경제정책과 재정상황」, 99쪽, 한림대학교 한국학연구소 편, 앞의 책(2006); 한영우, 앞의 글(2006), 42쪽.

러시아의 동맹국으로서 극동에 관심이 높은 프랑스와 손잡는 것도 가능했다. 프랑스만 동맹으로 잡았어도 대한제국의 운명은 달라졌을 것이다. 그러나 조선과 대한제국은 당시 러시아와의 동맹에만 관심을 갖고 타국들과의 동맹에는 상대적으로 무심해서 적절한 동맹을 잡을 타이밍을 놓쳤고, 이상하게도 프랑스에 대해서는 늘 무관심했다. (러시아와의 관계가 순조롭지 못했던 대한제국 초 1897~1898년 즈음에 시종원경 이재순은 프랑스와의 동맹을 추진했으나 정부 내 친러세력과 한일제휴론자들의 방해로 흐지부지되었다. 한국 정부와 국민의 프랑스에 대한 정치외교적 무관심은 오늘날도 계속되고 있다.) 거문도사건 당시에도 조선이 물색했어야 했던 '적절한' 동맹 후보는 훗날 제1·2차 세계대전의 승전국이 된 영·미·불이고, 이 중 손잡는 것이 가장 용이했을 동맹 후보는 일찍이 러시아 남하를 견제하기 위해 거문도조차를 제의했던 영국이었다.

3) 대한제국의 근본 성격: 국내망명정부로서의 비상계엄민국

다시 논의를 을미사변 당시로 돌리면, 고종은 왕비가 '일본놈들'에 의해 시해당하는 절체절명의 망국적 비상사태에 직면하여 국론 통일 기제로서의 국왕의 권위의 완전한 파괴, 국왕이 안전하게 거할 수 있는 영토의 소멸(첨단무력으로 무장된 군대의 부재 및 일본군대와 친일훈련대의 왕궁 장악과 전국 영토의 점령), 초강대국과의 동맹 부재를 통절하게 느끼고, 저 세 가지 조건을 일거에 마련할 수 있는 '사즉생(死卽生)의 모험'을 감행한다. 아관망명과 국체변경을 통한 대한제국의 건국이 그것이다. 따라서 이런 관점에서 대한제국의 국가공공성을 규명해야 할 것이다.

식민지근대화론자들은 대한제국을 국민참정과 재정근대화를 이루지 못한 전근대적 전제체제로 비판한다. 이에 대해 한영우, 이태진 등은 정부·법제도 개혁, 기술 도입, 은행 설립, 서울도시개조사업, 비밀첩보기관 설치 등 광무개혁의 근대화 성과들을 제시하며 대한제국의 국제(國制)가 이 개혁 수행에 필수불가결한 전제정이었다고 반박하며 고종을 '개명군주'로 본다. 공격하는 쪽은 대한제국을 평시체제로 보고 있다. 그러나 이태진도 대한제국을—근대화를 가속화하는 급진적 개혁을 위해 절대 긴요한 국제라고 보는 한에서—역시 평시체제로만 보는 듯하다.

그간 광무개혁의 성과를 두고 많은 논란이 있어왔다. 박은식은 광무개혁을 말하지 않았으나 대한제국을 『한국통사(韓國通史)』 제3편 제1장('國號大韓爲獨立帝國')에서 언급하고 대한제국 시기 고종과 순국열사들의 투쟁을 무려

61개 장에 걸쳐 상술하고 있다.[321] 그러나 일제시대 일본인들이 쓴 '조선사'는 대한제국에 대한 기술을 극소화하고 실패한 친일적 개화당, 친일적 갑신정변, 친일적 갑오경장, 친일화된 독립협회의 활동 등을 강조하는 속에 대한제국을 묻어버린다.[322] 그런데 해방 후 한국 역사학계에서도 일본인들이 쓴 이런 조선사에 영향을 받아서인지 모르겠으나 1960년대까지 대한제국의 존재나 광무개혁의 성과를 인정치 않고 독립협회와 『독립신문』에 대한 기술 속에 묻어버리고 그마저 짤막한 언급으로 지극히 부정적인 평가를 가하고 있다. 한우근은 1970년에 처음 발간한 자신의 국사 개설서에서 '대한제국'의 독립적 장절을 아예 설정하지 않았고, 이후 개정판(1986)에서도 마찬가지였다. 개정판에서 그는 엉뚱하게 '제7편 현대'라는 주제어 아래 '제1장 자주·민권을 위한 투쟁과 계몽'에 속한 소절을 '독립협회와 대한제국의 성립'이라고 이름 붙임으로써 '독립협회'의 위상을 한껏 높이고 '대한제국'을 '독립협회'에 묻어 서술하고 있다. 또한 고종과 황태자에 의한 독립협회와 『독립신문』의 창설 자금 조달과 이 두 기관의 이후 친일 변질 사실을 몰각한 채 일본인들과 좌익사학자들이 쓴 '조선통사'처럼 독립협회와 『독립신문』을 마냥 높이 띄우고 있고, 대한제국을 '친러정권'으로 모는 등 줄곧 그릇되고 부정적인 서술로 일관하고 했다.[323] 이기백도 1980년에 처음 발간하여 1999년에 개정한 일반 국사 개설서에서 '대한제국'을 별도의 독립 장절로 설정하지 않았고, 대한제국에 대한 언급은 독립협회의 절 안에서 단 열 줄로, 그것도 매우 부정적으로 기술하고, 대한제국을 4쪽에 달하는 친일·친미 독립협회에 대한 그릇된 과대평가에 의해 묻어버리고 있다.[324] 그러나 1986년에 나온 변태섭·신형식의 『한국사통론』은 국사 개설서로는 최초로 대한제국기의 개혁을 '광무개혁'이라고 부르면서 "자주적인 근대화운동"으로 긍정 평가했다. 그러나 이 개설서에서도 대한제

---

321 박은식, 김도형 역, 『한국통사』(계명대학교출판부, 1998).

322 이태진, 앞의 책(2000·2008), 126쪽.

323 한우근, 『한국통사』(초판 1970, 개정판 1986); 한우근전집간행위원회편(한국학술정보, 2001·2003), 483~512쪽.

324 이기백, 『한국사신론』(일조각, 1999·2010), 322~323쪽.

국이나 광무개혁은 별도의 장절로 대접받지 못하고 있다.[325] 1990년대에 한영우는 일반 국사책에서 최초로 두 장을 설치하여 '대한제국'과 '광무개혁' 및 '애국계몽운동'을 비중 있게 다루었다.[326]

광무개혁의 성과와 의미를 최초로 인정한 기념비적 논문은 김용섭의 1968년 양전사업 연구였다.[327] 하지만 이 광무개혁 연구에 대한 가혹한 비판이 바로 튀어나왔다. 신용하는 김용섭의 '광무개혁'을 '역사적 개념'으로 인정치 않고 대한제국을 '친로보수정부'로 단정했다.[328] 이에 대해 김용섭은 정부 중심의 '광무개혁'을 다양한 내외 개혁을 제도적으로 마무리하는 개혁으로 격상시키는 논조의 반비판으로 응수했다.[329] 물론 신용하는 이를 즉각 재반박했다.[330] 기존 사학계의 신구 세력 간의 이런 광무개혁 논쟁은 2000년대 들어 식민지근대화론자들이 개입하면서 광무개혁의 경제적 성과 논쟁으로 비화된다. 이태진의 『고종시대의 재조명』(2000)의 발간으로 2004년에 폭발한, 식민지근대화론자들과의 치열한 광무개혁 논쟁은 한 권의 책을 이루어 『고종시대의 재조명』이라는 단행본(2009)으로 출간되었다. 대한제국을 긍정적으로 평가하는 또 다른 논의는 주지하다시피 한림대학교 한국학연구소가 주최한 세미나에서 발표된 논문들을 엮은 『대한제국은 근대국가인가』(2006)다. 필자는 이 오랜 논쟁과 역사 기술을 조감하면서 고종이 명실상부하게 자기의 의도대로 정사를 펼친 유일한 기간인 '고종천하 8년'(1896년 2월 아관망명~1904년

---

325 변태섭·신형식, 『한국사통론』(삼영사, 1986·2007), 574~609쪽. 변태섭과 신형식은 한우근과 달리 '제5편 근대사회'라는 큰 주제어 아래 '제2장 제국주의침략의 국권수호운동' 제하에 'I. 독립협회의 활동과 대한제국', 'II. 일제의 국권침탈과 의병운동', 'III. 애국계몽운동의 전개' 등의 세부 항목을 두고 대한제국기를 상론하고 있다. 변태섭과 신형식은 대한제국기의 개혁을 김용섭의 명명에 따라 '광무개혁'이라고 부르고 이에 대해 비교적 상론하고 있다. 하지만 이들도 한우근·이기백처럼 대한제국을 별도의 독립 장절로 대우하지 않았고, 독립협회의 친일 변질에 대한 언급을 빼놓은 채 한우근처럼 서술 순서에서 대한제국 앞에 독립협회를 둠으로써 독립협회의 위상을 너무 높이고 독립협회·『독립신문』·독립문의 기획자·창립자·재정 지원자를 고종과 황태자가 아니라 서재필과 모금운동으로 오기하고(577~578쪽), 광무개혁의 '구본신참(舊本新參)' 원칙을 '강한 복고주의적·보수적 성격'의 원칙(580쪽)으로 오기하는 등 판에 박힌 많은 오류를 노정하고 있다.

326 한영우, 『다시 찾는 우리 역사』(경세원, 1997·2014), 487~518쪽. 한영우는 5편 제3장에 "근대국가-대한제국의 개혁과 좌절"이라는 제목을 붙이고 4장에 '항일의병과 구국계몽운동'의 제목을 붙여 대한제국기를 상론하고 독립협회의 친일 변질에 대해서도 지적하고 있다.

327 金容燮, 「光武年間의 量田事業에 關한 一研究」, 『아세아연구』 11권 3호(1968), 122~125쪽. 이 논문의 확대 연구서로는 김용섭, 『韓國近代農業史硏究(상·하)』(일조각, 1975) 참조.

328 愼鏞廈, 「書評: 金容燮 著, 『韓國近代農業史硏究』」, 『韓國史硏究』 13(1976).

329 金容燮, 「書評: 愼鏞廈 著, 『獨立協會硏究』」, 『韓國史硏究』 12(1976).

330 愼鏞廈, 「'光武改革論'의 문제점-대한제국의 성격과 관련하여」, 『創作과批評』 1978 가을호.

2월 러일전쟁 개시에 의한 일본의 한국정부 압박 직전) 중 광무개혁 7년 동안 대한제국이 광범한 개혁사업들을 신속하게 추진하여 다방면에서 다대한 성과를 올린 점에서 대한제국과 광무개혁의 역사적 의미를 십분 인정해야 한다고 주장하고자 한다. 이는 『고종시대의 재조명』에서 개진된 광무개혁의 정치경제적 성과에 대한 이태진의 분석과 주장이[331] 대강에서 옳았던 것으로 평가한다는 말이다.

(1) 동도서기론의 논리적 자기모순과 친일 변질

그런데 이태진은 갑신정변세력이나 독립협회 친일세력을 '서도서기론자(西道西器論者)들'로 규정하면서도 고종의 개혁 노선을 '동도서기론(東道西器論)'으로 해석하고, '구본신참론(舊本新參論)'과 동일시한다.[332] 그러나 필자는 광무개혁의 '구본신참' 원칙이 '동도서기론'과 원리적으로 다르고 이보다 본질적으로 월등하고 순리적인 것으로 본다.

1880년대 초 신기선(申箕善, 1851~1909), 김윤식(1835~1922) 등이 주장한 '동도서기론'은 위정척사론과 마찬가지로 근본적으로 화이론적(華夷論的) 세계관을 계승하여 '서교'를 사교(邪敎)로 보고 이를 물리치기 위해 유학의 동도를 불변의 도로 견지하되, 서양의 기술문명을 선진적인 것으로 평가하고 신속히 직수입하여 해침(海浸)을 막고 보국(保國)하자는 박규수 계열의 개국론적·양무론적(洋務論的) 주장을 시대에 따라 변형시킨 논변이다.[333] 동도서기론은 김윤식과 신기선이 각각 최초로 주장했고, 『고종실록』에서 '동도서기'에 대한 '명시적' 언급은 전병훈(1857~1927)의 1899년 상소에 딱 한 번 등장한다. "외부와 관계를 도모하는 문제에 대해서는 모두들 동도서기, 내수외교를 말하고 있습니다.[圖成局外者 皆曰東道西器 內修外交]"[334] "모두들 동도서기를 [...]

---

[331] 이태진, 앞의 책(2000·2008), 299~402쪽.

[332] 위의 책, 77, 89, 343쪽.

[333] 김윤식은 민영익·홍영식·김옥균·박영효·서광범 등의 노선을 자신의 노선과 차별하여 '서기'만이 아니라 '서도(기독교)'도 예찬하는 숭미(崇美)·친일주의로 기술하고 있다. "전에 민영익, 홍영식은 미국에 사신으로 갔다가 돌아왔다. [...] 마침내 돌아와서는 양제(洋制)를 깊이 흠모하여 중국을 노예시하고, 아울러 공맹의 윤상(倫常)의 도를 배척하여 꺼리는 바가 없으니, 이에 그 몸이 변하여 이류(異類)가 되었음을 알았다. 옥균, 영효, 광범 등은 일본에서 돌아온 이후 일본을 흠염(欽艷)하여 동양의 영국으로 여기며 사사건건 선망하였다. 그들은 영식과 배화존양론(排華尊洋論)을 공술(共述)하고 말마다 '자주'라고 칭하였다." 金允植, 「追補陰晴史」, 『續陰晴史(下)』(國史編纂委員會, 단기4293), 565쪽.

[334] 『고종실록』 36년(1899, 대한광무 3) 1월 1일 세 번째 기사.

말하고 있다."라고 하는 것으로 보아 '동도서기'라는 말은 당시 일대 정치적 유행어가 되었음을 알 수 있다.³³⁵ 김윤식은 처음에 김옥균과 개혁 사업을 같이 추진하다가 김옥균이 일본 근대화 사업을 신뢰하고 청국과의 사대관계 청산과 자주의 획득, 유교의 절대성 부정과 조선의 기독교화, 나아가 서양 제도의 적극적 수용을 통한 서양화의 지향 등의 노선을 취하자 개화당과 갈라지게 되었다. 김옥균과 박영효의 근대화개화론은 박규수의 북학론 전통에서 출발했지만, 탈아입구론적 정한론(征韓論)과 민권·민선의회론을 결합·주장하는 후쿠자와 유키치 등 탈아론적 정한파(征韓派) 일본인들의³³⁶ '문명개화론'의 영향 속에서 결국 '서도서기론'으로 나아갔던 것이다. 박영효는 1931년 이광수와의 인터뷰에서 "그 신(新)사상은 내 일가인 박규수 집의 사랑에서 나왔고", "『연암집(燕巖集)』에 귀족을 공격하는 글에서 평등사상을 얻었다."라고 진술하여 마치 자기의 문명개화론을 조선 실학에서 유래한 양 민족적 독자성의 이미지로 포장했지만, 이보다 이른 시점인 1926년 『신민(新民)』에 쓴 글에서는 "나의 일평생을 지배하는 기본 관념은 이때(1882년 사례사로 일본에 가 있던 3개월 동안) 받은 충동으로 나온 것이다."라고 진술하여 자기의 개화사상의 친일적 기원을 분명히 한 바 있다.³³⁷ 따라서 김윤식이 박영효, 김옥균 등

---

335 그러나 일부 역사학자들은 '동도서기'는 당대의 용어가 아니라 나중에 역사학자들이 만들어 부른 용어로 오해한다. 가령 장영숙은 "동도서기론의 용어가 역사적 시기에 명명되지 않았다."고 잘못 말하고 있다. 장영숙, 「동도서기론의 정치적 역할과 변화」, 『역사와 현실』 통권60호(2006. 6), 345쪽 각주 1.

336 사이고 다카모리(西鄕隆盛) 중심의 정한론은 사이고파의 책사 에비하라 아츠시(海老原穆)가 1875년 창간한 『평론신문』을 중심으로 전개되어 1876년 이 신문의 발매금지 처분과 1877년 서남반란의 패배로 일단락되었다. 미타니 히로시(三谷博), 「일본에서 초기 '공론' 미디어: 『평론신문』의 경우」, 조선시대공공성구조변동연구단 주최, 한국학중앙연구원 후원, 국제학술심포지움 『조선시대 공공성의 구조 변동 – 국가·공론·민의 공공성, 글 길항과 접합의 역사』(2013. 11. 1. 동국대학교 학술문화관), 94~96쪽 참조. 그러나 후쿠자와는 이보다 훨씬 이른 시점인 1862년부터 탈아입구론적 정한론을 계속 역설해왔다. 그는 1885년 3월 한 신문 칼럼에서 그 논지를 "오늘의 꿈을 펴기 위해 이웃나라의 개명을 기다려 함께 아시아를 일으킬 시간이 없으므로 오히려 그 대열에서 벗어나 서양과 진퇴를 같이해 중국·조선을 접수해야 하고, 접수 방법도 인접 국가라는 이유만으로 사정을 헤아려줄 수 없으며 반드시 서양인이 접수하는 풍에 따라 처분해야 할 뿐이다."로 천명하고, 1894년 봄에는 동학농민혁명이 발발하자 "조선 인민은 소와 말, 돼지와 개와 같고", "조선인의 완고 무식함은 남양의 미개인에게도 뒤지지 않는다."라고 조선을 극렬 매도했던 자다. 후쿠자와의 이런 조선·중국 침략적 정체에 관해서는 여러 연구서들이 나왔다. 정일성, 『일본을 제국주의로 몰고간 후쿠자와 유키치-탈아론을 외치다』(지식산업사, 2012); 야스카와 주노스케, 이한철 역, 『후쿠자와 유키치의 아시아침략 사상을 묻는다』(역사비평사, 2011); 다카시로 코이치(高成幸一), 『후쿠자와 유키치의 조선정략론 연구–시사신보 조선관련 평론 1882~1900을 중심으로』(선인, 2013).

337 李光洙, 「朴泳孝 氏를 만난 이야기 – 甲申政變懷古談」, 『東光』 19(1931); 재출간: 이광수, 「박영효 씨를 만난 이야기 – 갑신정변회고록」, 김옥균·박영효·서재필, 조일문·신복룡 편, 『갑신정변 회고록』(건국대학교출판부, 2005), 220, 221쪽; 朴泳孝, 「甲申政變」, 『新民』 14(1926); 재출간: 박영효, 「갑신정변」, 김옥균·박영효·서재필, 『갑신정변 회고록』, 197쪽.

개화당의 서도서기론을 '배신의 논리'로 보고 동도서기론으로 물리치려고 한 것은 일단 이해가 간다.

그러나 동도서기론은 언뜻 보면 명쾌한 듯하지만 조금만 생각해보면 심각한 자기모순, 아니 자기부정을 안고 있는 논변으로 드러난다. 성리학의 체용론적(體用論的) 도기(道器) 논리에서 '도'와 '기'는 떨어질 수 없이 결합되어 있다. 따라서 이 도기합일 명제는 '동도'와 '동기', '서도'와 '서기'의 쌍대관계를 강제한다. 이 쌍대관계에서 '동도'와 '서기'를 따로 떼어내어 양자를 엇갈려 결합시킬 수 있나? 원래 '도·기(道器)'는 상호 조응하는 체·용(體用) 또는 본·말(本末) 관계에 있어야 한다. 『대학』에서 "그 근본이 어지러우면서 말단이 다스려지는 경우가 없었고 근본이 두터우면서 말단이 얄팍하고 근본이 얄팍하면서 말단이 두터운 경우는 아직 없었다.[其本亂而末治者否矣 其所厚者薄而其所薄者厚 未之有也]"라고 갈파하듯이, 전래의 낡은 '동도'는 '서도'에서 나온 새로운 '서기'와 어울릴 수 없는 것이다. 말하자면 불변의 낡은 유도(儒道)는 부단히 변하는 새 기술을 낳을 수도 없고 또 새 기술을 받아들일 수도 없다. 따라서 동도서기론은 실은 심각한 대립과 모순을 내포하고 있다. 동도서기론은 "서도'에서 나온 '서기'를 가공 없이 직수입할 시에 빚어질, '불변적 유학의 구도(舊道)'와 '가변적 서기의 신기술' 간의 '원리적 대립 충돌'을 몰각함으로써 '동도서기론'이 '서도서기론'으로 뒤집히거나 '위정척사론'으로 퇴락할 변질 가능성을 보지 못하게 한다. 또한 '동도'와 '서기'의 불가분적 결합을 상정한다면, 그리고 도기론적(道器論的)으로 '기'는 반드시 '도'와 결합되어 있어야 한다면, 동기와의 결합 이전에 '서기'도 어떤 '서도'와 결합되어 있었어야 한다. 그렇다면 서양에도 '서도'가 있다는 것을 인정하지 않을 수 없을 것이다. 이렇게 보면, 서양에는 '도'다운 도가 없고, 있다면 '사도(邪道)'만 있는 양 주장하는 동도서기론의 논변은 자기파괴적이다. 이런 논리를 따라가다보면 동도서기론은 '서도'까지도 수용해야 한다는 식의 자기부정에 직면하게 된다.[338] 따라서 정통 성리학적 위정척사론자들은 동도서기론의 이런 모순성을 쉽사리 들춰내 동도서기론을 간단히 배척할 수 있을 것이다. 유인석은 「우주문답」에서 "혹자들은 중국의 도를 체로 여기고 외국의 법을 용으로 여기는데, 이는 이치에 닿지 않는 말이다. 체와 용이 스스로 일원(一原)인데 어찌

---

338 노대환, 「조선후기 '西學中國原流說'의 전개와 그 성격」, 『역사학보』 제178집(2003. 6), 132쪽 참조.

이것저것을 일원으로 여기는가?"라고 하여[339] 동도서기론을 일언지하에 물리쳤다.

이런 까닭에 동도서기론은 본질적으로 여러 가지 자기모순과 변질 위험을 안고 있다. 첫째, 동도서기론은 서기와 동도의 충돌 속에서 서기론 쪽으로 기울면 서양 문물의 전면적 수용론(유길준·박영효·김옥균 등의 '문명개화론')으로 변질되어 '서기'로써 '동도'를 말살하고 궁극적으로—일본에서 '화혼양재론'이 후쿠자와 유키치의 '탈아입구론(脫亞入歐論)'으로 둔갑한 것과 유사하게—김옥균·박영효·유길준·김홍집·어윤중·서재필·윤치호·정교·이승만·이상재 등의 무도서기론(無道西器論) 또는 '서도서기론' 및 서구중심주의적·일본맹종주의적 '친서(親西)·친일 사대주의'로 둔갑하여 민족의식을 조롱하고 민국적(국민국가적)·민족주의적 자주독립정신을 희석시키고 대신 민족허무주의적·반민족적 친일·친미주의만을 만연시킬 위험을 안고 있다.

둘째, '동도서기론'은 '동도'를 우월시하여 '중국 중심의 유교정신'을 중시하여 강고하게 고집하면 '위정척사론'으로 빠져 교묘한 논리로 개화를 저지할 위험을 안고 있다. 이것은 나중에 신기선이 걷게 된 길이다. 동도서기론은 원칙적으로 화이론적 세계관을 바탕에 깔고 '유도(儒道)'를 '근본' 또는 '체(體)'로 보고 '기'를 도구적 '말단' 또는 '용(用)'으로 간주하는 논지를 담고 있기 때문이다. 동도서기론의 화이론적 바탕과 미온적 개화 또는 보수반동적 성향은 신분제 철폐를 비판하는 신기선의 1894년 상소문에서 잘 드러난다. "등급을 깨뜨리고 노비를 없앤다는 조항은 애당초 해석도 없고 설명도 전혀 없다 보니, 결국 변란을 선동하는 백성들로 하여금 구실을 삼아 일어나게 하였으며 일반 백성의 위엄이 장수나 정승보다 커져서 정승이 묶인 채로 맞는 모욕을 당하는 지경에 이르렀습니다. […] 이른바 개화라는 것은 공정한 도리를 넓히고 사사로운 견해를 제거하기에 힘쓰며, 관리들은 자리나 지키지 않게 하고 백성들은 놀고먹지 않게 하고, 이용후생의 원천을 개발하고 부국강병의 술(術)을 다하는 것일 따름입니다. 의관(衣冠)을 허물어 버리고 오랑캐의 풍속[夷狄之俗]을 따른 뒤에 어찌 개화가 있겠습니까? […] 민심을 따라 시의를 참

---

[339] 柳麟錫,「宇宙問答」,『毅菴集(下)』제51권. 제3조목. "或曰 以中國之道爲體 以外國之法爲用 是則語不成理 體用自是一原 豈以彼此爲一原." 박정심,「신기선의『유학경위』를 통해 본 동도서기론의 사상적 특징(I)」,『역사와 현실』제60집(2006), 341쪽 각주 48에서 재인용.

작하여 자주의 세(勢)를 점차 혁신하고 개화의 실을 천천히 이룩하는 것[徐就開化之實]입니다."[340] 따라서 '동도'와 '서기'라는 말 그대로 단순히 '서기'를 도구적 '기물(器物)'로서 경시하고 '동도'를 우월시하여 동도 자체의 혁신을 원리적으로 불용함으로써 궁극적으로 화이론적 위정척사론을 지원하여 근본적 개화를 가로막거나 개화를 취소하고 복고하려고 하고 적어도 '지연시킬' 수 있다. 왜냐면 '동도서기론'은 '동도'도 필요에 따라 개량해야 하지만 '동도' 자체의 어떤 부분적 개량 필요성도 배제하는 '동도불변'의 공허하고 완강한 논리를 깔고 있기 때문이다. 제국주의 시대 근대화의 속도 경쟁 속에서 동도서기론의 개화 '지연' 작용 또는 '반동' 기도는 망국을 초래할 위험과 맞먹는 것이다. 신기선은 1895년 상소문에서 '동도'는 조금도 변경할 수 없다고 주장한다. "공평·개화의 정치가 지금의 급선무라고 말할지라도 요순·주공·공자의 가르침은 조금도 변경시킬 수 없고, 의관·예악의 풍속은 다 변혁시킬 수 없는 것입니다.[謂公平開化之政雖爲現今急務 而堯舜周孔之敎不可少變也. 衣冠禮樂之俗不可盡革也] 그런데 의복 제도를 너무 지나치게 고친 결과 위아래의 구분을 뒤섞어놓고 온 나라의 민심을 거슬러 세상 도리를 위하여 한심할 뿐만 아니라 드러나지 않은 근심걱정을 이루 다 말할 수 없습니다."[341] 여기서 동도서기론의 초(超)보수적·반동적 진면목의 한 자락이 가감 없이 드러나고 있다.

셋째, 동도서기론은 '한·중·일의 동아시아 유교문화를 포괄하는 '동도'의 초(超)민족적 보편성'을 중시하면[342] 민족적 고유 전통의 보존·유지와 독립적·근대적 민족 형성을 저해하고,[343] 처음에는 세계를 '중국'과 '외국(비중국)'

---

340 『고종실록』 31년(1894) 10월 3일 두 번째 기사.

341 『고종실록』 32년(1895) 6월 20일 첫 번째 기사.

342 1895년 김홍집 내각에서 군부대신일 적에 신기선은 개화의 방도에 관하여 이렇게 상소한다. "동방 문물의 옛것을 자못 보존하면서 각국의 간편 제도를 섞어 고금을 서로 참작하게 하여 원칙과 변통이 중도를 얻도록 하는 것[稍存東方文物之舊 參以各國簡便之制 使古今相酌 經權得中]입니다." 그리고 "유학을 먼저 일으킨 뒤에 제반 학교를 널리 세울 것[先興儒術然後 廣設諸般學校]입니다." 그리고 "놀고먹는 것을 금지시키고 백성들의 생업을 안정시키며 귀천의 복장을 구별하고[別貴賤之服章] 벼슬 품계와 직위를 명백히 함으로써 백성들의 뜻이 정해지게 하는 것입니다." 『高宗實錄』 32년(1895) 윤5월 6일. 여기서 신기선은 동도서기론을 신구절충론으로 변형시키는 듯하지만, '우리나라의 법도와 전례'[國典]를 지키면서도 부분적으로 개혁할 필요가 있다고 주장하는 것이 아니라 여전히 몰(沒)민족적 '동방 문물'과 이런 동방 문물로서의 유학·귀천 차별 복식 등을 보존하라는 보수적 논변을 피력하고 있다.

343 강상규, 「고종의 대내외 정세인식과 대한제국 외교의 배경」, 한림대학교 한국학연구소 편, 『대한제국은 근대국가인가』(푸른역사, 2006), 170~171쪽.

으로만 나누어 보는 최익현, 유인석 등 위정척사파들의 몰(沒)조선적·몰민족적 친중(親中)사대주의(실은 병자호란 이래 19세기 말까지 조선인들이 소중화적 자주의식 속에서 경멸해 마지않던 '친청親淸사대주의')만을 뒷바라지하고, 나중에 일제 침략의 궁지에 몰려서는 몰민족적 '동도'(유도儒道)를 '체(體)'로 삼고 일본의 신학문과 '서기'를 '용(用)'으로 삼는다는 논지에서 '서도'를 받아들이느니 차라리 그래도 '동도'에 가까운 일본 중심 '동양주의'('동양평화론', '아시아주의', 황인종주의적 '한중일 제휴론') 및 '일도(日道)', 즉 일본 천황 중심의 '황도유학(皇道儒學)'이나 일본식 서구 문화를 받아들이는 것이 낫다는 자기정당화 의식에서 유학과 공자의 이름으로 친일사대주의를 확산시킨 신기선·김윤식의 기회주의적 친일보수주의와 방관적 친일주의, 한일제휴론, 한일동맹론 등에 빠질 위험을 배태하고 있다. 이런 까닭에 신기선과 김윤식의 동도서기론은 중국의 '중체서용론(中體西用論)'이나 일본의 '화혼양재론(和魂洋才論)'을 모방한 것으로 보이지만 중국과 일본의 이 이론들과 반대로 민족주체성을 없애버린 이론인 셈이다.[344]

(2) 김윤식의 동도서기론의 변질과 부패

김윤식과 신기선의 동도서기론은 차이가 없지 않지만 대동소이한 논조와 변질 과정을 보여준다. 먼저 김윤식은 1882년 임오군란을 수습한 뒤 자신이 대찬(代撰)한, '경향에 세운 척화비를 다 뽑아 버리라'라는 고종의 전교에서 동도서기론을 이렇게 피력한다.

> 기계를 제조하는 데 서양 방법을 조금 본받는 것을 보면 대뜸 사교에 물든 것으로 여기는데, 이것도 전혀 이해하지 못한 탓이다. 서양 종교는 사교이므로 마땅히 음성미색(淫聲美色)처럼 멀리해야 하지만, 그들의 기계는 이로워서 진실로 이용후생할 수 있다면 농상(農桑)·의약·병기·주차(舟車) 같은 것을 제조하는 데 무엇을 꺼리며 하지 않겠는가? 그들의 종교는 배척하고 그들

---

[344] 요시다 쇼인(吉田松陰)은 동도서기론과 비슷한 사쿠마 쇼잔(佐久間象山)의 '동양도덕·서양예(藝)'론을 중국의 고루성에 대한 비판을 통해 극복하고 "인간세계에는 군신, 부자, 부부, 장유, 붕우라는 도가 존재하고 만국에 공통되지만, 일본의 군신의 의는 만국보다 탁월하고, 이것이 황국의 국체다."라고 주장함으로써 '동도'를 '화혼(和魂)'으로 대체했다고 한다. 최윤수, 「東道西器論의 재해석」, 『동양철학』 제20집 (2003), 124쪽 각주 24 참조.

의 기(器)를 본받는 것은 진실로 병행하여도 사리에 어그러지지 않는다. 더구나 강약의 형세가 이미 현저한데 만일 저들의 기를 본받지 않는다면 무슨 수로 저들의 모멸을 막고 저들이 넘보는 것을 막을 수 있겠는가? 참으로 안으로 정교(政敎)를 닦고 밖으로 이웃과 수호를 맺어 우리나라의 예의를 지키면서 각국의 부강을 꾀하여 너희 사민들과 함께 태평성세를 누릴 수 있다면 어찌 아름답지 않겠는가?[345]

김윤식은 고종의 입으로 '서기'의 수용이 피할 수 없는 대세임을 주장하면서 천주교를 배척하고 서양인들의 '기(器)'만을 배울 수 있고 배워야 한다고 주장하고 있다. 처음에 김윤식은 도기의 분리 가능성과 동도와 서기의 엇갈린 결합 가능성을 주장하는 자기 논변의 모순을 깨닫지 못한 것으로 보인다.

그러나 김윤식은 도기합일론의 대전제 때문에 도·기(道器) 논의가 심화되면서 큰 논리적 혼란을 겪는다. 몰민족적·동아시아 보편적 유교의 '동도'가 다른 '도'(기독교)에서 나온 '서기'와 결합할 수 있다는 논변은 도기합일 원리와 근본적으로 모순되는 것이다. 이 모순은 김윤식에게 '동도'를 우월시하여 보수반동으로 기울게 했다가 다시 서도서기론으로 기울지게 하는 갈지자걸음을 강요한다. '동도서기론'의 논리적 구조는 '동도'를 '서기'에 비해 우월시하고, '동도'를 우월시하면 이것은 보수적 개혁론 또는 점진개화론으로, 심지어 개화둔화론이나 반동적 반(反)개화론으로 기울어진다. 또한 '동도'의 몰민족성 때문에 김윤식은 거리낌 없이 중화주의적 친청(親淸)사대주의자로 행동한다. 그리하여 1885년경 고종이 러시아를 끌어들여 청을 멀리하고 자주독립을 모색하려는 움직임을 보이자, 그는 외아문의 독판으로서 제1차 조·러 밀약설을 청에 누설하는 반민족적 행동도 서슴지 않았다.[346]

이런 자기굴절을 겪으면서 김윤식은 '도'에 대한 '기'의 중요성을 강조하려고 시도한다. 1891년 김윤식은 '도'를 '기'에 앞세우는 성리학적 도기론을 비판하는 취지에서 '도'와 '기'의 관계를의 동등성 관계로 논한다.

---

345 『고종실록』 19년(1882) 8월 5일 다섯 번째 기사. "見器械製造之稍效西法 則輒以染邪目之 此又不諒之甚也. 其敎則邪 當如淫聲美色而遠之 其器則利 苟可以利用厚生 則農桑 醫藥 甲兵 舟車之製 何憚而不爲也? 斥其敎而效其器, 固可以並行不悖也. 況强弱之形 旣相懸絶 苟不效彼之器 何以禦彼之侮而防其覬覦乎? 誠能內修政敎 外結隣好 守我邦之禮義 俾各國之富强 與爾士民 共享昇平 則豈不休哉?"

346 장영숙, 앞의 글(2006), 350쪽.

형이상자는 '도(道)'라고 하고 형이하자는 '기(器)'라고 한다. 도는 형상(形象)이 없고 기 속에 거한다. 도를 구하고 싶은 자가 기를 버리고 장차 무엇으로 도를 구할 것인가?[形而上者謂之道, 形而下者謂之器. 道無形象 宇於器中. 欲求道者捨器將何以哉?] 그러므로 군자의 학은 체(體)·용(用)이 서로를 비롯하게 하고, 도·기를 겸습(兼習)하게 한다. 무릇 곡예(曲藝)는 소수라도 지상(至上)의 '이(理)'를 갖고 있고 이 '이'를 보존하고 있는데 하물며 육예인 것은 어떻겠는가! 선왕은 사람들에게 달재(達才)와 성덕(成德)의 도구를 가르쳐 주었고, 기록하기를, 잡복(雜服)을 배우지 않으면 예(禮)를 편안히 행하지 못하고 명주실을 다루는 것을 배우지 못하면 현(絃)을 편안히 다루지 못한다고 했다. 사·어·서·수(射御書數)가 다 그렇다. 이것은 소위 '기'에서 '도'를 구하고 하학(下學)하여 상달(上達)하는 것이다. 지금 기를 비루하고 못난 것으로 여기고 정묘하고 미오(微奧)한 도를 구하게 하면 내조(內照)와 묵찰(黙察)의 공이 있더라도 끝내 용(用)을 베풀 수 있는 실(實)을 볼 수 없다. 이것은 '이'가 밝아져 지혜가 생기는 것을 기다리는 것과 같다. '기'가 충실하고 재(才)가 능하고 성(性)이 돋고 덕이 서고 정(情)이 화(和)하고 행(行)이 닦인 뒤에 이내 예(藝)를 다스릴 수 있으면 또한 마침의 때가 없는 것이다. 『역경』에 말하기를, "군자가 진덕하고 수업한다.[君子進德修業]"라고 하는데 이것은 진덕한 뒤에 수업한다는 것을 말하는 것이 아니라 수업이 곧 진덕하는 방도라는 것을 말하는 것이다.[347]

이 주장의 논지는 분명 '도기겸습' 또는 '도기상자(道器相資, 도와 기가 서로로부터 비롯됨)'를 강조하는 것에서 보듯이 '도기동등론'이다. 이런 관점에서 전통적 성리학의 '도(道)우월론'을 양명학의 직관주의적 발상으로 몰아 강력 비판한다. "혹자는 '기(器)를 키우는 것으로는 심성과 이륜(彛倫), 즉 상륜(常倫)만 한 것이 없는데, 어찌 기예(技藝)의 지엽말단에 기대는가?"라고 묻고 "만물이 다 내게 구비되어 있어 내게서 구하면 족하다."라고 말하고, "이것을 일컬어 넓지만 돌이켜 약(約)하는 것이라고 하는 것이다."라고 말한다. 무릇 넓을 수 있은 뒤에 돌이켜 약할 수 있는 것이니, 넓지 않은데 약한 것은 곧 엉

---

347 金允植, 『續陰晴史(上)』(국사편찬위원회, 단기4293), '宜田紀述評語三十四則' 153쪽(권5, 고종 28년 [1891] 2월 17일).

터리 시사(時惠)의 지조요, 왕양명의 치양지(致良知)다.[夫能博然後能反約 不博而約 乃孟施舍之守 王陽明之致良知也]"³⁴⁸ 그러나 "도는 형상(形象)이 없고 기 속에 거한다"는 주장이나 "'기'에서 '도'를 구하고 하학하여 상달한다."는 주장에서 알 수 있듯이 김윤식은 도기합일론을 견지하고 있다. 그러나 이런 도기합일론의 구조 속에서는 서기(西器) 속에 거하는 서도(西道)를 서기로부터 떼어내버리고 서기만을 취해 동기 속에 거하는 동도와 결합시키는 논변을 전개할 수 없다. 이런 논리 구조로부터는 결국 '동도'를 바탕으로 '동기'를 내재적으로 발전시키는 지나친 보수적 논변의 반복만이 가능하다. "곡예는 소수라도 지상의 '이'를 갖고 있고 이 '이'를 보존하고 있는데" 저 복잡하고 기묘한 '서기'는 얼마나 많은 '서도'를 내포하고 있겠는가? 서기는 서도로부터 결코 분리될 수 없고, 동도를 전부 또는 일부 훼손하지 않고는 동도와 결합될 수 없는 것이다. 이리하여 김윤식은 한때 동도의 '불변성'과 서도에 대한 동도의 '우월성'을 강조하며 동도 자체의 미미한 개혁도 거부할 뿐만이 아니라, 서도에 의한 동기의 개혁조차도 거부하는 반동적 주장으로 퇴행한다.

이런 관점으로 극단적으로 기울어진 1891년, 김윤식은 동도서기론자에 속하는 육용정(陸用鼎, 1842~1917)의 『의전기술(宜田記述)』(1888)에 대한 평가에서 1884년 개화당의 폭력적 역모죄와 친일매판적(親日買辦的) 외환죄만이 아니라 그 '개화론'까지도 이렇게 격렬하게 비난한다.

나는 일찍이 개화설을 심히 괴이하게 여겼다. 무릇 이 개화설의 개화란 후미진 변방의 여러 오랑캐들[阿塞諸蠻]이 살쾡이의 풍속을 몽둥이로 패는 짓과 같아서, 구주의 풍속을 듣고 자기 풍속을 점진적으로 혁파하는 것을 개화라고 한다. 동방의 땅은 문명의 땅인데, 다시 개(開)하고 화(化)할 수 있는 무엇이 있다는 말인가? 갑신정변의 여러 역적들은 구주를 성대히 높이 받들고 요순을 가볍게 여기고 공맹을 폄하하고 상륜(彛倫)의 도를 야만이라고 부르고 구주의 도로써 상륜의 도를 바꾸려고 일어나 개화를 칭했는데, 이것은 천리를 절멸하고 관(冠)과 신발을 도치시키는 짓일 따름이라고 일컬을 만하다. 이러니 선비군자가 또한 그것을 입과 머리에 담을 수 있겠는가? 이 개화가 개발·변화라고 하는 것은 문식(文飾)의 언사(겉을 꾸며 속을 감추는 말)일 따

---

348 金允植, 『續陰晴史(上)』, '宜田記述評語三十四則' 153쪽.

름이다. 소위 개화라는 것은 즉 시무(時務, 시대에 따라 해야 할 일)를 일컫는 것이다. (춘추시대) 조무(趙武) 영왕(靈王)이 중산(中山)을 벌하려고 마침내 오랑캐 옷을 입은 것이나, 한나라 이래 공주를 거듭 선우(單于)에게 시집보낸 것은 다 때가 급박해서 한 것이다. 이것도 역시 개화라고 일컬을 수 있도다!³⁴⁹

김윤식은 여기서 개화당 세력의 개화론을 '서도서기론'으로 규정하고 그들의 개화 개념을 비판하는 한편, '개화'를 '시무개혁'으로, 즉 서양 오랑캐를 이기기 위해 이 오랑캐 옷을 잠시 입는 것과 같은 '기(器)'만의 개혁으로 국한시키고 '동도'의 고수를 역설하고 있다. 동도는 개화할 필요가 없는 '문명의 도'이기 때문이라는 것이다. 여기서 그는 '도가 기 속에 거하는', 따라서 '기 속에서 도를 구해야 하는' 도기합일론에 따라, 그리고 상식적 논리에 따라 '기의 개혁'이 필연적으로 '도'의 '일정한' 개혁을 요구함을 몰각하고 구주의 풍속을 보고 자기 풍속의 도를 개혁하는 것을 '후미진 변방의 여러 오랑캐들이나 할 짓'으로 비난하는 보수반동적인 입장을 천명하고 있다.

김윤식은 심지어 안남(월남), 유구(琉球), 면전(緬甸, 버마)의 멸망도 자기의 도와 풍속을 업신여긴 것에서 비롯된 것으로 설명하고 양이로부터 기계를 배우고 양이와의 통상을 허용하더라도 다른 한편으로 동방의 도를 선양하고 양이에게도 가르쳐 장차 금수 같은 그들을 '사람'으로 만들고 그들의 나라를 '도가 있는 나라'로 만들 수 있다고 장담하고 있다.

지금의 때에 당하여 성인을 다시 일어나게 하더라도 꼭 기교(奇巧)를 창조하여 서양오랑캐의 기계를 제도하지 못한다. 가령 기계를 보유하게 하는 것은 성인의 능사가 아니다. 그것을 제도하는 방도는 다름이 아니라 임금이 그 덕을 밝히고, 신하가 그 직에 근무하고, 관리가 그 사람을 얻고, 백성이 그 업을 안정시키고, 통상을 허락하는 것이 가하면 허락하고, 조약을 준수하고, 기계를 배우는 것이 가하면 배우는 것이다. 하지 않는 것은 무익하다. 미루어봄이 진실로 유원하여 돼지와 물고기도 믿게 하고 덕교를 패연(沛然)하게 하여 사해에 넘쳐나고, 사해의 나라들이 반드시 서로 따르고 왕래하여 국토를 잡고

---

349 위의 책, '宜田記述評語三十四則' 156쪽.

정히 칭하고, 도가 있는 나라 노릇을 하기 위해 저들이 대포의 맹화(猛火)를 쓰는 것이 유리하더라도 장차 베푸는 것을 안정시킬 것이다. 사람은 스스로 업신여긴 다음에 남들이 그를 업신여기고, 나라는 반드시 스스로 벌한 뒤에 남들이 이 나라를 벌한다. 근세 안남, 유구(琉球), 면전(緬甸, 버마)의 멸망은 어찌 자초한 것이 없으리오?[豈無所自而然哉] 성인의 도가 지금의 세상에서 어찌 쓸 수 없겠는가? 옛적에 박규수 상공(相公)이 일찍이 가로되, "사람들이 '서양의 기법이 동방으로 오면 오랑캐 금수가 되는 것을 면치 못한다.'고 말하는데 나는 이를 동방이 서방을 가르쳐 서방이 이 가르침을 입어 오랑캐와 금수가 진실로 변화하여 사람이 될 조짐으로 여긴다.[吾以爲東敎西被之 兆夷狄禽獸將悉化爲人]"라고 말씀하셨다. 근래 덕국(독일)이 한문학교를 세우고 성명(性命)의 학을 가르친다고 들었다. 이것은 그 말씀이 장차 징험될 것임을 말해주는 것이다.[350]

김윤식은 박규수가 병인양요 이전에 서양의 도를 우습게보고 양이(洋夷)들이 동방의 우월한 도를 배워 침략을 멈추고 화친을 꾀할 것이라고 망상하던 시절의 사상을[351] 박규수의 불변적 생각으로 끌어대면서 양이들이 동방의 풍속을 배우기 시작했고 앞으로 더욱 그러게 될 것이라는 시대착오적 전망을 내놓고 있다. 서양은 이미 17~18세기에 공맹철학과 동아시아 문화로부터 배울 것을 배워 계몽주의를 일으켜 (서양의 성리학인) 스콜라철학을 쳐부수고 근대사상을 확립했고,[352] 이를 통해 제각기 국가제도를 혁명적으로 근대화하여 동

---

350 위의 책, '宜田記述評語三十四則' 156~157쪽.

351 병인양요 이전에 박규수는 우월한 공자철학이 서양에 전파될 것으로 확신했다. 그는 서양인들이 공자와 주공의 사상을 깨달아 자기 인민을 선도하게 될 것이라고 했다. 朴珪壽, 「地勢儀銘幷序」, 『朴珪壽全集(上)』(아세아문화사, 1978), 214~215쪽. 또 그는 "중국의 서적이 번역되어 서양인이 읽게 되면 혹시 뛰어난 인물이 나타나 크게 깨닫고 하루아침에 옳은 길로 돌아올지 모른다."고도 했다. 朴珪壽, 「闢衛新編評語」, 『朴珪壽全集(上)』(아세아문화사, 1978), 253쪽.

352 Reichwein, 앞의 책(2006), 640~662쪽; Jonathan I. Israel, *Democratic Enlightenment* (Oxford: Oxford University Press, 2012), pp. 558-82; 황태연, 『공자와 세계(1·2) - 공자의 지식철학(상·중)』(2011), 389~911쪽. 또한 서양은 이미 14~15세기에 동양으로부터 총포·화약, 종이, 나침반, 인쇄술, 수채화, 화투 등을 배워 간 데 이어 17·18세기에는 공맹철학, 동아시아 문화예술 전반, 중국의 자유시장, 복지제도, 관료체제, 만민평등 교육 및 3단계 학교제도, 중국의 내각제, 종교적·정치적 관용과 학문·예술·사상·양심의 자유도 받아들여 앙시앵레짐과 스콜라철학을 분쇄하고 자신들의 제도와 의식을 근대화했다. 황태연, 앞의 글(2012); 황태연, 앞의 글(2014); 황태연, 앞의 글(2013) 참조. 또 맹자의 '시비지심'이 섀프츠베리에 의해 '시비감각' 또는 '도덕감각'으로 받아들여져 가공·발전된 것과 관련해서는 황태연, 『감정과 공감의 해석학 - 공자 윤리학과 정치철학의 심층이해를 위한 학제적 기반이론(1·2)』(청계, 2014·2015), 1688~1910쪽 참조.

아시아로부터 받아들인 사상·문화·제도를 더욱 가공하고 발전시켜 자신들을 동아시아 제국보다 강력하게 만든 뒤에 마침내 동아시아까지 넘보게 된 것이다. 그러나 박규수와 김윤식은 '우물 안 개구리'마냥 이런 근세의 역사적 사실을 까맣게 모른 채 서도(西道)와 서법(西法)을 마냥 순전히 양이적인 것으로만 오해하고 19세기 말에야 때늦게 그들에게 동도를 가르쳐 서도를 변화시키는 백일몽을 꾸고 있다.

그러나 20세기 초에야 김윤식은 불가분적 도기합일론이 강요하는 이런 억지 논리와 백일몽에서 깨어났다. 그리하여 그는 '서법'이 동도와 암암리에 합치된다고 주장해보기도 하고 육예(六藝)의 기예 부분의 구체화라고 주장하거나 심지어 명나라 이래 중국과 조선에 횡행하던 '서학 중국 원류설'을[353] 끌어다 대며 '서법'의 도입을 강조하는 반대의 방향으로 전신한다. '서학 중국 원류설'은 서양의 발달된 천문·산술·지원설(地圓說) 등 서양 과학기술이 이미 고대 중국에서 밝힌 것을 서양이 받아들여 더 정교화한 것이라고 하여 박규수도 대변하던 것이다.[354] 먼저 김윤식은 1902년(임인) 「연암집서문」에서 좋은 서법(西法)이 육경(六經)과 암합(暗合)하지 않는 것이 없다고 주장하면서 박지원의 학문과 서양의 신학문을 동렬로 올려놓는다. 채광(採鑛)의 이익에 대한 연암의 논변은 신학문의 '광무지학(鑛務之學)'과 통하고, 차제(車制)에 관한 그의 주장은 서양의 '철로논의(鐵路之議)'와 통하고, "법이 좋고 제도가 아름다우면 진실로 장차 이적에게로 나아가 이를 스승으로 삼아 배우게 해야 한다.[苟使法良制美則固將進夷狄而師之]"는 연암의 논변은 오늘날의 '유학 가서 학습하는 일[遊歷學習之事]'과 통한다는 것이다.[355] 그리하여 김윤식은 이런 식으로 '서법'의 수용을 '동도'의 추구와 배치되지 않게 만들려고 했다.

그래도 암암리에 '서기'만이 아니라 '서도'까지 수용하는 논지를 담고 있는 이 논변은 동도서기론의 원래 종지에서 보아 여전히 찜찜함을 피할 수 없다. 그리하여 김윤식은 1907년(정미)에 발표한 「신학육예설(新學六藝說)」에서

---

[353] 서학은 중국 고대에 동도가 서양으로 전파되어 구체화·정교화된 것이라는 명말·청조의 황종희·방이지·매문정·정관응·진치·왕춘지 등의 '서학 중국 원류설' 및 서명응·황윤석·이가환·홍양호·안정복·서유본·이규경·박규수·윤종 등 18~19세기 조선 지식인에 대한 중국 원류설의 영향에 대해서 노대환, 앞의 글(2003), 113~133쪽 참조.

[354] 朴珪壽, 앞의 글(1978b), 207~208쪽.

[355] 김윤식, 「燕巖集序」, 『金允植全集(貳)』(아세아문화사, 1980b), 168~169쪽.

"도덕인의는 이(理)요 육예는 기(器)다. 도덕인의는 다 육예로부터 나오는 까닭에 하학이상달(下學而上達)하는 것('기'로부터 '도'로 접근하는 것)이다. 만약 '기'를 버리고 '이'를 말한다면 '이'는 장차 어디에 붙을 것인가?[道德仁義理也 六藝氣也 道德仁義皆從六藝中出 故曰下學而上達, 若捨器言理 理將焉附]"라고 반문한다.[356] 이것은 '기'가 '도'를 낳는다는 말이다. 기가 도를 낳는다면 이것은 분명 기(器)우선론적 도기합일론이다. 김윤식은 동도서기론적 도기결합론에 예·악·사(射)·어(御)·서(書)·수(數)의 '육예'를 매개장치로 설정한 것이다. 도덕인의의 '이' 또는 '도'는 육예를 통해 추구될 수 있으며, 서양의 신학문이 바로 육예에 해당한다는 것이다. 가령 신학문의 정치·법률·공법·경제는 예(禮)의 '좋은 것[善物]'에 해당하고 서양 총포는 '사지예(射之藝)'에 해당하고, 기차와 화륜선은 '어지예(御之藝)'에 해당하고 국문을 불가불 배운다면 이것은 '서지예(書之藝)'에 해당한다.[357] 그러므로 육예와 동일한 반열에 오른 서양의 신학문은 적극적 수용 대상이다. 김윤식은 1908년 『대동학회월보(大同學會月報)』에 실은 '서문'에서는 '서학 중국 원류설'의 기조를 차용하여 인의도덕의 '도'는 선성(先聖)의 고훈(古訓)에 따르고 이용후생의 '기'는 신학문에서 더 자세히 밝혔기 때문에 선성의 고훈과 신학문을 둘 다 추구해야 한다고 주장한다. 신학문은 원래 성인들이 언급하고 시행한 것이지만 후인들이 연구·발전시키지 못했기에 이 부분에 많은 힘을 기울여 완성된 신학문을 받아들여야 한다는 것이다. 이것은 '서학 중국 원류설'의 기존 논변을 깔고 있다. 이것은 '서기'만 아니라 '서도'도 중국에서 기원한 것으로 보는 논지를 암암리에 함유하고 있다. 이런 모호한 중언부언을 통해 천주교까지도 수용하는 것을 인정한다. 서양의 종교 자유 원리가 서양에서 나온 것으로 알고 있지만 선왕의 도에도 원래 그런 뜻이 있기에 종교 본연의 자세를 지키고 항심을 잃지 않게 한다면 서양 종교도 배척할 필요가 없다는 것이다.[358] 김윤식은 육예를 매개로 동기와 서기를 동일시하는 논리와 동일한 논리로 동도와 서도를 동일시하여 서도수용의 길을 뚫은 것이다. 종교 자유가 원래 선왕의 도라는 것도 옳고, 동아시아에서 서양으로 건너갔다는 추정도 옳다. 그러나 서양으로

---

[356] 김윤식, 「新學六藝說」, 『金允植全集(貳)』(아세아문화사, 1980a), 25쪽.
[357] 위의 글(1980a), 26쪽.
[358] 노대환, 앞의 글(2003), 135쪽 참조.

건너간 시점을 고대로 보는 것은 그른 된 것이다. 공자와 동아시아의 종교 자유와 종교적 관용론은 비로소 17~18세기에야 서양으로 건너갔기[359] 때문이다.

그런데 이 서도수용론은 바로 천주교를 배척하고 서양인들의 '기(器)'만을 배운다는 원래의 동도서기론의 자기부정, 즉 '서도서기론'을 뜻하는 것이다. 그리고 이 '서도서기론'은 1908년의 친일 잡지 『대동학회월보』에 실린 한에서, 그리고 김윤식이 이 잡지의 필진이고 또 '대동학회'의 임원으로서 기회주의적 친일주의를 실천한 한에서, 여기서 말하는 '서도'는 실은 '일도(日道)'이고 '서기'는 '일기(日器)'다. 이 단계에서 동도서기론의 불변적 동도의 역할이 남아있다면, 그것은 서도를 막아내려는 보수적 역할에서 '일도'를 동도의 일종으로 변용(變容)하여 부드럽게 '일도'를 수용하도록 스스로를 마춰하고 기만하는 친일매국적 윤활유 역할로 전환되었다. 따라서 동도서기론은 보수와 진보의 갈지자걸음, 우여곡절과 중언부언을 통해 '서도서기론'을 거쳐 결국 반민족적 친일사대주의를 정초해주는, 박지원·박규수 계통 북학론의 최종 버전으로서의 '일도일기론(日道日器論)'으로 전락하고 말았던 것이다.

(3) 신기선의 동도서기론의 좌충우돌과 반민족적 변절

신기선의 동도서기론은 김윤식의 동도서기론보다 더 극단적인 좌충우돌을 보이지만 크게 보면 대동소이한 논지로 대동소이한 변질 과정을 밟는다. 신기선은 1870년대 이래 김옥균과 친교하면서 청을 오랑캐로 적대하고 과거 응시를 거부하는 산림유학에서 친일개화·출사론으로 전신하고 갑신정변에 연루되어 유배를 겪은 뒤에 유배지에서 개화당의 개화론을 버리고 동도서기론을 전개했다. 신기선은 안종수(安宗洙, 1859~1986)의 『농정신편』(1885)의 서문에서 동도서기론을 처음 논한다.

> 옛날로 거슬러 올라가고 우주를 다해도 바뀔 수 없는 것이 도(道)이고, 때에 따라 변하고 바뀌어 항상적일 수 없는 것이 기(器)다. 도는 무엇인가? 삼강오륜과 효제충신이다. 요순과 주공의 도는 해와 별처럼 빛나서 야만족의 나라라도 버릴 수 없다. 기는 무엇인가? 예악·형정·복식·용기다. 당우와 삼대도 덞과 보탬이 있었는데 수천 년 뒤에 있어서랴! 진실로 나라에 이롭다면 오랑

---

359 황태연, 앞의 글(2013) 참조.

캐의 방법이라도 행할 수 있는 것이다. 서경에 가라사대, 정덕·이용·후생이 우리의 도를 화행(和行)케 하는 것만이 정덕이 효과가 있는 소이이고, 저들의 기(器)가 이용·후생하는 소이다. 이것이 소위 병행해도 서로 어긋나지 않는 것이다. [⋯] 대개 중국인은 형이상자에 밝아서 그 도는 천하에 홀로 높다. 서양인은 형이하자에 밝아서 그 기는 천하무적이다. 중국의 도로 서양의 기를 행한다면 지구와 세계가 족히 그쳐 있지 못할 것이다.[360]

언뜻 듣기에 명쾌한 듯한 이 논변에서 신기선이 삼강오륜과 효제충신의 '동도'를 불변적인 것으로 전제하고 '조선인'을 망각하고 '중국인[中土之人]'만을 언급하고 있는 것이 눈에 띈다. 게다가 서양에는 형이상학의 '서도'가 없는 양 주장하는 논변도 문제다.

신기선의 경우에도 동도서기론은 『농정신편』의 서문(1885)에서 보인 입장에 비해 갈수록 보수화·반동화되고, 이후에도 갈수록 '서기'를 경시하고 '동도'를 중시하는 보수적·미온적 개화론 또는 개화저지론으로 변질된다. 동도 쪽으로 기울어진 동도서기론의 새 버전은 신기선이 1890년 여도(呂島) 유배지에서 저술하여 학부대신 시절 1896년 학부편집국에서 간행한 『유학경위(儒學經緯)』에서 나타난다. 이 책에서 그는 기존의 성리학의 이기론을 이렇게 공리공담으로 비판한다.

그러므로 성인은 성(性)과 천명을 말하는 것이 드물었으나, 지금의 유자들은 입을 열면 '이기(理氣)'를 설하는데 그들이 소위 '이'를 보았다고 일컫는 것은 비슷한 것을 모방하여 허공에 매달고 꿈을 설할 따름이어서 실견(實見)이 아니다. 고담대언(高談大言)이 종이들을 잇대 누적되고 같은 것을 변별하고 다른 것을 힐난하고 단서를 붙들고 승리를 다투어 이것을 학문의 대체와 사문(유자)의 능사로 여긴다. 그러나 설사 생각이 적중하더라도 실학(實學)에

---

[360] 申箕善,「序」, 안종수,『農政新編』(廣印社, 1885[開國四百九十四年]; 韓國人文科學院, 1990), 4~6쪽. "夫亘古窮宙而不可易者道也 隨時變易而不可常者器也. 何爲道? 三綱五倫孝悌忠信是已. 堯舜周公之道 炳如日星 雖之蠻貊之邦不可棄也. 何爲器? 禮樂刑政服飾器用是已. 唐虞三代尙有損益 於數千載之後乎! 苟利於國雖夷狄之法 可行也. 書曰正德利用厚生惟和行吾之道所以正德也彼之器所以利用厚生也. 此所謂竝行而不相悖者也. [⋯] 盖中土之人明於形而上者 故其道獨尊於天下. 西國之人明於形而下者 故其器無敵於天下. 以中土之道行西國之器 則環球五洲不足定也."

무익한 것 같고, 밖으로 달려 나가 혼자 이기는 폐단을 쓸데없이 키운다.[361]

전통적 성리학의 공허한 '이(理)' 중심론에 대한 이런 비판은 '기(氣)', 즉 '기(器)'를 '이[道]'와 대등하게 놓아 정약용이나 북학파 등 다른 '동도서기론'의 주기론적 성리학의 관점에서 '실학'을 강조하는 논지를 담은 것이다.[362] 이런 비판적 전제에서 그는 유학의 '경(經)'은 바꿀 수 없는 것으로, '위(緯)'는 바뀌는 것으로 논하면서 이기(理氣), 인도(人道), 학술을 '경'으로, 우주술찬(述贊)·천지형체는 '위'로 분류하고 '경'과 '위'를 절충해야 한다고 주장한다. 따라서 여기서 '경'과 '위'는 '도'와 '기'를 대신하는 술어다. 그리고 그는 유교를 주기론적 성리학과 동일시하여 논하고 도교·불교·양명학[老佛陸王]의 종지(宗旨)를 매우 편파적으로 논술하는 한편, 서양 과학기술과 정치·법제 등의 현황과 변천, 세계 풍속의 다양한 면모와 시비장단 및 도입 필요성을 기술했다. 특히 그는 서양인들의 '추측(推測)'('인식'을 뜻하는 최한기의 개념으로 보임)의 정밀함은 누천백년 동안 지교(智巧)를 쌓고 활용하여 오늘에 이르렀고 '정론(定論)'이라고 이름 붙인 것은 무근거하거나 추하게 여겨서는 아니 된다고 강조한다. 동방의 서적은 아직 넓지 못해 그 설의 상세성을 얻지 못했고 '상(象)과 위(緯)의 전문가들'도 역시 아직 전심으로 이것을 연구한 경우가 없다는 것이다.[363] 이 대목에서 그의 주장은 단순히 '양물(洋物)', '양포(洋砲)' 등의 '서기'를 받아들이자는 선을 넘어가는 것으로 보이기도 한다.[364] 그러나 그는 노장·불교·기독교를 이단으로 비판했다. 『유학경위』는 "근세 서양인의 소위 예수교라는 것은 비루하고 속되고 얕고 망령되어 동방 풍속을 낮출 것일 따름이라서 더불어 변별하기에도 족하지 않다.[若近世西人之所謂耶蘇教者 鄙俚淺妄 東俗之陋者耳 不足與辨也]"는 기독교 관련 기술 부분 때문에 당시 각국 외교공관의 항의를 받는 등 큰 국제적 물의를 일으켰고, 결국 정부는 신

---

361 申箕善, 『儒學經緯』. "是故聖人罕言性命 而今之儒者開口便說理氣 其所謂見理者 不過模倣彷彿 顯空說夢而已 非實見也. 高談大言連紙累積 辨同詰異 執端角勝 以爲問學之大諦 斯文之能事. 縱使億中 猶無益於實學 而徒鶩外自勝之弊." 박정심, 앞의 글(2006), 323쪽 각주 8에서 재인용.

362 權五榮, 「申箕善의 東道西器論 硏究」, 『淸溪史學』 제1집(1984), 126~127쪽.

363 申箕善, 『儒學經緯』. "西人推測之學 歷千百年 積費智巧 至於今日. 呼稱定論者 不應無據而醜差也 […] 東方書籍未廣 不得其說之詳 象緯之家 亦未有專心究此者." 박정심, 앞의 글(2006), 330쪽 각주 25에서 재인용.

364 權五榮, 앞의 글(1984), 127쪽.

기선을 학부대신직에서 해임했다.³⁶⁵ 『유학경위』에서 신기선의 동도서기론은 『농정신편』의 서문에서 보인 입장에 비해 많이 보수화되어 '서기'를 경시하고 '동도'를 중시하는 보수적·미온적 개화론으로 변질되었다.³⁶⁶ 그의 행적에서는 동도서기론의 원리적 모순성과 변질이 더욱 선명하게 드러난다.

따라서 신기선의 동도서기론의 보수성과 개화론적 미온성 내지 반동성은 그의 실천에서 더욱 노골적으로 드러난다. 신기선은 1894년 갑오경장 내각의 신분제 철폐를 반대했을 뿐만 아니라, 1896년 김홍집 내각에서는 학부대신으로서 단발, 양복 착용, 태양력 사용, 국한문혼용 정책을 반대했고, 심지어 대청(對淸) 조공 폐지까지도 반대했다. 그는 그때까지도 중화주의적 '친청사대주의자'였던 것이다. 1898년에 대한제국 법부대신으로서는 노륙법(孥戮法, 연좌제에 의해 대역죄인의 아내나 아들을 처형하는 법)·참형·연좌제 등을 부활시키려다가 독립협회로부터 탄핵당했고, 결국 고등고법원에 고발당해 면직당했다.³⁶⁷ 1899년 학부대신에 제수되어서는 육조·성균관·증광시를 부활하려는 계획도 세웠다.³⁶⁸ 이로 인해 그는 심지어 김윤식으로부터도 비판을 당했다.³⁶⁹

결국 말년에 신기선은 1904~1905년 잠시 배일(排日) 자세를 보이다가³⁷⁰ 일제의 압박이 강화되자 동도서기론의 본질적 '몰(沒)민족성'을 이용하여 국왕에 대한 충성을 절대적 '동도'로 내세우던 자신의 입장을 버리고 절대 충성을 고종 황제로부터 일본 천황에게로 옮겨 동도론적·중화주의적 '친청사대주의자'에서 '친일사대주의자'로 변신한다. 신기선은 이완용과 이토 히로부미가 유림계를 친일화시킬 목적으로 1907년 12월에 설립한 '대동학회'의 초

---

365 노대환,「19세기 후반 申箕善의 현실인식과 사상적 변화」,『동국사학』제53집(2012. 12), 334~335쪽.

366 그의 동도서기론의 구조와 변질 과정에 관해서는 위의 글 참조.

367 위의 글, 333~335쪽; 權五榮, 앞의 글(1984), 130~131쪽.

368 노대환, 위의 글(2012), 336쪽.

369 金允植,『續陰晴史(上)』, 510쪽(권9 광무 3년[1899] 6월 24일). "又欲變刑律 復處斬連坐之制律 因各公使駁論不得行 […] 又政府以下 官制亦將改定 服六曹之稱 又 "選成均館經學生五十名 授進士 仍爲居齋 復舊規 又有增廣復科之說 以上皆申參政箕善之事業 而專出於迎合媚蠱固寵之計也. 不知天下之大勢 不顧國家危亡 無知妄作 耽耽不已 可歎也.(또 형법을 바꿔 참형과 연좌법률을 부활시키려고 했으나 각 공사의 논박으로 인해 행할 수 없었는데, 또 정부이하 관제도 역시 개정하고 육조의 명칭을 부활하고 또 성균관 경학생 50명을 뽑아 진사 지위를 주고 이어 학제學齋에 거하게 하고 또 증광시를 부활한다는 설이 있다. 이상은 다 참정 신기선의 사업이고 전일하게 임금의 확고한 총애에 영합하고 아첨하는 계책에서 나온 것으로서, 천하대세를 모르고 국가의 망국 위험을 돌아보지 않는 것이다. 무지하고 망령된 작태가 호시탐탐 그치지 않으니 탄식할 말하다.)"

370 金允植,『續陰晴史(下)』, 102쪽(권11); 權五榮, 앞의 글(1984), 131쪽.

대 회장직을 맡았다. 홍승목은 부회장을 맡고, 김윤식·유길준·정교 등 50여 명은 평의원을 맡았다. 이 학회 설립을 위해 일본 황태자가 1천 환, 이토 히로부미가 1만 환을 냈다. 고종과 황태자도 각 1만 환과 2천 환을 낸 것으로 나타나는데, 이것은 고종의 명의를 빌려 이완용이 낸 것으로 보인다. 김윤식, 신기선, 유길준 등은 이 학회 기관지 『대동학회월보』의 창간호(1908. 2. 25.)에 주요 필자로 글을 실었다. 신기선은 여기에 실린 대동학회 취지서에서 이렇게 논한다.

> 세태가 강하(降下)하여 선비된 자가 다시 배우지 아니하고 혹 배우는 자도 도(道)를 강구하지 아니하고서 오직 과문(科文)이나 시문(詩文)을 숭상하여 명목으로 유교를 받들 뿐이고 그 실이 없다. 오늘날 과문은 비록 없어졌다고 하나, 학문이 묵고 도가 어두움이 이전보다 더 심하다. […] 이 때문에 풍속이 쇠퇴하고 백성이 흩어져 서로 빠져들어 구할 수 없게 되니 세상 사람들은 드디어 유도를 부패하여 쓸모없는 가르침이라고 하고 신사 부류가 천지를 좀먹는 하나의 버려진 것이 되었으니, 오호라 이것이 어찌 유도의 죄이고 인성이 홀로 선하지 않아서이겠는가? 진실로 유도를 강구하지 않았기 때문이다. 무릇 경대부와 도포 입은 선비들은 노소를 아우르고 신구를 헤아리고, 노인은 구학(舊學)을 옹호하면서도 신지식을 발휘하고, 젊은이는 전문학교를 세워 과정을 닦고 숨어 있는 유림과 중년신사들을 특별히 한곳에 모아 경전의 대의를 강구하여 그 도를 창도(倡導)하고 외국 서적을 열람하고 막힌 데를 풀어 체(體)를 세우고 용(用)을 통하게 하는 데 힘써 공맹의 종지(宗旨)를 지키고 사물의 시의를 밝히고 정덕(正德)·이용·후생 세 가지를 병행하여 폐하지 않는다면 아마 유교는 다시 밝아 우리들을 버려진 것에서 면케 하고 전국 동포 2천만 인족(人族)이 함께 문명을 누리고 오주세계(五洲世界)에 나란히 나아갈 수 있을 것이다.[371]

여기서 말하는 '신지식'을 '일제의 신학문'으로 바꿔놓으면 신기선의 신구(新舊) 절충 동도서기론은 순식간에 반민족적 친일사대주의로 둔갑한다. 고종이 말하는 '국전(國典)'(우리나라의 전통 법도와 전례)으로서의 '우리의 옛

---

[371] 최덕교, 『한국잡지백년(1)』(현암사, 2004), '4.5 대동학회 기관지 대동학회월보'에서 재인용.

것'은 우리 민족을 위협하는 '일본제국주의'의 '신지식'을 적대하는 반면, 몰민족적 동도의 '구학'은 '일제'의 '신지식'에 얼마든지 영합할 수 있기 때문이다. 『대동학회월보』 제6호에 실린 「학무신구(學無新舊)」라는 글에서 신기선은 동도의 '구학'을 '근주(根柱)'로, '신학'을 '지엽화실(枝葉花實)'로 이해하면서 근주없는 지엽화실이 없고 지엽화실 없는 근주가 없듯이 신·구학은 분리되어 있을 수 없고 하나로 합쳐져야 한다고 주장하면서,[372] 신학의 종지가 유학의 종지와 합치된다는 궤변을 설파한다.[373] '근주'와 '지엽화실'의 용어로 도기론을 형식상 유지하고 있지만 슬그머니 일제가 가공·개악한 '서도'까지도 수용해야 한다는 논리를 근주·지엽일체론으로 호도하는 지경에 이르게 된 신기선의 이 마지막 동도서기론은 서양에 형이하학적 '기'만 있고 형이상학적 '도'는 없다고 강변하는 듯했던 최초의 주장과 아주 달라진 논변이다.

1907년 12월 대동학회 제1차 회의에는 이완용·조중응만이 아니라 친일 내각의 거의 모든 각료, 신기선·김윤식·유길준 등 동도서기론자, 김유제(성균관장), 윤인구·이상영(성균관교수), 이토 히로부미와 소네 아라스케(曾彌荒助, 부통감)·이시즈카 에조(石塚英藏, 참여관) 등 7명의 통감부 고위급 인사 등이 대거 참석했다. 신기선이 이 대동학회의 회장으로서 활동을 개시하자 세상 사람들은 그를 '일본의 충노(忠奴)'라고 불렀다.[374] 신기선의 이런 배신적 변신은 '이해하기 힘든' 것이[375] 아니다. 이런 변신은 상론했듯이 동도서기론의 논리적 모순과 몰민족적 본질 속에 이미 내장되어 있었기 때문이다. 1909년 신기선이 사망하자 대동학회 회장직은 이용직에게 넘어갔다. '대동학회'는 이토로부터 25만 환을 제공받아 1909년 10월 '공자교회'로 개칭했다. 그리고 친일파 이용직, 김학진(남작) 등이 연이어 회장을 맡은 '공자교회'는 성균관경학원·명륜학원과 함께 총독부체제에서 경향 각지의 성리학자들로 하여금 일본 천황을 떠받들게 만드는 '황도유학(皇道儒學)'의 선전대 노릇을 한다.

역사적으로 동도서기론은 이렇게 민족적 자주독립과 자주독립적 민족 형성을 저지하고 파탄시킨 무도서기론(無道西器論)이나 서도서기론을 표방하는 반민족적 친일·친서(親西) 사대주의로 전락하든가, 대청(對淸) 자주독립

---

[372] 신기선, 「學無新舊」, 『大同學會月報』 제6호(1908. 7.); 노대환, 앞의 글(2012), 341쪽에서 재인용.
[373] 노대환, 위의 글, 342쪽.
[374] 신기선의 친일 행각에 대해서는 權五榮, 앞의 글(1984), 131~132쪽; 노대환, 위의 글, 337~338쪽 참조.
[375] 노대환, 위의 글, 338쪽.

정신을 대변하던 전래의 소중화주의적 민족정신마저 슬그머니 폐기하고 동시에 유생들로 하여금 몰민족적 '동도'만을 중시하고 '서기'를 경시하게 만들어 성리학적 위정척사론에 근접한 시대착오적인 반민족적·중화주의적 친청사대주의로 전락하는 등 극심한 갈지가걸음을 걸었다. 동도서기론은 이렇게 친청사대주의와 친일사대주의 사이를 광폭으로 오락가락, 좌충우돌하며 변질을 거듭하다가 '황도유학적 동양주의나 한일제휴·합방론 등 친일매국주의의 역사적 쓰레기장'으로 사라져갔던 것이다.

(4) 대한제국기 고종의 구본신참론과 광무개혁

고종은 을미사변과 함께 들어선 김홍집 친일역적내각에 대한 불신과 일제에 대한 반감을 백성과 더불어 가지고 있었을 뿐만 아니라, 고종은 동시에 김홍집 내각이 친일로 경도되어 자주독립성과 민족주체성을 결여한 채 일본과 서양의 제도를 무비판적으로 모방하여 저항과 파탄에 직면한 서도서기론적 개혁도 탐탁하지 않게 생각했다. 아관망명 직후의 상황은 일본식 단발령, 서구식 복장 착용령(갓·망건 폐기령), 담뱃대 길이 규제령 등 신법의 반포와 폭력적 강행 기도로 국민의 저항을 초래하여 전국적 갑오·을미의병의 무력항쟁에 봉착하여 '개화'가 좌초된 상황과 구법이 폐기되거나 훼손된 상태에서 신법이 아직 도입되지도 않은 상황이 교차하는 형국이었다.[376] 하지만 고종은 이전보다 더 강력한 개혁사업이 불가피함을 직실했다. 1894년 청국의 무기력한 패배는 고종과 조선 지식인들에게 커다란 충격을 주었었기 때문이다. 이 상황에서는 김윤식, 신기선 등의 보수반동화 가능한 몰민족적 동도서기론은 전혀 대책이 될 수 없었다. 기존의 상고주의(尙古主義), 신식 혐오 심리, 기술보수주의, 배외주의 등의 복고반동적·폐쇄적 국민의식, 삼년상·여존남비·과부재가 불허제도 등 고루한 윤리도덕 등도 조금도 손대지 않고 그대로 보존한 채 서기만을 수정·개량 없이 직수입하는 개화정책은 이전보다 더 강력한 개혁사업에 장애가 될 것이기 때문이다.[377]

그리하여 대한제국기 고종과 근왕세력은 거듭된 면의(面議)를 통해 친일파들의 좌초된 서도서기론과 보수파들의 좌충우돌적 동도서기론을 둘 다 물리치고 개화의 방향을 재조정하기 위해 '구본신참론'을 제기하기에 이른다.

---

376 孫容燮, 앞의 글(1968), 122~125쪽.
377 서영희, 앞의 책(2003·2005), 109쪽.

1876년 개항 이래의 근대화 개혁 노선을 준수하되, 구법과 구제(舊制)의 폐기에서 오는 폐단을 없애기 위해 도·기(道器) 구분 없이 '구(舊)'(한국적 전통)를 근간으로 '신(新)'(각국의 새롭고 높은 철학정신·과학·정치이념·종교도덕, 정치사회경제제도, 기술, 도구 등)을 참작하여 결합시키는 식으로 신·구(신조新潮와 전통)를 절충하는 것이다. 그리고 '구'를 근본으로 삼는 것은 전통적 규범·법도·윤리의식·도덕철학을 근본으로 삼는다는 말인데, 이때 이 전통적 규범·법도·윤리의식·도덕철학 등은 결코 노폐한 성리학적 유학의 몰민족적 '동도'가 아니라, 한국적 정체성의식, 한족일통(韓族一統) 의식, 민족문화와 미풍양속, 도덕, 윤리의식, 우리 민족이 새롭게 해석하여 발전시킨 '실학'과 '개신유학'을 포함한 우리 민족 고유의 도덕철학·세계관·민족정신 등을 가리킨다. 또 '구본(舊本)', 즉 민족 전통의 법도와 민족적 전범을 '본'으로 삼는다는 것[以舊規爲本]은 민족적 법도와 전범이 개혁의 '발판'이 된다는 것일 뿐이고, 이 전통을 고칠 수 없는 영구불변의 '도'로 여기거나 이 민족적 전통을 신도(新道)·신제(新制)보다 '항상' 중시하여 서양의 신도·신제를 주변화시킨다는 것도 아니다. 즉 '구본'이란 민족 전통의 제도들이 신구절충의 개혁 방안 안에서 '출발 지점'의 지위를 차지한다는 말이다. 그리고 '신참'이란 서양의 신제를 '단순 참작 대상'으로만 본다는 말이 아니라, 신제를 '직수입'하는 것을 지양(止揚)하고 '취사선택·수정 개량'(한국화)하여 수입한다는 말이다. 그리하여 실천적으로 구본신참은 '도'와 '기', '근본'과 '말단' 양쪽에 무차별적으로 적용되는 신구절충을 뜻한다. 따라서 우리의 훌륭한 '국기(國器)' 조차도 모조리 '서기'로 무조건 대체되는 것이 아니라 계승·보존·개발되고, 우리의 전통적 '국도(國道)'라도 몽땅 고수되는 것이 아니라 너무 오래되어 악폐로 변질된 국도는 각국의 '도'를 참작하여 개량·변혁된다. 이런 방향 조정은 조선 고유의 현실을 숙고하여 민족 전통의 법도·법제·기술을 서도(西道)·서기(西器)와 절충하여 개량함으로써 친일파의 서도서기론과 동도서기론이 초래한 국민적 개혁 거부와 유자적(儒者的) 반동의 병폐를 제거하려는 것이었다. 구본신참론은 문왕이 오래된 제후국 주나라를 혁신시켜 아들 무왕 세대에 황제국으로 거듭나게 한 '주수구방(周雖舊邦) 기명유신(其命維新)'(주나라는 비록 오래된 나라이지만 그 천명을 새롭게 했다)의 선례를 본받으려고 한 것이다. '아방수구(我邦雖舊)기명유신(其命維新)'이라는 표현과 이와 유사한 표현은 대한제국 건국과 광무개혁을 준비하는 과정에서든, 이후 광무개혁

기간 동안에든 아마 가장 많이 쓰인 표현일 것이다.[378]

고종은 다음에 분석할 1896년 9월의 '구본신참' 개혁 원칙 조령을 내리면서 상징적 의미를 갖는 첫 조치로, 친일파가 고종의 왕권을 무력화시키기 위해 도입한 내각제를 혁파하고 내각제적 내용을 절충한 의정부제를 복구하는 구본신참의 조치를 취한다. 이 조치가 단순한 '복고'가 아니라 왕과 대신들이 동석면의(同席面議)하는 신구절충 방식의 '혁신'이라는 것은 『독립신문』조차도 이를 환영한 것에서[379] 확인된다. 이 신구절충의 조정은 절충형 의정부 관제만이 아니라 국정의 모든 분야에서 관철되었다.

그중에서도 제일 먼저 '주수구방(周雖舊邦) 기명유신(其命惟新)'의 원리에 따라 '일일신우일신(日日新又日新)'하고 '작신민(作新民)'하여 제후국 '조선'의 천명을 새롭게 하여 조선이라는 국호를 버리고 '대한제국'의 국호를 택해 기존의 '조선'을 새로운 '대한제국'으로 거듭나게 한 것은 구본신참론적 개혁의 백미일 것이다. '대한제국' 자체가 구본신참의 전형적 산물이라는 말이다. 고종은 대한제국의 구본신참 취지를 황제 즉위식 다음 날 내린 황제조서에서 자신의 말로 이렇게 밝히고 있다. "옛것을 바꿔 혁신을 도모하고 변화를 행하고 풍속을 아름답게 하고 싶어 천하에 (제국을) 포고하니 다 함께 들어 알도록 하라.[欲革舊而圖新 化行而俗美 布告天下 咸使聞知]"[380]

---

378 김재현 등 716명이 칭제를 연명으로 상소할 때 개혁을 평가하면서 『대학』의 이 "주수구방 기명유신"을 활용한다. "자주권을 쥐고 독립의 터를 놓고 마침내 연호를 세우고 조칙을 행하여 무릇 마르고 만드는 것이 빛나게 바뀌어 보입니다. 이것은 진실로 천명과 인심도 할 수 없는 것을 한 것입니다. 무릇 어찌 지력이 받아들이고 둘 수 있는 일이겠습니까? 이것이 소위 '주수구방 기명유신'입니다.[握自主之權 定獨立之基 遂乃建年號而行詔勅 凡所制作 煥然改觀, 此誠天命人心之莫之爲而爲者也 夫豈智力所可容措哉? 是所謂 '周雖舊邦 其命維新']" 『고종실록』 34년(1897) 9월 29일 두 번째 기사. 다음날 시임·원임의정들도 『대학』의 이 구절을 응용하여 '칭제'를 주청하면서 이렇게 말한다: "생각건대 우리 폐하께서는 상성(上聖)의 자세가 빼어나 기필코 흥운(興運)을 열어서 오랜 나라가 거듭 넓어지고 천명이 새롭습니다.[惟我陛下挺上聖之姿 啓必興之運 舊邦重恢 天命維新]" 『고종실록』 34년(1897) 9월 30일 첫 번째 기사. 동년 10월 11일 국호 제정 어전회의에서 심순택의 '방구명신(邦舊命新)', 조병세의 '천명유신(天命維新)' 발언도 참조. 그 밖에도 대한제국기 실록 기사에는 '유신지명(維新之命)', '기명유신(其命維新)', '유신수명(維新受命)', '방명유신(邦命維新)' 등의 어법이 자주 보인다.

379 『독립신문』은 사설에서 내각제도와 의정부제도를 비교하고 의정부제도가 훌륭하다고 찬양하고 있다. 의정부 관제는 제1관(款) 직원, 제2관 회의, 제3관 주안(奏案)으로 구성되는데, 그 중심이 되는 것은 제2관 '회의'라는 것이다. 이 의정부 '회의'는 국왕의 임석 하에 의정 주재로 열리고 모든 정사는 대신들의 공적인 발언을 통해서 의결하도록 되어 있다. 독립협회에서도 제2관의 이 회의 방식을 높이 평가한다는 것이다. 이 회의 방식을 그대로 따르면 종래의 내각제도의 폐단이 시정된다는 것이다. 내각제도에서 중대한 정치 문제가 국왕과 대신, 대신과 대신 간의 사적인 논의로써 처리되는 폐단이 있는 반면, 의정부제도에서는 만사가 공적으로 토의되고 처리되어 사(私)가 없어질 것으로 평가했다. 『독립신문』 건양 원년(1896) 1월 6일자 논설.

380 『고종실록』 34년(1897, 광무 원년) 10월 13일.

'대한제국'은 이미 그 국호에서부터 중국이 낙점해준 '조선'을 버리고 우리 민족의 고유한 전통적 명칭인 '한(韓)'을 되살려냄으로써 기존의 건국천명을 혁신하는 근대적인 자주독립적 '민족국가'를 표방하려는 의지를 담고 있다. 이것은 1897년 10월 11일, 즉 황제 즉위식 하루 전날 고종이 국호 제정을 위해 소집한, 심순택·조병세·민영규·김영수 등 전현직 대신을 포함한 대소 신료들의 어전회의 발언록을 보면 분명히 드러난다. 고종이 국호 제정의 필요성을 말하고 대신들의 뜻을 묻자, 먼저 심순택이 발언한다. "우리나라는 옛날에 기자가 봉해졌던 '조선'이란 이름을 따라 이를 국호로 삼았는데 이는 처음부터 합당한 것이 아니었습니다. 나라가 오래되었어도 천명이 새로워지는 오늘날[今於邦舊命新之日] 국호를 제정하는 것이 전법(典法)에 맞습니다."라고 답한다. 이것은 제후국 '기자조선'이라는 역사적 사실의 정당성을 부정하면서 조선이라는 국호의 합당성도 부인하는 발언이다. 이에 고종은 준비했다는 듯이 이렇게 논변한다. "우리나라는 곧 삼한(三韓)의 땅인데, 국초(國初)에 천명을 받고 통합하여 하나가 되었다.[統合爲一]. 지금 천하의 이름을 정하여 '대한(大韓)'이라고 하는 것은 불가한 것이 아니다. 또한 일찍이 각국의 문자를 볼 때마다 '조선'이라고 하지 않고 '한(韓)'이라 하였으니, 이는 아마 미리 징험을 보이고 오늘날을 기다린 것이다. 천하에 성명하기를 기다릴 것도 없이 천하는 모두 다 '대한'이라는 칭호를 알고 있다". (고종의 이 마지막 말은 비근한 예로 입증된다. 일본인들은 1870년대를 전후하여 일본 정계에 대두된 조선정벌론을 '정한론征韓論'이라고 불렀기 때문이다.) 이에 심순택은 다시 최초의 자기 답변의 취지를 보강한다. "조선은 바로 기자가 옛날에 봉해졌을 때의 칭호이니, 당당한 황제의 나라로서 그 칭호를 그대로 쓰는 것은 옳지 않습니다. 또한 '대한'이라는 칭호는 황제의 계통을 이은 나라들을 상고해보건대 옛것을 답습한 것이 아닙니다. 성상의 분부가 매우 지당하니, 감히 보탤 말이 없습니다." 이에 고종은 국호가 '대한제국'으로 정해졌음을 선언하고 공식적으로 그 사용을 명한다.[381] 이처럼 대한제국은 국호부터 자주독립적 민족국가의 의미를 중시하였던 것이다. 따라서 '대한제국'이라는 국호는 중국을 사대하는 몰민족적인 동도서기론의 사유 틀에서라면 전혀 생각될 수 없는 것이고, 오직 '민족적 자각'이 담긴 '구본신참론'의 사유 틀에서야 비로소 창안될 수 있었

---

[381] 『고종실록』 34년(1897, 대한광무 1) 10월 11일.

던 이름인 것이다.

이런 관점에서 구본신참론은 동도서기론과 반대로 우리의 민족적·국가적 정통성이 담긴 오랜 민국적 이념 전통과 조선 개국의 천명을 근본으로 지키되, 개발과 발전의 필요에 따라 '주수구방 기명유신'의 원리를 써서 서양의 발전된 국가 이념을 참작하여 천명과 민국·문화 전통도—'전체'를 몽땅 바꾸는 것이 아니라—'부분적'으로 새롭게 바꾸는 한편, 서양의 기술문명도 신속하게 대폭 수용하면서도 무조건 직수입하는 것이 아니라 우리의 전통에 알맞게 취사선택·개량하고 짜집기(patchwork)하여 '한국화'한 형태로 받아들여야 한다는 신구절충적 패치워크 개화론으로 정의될 수 있다. 따라서 외래 문명의 한국적 소화·변형·손질·개량을 향한 신구절충에 주안점을 두는 '구본신참론'은 '서기'의 신속한 취사선택적·가공적 대폭 수용만이 아니라 전통적 국전(國典)의 (불가능한 '전체적 변혁'이 아니라) '부분적 개혁'도 포함하고, 근대화의 핵심 과업에 속하는 민족 형성과 민족국가 건설과 자민족에 알맞은 근대적 고유 문명의 창조를 가능케 한다. '구본신참론'은 구래의 민족전통과 전례를 근본으로 삼아 새것을 적극 도입하되, 전통문화와 전례의 원칙 중에서도 시급히 고쳐야 할 악폐는 서양의 새것을 슬기롭게 참작하여 알맞게 부분적으로 고치고 또 서양의 새 기술과 경제 방식도 슬기롭게 '참작'하여 가공·도입하기 때문이다. '구본신참'의 '참(參)'은 '참작'이고, '참작'은 '이리저리 비추어 보아 알맞게 고려하는 것'을 뜻한다.

고종은 김윤식이 대필한 1882년 8월 교서의 동도서기론을[382] 버리고 1896년부터 광무개혁을 준비하면서 구본신참론을 국가개혁 전략으로 공식화한다. 동도서기론과 구별되는 구본신참론의 핵심적 논지는 대한제국 선포 직전 고종이 내린 1896년 9월과 12월, 그리고 1897년 8월 조령을 보면 분명해진다.

> 전법(典法)과 규칙을 새로 정하는 것은 옛 전장(舊章)을 따르면서 새 규정을 참작하고 무릇 민국의 편의와 관계되는 것은 짐작 절충하고 꼭 실행하려고 힘써야 할 것이다.[新定典則 是乃率舊章而參新規 凡係民國便宜者 斟酌折衷 務在必行][383]

> 경장 후에 구규(舊規)와 신식이 서로 배치되어 고치기 어려운 경우가 많이

---

[382] 『고종실록』 19년(1882) 8월 5일 다섯 번째 기사.
[383] 『고종실록』 33년(1896, 건양 1) 9월 24일 첫 번째 기사.

있었다. 구규를 본으로 삼고 신식을 참작하여 쓰면 이 폐해를 근사(近似)하게 축소할 것이다. 전장(典章)과 법도는 각국이 같지 않은데도 이 본국의 법제[本國之法]를 버리고 한결같이 타국의 제도를 추종하면 이것이 어찌 변역(變易)을 행하는 것이겠는가?[更張後 舊規新式互相牴牾 多有難更. 以舊規爲本 參以新式 則似少此弊矣. 典章法度各國不同 而捨此本國之法 一從他國之制 是豈易行者乎.][384]

우리나라의 고유 법도나 전례[國典]는 실로 전부 혁파하는 것이 불가능하고 서양 풍속도 역시 아직 한결같이 따를 수 없기에 응당 참작하는 식으로 취해야 할 것이다. 그러나 외부에서는 짐을 일컬어 옛것을 좋아하고 새것을 싫어한다고 한다.[國典固不可全革, 以西俗亦未可一遵 當有所參酌. 而外議謂朕以好古而惡新矣.][385]

이 구본신참 노선은 일본과 친일파의 입장에서 보면 "후퇴일 수 있으나", 조선 정부의 입장에서 보면 "아주 현실적인 정책인 것이며 주체성의 발로"인 것이다.[386] 오늘날 사가들이 말하는 '구본신참'의 술어는 저 두 번째 인용문에서의 '이구규위본(以舊規爲本) 참이신식(參以新式)'에서 따온 말이다. 위 인용문에서 말하는 '구장(舊章)', '구규(舊規)', '본국지법(本國之法)' '국전(國典)'은 동도서기론의 몰(沒)민족적 '동도'를 말하는 것이 아니라, 우리나라 고유의 전통적 민족법제나 우리나라의 민족법도나 전장(典章)을 말하는 것이다. 그리고 "우리나라의 국전은 실로 전부 혁파하는 것이 불가능하다."는 말은 '국전'을 영구불변의 전범으로서 고수하겠다는 '동도서기론'도 거부하지만, 우리나라와 국민의 집단적 정체성이 걸린 '국전'마저도 '전부' 혁파하려던 친일괴뢰들의 서도서기론과 일도일기론(日道日器論)도 거부하고, 근대화를 가로막는 고루한 국전 부분을 신중하게 선택해서 혁파하되, 국가와 민족의 정체성이 걸린 국전 부분은 고수해야 한다는 말이다. 또 그리고 "서양 풍속도 역시 아직 한결같이 따를 수 없다"는 말은 서양 풍속 중에는 우리 몸에 맞지 않는 것, 우리의 민족적 정체성을 충돌하는 것도 있다는 말이다. 따라서 서양 풍속

---

384 『秘書院日記』 건양 원년(1896) 12월 28일(양력 1897년 1월 20일).
385 『고종실록』 34년(1897, 광무 1) 8월 24일(양) 2번째 기사.
386 金容燮, 앞의 글(1968), 125쪽.

을 '참작'하여, 즉 '이리저리 비추어 보아 알맞게 고려하여' 취사선택·가공 조탁하여 받아들여야 한다는 뜻을 함유한다. 따라서 '구장(舊章)'의 '도(道)'도 영구불변적 계승 대상이 아니라 전통적 '기(器)'와 마찬가지로 부분적 개혁의 대상인 한편, 서양 풍속으로서의 '서도'도, '서기'도 둘 다 직수입하는 것이 아니라 취사선택·가공 수입해야 하는 것이다. 민족주체성 바탕 위에서 진행되는 이런 개혁 노선은 고종이 1896년 아관망명 이래 경장사업에서 줄곧 견지한 기본 입장이었다.

위의 마지막 인용문에서 고종을 "옛것을 좋아하고 새것을 싫어한다."라고 비난하는 '외부' 세력은 친일·친미사대주의적 무도서기론자들과 서도서기론자들을 가리킨다. 당시 『독립신문』은 '한문으로 된 학문'과 '중국의 책자들'은 조선 인민에게만 도움이 되지 않는 것이 아니라, 중국 인민에게도 해가 된다고 주장하며 '구학문'을 공격했다.[387] 그리고 "외국 사람 모양으로 학문을 배우고, 외국 사람 모양으로 생각을 하며, 외국 모양으로 행실을 하여 조선 사람들이 외국 사람들과 같게" 되어야 하며, 옛 풍속을 버리고 문명 진보에 힘써야 한다고 주장했다.[388] 이런 서도서기론을 표방한 안경수·서재필·윤치호 등 친일·친미파들이[389] 장악한 반민족적·민족자학적 독립협회 노선을 그대로 대변한 미국 시민 필립 제이손 또는 피재손(서재필)의 『독립신문』은 『황성신문』, 『대한매일신보』 등이 하루가 멀다 하고 대중적으로 사용하기 시작한 '민족'이라는 용어를 단 한 번도 사용하지 않았다.

위의 두 번째 인용문에서 고종이 피력한 견해에 대해 좌의정 정범조(鄭範朝)는 이렇게 민족 고유의 법도와 규범의 보존을 당연지사로 여기면서도 아무

---

[387] 『독립신문』 1896년 4월 25일자 논설.

[388] 『독립신문』 1897년 2월 13일자 논설.

[389] 안경수의 정체는 일견 중립적인 듯하지만, 일제가 박아놓은 비밀 친일파 또는 박영효 하수인이었던 것으로 보인다. 안경수는 1931년 『동아일보』에 연재된 윤효정의 『풍운한말비사』에서도 친일파로 기술된다. 김윤식, 신기선 등과 같이 소극적 친일파에 속하는 윤효정의 이 기술은 그가 안경수와 친절하고 또 황태자 대리청정 사건(고종 양위 음모 사건, 1898)을 같이 꾸민 사이였기 때문에, 그리고 조선총독부 치하에서 후일담을 말하는 것이었기 때문에 친일적이고 편향적으로 느껴지지만, 안경수의 친일성을 알기에는 적격인 면도 있다. 그는 우호적 관점에서 안경수를 이렇게 묘사한다. "안경수는 이 직책(궁내부 진수직)에 있으면서 궁궐에서 일본에 주문해 사용하던 일체의 물품을 혼자 일본에 가서 구입해 오며 암암리에 거금을 모았다. 뿐만 아니라 세상 흐름에도 밝아 여러 차례 일본을 오가는 동안 일본어를 익혀 뒷날 출세길을 열었다. 얼마 뒤 친일파가 득세할 때 탁지부협판 자리에 올랐고 수년 후에는 황태자 대리청정 기도 사건에 윤효정과 함께 주모자로 지목되어 두 사람이 함께 일본 망명길에 올랐다." 윤효정, 박광희 편역, 『대한제국아 망하라』(다산북스, 2010·2011), 362쪽. 안경수는 고종을 구하려는 춘생문 사건을 조작한 장본인으로 보이고 고종의 신임을 얻어 독립협회 초대 회장을 했다.

리 민족 고유의 법도라도 폐단을 야기하면 바로 잡아야 하고 타국의 법도라도 좋은 것은 취사선택해야 한다고 고한다.

성교(聖敎)가 적절하고 합당할 따름입니다. 우리나라 제도는 좋은 법도와 아름다운 규범이 아닌 것이 없습니다. 그런데도 만약 법도가 오래되어 폐단이 생기는 경우가 혹 있다면 이것을 바로잡을 따름입니다. 타국의 법도에 대해서도 좋은 것은 취하고 좋지 않은 것은 취하지 않는 것이니, 이용후생하는 것이라면 취할 만한 것이 있다고 말할 따름입니다.[聖敎切當矣. 我國制度無非良法美規. 而若或有法久弊生者 則捄之而已. 至於他國之法 善者取之 不善者勿取, 而利用厚生者 有所可取云矣.]

이에 대해 고종은, 이용후생하는 것은 매우 취할 만한 것이 있다.[利用厚生者 頗有可取矣]³⁹⁰ 라고 '매우[頗]'라는 말을 보태 응답하여 '취하는' 것의 폭을 좀 더 넓히고, '이용후생'을 취사선택의 기준으로 제시하고 있다. 민족 고유의 아름다운 법도와 규범을 가급적 지키려고 애쓰되 비록 고유 법도라도 낡아서 폐단을 야기하면 고쳐야 하고 타국의 법도·기술의 구별 없이 취사선택해야 한다는 부분적 법도 변혁론과 신법·신기술 취사선택론을 피력하는 정범조의 주청과, 이를 전제로 '이용후생'을 신법·신기술의 도입 기준으로 삼고 개혁의 광폭과 속도를 강조하는 고종의 강한 실사구시적 논변을 중시해서 살펴보면, 대한제국기 국왕과 근왕세력은 다 같이 당당한 민족적 자부심과 민족주체 의식을 바탕으로 과감하게 제도 개혁을 추진해 나가려는 의욕이 아주 강렬했음을 알 수 있다.³⁹¹

---

390 『秘書院日記』 건양 원년(1896) 12월 28일(양력 1897년 1월 20일).
391 환궁 직후 김병시의 1897년 3월 차본(箚本)의 내용도 대동소이하다. "옛 상도(常道)를 편안해 하는 사람은 반드시 구례(舊例)를 부활시키는 데 진력하고, 공리(功利)에 급급한 사람들은 반드시 한결같이 신식을 따르려고 합니다. 복구(復舊) 의견이 반드시 다 옳은 것은 아닙니다. 부활할 만한 것이 있고 부활해서는 아니 되는 것이 있습니다. 새것을 따르려는 처사가 반드시 모두 그릇된 것도 아닙니다. 따를 만한 것과 따라서는 아니 되는 것이 있습니다. […] 구례 중 부활할 만한 것을 부활한다면, 신식 중 따를 만한 것과 따라서는 아니 되는 것은 의당 끊고 자르는 것을 기다리지 않아도 저절로 변별될 것입니다. […] 백성들로 하여금 꼭 믿게 하기를 진실로 바란다면 빨리 고금을 서로 참작하고 덜 것과 더할 것을 짐작하고 모아 일편(一編)을 만들어 오래되도록 금석의 법전이 되게 해야 할 것입니다.[安於故常者 必欲盡復舊例. 急於功利者 必欲一從新式. 復舊之義 未必皆是 而有可復不可復. 從新之事 未必皆非 而有可從不可從者 矣. […] 復其舊例之可復者 則新式之可從不可從 宜不待斷斷而自辦矣. […] 誠欲使民必信 亟先參互古今 斟酌損益 彙成一編 永爲金石之法典.]" 『고종실록』 34년(1897) 3월 16일 첫 번째 기사.

그러나 고종은 친일·친미파들이 주도한 독립협회·『독립신문』중심의 서도서기론자 또는 일도일기론자들이 주장하는 것처럼 결코 보수적인 것이 아니라 매우 진취적·진보적이었다. 고종은 구본신참·신구절충의 논리에 충실하고, 특히 '서도'에 해당하는 기독교 문제에 대해서도 유연하고 관대했으며 오히려 백성의 계몽을 위해 선교사들의 포교활동을 장려했다. 고종이 러시아 공관에 주필(駐蹕) 중인 1896년 10월에 간행된 『코리언 레포지터리』(3권 11책)에 실린 'His Majesty, The King of Korea' 기사는 이렇게 전한다. "폐하는 진보적(progressive)이고, 동양의 대부분의 나라에서 우세한—우리가 편견이라고 말할 수 있는—서양인·서양제도·풍습에 적대적인 생각에 분명히 젖어 있지 않다."(429쪽) 또 이 기사는 종교적인 면에서도 고종이—대원군의 양이론 또는 수구적 유정척사론이나 동도서기론과 반대로—일관되게 서교(西敎)를 관용하고 이 종교적 관용을 그의 통치노선으로 만들었다고 쓰고, 왕은 선교사들에게 여러 차례 분명하고도 직접적인 격려의 말을 내려주고 심지어 선교사들을 '선생님들'이라고 부른 사실을 소개하고 있다. 나아가 감리교감독파 교회의 닌드(Ninde) 주교에게 베푼 알현에서 고종은 선교사들이 좋은 일을 해준 것을 칭찬하고 감사를 표했을 뿐만 아니라, 그들에게 "선생님들을 더 보내달라."라고 하는 말을 고종으로부터 들었다고 쓰고 있다.(430쪽)[392] 고종은 종교 분야에서도 신구절충의 길을 걸은 것이다. 고종의 종교적 관용 노선은 천주교를 스스로 받아들이거나 이에 대해 관대했던 성호좌파 계열(이벽·이가환·이기양·이승훈·권철신·권일신·정약종·정약전·정약용 등)의 국가개혁론적 실학 관점에서 보면 전혀 이상할 것이 없다. 그러므로 서교·종교·동도·구학(舊學) 문제에 관한 한 공식적으로 유학 선양을 표명하면서도 동시에 기독교를 관용하는 고종의 구본신참론적 종교정책은 기독교에 적대적인 동도서기론보다 성호좌파 실학에 더 가깝다고 할 수 있고, 종교를 국가 문제가 아니라 개인의 양심 자유의 문제로 여기는 매우 근대적인 것이면서, 동시에 조선과 동아시아의 전통에 따라 "이단을 공격하는 것은 해로울 뿐이다.[攻乎異端 斯害也已]"라는 공자의 군자유학적 가르침에 정조처럼 충실을 기한 것으로 보인다. 따라서 구본신참론을 "서교의 수용이 아닌 한, 제도적 측면에서도 개혁이 추진되어야 한다는 이른바 변법적 개화론"으로 협소화시켜 이해하는 것은[393] 그릇된 것으

---

[392] 이태진, 앞의 책(2000·2008), 101~102쪽.
[393] 서영희, 앞의 책(2003·2005), 109~110쪽.

로 보인다.

고종은 환궁 후 김병시의 차본(箚本, 간단한 서식의 상소문)에 따른 1897년 3월 관제 개편을 위한 교전소(校典所) 설치 조령에서도 "신구전식(新舊典式)을 절충하여 제반 법규를 모아 통일하라."라고 명한다.[394] 그리하여 교전소 의정(議政)총재로는 김병시, 조병세, 정범조가 임명되고, 부총재에는 김영수, 박정양, 윤용선, 이완용, 민영준이 임명되어 최초의 근대적 통일 법전 편찬을 시도했다. 또 대한제국 선포(1897. 10. 12.) 후인 10월 조령에서는 이런 구본신참 사상을 더욱 분명히 피력한다. "대체로 새것을 탐하여 자기의 옛것을 잊어버리고 전부를 바꾸고 고치다가 도리어 소요와 척양(斥攘)을 당하는 것[狃於新而忘其舊 全事更改 反至擾攘]은 나라를 위하는 것이 아니고, 또 혹은 시조(時措, 시대적 풍조)에 따라 적합하게 변할 줄 모르고 옛것을 옳게 여기고 지금 것을 그르게 여겨 행하기 어려운 일로 억지를 쓰는 것[不知合變於時措 是古非今 強之以難行之事]도 역시 나라를 위하는 것이 아니다. 신구(新舊)를 절충참작(折衷參酌)하여 정사가 다스려지기를 기약할 따름이다."[395] 그리하여 구본신참은 이후 모든 근대화 개혁의 지침이 되었다.

고종의 개혁의지는 일단 단발과 관련해서 나타났다. 고종은 김홍집 친일내각이 1895년 11월 15일 백성들에게 내린 단발령을 환궁 후 1897년 8월 12일 취소하고 단발을 개인의 자의에 맡겼지만, 스스로는 친일내각에 의해 강요된 자신의 단발은 여러 차례의 숙의 끝에 그대로 고수했을 뿐만 아니라, 단발을 거부하면 목을 자르겠다고 엄포를 놓으며 대신들에게 단발을 강요했다. 이리하여 이도재, 민영준, 민영소, 심상훈, 이윤용 등은 눈물을 흘리며 단발을 하게 했다. 또한 시위대와 경관, 지방 진위대 병사들도 다 단발을 하게 했다.[396]

또한 1903년 3월 고종은 이 '구본신참·신구절충론'을 군제개혁에 구체적으로 적용하여 이렇게 징병제를 명한다.

옛날에는 병사를 농민 속에 숨겨두어 사농공상의 사민(四民)이 사람마다 병기를 익혔다. 나라가 무사하면 각자 생업을 편안히 하다가 일조에 사변이 나면 각 고을이 각자 출병하여 천하를 지휘함이 한 번 기를 휘둘러서 마치 팔이

---

[394] 『고종실록』 34년(1897) 3월 16일 2번째 기사.
[395] 『고종실록』 34년(1897, 광무 원년) 10월 20일(양력) 6번째 기사.
[396] 『梅泉野錄』 卷之三, 285~287쪽. 서영희, 앞의 책(2003·2005), 111쪽에서 재인용.

손을 부리는 것 같았다. 겸병이 일어나 그 법이 폐지되자 연혁이 무상하게 되고 일정한 제도가 없어졌다. 그리하여 징발할 때마다 바로 소요가 일어났고, 또 시장 사람들을 몰아가듯이 갑자기 소집했으니, 그 군사를 어디에 쓰겠는가? 이것은 나라에 군대가 없는 것이니, 나라에 군대가 없으면 그 나라는 나라라고 할 수 없는 것이다. 짐은 미리 면밀한 군비에 유념한 지 여러 해가 되었다. 그러나 각국의 징병 제도는 옛날의 군제와 상당히 합치하는데 그것의 세밀한 측면은 더해진 것이 있다. 육군과 해군의 군제는 그것을 참작하여 장점을 채택하고 대오를 편성하여 이미 정리가 되었고, 또 우리의 군제를 참작해서 서울에서 외방까지 각자 부서를 나누어 오위에 소속시켰다. 이것은 실로 도총부의 옛 군제를 따른 것이다. 이는 건국 이래의 일대 경장이다.[397]

고종은 서양 각국의 군제가 크게 조선 군제와 유사하나 세밀한 측면에서 더 발전된 것이 있다고 분석하고 서양 육해군의 군제를 '참작'하여 그 '장점'을 취사선택하고 또 우리 군제의 우수한 측면을 계승한다고 말하고 있다. 우리 민족 전통의 군제와 서양 각국 군제의 장단점을 대등하게 따져 취하는 고종 자신의 군제개혁 논변에서 '구본신참론'의 당당한 민족 수호적 의미와 민족 형성 촉진 역할이 더욱 구체적으로 명확하게 드러난다.

이런 취사선택적 절충은 책력과 명절 문제에서도 나타난다. 고종은 친일내각이 강요해온 양력 전용 정책을 지양하고 음력과 양력의 병행 사용을 시행했으며, 양력 1월 1일에 새로운 원단(元旦)의 의미를 부여했지만, 음력으로 쇠는 설날, 추석, 한식, 대보름 등 전통적 명절과 민족 고유의 제사 전통을 그대로 보존하도록 조치했다. 황실의 제사도 이에 따르게 했다.[398]

또한 대한제국의 가장 중요한 개혁사업 중의 하나인 양전(量田)사업(농지조사사업)은 일제의 러일전쟁 도발과 한국강점으로 비록 미완으로 끝나고 말았을지라도 광무 2년(1898)에서 광무 8년(1904)까지 장장 7년에 걸친 신구절충(전통적 결부법·전품 6등제와 서양의 측량 기술의 절충)의 혁신 사업이었다.

---

[397] 『고종실록』 40년(1903, 광무 7) 3월 15일 첫 번째 기사. "古者 藏兵於農 而四民人人習兵, 國家無事 各安其業, 一朝有事 鄉遂州縣各自出兵 指揮宇內 一麾而如臂之使手, 兼竝興而其法廢 沿革無常而莫有定制 每有調發 輒致騷擾. 且猝然招集 如驅市人 焉用彼兵哉? 此國無兵也, 國無兵 國非其國矣, 朕留神於綢繆之備 有年矣. 而各國徵兵之規 頗合於古 其詳密乃有加焉. 陸海軍之制 斟酌而取其所長 編伍旣整 又參之以我法. 自京而外 各自部分 屬之五衛 實遵用都總府舊制, 而自有國以來一大更張也."

[398] 한영우, 앞의 글(2006), 43쪽 참조.

대한제국 정부는 양지(量地)아문과 지계(地契)아문을 설치하고 구본신참의 원칙에서 전국의 토지 측량을 실시하였다. 양전의 제규정이 국조(國朝) 구전(舊典)을 그대로 따른 점과, 지계(토지소유권 증명서의 발행)의 원칙이 입안제도와 양안(量案)의 형식으로 이루어진 점은 '구본'의 예이고, 미국인 기사를 고용하고 서구의 측량 기술을 적용한 점, 근대적인 소유권 증서로서의 지계제도를 채택하여 구래(舊來)의 소유권을 근대적 소유권으로 전환시킨 것은 '신참'이다.[399] 양전·지계제도는 자생적으로 발전해 나온 '시전(時田)부농'(차지농借地農으로서의 '경영형 부농')의 성장과 반봉건적 소작제도의 약화 추세를 그대로 인정하고 뒷받침했다.[400] 나아가 양전·지계 원칙은 규정된 지역 외에서 외국인이 토지 소유를 불허하고 외국인에게는 소유권 증서를 발행하지 않았다. 이것은 당시 이미 성행하던 외국의 내륙지방에서의 토지 매점, 즉 외국 자본의 토지 투자를 방지하려는 정책이었다. 지계제도 도입은 제국주의적 자본 침투를 저지한다는 민족 수호적 성격도 띠고 있었다.[401] (일제는 대한제국 강점 후에 별도의 토지조사사업을 통해 근대적 시전부농의 성장세를 삼제芟除해버리고 역으로 봉건적 소작제를 확대·강화·심화시키는 식민지 농업체제를 구축한다.[402])

고종의 이 구본신참론의 관점에서 보면, 사상·종교 분야에서 동학이야말로 1907년 7월까지 정부의 탄압을 면치 못했을지라도 대표적인 구본신참의 혁신 종교다. 동학은 당당하게 우리나라 고래의 '구도(舊道)'인 유불선을 근본으로 삼지만 이 '구도'의 모든 것을 고리타분한 형태로 고수하지 않고 '구도'도 '부분적'으로 혁신함으로써 유불선의 '구도'를 신분해방·인간해방·민족해방·여성해방·어린이해방의 '개벽사상'으로 재해석·재구성하고, 근본적 반(反)서방 지향 속에서도 종교 경쟁에서 이기기 위해 서학을 '참작'하고 기독교의 '초월적 신비주의'를 변형·가공함으로써 종교로서 취약한 유불선사상을 보강하였다. 동학은 마테오리치가 이끈 적응주의적 예수회 동방선교단이 '야훼 신'을 중국어로 번안한 적응주의적 '신' 개념인 능동적·현세 개입적 '천주(天主)' 개념으로 상대적으로 소극적·철학적인 전통적 '상제(上帝)' 개념을 대체함으로써 유불선의 종교적 취약성을 보완하고 종교적 초월성을 강화한

---

399 金容燮, 앞의 글(1968), 199쪽 참조.
400 위의 글, 202쪽 참조.
401 위의 글, 199쪽 참조.
402 위의 글, 202쪽 참조.

것이다. 철학적 학문성과 도덕적 수신 측면이 강하고 이로 인해 종교성과 대중적 구복 성향이 상대적으로 취약한 전통적 유불선은 대중을 얻는 종교 경쟁에서 천주교를 이길 수 없었기 때문이다. 동학 주문(呪文) '시천주조화정(侍天主造化定)'의 '천주'가 천주교에서 온 개념인 것은 당시 조정과 시골 유생들도 즉각 알아차리고 비판했지만,[403] 이 '천주' 개념의 초월적·종교적(신비적) 구원·구복사상은 조선 대중 가운데서 경건한 경신(敬神)과 신비적 신기(神氣)의 심성을 타고난 종교 성향 대중, 구원에 목마른 서민 대중, 국리민복을 위한 호국 종교를 갈구하는 애국적 식자층 등을 매료시키면서 동학을 요원의 불길처럼 전국으로 번져가게 만들었던 것이다. 동시에 동학은 위정척사론자들과 동도서기론자들처럼 서학과 서도를 '오랑캐의 학'이나 '금수의 도'로 보지 않고 나름대로 '천시'를 알고 '천명'을 받은 '학'과 '도'로 보는 민중의 객관적 현실 인식과 근거 있는 경계심을 반영했다.[404] 또한 동학은 종단 운영 '기법'에

---

[403] 조선 정부는 애당초 동학을 '서양의 사술(邪術)'로 보았다. 당시 의정부에서는 "이번에 동학이라고 일컫는 것은, 서양의 사술을 전부 답습하고 특별히 명목만 바꿔서 어리석은 사람들을 현혹하게 하는 것뿐이다."라고 보고한다. 『고종실록』 원년(1864) 3월 2일. 동학이 공인된 뒤 작성된 것으로 보이는 『고종실록』의 다른 기사도 "그 교의는 유불도 삼교의 내용을 대략 취하여 부연하여 꾸미고 또 상제가 우주를 주관한다는 기독교의 주장을 취하여 상제가 인간의 화복을 실제로 맡고 있다고 하여, 시골 백성들이 많이 믿었다."고 소개한다. 『고종실록』 31년(1894) 2월 15일. 또 어윤중의 효유문을 대신 작성한 시골 유생 이승희(李承熙)도 동학의 천주 개념을 서학에서 취한 것으로 비판한다. "듣자니 동학을 하는 것이 천주를 공경하고 섬기고 일이 있을 때마다 늘 기도하고 구복을 위해 선도를 닦을 것을 권하고 어리석은 지아비와 지어미들로 하여금 다 수십 자의 문장을 익히고 천독만송하여 소위 신의 법을 통하는 것을 구하게 하는 것이다. 오! 상천(上天)은 사사로움이 없어서 공경할 수 있어도 모독할 수 없도다. 복록은 천명이 있으니 이치를 원하여 구할 수 없다. 지금 1인의 개인사로써 자질구레하게 상천을 모독하니 어찌 하늘이 사사로움을 옳게 여기겠는가? 자기 하나의 욕구로 절절하게 구하는데 어찌 복이 오는 것을 옳게 여기겠는가? […] 또 동학이 천주를 섬기고 나중에 복을 구하는 것은 실로 서학과 다름없는데도 지금 서학을 배척한다고 이름나 있으니 이것이 무엇인가?[聞爲東學者 敬事天主 有事輒禱 勸修善道 使愚夫愚婦 皆"習數十字文 千讀萬誦 以求其所謂通神之法 嗚乎 上天無私 可敬而不可瀆也 福祿有命 可願理不可求也 今以一人之私 而屑屑然瀆之 天豈肯私之乎 一己之欲 而切切然求之 福豈肯就之哉 […] 且東學之事天主邀後福 實與西學無異 而今乃以斥西爲名 何也?]" 李承熙, 「通諭東學徒文」, 東學農民戰爭百周年紀念事業會推進委員會, 『東學農民戰爭史料大系(2)』(여강출판사, 1994), 365~366쪽.

[404] 『동경대전』에서 최제우는 말한다. "무릇 경신년[1860] 4월 천하가 분란하고 민심이 어지럽고 가벼워서 아무도 향할 곳을 알지 못했다. 또 괴이하고 어긋나는 언설이 있어 세간에서 끓어올랐다. '서양인들은 도를 이루고 덕을 세워 조화를 부려 이루지 못하는 일이 없고, 무력으로 공격하여 싸우면 앞을 막아설 사람이 없다. 중국이 소멸하면 어찌 순망치한의 우환이 없겠는가?'라고 한다. 이 사람들이 도대체 그런 것은 다름 아니라 이 사람들이 도를 서도라 칭하고 학을 천주학이라고 칭하고 교는 성교이기 때문이다. 이것은 천시를 알고 천명을 받은 것이 아닌가?[夫庚申年 建巳之月 天下紛亂 民心淆薄 莫知所向之地 又有怪違之說 崩騰于世間, 西洋之人 道成德立 及其造化 無事不成 攻鬪干戈 無人在前, 中國燒滅 豈可無脣亡之患耶? 都然 無他斯人道稱西道 學稱天主 教則聖教. 此非知天時而受天命耶]" 『東經大全』, 「論學文」; 윤석산 주해, 『東學經典』(동학사, 2009), 69쪽. 제1차 아편전쟁의 개방 공약 이행을 강제하기 위해 애로호 사건을 구실로 도발된 제2차 아편전쟁(1856~1860)의 마지막 해인 1860년은 2,000여 명의 영불 연합군이 3만여 명의 팔로군 정예 부대를 쳐부수고 북경을 점령하고 원명원을 약탈·파괴한 두려운 해다.

서도 가령 천주교의 십일조를 '참작'하여 '성미(誠米)'로 변형, 도입하여 '성미법'을 실시하였다.[405] 이렇게 걷힌 성미는 훗날 3·1운동 자금의 거의 전액을 댄 천도교의 재정 밑천으로 쓰이게 된다.

또한 서학에 대항하는 동학의 기조에도 불구하고 동아시아 보편주의 속으로 추상화되지 않고 중국을 제압한 서양의 대(對) 조선 정복전쟁 위험으로부터 우리 민족과 민중을 구하기 위한 '반서방' 보국안민에 그치지 않고 '반청·반일의식' 보국안민을 천명했다. 동학은 동서 대결 구도에서 중국을 중시하되, 민족중심적 순망치한론의 관점에서 조선을 입 안의 '이[齒]'로 중심화하고 중국을 입 밖의 '입술[脣]'로 주변화할 뿐만 아니라 소중화론적 '탈청(脫淸)' 민족우월의식에서 "한이(汗夷)"(만주 오랑캐 청나라)에게 "원수 갚고" 또 "중수한 한이비각(汗夷碑閣)[삼전도비]을 헐고" 병자호란의 민족적 수모를 설욕하는[406] '반청' 보국안민 철학을 가르쳤다. 또 "개 같은 왜적 놈"도 배척하는 '척왜' 보국안민 노선을 분명히 하고, 일제의 침략에 대해서는 무장투쟁도 불사했다. 이로써 동학은 민족보존의 위기의식과 독립정신의 형성에 결정적으로 기여함으로써 동도동기론(위정척사론)적·동도서기론적 친청사대주의와 서도서기론적 친서사대주의와 일도일기론적 친일사대주의를 모두 다 배격하고 극복했다.

동학은 '옛것'(병자호란 이래의 소중화론적 반청의식, 임진왜란 이래의 척왜정서, 서학 침투와 서양 침략에 대한 전래된 민중적 경계심과 대서방 경쟁의식)과 '새것'(대외적으로 자주독립한 서구적 주권·민족국가 의식)을 종교적으로 절충하여 민족적 보국안민을 위한 한국 고유의—동아시아 근세사에 유례 없는—'민족종교'를 개창한 것이다. 따라서 동학은 적어도 당대 '구본신참론'에 가장 근접한 종교적·정치적 근대화 운동의 전형이라고 할 만하다. 또한 동학은

---

405 동학의 '성미'는 천도교 개명 후 1906년에 도입한 것으로 알려져 있지만, 이보다 오래된 전통으로 보인다. 『고종실록』의 동학 관련 기사는 성미 개시 연도를 밝히지 않은 채 "그 신도들은 밤이면 반드시 맑은 물을 떠놓고 보국안민을 빌었으며 밥을 지을 때에는 쌀 한 숟가락씩을 덜어내어 '성미'라고 하면서 교주에게 바쳤다."라고 기록하고 있다. 『高宗實錄』 31년(1894) 2월 15일. 이 기사 사초는 천도교 개명 이후인 1906년 또는 동학이 공인된 해인 1907년에 작성된 것으로 보이지만, 기사의 문장이 과거형으로 쓰인 것을 보면 성미는 이 1906·1907년보다 이른 시기에 시작된 것으로 보인다.

406 "개 같은 왜적놈을 하늘님께 조화 받아 일야(一夜)에 멸하고서 전지무궁(傳之無窮) 하여놓고, 대보단에 맹세하고 한이(汗夷) 원수 갚아보세, 중수(重修)한 한이비각(汗夷碑閣)[삼전도비]를 헐고 나니 지푸라기 같다.[기가튼 왜적놈을 ᄒᆞ늘님께 조화 바다 일야에 멸ᄒᆞ고셔 견지무궁하여 노코 딕보단의 밍셰ᄒᆞ고 ᄒᆞᆫ의 원수 갑ᄒᆞ보세 듕수ᄒᆞᆫ 한의비각 헐고ᄂᆞ 니초기갓다.]" 『龍潭遺詞』 「安心歌」; 윤석산 주해, 『東學經典』, 387~388쪽.

교도 획득 경쟁에서 천주·개신 기독교를 능가함으로써 당시 국가·사회 전 분야에서 서양세력을 이긴 유일한 민족세력이었다. (그리하여 1900년대 기독교인은 겨우 1~2만 명에 달한 반면, 동학교도는 무려 200만 명에 달했다.) 다만 고종과 조선 정부가 시골 유생들과 위정척사론자들을 위시한 동도동기론자들, 김윤식·신기선을 위시한 동도서기론자들, 서재필·윤치호·이상재 등 독립협회·『독립신문』 지도층을 위시한 친일·친미 서도서기론자들의 사론(邪論)에 매여 이런 동학을 뒤늦게야 공인한 것이 안타까울 뿐이다. 동도동기·동도서기론자와 서도서기론자들의 공통된 '사악성'은 이들이 서로를 상극으로 배척하면서도 공히 '동학교도들'을 '동비(東匪)'로 몰아 토벌하려는 점에서는 묵언의 동맹을 맺고 고종을 동학과 손잡지 못하도록 늘 압박했다는 데 있다.

따라서 고종의 '구본신참' 개혁론은 "당시의 표준적인 국민정서를 반영한 것"이었다.[407] 나아가 구본신참론은 동아시아의 현 상태와도 잘 합치되는 것으로 보인다. 왜냐면 우리가 전통적 생활 질서와 제사 문화를 변화 속에서도 여전히 굳세게 간직하고 이런 바탕 위에서 서양 문물을 참작하여 우리의 몸에 맞춰 다듬고 깎고 또 우리 색깔로 물들여 받아들임으로써 한민족 특유의 새로운 패치워크 문물을 창조하여—몇몇 분야에서는—서양보다 높이 발전시킨 오늘날 대한민국의 현 상태만이 아니라, '탈아입구'의 과격한 '서도서기론'을 내걸고 서구 문물을 직수입하여 무조건적 '서구화'를 달성하려고 했지만 오히려 천황제와 신도(神道)·불교 전통을 유지·강화하고 서양 문물을 도입·변형·재창조하여 서양을 능가하는 발전을 이룩한 일본의 현 상태도 구본심참론이 '동도서기론'보다 더 잘 설명해주기 때문이다.[408] 이처럼 다른 문명을 받아들인다는 것은—이론적으로 관념하는 것이 아니라 실제로 수행한다면—언제나 결코 이론 그대로의 '복제'가 아니라, 타문명의 참작을 통한 '새로운 문물의 합성적 창조', 즉 문명 수용에 성공할 시에 '패치워킹'으로 귀결될 수밖

---

407 한영우, 앞의 글(2006), 36~37쪽.

408 동아시아의 '인간과학(인문·사회과학)' 분야는 서구의 인간과학과 대등하거나 이를 능가하는 독자적 학문 수준을 개창하지 못하고 서양 이론들을 닥치는 대로 수입하여 추종하고 퍼트리는 '서도서기' 상황에 처해 있는 것 같다. '인간과학'이 한 문명권의 '정신'이라면, 동아시아 문명권은 "제정신 없는" 문명권인 셈이다. 그러나 오늘날 동아시아 사회는 '인간과학'을 제외한 전 측면에서, 즉 헌정체제적·법제적·사회문화적·산업경제적·과학기술적·의료기술적 측면에서 '구본신참' 상황에 놓여 있다. 황태연, 『공자와 세계(1)-공자의 지식철학(상)』, 52~55쪽 참조. 그런데 동도서기론과 구본신참론을 구별하지 못하는 이들은 동도서기론이 현재로서도 우리에게 유효하다고 착각한다. 김문용, 「동도서기론은 얼마나 유효한가?」, 『가치청바지 동서양의 가치는 화해할 수 있을까?』(웅진, 2007); 배항섭, 「동도서기론의 구조와 전개양상」, 『사림』 제42호(2012), 2쪽 각주.

에 없는 것이다.[409]

따라서 혹자가 매도하듯이 구본신참론은 "친로수구파 정부의 수구고식책(守舊姑息策)"이[410] 아님은 말할 것도 없고, 흔히 오해하듯이 동도서기론과 동일한 것도 아니다. 또한 구본신참론은 '서기'의 외연을 확대하고 반대로 '동도'를 '동교(東敎)'(삼강오륜의 교리)로 축소함으로써 서기를 동도보다 중시하는 몰민족적 '동교서법론(東敎西法論)'과 동일한 것으로'으로 오해해서도[411] 아니 될 것이다. 이용후생에 이롭다면 서양의 '도'든 '기'든 서양의 새것을 우리의 옛것의 응용·변형·발전으로 이해하여 새것을 가공하여 옛것에 마찰 없이 통합하는 자연스런 '패치워킹' 방법에 의해 옛것을 새롭게 만들려는 구본신참론에 따라 가령 민선의관제(民選議官制)로 신설된 '중추원'도 과거의 사간원과 사헌부의 합성으로 이해함으로써 서양의 대의제를 참작하여 사간원·사원부를 결합시키고 혁신한 것이다.[412] 구본신참론에 입각한 광무개혁은 구학와 구제를 근본으로 삼고 서양의 신학문과 기술을 참작하는 것처럼 표현되었지만, 서양의 기술문명만이 참작 대상인 것은 아니었다. 광무개혁은 갑오경장의 개혁정책을 이전에는 민족주체적으로 계속했고, "그 이전보다 더 적극적으로 서양 문물을 수용했다." 우선 '대한제국의 실체'를 국제법에 의거하여 규정하고 황권의 강화를 위한 정부제도와 외교활동 등의 법령도 서양법에 의거하여 마련하고 서양식 교육도 강화하여 각종 서양 신학문도 도입했다.[413] 이런 까닭에 혹자는 구본신참론의 광무개혁을 '신본구참(新本舊參)'이라고까지 평한다.[414] 계몽운동기의 박은식 등 일부 재야인사들도 독립협회의 서도서기론(후쿠자와 식의 '문명개화론')과 달리 실학의 개혁사상을 이어 '개화'를 '개물성무(開物成務) 화민성속(化民成俗)'(만물을 개발하여 일을 성취하고 백성을

---

409 동도서기론과 구본신참론을 구별하려는 맹아적 시도와 의식은 강상규, 앞의 글(2006), 170~173쪽; 한영우, 앞의 글(2006), 36쪽 참조.

410 愼鏞廈, 앞의 글(1976), 147쪽.

411 장영숙, 「대한제국기 고종의 정치사상 연구」, 『한국근대사연구』 제51집(2009 겨울) 참조.

412 중추원 부의장 신기선은 이런 논리로 의관의 녹봉 인상을 요구하고 있다. "중추원은 사간원과 사헌부의 체제를 겸한 만큼 반드시 회의를 주관하는 사람의 풍채와 권위가 있어야 의견이 성립되고 일이 시행될 수 있습니다." 『고종실록』 35년(1898, 대한광무 2) 4월 16일(양력) 두 번째 기사.

413 김도형, 「개항 전후 실학의 변용과 근대개혁론」, 『동방학지』 124집(2004), 425~426쪽.

414 서영희, 앞의 책(2003·2005), 110쪽. 그러나 서영희의 이 '신본구참(新本舊參)'이라는 과감한 표현은 '구본신참론'을 "서교(西敎)의 수용이 아닌 한, 제도적 측면에서도 개혁이 추진되어야 한다는 이른바 변법적 개화론"으로 협소화시킨 자신의 최초의 주장과 모순되는 측면이 있다.

교화하여 풍속을 이룩함)의 약어로[415] 이해하고 구본신참론적 개혁론을 대변했다.[416] 특히 1898년 9월에 창간된 『황성신문』은 창간 초기에 서재필과 윤치호의 『독립신문』에 오도당해 "사구종신(捨舊從新)"을 강력하게 주장하는 경우가[417] 창간 초기에 몇 달 동안 있었을지라도 서도서기론이나 전면적 구도(舊道) 청산론이 아니라 대체로 구본신참론 또는 신구절충론을 따랐다. 『황성신문』을 중심으로 집결한 개신유자들은 대개 기독교를 인정한 성호좌파 계열의 전통적 실학자들의 저서와 국가개혁론, 역사 기술, 영토 이론 등을 발굴하여 홍보하면서 신구절충의 차원에서 기독교를 포함한 서양의 문화와 신학문을 수용하되, 국혼(國魂), 국수(國粹), 국성(國性)을 보존하는 국혼보전론에 입각한 근대적 '민족국가' 비전으로 정부의 '구본신참' 노선에 호응했다.[418] (『황성신문』 중심의 인사들은 1910년 이후에는 장지연 등 소수를 제외하면 대개 독립투사로 변모한다. 이것은 『독립신문』과 독립협회를 중심으로 모인 인사들이 『황성신문』을 만든 남궁억·나연수 계열과 이승만 등 소수를 제외하고 대개 친일파로 변절한 것과 정반대의 현상이었다.) 따라서 『독립신문』에서만이 아니라 『매일신문』, 『제국신문』(1898. 8.~1910. 8.), 『황성신문』, 『대한매일신보』 등 여러 반일적 민족지에서 '대한제국'을 가리켜 도합 750회 이상 사용된 '민국'이라는 용어도 '대한제국'의 '한(韓)'이 고유한 전통적 민족 명칭인 한에서 영·정조 이래의 '국민국가' 의미에 더해 새로이 '민족국가' 의미를 추가해간 것으로 보인다. 또한 이에 따라 '민족'이라는 용어도 대한제국기에 비로소 일반적으로 쓰인다. 가령 『황성신문』에만 537회의 사용 건수가 발견되고, 『대한매일신보』에서도 369회의 용례가 발견된다.[419] 『실록』에서 '민족'이라는 단어는 1907년 나인영(나철)의 공술문에서야 처음 등장한다.[420] 그러나 『황성신문』, 『대한매

---

415 '개물성무(開物成務)'는 『易經』 「繫辭上傳」(11) 참조. '화민성속(化民成俗)'은 『禮記』 「學記 第十八」(001) 참조.

416 김도형, 앞의 글(2004), 427~428쪽 참조.

417 『황성신문』 1899년 6월 28일자 논설.

418 김도형, 앞의 글(2004), 430~431, 434쪽.

419 『황성신문』에서 쓴 '민족'의 어의는 오늘날의 '민족'과 같다. 가령 "世人이 或 트란스발 人을 指하야 凶暴한 半野蠻의 民族으로 想像하 ᄂ [⋯]"(양1900[광무 4]년 1월 12일자 3면 '外報']) 또 "往昔 元太祖時에 東方民族이 沙漠을 橫ᄒ며 [⋯]"(양1900년 1월 23일 2면 '奇書』. 『대한매일신보』(한글판)의 '민족' 용례도 그 의미가 오늘의 '민족'과 동일하다. 가령 "월남국의 민족과 ᄀ치 청천백일을 보지 못홀 터이니 춤 불상ᄒ고 답답ᄒ오."(1907년 8월 27일자 2면 5단 '시사평론') 또 "슯흐고 통ᄒ도다. 혈루가 잇고 혈생이 잇ᄂ 한국민족이여. 긴밤에 취한 꿈을 어서 깨어 [⋯]"(1908년 1월 9일 1면 1단 '기서奇書')

420 『고종실록』 44년(1907, 대한광무 11) 7월 6일 기사.

일신보』등과 대조적으로 반민족적 서도서기론을 표방하던『독립신문』은 '민족'이라는 용어를 단 한 번도 사용하지 않는다.

광무개혁은 비록 기간이 짧았을지라도 한국에 어마어마한 근본적 대혁신을 가져왔을 만큼 정치사회적으로 강력하고 경제적으로도 역동적인 것이었다. 광무개혁 10년째가 되는 1906년 호머 헐버트(Homer B. Hulbert, 1863~1949)는 광무개혁에 의해 혁신된 한국의 새로운 모습에 대해 이렇게 말한다.

> 20년 전에 한국을 방문했던 여행자가 서기 1906년에 다시 여기로 돌아와 본다면, 그는 대외 교류에 대해 국가를 개방한 덕택에 이룩된 물질적 변화들에 대해 깜짝 놀라게 될(startled) 것이다.[421]

이렇게 "깜짝 놀랄" 물질적 성과 외에 고종의 강병양성책도 주효했다. 광무개혁을 통해 최초로 한국교관에 의해 훈련되어 충군애국심을 갖춘 정예 병력은 1903년 초 이미 서울의 시위대와 지방의 진위대 도합 1만 6,000명(시위대 및 서울 수비대 6,000명, 진위대 1만 명)에 달했고,[422] 헌병대·지방산포대·무관학교교관·생도대·군악대 등을 다 합할 때 3만 병력에 달했다. 최초로 제대로 된 민족국가적 애국심을 함양한 이 최초의 '한국군'은 1905년 이후 일제에 의한 강제적 군대감축과 1907년 군대해산을 기점으로 수많은 장병들이 정미의병(3차 의병)으로 전환되어 항일독립전쟁의 실질적 서막을 올렸고, 이후 만주 독립군의 근간이 되었다.[423] 특히 초기 단계의 러시아 교관을 제외하고 최

---

421 Homer B. Hulbert, *The Passing of Korea* (New York: Doubleday, Pay & Company, 1906), 456쪽. 또한 영국의 『데일리메일』기자 프레더릭 맥켄지(1869~1931)도 유사한 관찰 보고를 남겨 놓고 있다. "1894년에서 1904년에 이르는 이 기간 동안에 이룩한 발전은 1880년대 초의 조선을 아는 사람들에게 실로 놀라운 것이었을지도 모른다. 잘 놓인 현대식 철도가 경인간에 부설 운영되고, 이 밖에도 다른 철도의 부설을 계획 측량하여 일부 공사가 진행 중이었으며, 서울엔 전등·전차·영화가 생기기까지 하였다. 서울 주변에는 훌륭한 도로가 놓이게 되었으며 많은 중세적 낡은 인습이 폐지되었다. [⋯] 위생시설이 개선되고, 해안에는 등대를 세우기 위한 측량과 항해도 제작 및 건축 공사가 시작되었다. 좋은 가문에서는 많은 사람들이 외국 유학을 마치고 속속 귀국하였다. 경찰은 신식 복장을 차려입고 신식 훈련을 받았으며 작은 규모나마 근대식 군대가 조직되기도 하였다." Frederick A. McKenzie, *Korea's Fight for Freedom* (Old Tappan, New Jersey: Fleming H. Revell Company, 1920); 맥켄지 저, 이광린 역,『韓國의 獨立運動』(일조각, 1969·1972), 38쪽.

422 『日本外交文書』 37-1. 事項 6 '日韓協約 締結'의 件, 문서번호 390. '對韓方針 및 對韓施設綱領決定의 件 中 三'. 이태진, 앞의 책(2000·2008), 84~85, 408쪽에서 재인용.

423 한용원,『대한민국 국군 100년사』(오름, 2014), 33~61, 63~117쪽 참조.

초로 한국인 교관들에 의해 자주독립정신·민족의식·애국심·충성심이 투철한 수많은 장교를 길러낸 '대한제국 육군무관학교'는 광무개혁의 부국강병책의 정수라고 할 만하다. 김좌진, 지청천, 신규식, 양규열, 이장녕, 이관직, 신팔균, 황학수, 김혁 등 수많은 무관학교 졸업생들은 의병장, 1911년부터 10년간 3,500여 명의 독립군 장교를 길러낸 신흥무관학교의[424] 교관, 독립군 사령관 및 중간 간부, 임정 요인 등으로서 의병·독립군·광복군에 의해 수행된 50년(1895~1945) 독립전쟁의 근간 세력이 되었다.[425] 고종은 비록 나라를 지키는 데 실패했어도 나라를 다시 되찾을 우수한 인재만이 아니라 애국세대로서의 이른바 '대한세대'를 길러냈던 것이다.

(5) 대한제국의 민국적·계몽군주정적 국가 성격: 시원적 근대국가

대한제국과 관련해서는 광무개혁의 성과 문제만이 아니라 대한제국의 국가 성격에 대해서도 논란이 분분하다. 일단 논란되지 않는 대한제국의 '민국적' 성격부터 살펴보자. 상술했듯이 고종이 꼭 집어서 '정조'의 민국 사상을 의식적으로 계승했다는 뚜렷한 증거는 없지만, 대한제국 단계에서 고종은 영·정조 이래의 전통적 '민국' 개념을 창조적으로 계승하여 비상한 방법, 즉 칭제건원의 방법으로 구현하려고 한 것으로 보인다. 이 과정에서 국민국가로서의 '민국'에 '민족국가'의 의미가 추가되었다.

민국의 이런 민족주의적 의미 추가는 국문 교육이라는 작지만 큰 변화로도 나타난다. 공문서를 국문 또는 국한문혼용으로 작성하라는 법령은 이미 갑오경장의 칙령으로 발령되었고, '백성들에게 먼저 국사와 국문을 가르치라'는 명령은 을미사변 전인 1895년 3월 박영효 주도의 내무아문이 독단적으로 내각 규정을 어기고 또 학부 등의 권한을 침범해가며 각 도에 훈시한 제반 규례 제10조로 처음 나타났으나,[426] 실행되지 않고 흐지부지되었다. "모든 법률 명은 국문을 기본으로 한다."는 순국문 또는 국한문 칙령(칙령 제86호 '공문식' 제9조)은 명성황후 생전인 1895년 5월 8일에 처음 반포된다.[427] 박정양 내

---

424 한용원, 위의 책, 22쪽.

425 대한제국 육군무관학교 졸업 장교들과 의병전쟁·독립전쟁의 관계에 관해서는 다른 기회에 별도로 상세히 논할 것이다.

426 『고종실록』 32년(1895) 3월 1일. "第十條 人民을 몬져 本國史, 本國文을 敎할 事."

427 『고종실록』 32년(1895) 5월 8일. "第九條, 法律命令은 다 國文으로 本을 삼."

각 시절의 이 책령은 바로 시행된다. 그 뒤에 고종은 '우리나라 글자[東國文]' 한글의 우수성을 강조하며 백성의 민족 주체성을 제고하고 백성의 학식을 증진하기 위해 국문 교육을 강화할 것을 주청하는 지석영의 상소를 가납하고,[428] 이에 따라 학부에서 수립한 '신정(新訂)국문실시안'(국문의 음운과 표기를 새로 오늘날 우리가 쓰는 한글 표기법으로 정비한 국문 통일안)을 재가함으로써 국문 교육을 새로운 차원에서 재차 확산시켰다.[429] 그리고 고종은 1907년 7월 8일 강제 퇴위 10일 전 '국문연구소'를 설치함으로써[430] 마지막까지 국문 교육에 심혈을 기울였다. 이 국문연구소(위원장 윤치오)는 문패만 갖춘 연구소가 아니라, 국운이 끝나는 마당에 괄목할 성과를 올렸다. 국문연구소는 『대한국어문법』(1906)으로 유명했던 주시경 연구소 주임위원의 실질적 주도 아래 「국어연구의정안」(1907~1908)을 수립하였고, 『국어문전음학(國語文典音學)』(1908), 『말』(1908), 『국문연구』(1909), 『고등국어문전』(1909) 등을 간행했다. 특히 「국어연구의정안」은 아래 '·' 자를 존치한 것을 빼면 오늘날 우리가 사용하고 있는 맞춤법·문자체계의 기본 원리를 결정지은 훌륭한 문자체계·표기법 통일안이다. 또 주시경은 국문연구소와 별개로 1910년에 국어 연구사에서 빛나는 대표 저서 『국어문법』을 지었다.[431] 따라서 오늘날 우리가 쓰는 '한글'의 기본 형태는 대한제국기에 완성된 것이다. 그러므로 세종이 '훈민정음'을 창제한 임금이라면, 고종은 훈민정음을 '국문'으로 만든 임금이라고 칭송해도 이는 결코 과언이 아니다. 대한제국 정부에 의한 국문의 공식적 확정과 범국민적 보급사업은 신문·잡지·서적의 글말이 국민적 공감대와 공론장을 규정하던 그 시절에 일반 백성들이 나라의 모든 중요 문제들을 공감하고 느끼고 따지는 공감적 공론장에 쉽사리 참여할 수 있는 언로를 범국민적 차원으로 확장해줌으로써 '대한제국'을 '백성이 이래라저래라 하는 백성의 나라', 즉 '민'과 '국'이 하나가 된 '민국'으로 발전시키는 데 결정적으로 기여했다.

상론했듯이 김병시의 주청과 고종의 논변을 보면 고종이 대한제국을 칭제건원으로 나라를 쇄신한 것도 흔들리는 국가의 통치권을 반민(反民)·친일 편

---

[428] 『고종실록』 42년(1905, 광무 9) 7월 8일.

[429] 『고종실록』 42년(1905, 광무 9) 7월 19일.

[430] 『고종실록』 44년(1907, 광무 11) 7월 8일.

[431] 고영근, 「개화기의 국어연구단체와 국민보급활동」, 『한국학보』 제9권 1호(1983. 3.); 홍현보, 「개화기 나랏글 제정과 '한글'의 발전과정 연구」, 『한글』 제277호(2007, 가을) 참조. 통사적 언급으로는 한영우, 『다시 찾는 우리역사』, 517쪽 참조.

향으로부터 순화하여 국왕 중심으로 자주화하고 또 강화함으로써 그간 분리된 '민'과 '국'을 다시 '일체'로 만들려는 데 백성과 임금의 합심이 있었던 것은 분명한 것으로 보인다. 동학농민봉기 이래 백성들 자신이 '자주독립'을 급선무로, 따라서 왕권강화를 국민국가적·민족국가적 자주독립을 위한 국가개혁의 급선무로 여기고 있었기 때문에, 칭제건원을 통한 대한제국의 기명유신적(其命惟新的) 건국은 '민권'에 '자주독립'을 앞세우는 민심을 수용하여 '민'을 '국'과 통합시키려는 일대 혁명적 결단이었다.

상론했듯이 김병시는 "민은 국에 의지하고 국은 민에 의지하여 민국이 일체인 것은 오랜 의(義)"라는 '민국일체의 고의(古義)'를 전제로 "그런데 요사이 백성은 백성 따로, 나라는 나라 따로 잡아당겨서 나라가 백성을 서로 잊은 듯이 홀대한 지가 오래되었습니다."라고 개탄하면서 임금에게 용단을 내려 온갖 법도를 똑바로 세워 '민국일체의 고의'를 회복할 것을 강력히 주청했다. 또한 고종은 이미 제시했듯이 "무릇 나라는 백성에게 의지하고 백성은 나라에 의지하는 것이니, 백성이 편안하면 나라가 편안하고 나라가 편안하면 백성도 편안하다. 민국상여(民國相與, 민국이 서로 함께하는 것)는 인선이 머리와 눈, 사지와 몸통을 보유하고 방위·보호하는 데에 필수적으로 그 심력(心力)을 합동시키는 것과 같은 것이다."라고 하여 김병시처럼 '민국일체'의 민국이념을 역설하고 있다. 이런 논변을 보면 고종도 민국이념을 조선의 정치 전통으로 여기고 그간 세도정치 및 일제·친일파의 갑오경장 책동과 을미사변 이후의 친일 정부에 의해 서로 분리되게 된 '민'과 '국'을 다시 굳게 통합하는 것을 국가와 민심의 급선무로 이해하고 있다. 그리하여 을미사변 이후 백성의 급선무를 정확하게 반일(反日) '자주독립'과 혁구도신적(革舊圖新的) '민족국가 건설'로 파악한 고종은 칭제건원의 상소를 수용하고 교묘한 감언이설로 '민'과 '국' 간의 반민족적 이간질을 획책하는 '친일 민권' 요구를 제압하는 비상한 방법으로 왕의 주권적 통치권을 강화하고 이 강화된 주권적 통치권에 의해 개혁 정치를 가속화함으로써 '민국'을 '대한제국'이라는 국제적으로 승인된 '자주독립 민국(국민·민족국가)'의 형태로 재건하려고 한 것으로 보인다.

이것은 황제국의 건국을 험난한 역사 전개로 그간 서로 떨어졌던 '민'과 '국'을 비상시국에 비상한 방법으로 다시 하나로 결합하는 '민국'의 재건으로 이해한 백성의 민심을 그대로 반영한 것이다. 이것은 단지 백성들의 뜻만이 아니라 아관망명 이후 대소 신료들의 뜻이기도 했다. 한영우는 칭제상소의 명분들 중 하나로 "갑오경장과 을미사변으로 자주독립이 무너지고 민심이 국가를 떠나 '민'과 '국'이 분리되었으므로 '민'과 '국'이 다시 하나가 되는 '민의 나라', 즉 '민국'을 세우고 '자주독립'의 실(實)을 거두려면 황제국가가 되어야 한다."는 것으로 분석한다. "칭제가 곧 국가주권을 지키는 길이요, 민국을 세우는 길이라는 인식은 매우 의미심장하다. 다시 말해 황제, 자주독립, 민국이 삼위일체로 인식되고 있다는 점이다. 자주독립이 곧 민국이요, 민국이 곧 자주독립이라는 것이다."[432]

또한 대한제국은 주도 세력들이 다 '소민(小民)' 또는 '일반 백성(서얼·중인·양민·천인)' 출신으로 이루어져 있었다. 따라서 대한제국은 신분·계층 측면에서도 전통적 '양반국가'에서 '민국'의 '국민국가'로 전변했다. 대한제국 건국 당시 브레인들은 개신유학자들이었지만, 건국 후 황제가 가장 신임하던 근왕세력들은 명문가문 후예가 아닌 서자나 군인, 변방의 평민 등이었다. 고종은 이미 1882년 7월 22일에 서북인, 송도인, 서얼, 의역관(醫譯官), 서리, 군오(군졸) 등 소외된 계층에 대한 출사제한을 철폐하는 개혁 조치를 발표했고, 이어 1882년 12월 28일에는 종래의 '세귀지풍(世貴之風)'을 반성적으로 비판하면서 관료든 상민·천민이든 누구나 돈을 벌어 부자가 되게 하고 농민·상인·수공업자의 자식일지라도 출신과 무관하게 학교에 입학할 수 있게 한다는 교서를 내렸다.[433] 이로써 봉건적 신분질서가 정치사회적으로 완전히 의미를 잃게 되었다. 그리고 1886년에는 사노비 세습제를 폐지하는 등의 신분해방 조치를 단행했는데, 대한제국 건국 이후에는 이렇게 해방되어 교육받은 평민·중인 능력자들을 적극적으로 정부 안으로 흡수했다. 대한제국에서 고종은 "과거를 불문하고 시무에 적합한 능력 있는 인재를 등용한다."는 1898년 6월 25일의 조칙에 따라 실무 능력자를 관리로 선발했고 (이에 따라 얼마 지나지 않아 중간 지위의 실무 관료들은 절대 다수가 과거시험을 거치지 않고 새로 선발된 실무 능력자들로 구성되었다), 황제의 최측근으로 활약한 이용익, 이근택, 이기동, 길영수 등 관료층과 엄비, 내관들도 다 평민·중인 출신으로 구성했다. 평민 출신의 이러한 대규모 등용에 대해서는 당연히 양반유생들 쪽에서 완강한 저항이 있었다. 특히 엄상궁의 엄비 책봉에 대한 저항은 양반유생들만이 아니라 이준용(대원군 손자) 등의 황실척족으로부터도 거세게 일어났다.[434] 그러나

---

432 한영우, 앞의 글(2006), 35쪽.
433 『고종실록』 19년(1882) 7월 22일 및 12월 28일 기사.
434 오영섭, 『한국 근현대사를 수놓은 인물들(1)』(경인문화사, 2007), 327~328쪽.

고종은 이런 저항을 모조리 분쇄하고 평민 등용을 계속 확대해 나갔다.

특히 고래로 초라하고 천한 '중인'과 동급으로 취급받던 서자들의 신분해방이 특기할 만했는데, 대한제국기 서자들의 신분해방 수준에 대해 황현은 갑오년 전후에 이미 "서류(庶類, 서자 무리)들이 날로 번성하여 거의 국가 안의 절반을 차지 할 정도가 되었다. […] 지금의 임금은 이미 외국과 통상관계를 맺었고, 고루하고 자잘한 조종(朝宗)제도는 변통해서 뛰어넘어야 한다는 생각이 있게 되었고, 마침내 격식을 깨고 인재를 등용한다는 의론이 일게 되었다. 그중 문과를 거쳐 청요(淸要) 벼슬(규장각·홍문관·선전관청 등의 핵심 요직-인용자)에 오른 자들은 이조연으로부터 시작하여 이범진·김가진·민치헌·민상호·민영기 등이 이윤용·윤웅렬·안경수·김영준의 한 부대와 더불어 다 갑오년(고종 31) 이후 번갈아 대관이 되고 그 나머지 금관자(정·종2품 벼슬아치)와 옥관자(정3품 이상 벼슬아치)는 지적할 수 없이 많아서, 조정의 적을 가진 사람의 거의 5분의 3을 차지했다."[435] 또 광무 5년(1901) 황현은 적서·반상 차별의 소멸이 "시집 장가 가는" 사회문화적 차원에까지 "통한 것은 아니라" 할지라도, "이 당시에 문벌은 이미 무너졌고 청요직도 서류들이 반 이상 차지하였으며, 권세가 등등한 곳에서는 본래 교만하고 경솔했던 사대부들도 벗을 허하고 '동생'이라고 부르지 않을 수 없었다."고 평하고 있다.[436] 이 신분구성 측면에서만 보더라도 대한제국은 이미 전통적 양반국가에서 '민국'으로 환골탈태된 근대적 '국민국가'였다.[437] (따라서 일제에 의한 이런 명실상부한 '민국적' 대한제국의 파괴와 식민지화는 도리어 신분제사회로 퇴행하는 결과를 가져왔다. 왜냐하면 조선총독부는 각지의 '청학동'으로 잠적, 자멸한 성리학 유생들을 끌어내 1911년 천황의 하사금으로 재설립하여 총독부 예산으로 운영한 '경학원經學院'과 '명륜학원' 중심으로 모이게 함으로써 '황도유학' 추종 성리학 유생들로 되살려내 일제강점의 정당성을 선전하는 유생 부대로 활용하는 한편,[438] 빈사의 구 양반세력을 향리 차원의 지배신분으로 부활시켜 식민통치체제 속으로 통합하고 메이지유신으로 부활된 고색창연한 주대周代 귀족체계를 반도에도 도입

---

435 황현, 『梅泉野錄(上)』卷之一上[甲午以前] (명문당, 2008), 476~477쪽.
436 황현, 『梅泉野錄(中)』卷之三 (명문당, 2008), 452쪽 (1901년 1월).
437 서영희, 앞의 책(2003·2005), 84~85쪽; 서영희, 앞의 글(2006), 71~76쪽; 한영우, 앞의 글(2006), 36쪽 참조.
438 권희영, 「일제시기 조선의 유학담론-공자명예훼손사건을 중심으로」, 『한국민족운동사연구』 제63집 (2010), 121~154쪽 참조.

하여 악질 친일파들에게 공작·후작·백작·자작·남작 등의 작위를 하사했기 때문이다.)

광무개혁에 의해 재건되고 발전된 '민족적 민국'의 수립과 애국계몽운동의 정치사회적 분위기 속에서 '대한민국' 국호도 대한제국기 일간지들 안에서 대한제국의 국호 '대한'과 전통적 '민국'의 합성을 통해 자연발생적으로 집단 창제된다.[439] 또한 애국계몽운동 속에서 자연히 한 마음으로 지정된 국화 '무궁화', 익명적으로 지어진 수십·수백 버전의 애국가(무궁화가) 가사들이 하나로 통합되어 만들어진 애국가 가사가 창작된다. 윤치호와 안창호가 자신들이 창작했다고 허언하는 애국가 가사는 이미 『독립신문』에 34건, 『황성신문』에 62건, 『대한매일신보』(국한문판)에 67건이 보도되고 있다. 『독립신문』에 최초로 보도된 애국가 소식을 보자면, 가령 "녯쟉는 빅쟉 학당 학원들이 무궁화 노리를 불으는듸 '우리나라 우리 님군 황텬이 도으샤 님군과 빅셩이 ᄒᆞᆫ가지로 만만셰를 길거(拮据)ᄒᆞ야 태평독립 ᄒᆞ여 보셰' ᄒᆞ니 외국 부인이 쏘 악긔로 쿌에 맛쵸아 병챵ᄒᆞ더라."라고 하는 기사를 들 수 있다.[440] 오늘날 애국가 가사와 공통점이 큰 '무궁화 노래'의 가사를 알 수 있는 기사로는 이런 것이 있다.

모든 학원이 무궁화 노리 ᄒᆞ고 교샤 쑤룩쓰씨가 거슈 츅ᄉᆞ ᄒᆞ다더라 무궁화 노리는 (一) "셩ᄌᆞ신손(聖子神孫) 오빅년은 우리 황실이요 산고슈려(山高秀麗) 동(東)반도는 우리 본국일셰", 후렴은 "무궁화 삼쳔리 화려강산 대한사름 대한으로 길히 보젼 ᄒᆞ셰" (二) "인국ᄒᆞ는 렬심의긔 북악 ᄀᆞ치 놉고 츙군ᄒᆞ는 일편단심 동히 ᄀᆞ치 깁허" (三) "쳔만인 오직흔 ᄆᆞ음 나라 ᄉᆞ랑 ᄒᆞ야 ᄉᆞ롱공샹 귀쳔 업시 직분만 다 ᄒᆞ셰" (四) "우리나라 우리 황뎨 황텬이 도으샤 군민 공락 만만셰에 태평독립 ᄒᆞ셰."[441]

애국가 가사만이 익명적 집단 창작으로 만들어진 것이 아니라, '무궁화'를

---

439 한글 '대한민국'의 용례는 『독립신문』 1899년 4월 24일자 기사 "대한쳔졍(大韓錢政) 우리가 쟉년 여름 본샤 신문 론셜에 대한에서" 참조. 그리고 한자어 '大韓民國'의 용례들은 『大韓每日申報』 1907년 1월 6일자 기사 "上政府書" 및 1909년 5월 30일자 기사 "雜報" '哭裵說公' 참조. 이에 관한 자세한 논의는 황태연, 「대한민국 국호의 기원과 의미」, 『정치사상연구』 제21집 1호(2015. 5.); 황태연, 『대한민국 국호의 유래와 민국의 의미』(청계, 2016).
440 『독립신문』 1897년 8월 17일자 3면 1단.
441 『독립신문』 1899년 6월 29일자 3면 2단.

국화로 정하는 것도 애국지식인 집단에 의해 익명적으로 이루어진다. 무궁화에 대한 기사는 『독립신문』에 2건, 『황성신문』에 7건, 『대한매일신보』(국한문판)에 12건이 보도되고 있다. 말하자면 대한제국기의 애국계몽운동 속에서 어떤 개인의 창작이 아니라 애국지식인 대중의 익명적 집단 창작으로 '대한민국' 국호와 애국가 가사가 만들어지고, '무궁화'가 국화로 지정된 것이다.

한편, 대한제국의 자주독립은 청으로부터의 자주독립이 아니라, '일본으로부터'의 자주독립이었고, 당시 국민들도 자주독립을 '일본으로부터'의 자주독립으로 이해했다.

대한제국이 탄생할 때 국민여론은 대대병력을 동원하여 경복궁을 점령한 이후에 고종을 협박하여 추진된 갑오경장의 근대화정책이 '민'과 '국'을 분리시키는 결과를 가져왔다고 믿었다. 또 국모를 무자비하게 살해한 을미사변은 일본을 난폭한 침략자로 인식하게 되는 계기를 증폭시켰다. 다시 말하면 일본이 주도하는 내정개혁은 그 핵심이 고종과 왕비의 제거에 있기 때문에 진정한 내정개혁과 근대화를 위해서는 고종의 왕권강화와 국가의 자주독립이 우선이라는 점을 깨닫게 된 것이다. 일본은 자주독립과 근대화의 방조자가 아니라, 그 방해꾼이므로 일본으로부터의 자주독립이 급선무라는 것을 인식한 것이다.[442]

그러므로 "대한제국의 성립은 바로 '반일', 즉 '일본으로부터의 주권 수호' 없이는 '근대화'도 '민권'도 있을 수 없다는 국민적 자각이 모아진 국민혁명인 것이다".[443]

이러한 민심과 새로운 정세 인식 속에서 1899년 8월 17일 고종은 황제의 전제적 지위를 규정한 총9개조의 '대한국국제(大韓國國制)' 제1편을 반포한 것이다. 국제 제1편 제1조는 "대한국은 세계 만방에 공인된 자주독립국이다". 제1조는 대한독립선언이다. "제2조 대한제국의 정치는 과거 500년간 전래되었고 앞으로도 만세토록 불변할 전제정치다." "제3조 대한국 대황제는 무한한 군권(君權)을 지니고 있다. 공법에 이른 바 정체를 스스로 세우는 것이다." 제5조는 황제의 군대 통수권, 제6조는 황제의 입법권, 제7조는 황제의 통치권

---

[442] 한영우, 앞의 글(2006), 39쪽.
[443] 위의 글, 41쪽.

(정부 조직권과 칙령권), 제8조 황제의 인사권, 제9조 황제의 외교권과 전쟁권을 규정하고 있다.⁴⁴⁴ 고종은 군주친정(君主親政)의 역사보다 더 길었던 '군신공치(君臣共治)'와 '조선민국'의 '군민공치(君民共治)'의 실질적 역사를 의도적으로 덮어버리고 임금을 지존으로 떠받드는 '레토릭'의 '500년 역사'를 활용하여 새로운 '전제정'을 선언함으로써 사실상 이미 국망한 비상 상황에서 항일독립투쟁을 위한 '권위로운 국론 통일 기제'로서의 군왕의 지위를 재구축하려고 시도한 것으로 보인다. 국론 통일 기제로서의 왕권의 훼손과 붕괴를 본능적으로 안타까워 해오던 조선 민중은 모두 독립투쟁의 당위성에서 왕권을 강화해줄 이 황제전제정을 환영했고, 오직 유인석 등 극소수의 위정척사파들만이 황제정을 반대했다.⁴⁴⁵ 이 대한국국제가 '제1편'에 불과하다는 데 주목하면 제2편이 곧 제정될 예정이었음이 틀림없다. 제2편은 국민의 기본권과 참정권을 규정하는 내용이 되었을 것이다. 그러나 이 제2편은 일제의 재침위협과 1904년 재침(갑진왜란)으로 끝내 빛을 보지 못했다. 그럼에도 불구하고 친일파들과 이들에 홀리거나 원격조종을 받은 서재필·윤치호·안경수·윤효정·이승만·고영근 등 일부 독립협회 세력들은 후쿠자와 유키치의 냄새가 물씬 풍기는 소위 '민권'의 이름으로 황제정을 비웃고 공격했다.

칭제와 대한제국 선포는 1896년 9월부터 1897년 10월초까지 1년간 계속된, 분노한 유생, 전현직 관리, 시전상인 등 수천 명의 개별 상소 또는 집단 상소에 의해 강권된 결과다.⁴⁴⁶ 이런 칭제상소운동을 통해, 국왕 고종의 그간 위축되고 파손된 왕권의 정치적 위상이 '극적'으로 회생하여 '급속히' 확립됨으로써 국왕 중심의 정치가 비로소 가능해지게 되는 뜻밖의 정치적 국면 전환이 벌어졌다.⁴⁴⁷ 그리하여 1896년 4월 창간된 최초의 『독립신문』과 7월 결성된 초창기 독립협회도 대한제국 탄생을 강력히 지지했다. 이에 고종은 1897년 10월 13일 반조문(頒詔文)에서 칭제를 "군신, 백성, 군오(병사), 시정(상인)들이 한결같은 말, 한결같은 목소리로 대궐에 호소하여 수십 차례 상소를 올려 기필코 제호(帝號)를 추존코자 했기" 때문이라고 밝히고 있다.⁴⁴⁸ 이것조차도 다 고

---

444 『고종실록』 36년(1899) 8월 17일.
445 한영우, 앞의 글(2006), 34쪽 및 303쪽 참조.
446 상소의 날짜순 정리는 한영우, 위의 글, 33쪽 및 303쪽 참조.
447 강상규, 앞의 글(2006), 166쪽; 이윤상, 앞의 글(2005), 146쪽.
448 『고종실록』 34년(1897) 10월 13일.

종의 여론 조작의 산물로 보는 견해도 있을 수 있는데, 조작이 실제 있었다면 강권 사용 없이 이런 여론조작을 통해 황제에 오른 고종이 한글 창제를 반대하는 저항세력을 형벌로 제압했던 세종보다 더 '명군'인 셈이다.

그런데 황제전제정을 규정한 대한제국의 국제는 오늘날 고종이 '전제군주'였는지 '개명군주(계몽군주)'였는지에 관한 분분한 논쟁을 불러일으켰다. 이 문제에 답하기 전에 우리는 계몽군주정에 대한 우리의 앞선 논의를 상기해야 할 것이다. 서양 세계에서 18세기 후반에 등장하여 선구적으로 국가와 국민을 계몽하던 '계몽군주정(enlightened monarchy)', '계몽전제정(enlightened despotism)', 또는 '계몽절대주의(enlightened absolutism)'는 100여 년에 걸친 공맹철학의 영향으로 거세게 일어난 계몽사상의 영향을 받은 다수의 군주들의 개혁 추구 군주정 또는 개혁 지향 전제정을 말한다. '계몽군주정'은 여전히 국민의 참정권을 배제하고 행정·입법·사법의 삼권을 자기 손에 다 장악한 점에서 본질적으로 전제정 또는 전통적 왕정의 한 형태이지만, 봉건귀족의 특권을 배려치 않고, 아니 차라리 이 특권을 잠식하면서 식산흥업을 위한 자유권 확대 등의 근대화 개혁을 통해 부국강병을 추구했다는 점에서 절대군주정과 본질적으로 다른 국가 형태, 즉 본질적으로 '근대적인' 국가 형태다. 백성과 농민을 배려하는 중국의 황제를 경쟁적으로 본뜨려고 했던 루이 15세, 요셉 2세 등 서양 계몽군주들의 통치철학의 핵심적 논지는 주권자가 국민의 이익을 이 국민 자신보다 더 잘 안다는 것이다. 따라서 계몽군주들은 자기 신민들에 대한 책임감을 느꼈지만, 신민들의 참정권을 인정할 필요성은 느끼지 않았다. 그러나 계몽군주정은 제반 근대화 개혁 조치들을 통해 의도치 않게 백성이 자신들의 참정을 요구하고 실현할 여지를 창출해준 한편, 자신이 관리하는 관료체제 속으로 신분차별 없이 인재를 등용함으로써 불가피하게 국민참정의 길을 열어주었다. 따라서 공맹철학의 충격으로부터 탄생한 '서양의 개화사상'인 '계몽사상'에 의해 영향을 받은 18세기 후반 유럽의 '계몽군주정'은 그 정책적 지향에서 이전의 순수한 '절대군주정'과 명확하게 구분되었다. 계몽군주정의 통치는 최선의 최신 지식을 국정과 국정개혁에 적용하려는 체계적·합리적 정책으로 변한 반면, 대내 정책의 주된 목표는 교육기회, 사회적 조건, 경제생활의 향상을 겨냥했다. 계몽군주는 계몽사상의 근대적 원칙들(인간애, 대중 교육, 관용사상, 언론의 자유, 사유재산제, 시장, 임노동제, 군제개혁 등)을 받아들여 자기 나라에 적용했고, 대부분의 계몽군주는 교육·학문·예술을 육성했다. 또한 계몽철학에서 영감을 얻은 광범한 국가개혁을 단행했다. 행정, 사법제도, 세무재정체계를 근대적으로 개혁했다. 농업·상업 등의 발전을 장려하는 식산흥업의 노력과, 지역에 따라 진퇴를 거듭했지만 농노제를 폐지하려는 노력도 일부 선보였다. 동아시아의 만민교육적 서당과 향교를 본뜬 초·중고등교육 설치도 점차 확대되었다. 이것들은 다 오직 계몽정책들이 구현될 당시에 정확히 절정에 오른 계몽·개화사상로부터만 설명가능한 것이다.

이런 사실들을 상기해보면, 서양에서 '계몽(개명)군주제(enlightened monarchy)'는 본래 '계몽전제정(enlightened despotism)'의 이명(異名)이라서 이 두 술어는 서로 통용되었다. 그러므로 어떤 군주가 '개명군주'이기 위해서는 '전제정'이 그 전제(前提)로서 요구된다. 전제정은 개명군주와 모순되는 것이 아니라 개명군주의 기반이다. 환언하면, 개명군주는 전제군주와 대립되는 별도의 유형의 군주가 아니라, 어디까지나 전제군주의 한 유형, 즉 근대적 유형이기 때문이다. '전제주(despot)'는 '전통적 봉건군주', '절대군주(absolute monarch)', '개명군주'로 분류되고, '군주정'과 동의어인 '전제정'은 봉건귀족의 이익을 지키는 전통적 '봉건군주정'과 '절대군주정', 그리고 귀족의 이익을 희생시켜서라도 왕권으로 근대화를 추진하는 '계몽전제정'으로 삼분된다. 따라서 고종황제 재위 시기와 동시대인 19세기와 20세기 초에도 영국 황제(조지 3세, 빅토리아 여제), 독일 황제(빌헬름 1·2세), 오스트리아 황제(요셉 1세, 카를 1세), 러시아 황제(니콜라이 2세), 프랑스 황제(나폴레옹 1세, 나폴레옹 3세) 등처럼 여러 나라의 국가원수는 황제를 칭하고 국가는 민주주의의 존부나 민주화 정도와 무관하게 황제국을 표방했던 것이다. (고종에게 칭제를 상소하는 많은 조선인들은 이런 국제적 사실을 알고 있었고, 상소문에서 이런 사실들을 거론했다.) 이런저런 여러 가지 점에서 전통적 봉건군주정과 절대군주정은 둘 다 전근대적 봉건국가인 반면, '계몽군주정'은 아직 '완성된' 근대국가가 아니더라도 적어도 '시원적 근대국가', 또는 '근대화국가(modernizing state)'다. 여기서 필자는 '노령화사회(aging society, 65세 이상의 인구가 7% 이상인 사회)'와 '노령사회(aged society, 14% 이상인 사회)'를 구분하듯이 '근대화 국가(시원적 근대국가)'와 '근대국가'를 개념적으로 구분한다. 따라서 '개명군주'와 대립되는 개념은 '전제군주'가 아니라 '봉건군주'나 '절대군주'인 것이다.

그러므로 "대한제국의 정치는 과거 500년간 전래되었고 앞으로도 만세토록 불변할 전제정치이고", "대한국 대황제는 무한한 군권을 지니고 있다."고 규정하는 '대한국 국제'는 결코 고종이 '개명군주'임을 부정하는 근거로 끌어댈 수 없는 것이다. '개명'군주란 애당초 전통적 귀족 집단의 이익을 훼손하면서라도 국민의 지지를 바탕으로 근대화개혁을 추진하는 '전제'군주를 뜻하기 때문이다. 굳이 국가 성격을 따지자면 대한제국은 봉건귀족의 이익을 변화된 상황 조건에서 이전과 다른 혁신적 방식(중앙집권, 관료제, 상비군, 중상주의 등)으로 방어하려는 봉건체제의 최후 형태로서의 '절대군주정'을 지향한 것이[449] 아니라, 과감하게 봉건귀족(전통적 양반계급)의 이익을 희생시키면서까지 비상한 방법으로 국민의 자주독립을 위한 근대화 개혁을 가속화하고 재촉한 '계몽군주정'인 것이다. 따라서 고종과 양반귀족층의 관계는 대한제국기 내내 유림의 권고에 묵묵부답으로 일관함으로써 매천 황현의 말대로 '동문서답' 관계가 될 수밖에 없었다. 대한제국기 고종은 유생양반층과 '불가근불가원'의 관계를 견지한 것이다.[450]

따라서 '대한국 국제'에서 주목할 것은 제2·3조의 '전제정치'와 '무한한 황제권' 규정이 아니라, '민국의 급선무'이자 '민심의 급선무'인 '자주독립'을 규정하는 제1조다.("대한국은 세계만방에 공인된 자주독립국이다.") 대한제국은 민심의 급선무인 '자주독립'을 위한 근대화 개혁을 민심의 열렬한 지지로 급속하게 수행하고자 한 '비상계엄 태세의 민국'이다. 이런 까닭에 고종은 기회 닿는 대로 개혁을 다그쳤던 것이다. 가령 그는 학문·교육개혁을 이렇게 재촉한다.

현재 세계 각국이 날로 상승하여 당할 수 없이 부강해지는 것이 어찌 다른 데 원인이 있겠는가? 이치에 맞는 학문에 종사하고 사물의 이치를 연구하며 정밀한 지식을 더욱 정밀하게 하고 기묘한 기계가 날이 갈수록 더 새로운 것이 나오는 데 지나지 않는다. 나라를 다스리는 일이 이보다 앞서는 것이 어디에 있겠는가? 우리나라의 인재가 외국보다 크게 못한 것이 아니며 다만 일상적 교육이 없기 때문에 인민의 식견이 열리지 못하고 농상공업이 흥기하지 못하여 백성의 생업이 날로 영락하고 국가재정이 날로 궁해가고 있다. 그러나 신설된 학교는 겨우 형식을 갖추는 데 그치고 교육의 방도에는 전혀 어두워 5·6년 동안 조금도 진전된 성과가 없다. 상공학교에 있어서는 더욱 급선무가 되니 일찍이 지난해 명령을 내렸으나 아직도 개설 논의가 없다. 이와 같이 질

---

[449] 서영희, 앞의 글(2006), 84~85쪽.
[450] 위의 글, 71~72쪽.

질 끌어서야 무슨 일을 할 수 있겠는가? 진실로 개탄할 노릇이다."[451]

고종의 재촉 결과, 상공학교(1899), 광무(鑛務)학교(1900), 모범잠업소·공업전습소 등 실업교육기관(1902), 영어·일어·법어학교 등 외국어학교, 법률학교, 무관학교 등이 설치되었다. 고종의 이런 개혁 재촉은 모두 다 비상계엄태세의 '대한제국의 급선무'인 '자주독립'을 이룩하기 위한 것이다.

따라서 대한제국이 추구한 역사적 국가 성격은 일단 우리의 고유한 이해에 따르면 '사실상의 국망 상태'에서 자주독립을 되찾기 위해 '민'과 '국'을 다시 비상한 칭제건원적 방법으로 통합하려고 한 국민국가적·민족국가적 '민국'이고, 세계사적 성격은 본질적으로 '개명군주정'으로서 '시원적 근대국가'다. 대한제국은 누구도 완성된 근대국가라고 주장하지 않을 것이지만, 적어도 '시원적 근대국가'로서의 '근대화 국가(modernizing state)'로 보아야 할 것이다. 대한제국은 혹자가 주장하듯이[452] 근대국가로 잘못 동일시된 '절대군주정'도 아니고, 또 혹자들이 주장하듯이[453] 초기 '중상주의' 단계의 '절대군주정'도 아닌 것이다. 필자는 둘 다 오류로 물리치지 않을 수 없다. 전자는 절대군주와 계몽군주를 가르는 데 결정적으로 중요한 군주와 정부의 정치적 계몽(개화) 의지를 몰각하고, 후자는 단기적 국가 성격을 규정하는 마당에 어리석게도 자꾸 국가 성격에 오직 장기적으로만 인과적 영향을 미치는 '경제적' 측면만을 따지는 '속류 마르크스주의적, 경제주의적 맹시(盲視)'에 빠져들어 있기 때문이다.

여기서 다 상론할 수 없지만, 필자의 판단에 의하면, '구본신참' 원칙에 입각한 역동적 광무개혁 7년의 엄청난 대변혁과, 오로지 이 기간에만 외세에 의해 침윤되지 않은 순수한 자주독립 정신 속에서 길러질 수 있었던 대규모의 민족의식적 인재 집단인 이른바 '대한세대'은[454] 나라를 되찾는 독립운동의 직접적 동력이 되었고, 1882년 고종이 채택해서 대한제국 시기에 대중적으로 사용된 태극기, 고종이 어전회의에서 전현직 대소 신료들의 동의를 거쳐 제정

---

451 『고종실록』 36년(1899, 광무 3) 4월 27일(양력) 2번째 기사.
452 '절대주의국가'를 '근대근가'로 착각하는 것은 오래된 마르크스주의적 오류인데, 이런 오류는 오늘날도 잔존한다. 이런 관점에서 대한제국을 근대국가로 본다. 김동택, 앞의 글(2006), 88쪽 참조.
453 강만길, 앞의 글(1978); 서영희, 앞의 글(2006), 59, 82쪽 참조.
454 '대한세대'라는 개념은 이선민, 『'대한민국' 국호의 탄생』(나남, 2013), 115, 119~122쪽 참조.

한 국호 '대한(大韓)', 기존의 '국민국가'의 의미에 '민족국가'의 의미가 추가된 대한제국기의 '민국' 이념(근대적 자주독립국가로서의 국민·민족국가의 이중적 국가 정통성), 광무개혁에 의해 일으켜진 애국운동의 정치사회적 분위기 속에서 대한제국기 일간지들에서 자연발생적으로 생성된 '대한민국' 국호, 애국운동 속에서 자연히 한 마음으로 지정된 국화 '무궁화', 익명적으로 지어진 수십·수백 버전의 '무궁화 노래' 가사들이 하나로 통합되어 만들어진 애국가 가사, 한국군과 군제, '한국군' 또는 '국군'이라는 칭호, 민·상·형법제도, 철도·전기·전화, 서울의 근대적 도시 구조, 근대학교, 의료제도, 근대적 한글표기법 및 맞춤법, 대한제국기 장장 7년(광무 2~8년)에 걸친 신구절충(전통적 결부법·전품6등제와 서양의 측량기술의 절충)의 근대적 양전·지계사업의 상당한 수행으로 확립된 근대적 토지소유제도, 양력 전용 억제 및 음력과 양력의 병행 사용, 전통적 명절과 제사의 유지 등이 오늘날 대한민국의 기본 틀을 이루었다.

(6) 대한제국의 정치적 근본 성격: 국내망명정부

필자는 이렇듯 광무개혁의 엄청난 성과와 대한제국의 '민국' 성격, 그리고 그 개명군주정적·근대국가적 성격을 인정함에도 불구하고 광무개혁의 성과에 대한 평가와 국가 성격 규명에만 치우친 연구 관점에 우려를 느낀다. 부국강병책의 성과가 황제전제주의의 시대적 정당성에 대한 평가 문제를 좌우하는 측면이 있기에 대한제국을 이해하기 위해 이렇게 대한제국의 개혁 성과와 국가 성격에 초점을 맞추는 것이 어느 정도 불가피할지라도, 이러다 보면 대한제국을 개혁을 위한 '평시적' 정상 체제로만 보게 되는 관점상의 폐단을 낳는다. 대한제국을 광무개혁과 국가 성격의 관점에서만 보는 연구들은 대개 대한제국을 직시하는 데 있어 이런 몰정치적 '시각장애'를 앓고 있다. 왜냐하면 광무개혁의 세목과 성과, 그리고 국가 성격에만 초점을 맞추다가는, 이 개혁의 주체인 대한제국의 '정치적' 존재이유(raison d'être)를 못 보게 되기 때문이다. 대한제국의 '정치적' 존재 이유는 대한제국의 존재 자체의 더 본질적이고 더 중요한 정치적 근본 성격이고, 그것은 구체적으로 한시적이고 우연한 러·일 세력균형에 의해 그 가시적 명확성이 잠시 가려진 '사실상의 국망(國亡) 사태'에 대처하는 피탈국권의 회복과 자주독립을 위한 '비상계엄정체'라는 정치적 성격이다. 대한제국은 그 탄생 과정이나 정치적 정황, 의도, 조치들을 뜯어보면 평시체제가 아니라, '제국'이라는 존엄한 베일과 의도적으로 부

풀려진 현란한 과잉 치장에 의해 치밀하게 전술적으로 위장되고 엄폐된 '항일 독립투쟁 비상계엄국가 국내망명정부'라는 것을 알 수 있다.

대한제국의 '칭제'와 '황제전권'을 통한 자주독립 기도는 종종 갑오경장 때나 을미년 김홍집 내각 때처럼 고종을 청나라로부터 분리시키기 위해 친일파들에 의해 권고된 대청(對淸) 독립 시도로 오해되지만, 이는 그렇지 않다. 아관파천 이후의 '칭제'는 관료층과 일반 백성, 그리고 개신유생들에 의해 권고되었고, 청이 아니라 일본을 겨냥해 의도된 것이다. "유생과 관료층의 칭제운동은 청뿐만 아니라 일본을 비롯한 모든 국제사회에서 당당한 근대적 자주독립국으로 인정받고, 안으로 고종의 통치권을 강화하자는 것"으로서 이전 친일파들의 칭제권고와 "본질적으로 다른 것이었기" 때문이다.[455]

대한제국은 면밀하게 분석해보면 광무개혁에 가령 국무의 3할을, 자주독립투쟁에 국무의 7할을 할당할 수밖에 없는 항일독립투쟁 '비상계엄' 국가 '망명정부' 체제라는 것이 명확하게 드러난다.

첫째, 왕후가 일본군에 의해 시해된 을미사변(1896년 양력 10월 8일 새벽 5시), 일본군과 친일 훈련대의 궁궐 장악, 이를 통한 정동내각의 붕괴와 친일 내각의 수립 등은 이미 일본에 의해 전 국토가 점령된 것이나 다름없는 '사실상의 국망 상태'라는 것을 입증한다. 을미사변 당시 조선군 시위대 300~400명이 왕궁을 방어하려고 나섰으나 무기의 열세로 곧 무너져버린 것을 보면, 국왕의 군대는 사실상 전국적으로 전멸한 셈이었고, 따라서 전국은 왜적에 의해 경향(京鄕) 구분없이 완전히 정복된 상태였다. 따라서 윤효정조차도 "조선이 비록 작을지라도 팔만 방리라고 일컫는 반도강산에 대군주폐하의 일신이 안용(安容)하실 곳이 없어 노관(露館) 수천 평 내에 이주하시니 이것을 일컬어 '노관이 조선보다 크다.[露舘大於朝鮮]'라고 하였다."라고 기술하고 있다.[456] 김홍집 중심의 친일세력은 즉각 내각을 강화하고 궁내부를 무력화시켰고,[457] 친일파들(김윤식, 서광범, 조희연, 권형진, 정병하, 유길준, 어윤중 등)을 대거 임용하여 제4차 김홍집 내각을 조직하고, 친미·친러파(박정양, 이완용, 이윤용, 이경직, 이범진 등)를 파면했다. 그리고 8월 22일 '시위대'를 일본이 훈련시킨 친일적 '훈련대'에 편입시키는 조치를 취했다. 따라서 당시 조선에

---

[455] 한영우, 앞의 글(2006), 32쪽.
[456] 尹孝定, 『風雲韓末秘史』(수문사, 1984), 195쪽.
[457] 『고종실록』 32년(1895) 8월 20일조.

국왕이 안전하게 거처할 땅은 한 조각도 남지 않게 되었다. 조선은 이미 사실상 '국망'을 당했던 것이다.

일본과 친일 김홍집 내각은 고종에게 을미사변을 훈련대와 순검의 충돌로 계속 날조하면서, 왕후가 궁을 빠져나간 것 같다며 왕후 시해 사실을 계속 은폐했고, 국왕의 고함과 증거 제시에 의해 어쩔 수 없이 시해된 지 3개월 만에 국장을 준비하는 척했다. 일본인들이 편찬한 『고종실록』에 전하는 바에 의하더라도, 고종은 을미사변 4개월 뒤 당시의 정황과 두려움을 다음과 같이 회고한다. "8월의 변고는 만고에 없었던 것이니, 차마 말할 수 있겠는가? 역적들이 명령을 잡아 쥐고 제멋대로 위조했으며 왕후가 붕서(崩逝)했는데도 석 달 동안이나 조칙을 반포하지 못하게 막았으니, 고금 천하에 어찌 이런 일이 있을 수 있는가? […] 생각하면 뼈가 오싹하고 말하면 가슴이 두근거린다. […] 역적 무리들이 물들이고 입김을 불어넣은 자들이 하나둘만이 아니니, 앞에서는 받들고 뒤에서는 음흉한 짓을 할 자들이 없을 줄을 어찌 알겠는가?"[458] 이것으로 보면 을미사변 직후 국왕은 궁내에 갑오왜란과 을미왜변의 '전쟁포로'로 붙잡혀 있던 것이 분명하다. 이런 까닭에 고종의 거처에서 먹고 자며 고종을 호위했던 호머 헐버트는 당시 국왕이 자신의 처지를 "내각의 손에 붙잡힌 포로(prisoner)로 여겼다"고 묘사하고 있다.[459]

둘째, 을미사변 직후 조선은 국제적으로 고립된 데다, '이미 망한 나라'였다. 열강은 을미사변의 천인공노할 성격 때문에 일본에 대해 잠시 공론적 압박을 가하는 척했으나, 제각기 전략적 계산에서 을미사변을 기정사실로 덮으려는 방향으로 움직이고 있었다. 일본은 처음에 열국의 비난 여론에 위축당한 듯 의태(擬態)를 부렸으나, 춘생문사건(1895. 11. 28.)을 국제적 국왕 탈취 기도로 몰아 대서특필함으로써 분위기를 반전시켰다. 춘생문사건은 시종원경 이재순이 친위대(을미사변 훈련대와 시위대를 합한 친위대 부대) 2대대장 이진호(숨은 친일파)를 이용하고 친일 밀정 또는 박영효 수하 안경수, 심복 김재풍, 이충구 등을 잘못 가담시켜 임최수 전(前) 시종, 이범진, 이윤용, 이완용, 윤치호, 이하영 등 정동파 인사들과 언더우드, 헐버트, 다이, 알렌, 애비슨, 베베르 등 친(親) 고종 서방 외교관들을 끌어들이고 전 시위대 참령 이도철, 중대장 남만리, 이민굉, 이규홍 등을 움직여 전 시위대 소속 800여 명의 비무장 병력

---

458 『고종실록』 33년(1896) 2월 11일조(양력).

459 Hulbert, *The Passing of Korea*, 144쪽.

을 동원하여 1895년 11월 28일 새벽, '왕을 구하러' 춘생문을 통해 입궐을 시도한 사건이다. 건춘문을 열어 내응키로 한 이진호는 위약하고 어윤중에게 밀고했는데, 이것은 각본에 따른 것으로 보인다. 임최수, 남만리 부대는 건춘문이 닫혀 있자 태화궁 북쪽 문으로 몰려가 성문을 열고 춘생문에 이르러 문이 열리기를 기다렸다. 그러나 전 훈련대 소속 친위대 숙위병들이 춘생문 안쪽으로부터 기다렸다는 듯이 총을 쏘며 쏟아져 나와 춘생문 밖의 시위대 병력을 공격하여 해산시켰다. 이태진은 이 사건을 정동파 인사들을 일망타진하려는 일본과 안경수의 음모로 의심한다.[460] 필자는 정동파만이 아니라 시위대 잔존 장병들까지 일망타진하고 고종을 돕지 못하게 각국 공관의 친 고종 인사들의 손발을 묶고 입을 막으려는 음모가 아니었나 의심한다. 이것이 안경수의 음모라는 것을 전혀 모르고 고종의 밀명에 따른 것으로 확신했던 정교도 "제1대대 부위 박호선 등이 […] 행렬을 몰고 전진하여 안국동 네거리에 이르렀는데, 안경수가 갑자기 말하기를 '나는 잠시 다른 곳에 갔다가 돌아와야만 한다.'고 하고, 몸을 빼 되돌아가 곧바로 외부대신 김윤식에게 고발했다."라고 말한다.[461] 이 사건으로 이도철, 임최수 등은 처형당했다. 반면, 안경수, 김재풍, 남만리는 태(笞) 100, 징역 3년, 이충구는 종신유배에 처해졌다가 아관망명 뒤에 곧 풀려났다. (하지만 1898년 7월 안경수는 김재풍, 이충구와 함께 고종 폐위를 모의하다가 일본으로 도망쳤다.) 이런 전후 상황을 보면 안경수는 일본 공사관과 친일파의 밀정으로서 박영효의 지시에 따라 김홍집 내각 붕괴에 대비해 기회주의적 행동으로 고종에게 신임을 얻고 훗날을 도모할 수 있는 유리한 지위를 미리 확보하려고 가담했던 것으로 보인다. 일본은 이 춘생문사건을 도하 각 신문에 '서방 외교관들의 국왕 탈취 미수 사건'으로 대서특필케 하고 국제적으로 역이용하여 미우라 등 왕비시해사건 관련자 전원을 무죄석방하고 또 이 사건을 역이용하여 외교 공작을 강화함으로써 영국·미국·러시아 정부로 하여금 서울 주재 외교관들의 행동을 자제하도록 지시하게 만들었다. 각국은 일본과의 관계를 고려하여 일본의 제스처를 따랐다. 영국과 미국은 삼국간섭 이후 러시아의 과도한 남하를 우려해서 러시아에 유리해진 상황을 예의주시하는 것으로 관심 방향을 바꿨고, 러시아와 독일은 영·미의 견제를 의식하고 일

---

460 이태진, 앞의 책(2000·2008), 55쪽.
461 정교, 조광 편, 이철성 역주,『대한계년사』(소명출판, 2004).

본과의 충돌을 피하기 위해 소극적 자세를 취한 것이다.[462] 그리하여 영국, 미국, 독일, 러시아의 외교부는 서울 외교관들에게 조선의 내정에 대한 불개입을 지시하고 왕후시해 사건을 더 이상 추적하지 말라고 훈령했다. 이렇게 상황이 바뀌자 일본은 1896년 1월 20일 시해 관련자 전원을 증거 불충분으로 석방했다. 고종과 조선은 국제적 고립에 빠진 것이다.

셋째, 고종에게 일본이 장악한 조선의 국법 적용이 정지되는 예외 지역은 당시 국제법상 치외법권의 지역인 타국의 외교공관밖에 없었다. 그리고 당시 고종의 '망명' 의도에 유일하게 호응한 외교공관은 러시아 공관뿐이었다. 국모 시해와 단발령에 대한 민중의 반일감정이 폭발하여 전국적으로 의병이 봉기했다. 러시아 공관에 도피한 이범진은 춘천 유생들을 움직여 춘천에서 거의(擧義)케 했다. 이소응 휘하의 1,000명의 춘천 의병 부대는 마침 춘천으로 부임하던 친일파 신임 관찰사 조인승을 체포하여 참형에 처했다. 이에 놀란 김홍집 내각은 춘천 의병을 진압하려고 훈련대의 후신인 친위대를 춘천으로 급파했다. 이튿날에 서울에 일본군과 친일 군대의 왕궁 장악에 잠시 틈새가 생겼다. 고종은 '궁내 전쟁포로 상태'로부터 벗어나기 위해 이 틈새를 이용하여 러시아 공관으로 '망명(asylum)'했다. 고종은 1896년 2월 11일 새벽 이범진, 이완용, 이윤용 등 친로파의 도움을 받아 극비리에 왕세자와 함께 궁녀의 교자를 타고 경복궁 영추문(迎秋門)을 통해 도성 안의 러시아 외교공관의 치외법권 지역으로 '망명'하여 러시아 수군 120명의 보호를 받았다.

고종은 러시아 공관으로 '파천(播遷)'한 것이 아니다. 우리말 사전에 '파천'은 '임금이 도성을 떠나 다른 곳으로 피란하는 것'을 가리킨다. 그러나 고종은 도성을 떠나더라도 지방 어디에도 갈 곳이 없었기에 도성을 떠날 수 없었고, 도성 안의 치외법권 지역으로 '망명'한 것이다. 당연히 『고종실록』에는 '아관파천'이라는 표현을 쓰지 않고, '이필주어(移蹕駐御)'라는 표현을 쓰고 있다.[463] 이 말은 '이어(移御)'(임금이 거처를 옮기는 것)와 '주필(駐蹕)'(임금이 거둥하는 중간에 어가를 멈추고 머무르거나 묵는 것)을 합성한 말이다. 김

---

[462] 당시 러시아는 시베리아 철도가 미완인 한에서 당분간 대일(對日) 충돌을 피해야 한다는 방침에 따라 조선 문제에 개입할 생각이 없었다. 이 방침은 을미사변 이후에도 달라진 것이 없었다. 그러나 웨베르는 본국 정부의 훈령을 어기고 조선 문제에 적극 개입하고 있었고, 결국 러시아 정부는 웨베르를 소환하고 1896년 1월 스페에르를 새 공사로 파견했다. 한국정치외교사학회 편, 『한국외교사(I)』(집문당, 1993), 265~266쪽 참조.

[463] 『고종실록』 33년 2월 11일(양) 첫 번째 기사.

윤식은 '아관이어(俄館移御)'라고만 표현하고 있다.⁴⁶⁴ 당시 외국인의 눈에도 '아관파천'은 '파천'이 아니라, '아관망명'이 분명했다. 따라서 호머 헐버트는 고종이 타국 공관으로 거처를 옮기는 것을 거듭 '망명(asylum)'이라고 말하고 있다. "왕은 러시아 공관에서 망명을 얻기(to find asylum)로 결심했다."⁴⁶⁵ 또 "미국 공관에서 망명을 구하려는(to secure asylum) 노력이 헛되게 된 뒤에 왕은 왕궁에서 몰래 빠져나와 러시아의 품안에 몸을 던졌다."⁴⁶⁶ 그러나 허버트는 고종의 이 아관망명에 대해 "이 행동은 물론 왕에 걸맞은 위엄으로부터의 고통스런 일탈(grievous lapse)이었지만 그 상황에서는 구실로 댈 말이 많다.(there is much to say by way of excuse)"라고 평하고 있다.⁴⁶⁷ 그러나 친일로 경도된 독립협회와 만민공동회에서 간부와 연사로 맹렬히 활동한 정교(鄭喬)는―기술상의 잦은 오류, 편견, 무지, 관점의 편향성 때문에 그냥 사료로 쓰기에 위험스런―자신의 일기장『대한계년사』에 처음에는 "러시아 공사관으로 달아났다[出奔]"는 불경한 표현을 썼다가 다시 "이어(移御)했다"고 고쳐 말하더니⁴⁶⁸ 최종적으로 "파천했다"는 그릇된 용어를 선택하고 있다.⁴⁶⁹ 그러나 1931년『동일일보』에 연재된 윤효정의『풍운한말비사』에서는 신문이 붙인 제목에 '노관파천(露館播遷)'이라는 단어가 나오지만, 이 제목 아래 윤효정이 쓴 글에서는 '노관파천'이라는 말을 쓰지 않고 "露館數千坪內에 移住하시다"라고 표현하고 있다.⁴⁷⁰ '아관파천'이라는 역사적 용어는 일본 공사관,『한성신보』, 친일분자들이나 이래저래 식민지교육을 받은 '일제세대' 식자들이 일제강점기 신문이나 역사책에서 쓰던 그릇된 어법에서 유래한 것으로 보인다.⁴⁷¹

---

464 金允植,『續陰晴史(上)』, 391쪽. "上及太子移御貞洞俄館(주상과 태자가 정동 러시아공관으로 이어했다)".

465 Homer B. Hulbert, *The History of Korea*, vol. 2, 302쪽; Hulbert, *The Passing of Korea*, 146쪽.

466 Hulbert, *The Passing of Korea*, 345쪽.

467 Hulbert, *The History of Korea*, vol. 2, 302쪽; Hulbert, *The Passing of Korea*, 147쪽.

468 鄭喬,『大韓季年史』卷之二(1896년 2월 11일자). "大君主出奔俄國公使館"; "移御于俄羅斯國公使館"; 정교, 조광 편, 이철성 역주,『대한계년사(2)-원문편』(소명, 2004), 129쪽.

469 鄭喬,『大韓季年史』卷之二(1897년 11월 13일). "先是設武官學校於景祐宮 招日本士官教鍊武學生徒 及上播遷俄館之後罷遣(이에 앞서 무관학교를 경우궁에 개설하고 일본 사관을 초치하여 생도를 가르치고 연무하게 했으나 주상이 아관으로 파천한 뒤에는 그만두고 가게 했다.)" 또 11월 29일자 일기에서도 어떤 판결문을 옮겨 쓰면서 '파천'이라는 말을 쓰고 있다. "大皇帝陛下播遷于俄館已過一年不爲還御(대황제께서 아관에 파천한 지 이미 1년이 지났는데도 환어하지 못했다.)"

470 尹孝定, 앞의 책(1984), 195쪽.

471 김영수,「아관파천, 1896: 서울, 도쿄, 모스크바」, 62쪽 각주 6.

넷째, 고종은 망명과 동시에 "을미년 8월 22일과 10월 10일 명령은 역적 무리들이 위조한 것이므로 취소한다."는 조칙을 내려 김홍집 친일 내각을 붕괴시켰다. "을미년(1895) 8월 22일 조칙과 10월 10일 조칙(조희연, 권형진, 이도재, 허진, 윤용선, 어윤중 관련 인사)은 모두 역적 무리들이 속여 위조한 것이니 다 취소하라."[472] 또 김홍집과 정병하에게 참형을 명하고 김윤식을 유배시키자 분노한 민중이 나서 김홍집·정병하를 때려죽였고, 어윤중은 개인적 원한을 품은 자들에 의해 지방에서 격살되었다. 고종은 바로 그곳에서 즉각 '내각'을 '의정부'로 되돌린 '망명정부'를 꾸려 김병시(총리대신, 사양), 박정양(총리대신 서리), 이범진, 이완용, 이윤용, 조병직, 윤용구, 이재정, 권재형, 윤치호, 이상재 등 친러·친미파와 안경수 등 은닉 친일파를 요직에 등용했다. 이후 고종은 친일파들과 독립협회의 계속된 환궁 압박(1896~1897)에도 환궁하지 않았다. 독립협회는 일본 밀정으로 암약한 안경수가 초대 회장을 맡고 방한 기간 내내 미국 시민권자임을 자부한 구(舊)친일파 서재필이 고문을 맡은 제1기(1896. 7.~1897. 8.) 협회부터 이미 친일적으로 침윤·변질되어 있었던 것으로 보인다. 1976년 김용섭은 일찍이 독립협회의 '민족주의'(?)에 "불투명한 점"이 있다고 지적함으로써 최초로 독립협회와 『독립신문』의 친일 변질 문제를 제기했다. 독립협회는 열강의 이권침탈을 규탄했지만, 제열강이 러시아와 일본 편으로 갈려 남북 대결을 벌이는 상황 속에서 "모든 침략자"가 아니라 "몇몇 국가"만을 규탄했고, "어느 특정 국가", 즉 일본의 이권침탈은 "규탄하지 않았기" 때문이다. 더욱이 일본의 이권침탈도 같이 규탄하자는 주장이 나왔을 때 독립협회의 "지도층"은 이를 "저지했다"는 것이다.[473] 이후 독립협회와 『독립신문』의 친일 변질에 관해서는 여러 연구를 통해 충분히 입증되었다.[474] 따라서 독립협회와 관련해서 고종의 정치적·재정적 지원에 의한 독립협회의 창립과 『독립신문』의 창간 사실 및 이후 친일적 변질에 대한 명확한 인식을 가지지 않는다면, 또는 일본제국주의의 침략에 대한 방어가 무엇보다 급선

---

472 『고종실록』 33년(1896) 2월 11일(양력).

473 金容燮, 앞의 글(1976), 154쪽.

474 친일파 안경수·박영효 수하들에 의한 독립협회와 『독립신문』의 침윤과 친일활동에 대한 본격적 연구는 주진오의 「1898년 독립협회운동의 주도세력과 지지기반」, 『역사와 현실』 제15권(1995. 3.), 173~208쪽; 「독립협회의 개화론과 민족주의」, 『현상과 인식』 제20권 1호(1996.3.), 11~40쪽; 「해산 전후 독립협회 활동에 대한 각 계층의 반응」, 『역사와 실학』 제9권(1997.1.), 97~121쪽; 「사회사상적 독립협회연구의 확립과 문제점」, 『한국사연구』 제149권(2010. 6.), 321~352쪽; 이태진, 『고종시대의 재조명』, 35~92쪽 참조. 통사류에서 독립협회의 친일 변질에 대한 지적은 한영우, 앞의 책(1997·2014), 495쪽 참조.

무(소위 당면의 '주요 모순')이었던 이 시기에 '독립을 위한 황권강화'('권위로운 국론 통일 기제'의 수립)가 '민권'보다 우선하는 과제라는 인식을 확고히 하지 않는다면, 고종과 독립협회 간의 관계에 대한 어떤 평가든 독립협회·『독립신문』의 친일적으로 침윤된 민권론에 대한 어리석은 옹호론으로 추락하고 만다.[475] 따라서 고종은 점차 친일적 마각이 느껴지는 독립협회와 『독립신문』의 환궁 요구를 일본 공사의 환궁 요구와 마찬가지로 묵살하였다. 그리고 고종은 시국을 모르고 명분만 내세우며 '각주구검'하는 유생들의 수많은 환궁 상소에도 불구하고 만 1년간 러시아 공관의 치외법권 지역을 떠나지 않았다.

다섯째, 1년 뒤 1897년 2월 2일 고종은 환궁할 때에도 러시아 공관 및 구미 공관들과 가까운 경운궁(현재의 덕수궁)으로 환궁하여 다시 피신해야 할 사태에 대비했다. 러시아 공사관과 경운궁 사이에는 아관망명 이전에 이미 구름다리인 '홍교'가 설치되어 있었다. 또 경운궁 환궁에 즈음해서는 미국 대사관을 가로지르는 샛길을 뚫어 러시아 공관과 경운궁을 연결하는 비밀통로를 마련했다.[476] 그러므로 경운궁은 사실상 '확장된 망명지'였고, 경운궁 환궁은

---

[475] 이런 오류는 박은식과 같은 애국지사의 국사 개설서에서도 발견된다. 그는 독립협회 창립에 대한 고종의 지원이나 독립협회의 친일 변질을 전혀 모른 채 독립협회와 만민공동회의 영향권에 들어 있었던 과거의 편향된 시각에서 당시 고종 근왕세력들을 '보수파'로 몰아 비판하고 "오직 독립당만이 신사조직에서 유래하여 정신이 족히 숭상할 만한 것을 최상으로 가지고 있다.[獨立黨由紳士組織 最有精神之足尙]"라고 호평한다. 그는 심지어 "일본이 우리 정부를 두둔하여 독립협회의 활동을 방해했다.[與政府同意設法以妨害之]"라고 오기하고, 독립협회 세력들에 대해서는 자신들의 힘을 고려치 않은 '성급함'만을 비판한다. 박은식, 김도형 역, 『한국통사』, '第三編 第一章 國號大韓爲獨立帝國'. 박은식, 『한국독립운동지혈사』(소명, 2008), 50~53쪽. 그러나 나중에는 이런 식의 전술적 비판도 빼버리고 독립협회에 대한 찬양으로 일관한다. 박은식, 『한국독립운동지혈사』(소명, 2008), 50~53쪽. 그러나 독립협회나 『독립신문』을 이렇게까지 믿고 찬양하는 것이 얼마나 위험한 일인지를 일거에 알 수 있도록 한 가지 사실만을 들어 보자. 서재필은 일본 공사관의 (아마 자발적인) 밀정 노릇을 하기까지 했다. 『駐韓日本公使館記錄』 11권 四. 加藤公使時代極秘書類(13) "露韓密約一件"(발신일: 1897년 11월 17일); 五. 機密本省往信 一·二(28) "러시아土官 聘用에 관한 當地駐在外交官 기타 著名人士間의 담화"(문서번호 機密第30號, 발신일: 1897년 5월 25일). 하지만 박은식은 오늘날 대부분의 사가들처럼 이 중요한 사실에 대해 전혀 감도 잡지 못한 것으로 보인다. 『독립신문』과 독립협회에 대한 박은식 식의 나이브한 오관과 그릇된 과장 평가는 신용하의 연구에서 정점에 달한다. 愼鏞廈, 『獨立協會硏究(상·하)』(일조각, 1976·2006).

[476] 경운궁과 러시아 공관 사이에 환궁 직전에 설치된 지하 비밀통로가 있다는 야사가 전해져 왔었다. 1981년 서울시와 문화재관리국이 한국전쟁 때 폭격을 맞아 하얀 3층탑과 지하층만 남아 있는 러시아 공관 부지를 공동 발굴했을 때, 실제로 공관 밑에서 9평의 밀실과 20.3미터의 지하도가 발견되었다. 그러나 이 지하도는 경운궁으로 통하는 통로가 아니었고, 또 아관망명 이후에 설치된 것이 아니라, 이미 공관 건축(1880)과 동시에 축조되어 있던 것으로 밝혀졌다. 구름다리 '홍교'도 공관 건설과 동시에 이미 설치되어 있던 것이었다. 『경향신문』 1981년 10월 16일자 기사(7면) 참조. 그리고 이규태에 의하면, 환궁에 즈음하여 설치된 샛길 비밀통로는 먼저 영국 공관으로 나가 이곳을 기점으로 옛 미국 대사관 터를 가로질러 러시아 공사관으로 연결되었다. 고종과, 고종에게 가끔 양식을 요리해 대접했던 러시아 공사 부인 손탁 여사는 환궁 후 가끔 이 샛길을 이용했다. 『조선일보』 2003년 11월 11일자, 「이규태 코너」 제62회 '덕수궁 비밀통로' 참조.

'망명 상태의 연장' 조치였다. (참고로 고종은 1918년에도 망명을 계획했다. 이 때는 아예 해외 망명이었다. 고종은 1907년 헤이그밀사사건으로 강제 폐위된 후 궁궐에 갇히자, 1918년 1월 윌슨의 민족자결주의 선언을 기화로 1918년 말부터 이회영을 통해 북경에 행궁을 마련하고 구체적으로 망명을 추진했다. 이 망명을 막으려는 일제의 음흉한 대처가 1919년 1월 20일 고종의 독살이었던 것으로 보인다. 아무튼 1918년 고종이 다시 해외로 망명해서라도 계속 투쟁하려고 시도한 것은 그의 불굴의 항일독립투쟁 의지를 입증하는 것이다.) 고종은 '확장된 망명지' 경운궁에서 주지하다시피 칭제 여론을 모아 '대한제국'을 선포하고 '황제'에 등극하여 그야말로 왕권을 극적으로 회복했다. 따라서 이 '대한제국 경운궁 국내망명정부'는 대한제국이 훗날 애국지사들이 독립투쟁을 위해 해외로 망명하여 상해 프랑스 조계에 세운 '해외망명정부'의 직접적 전신인 경운궁 '국내망명정부'였음을 입증한다. 아관·경운궁 망명으로 한로 관계가 긴밀해진 이후 프랑스는 러시아의 동맹국으로서 한국 정부와 비교적 가까운 관계를 유지했다. 이 시절 시종원경 이재순은 비밀리에 프랑스로부터의 차관 도입과 프랑스와의 동맹을 타진해보기도 했다. 1919년 상해임시정부가 전쟁에 패망한 독일의 상해 조계나 혁명 내전 중인 러시아의 상해 조계를 망명지로 택할 수 없었던 것은 당연지사였겠지만 친일 국가들인 영·미의 상해 조계를 피해 프랑스의 상해 조계에서 망명지를 구한 것은 역사적으로 명약관화한 것이다. 프랑스는 고종에게 망명처를 제공했던 러시아의 전통적 맹방이었고 러시아 다음으로 구한국에 우호적이고 일본에 대해 진정으로 냉담했던 유일한 나라였기 때문에 상해로 망명한 애국지사들은 프랑스 조계를 조금이라도 더 안전하게 느꼈을 것이다.

여섯째, 아관망명으로 기사회생하여 '권위로운 국론 통일 기제'로서의 지위를 처음으로 확보한 고종은 대한제국 선포, 황제 즉위식 거행(1897년 10월 12일), 명성황후 국장 거행(1897년 11월 22일), '대한국 국제(國制)'(1899년 8월 17일) 반포 등 일련의 결행과 조치를 통해 '국론 통일 기제로서의 권위'를 황제의 전제적 지위로 법제화하고자 했다. '칭제'는 황제 즉위식 다음 날 조서를 내릴 때 고종 자신이 "이 큰 이름(황제)을 반포하는 것은 온 나라 백성의 마음을 따르고 이에 부응하는 것이다.[渙斯大號 式孚率土之心]"라고 밝히고 있듯이[477] 황제 선포로 민심을 국왕 중심으로 결집시키기 위한 것이다. 또한 장대한 명황황후 국장은 일본에 대항하는 일대 시위이자 대일(對日) '국상정치(國喪政治)'였다.[478] 고종은 대한제국의 건국과 명성황후 국장으로써 일본에 대해 항일독립투쟁을 선언한 것이다. 칭제, 황제 즉위, 대한제국 건국, 황후 국장이 대일(對日) 복수와 항일독립투쟁의 선언이[479] 아니고 청나라를 향한 것이었다면, 이것은 무의미한 헛기침이었을 것이다. 왜냐면 청나라는 청일전쟁 후 이미 한반도에서 완전히 물러나 그림자도 보이지 않는 상태였기 때문이다. 고종은 그가 '제2의 왜란'이라고 규정한 을미사변을 저지른 일본에 대해 '항일독립투쟁'을 선언하는 예비 조치로 독립문 설립, 『독립신문』 발간, 독립협회 설치 등을 지원하고 윤허했다.[480]

그러나 이 『독립신문』과 독립협회가 일본의 원격조종을 받는 친일파의 암약 근거지로 변질되고, '자주독립' 개념이 일본에 대한 독립이 아니라 청나라에 대한 독립으로 변질되어 '친일민권' 개념으로 황제권을 위협하자, 1898년 11월 26일 독립협회에 대해 "만약 혹시 미혹을 고집하고 깨닫지 못하여 독립의 기초를 공고화할 수 없게 만들고 전제정치가 손상을 당한다면, 이것은 결코 너희들의 충애의 본뜻이 아닐 것이니, 국법은 지엄하여 단연코 용서치 않을 것이다.[若或執迷不悟 使獨立基礎不能鞏固 專制政治有所墮損 決非爾等忠愛之素志 王章森嚴斷不容貸]"라고 경고하고 독립협회를 해산시켰다.[481] (일본과 독립협회가 쓰는 '독립' 개념은 오늘날 북한이 한미동맹의 분쇄를 위해 쓰는 '자주' 개념과 유사하게 전통적 한·청 맹방 관계의 단절을 위한 것이었다.) 상술했듯이 당시 국민들도 자주독립을 일본에 대한 복수를 위한 자주독립으로 이해했다.[482]

이러한 민심과 새로운 정세 인식 속에서 고종은 1899년 8월 17일 황제의 전

---

477 『고종실록』 34년(1897, 광무 원년) 10월 13일.

478 한영우, 앞의 글(2006), 33쪽.

479 유생, 시전상인, 전현직 관료 수많은 이들은 '을미사변의 복수'를 주장한 상소를 올렸다. 가령 『고종실록』 1896년 10월 23일 유생 전 장령 박인환 기사, 1897년 4월 21일 유학 김운락 기사, 1897년 5월 9일 유학 심의승 등 기사, 8월 12일 전 도사 최기승 등 기사.

480 『고종실록』 33년(1896) 11월 21일.

481 『고종실록』 35년(1898) 11월 26일.

482 유생, 시전상인, 전현직 관료 수많은 이들은 '을미사변의 복수'를 주장한 상소를 올렸다. 가령 『고종실록』 1896년 10월 23일 유생 전 장령 박인환 기사, 1897년 4월 21일 유학 김운락 기사, 1897년 5월 9일 유학 심의승 등 기사, 8월 12일 전 도사 최기승 등 기사.

제적 지위를 규정한 총 9개조의 '대한국 국제(大韓國國制)' 반포에 더해 제대로 된 왕권 수립을 옹호하는 민심을 직접 수용하여 왕권을 강화하기 위해 중추원의 민선의관제를 도입한 것으로 보인다. 따라서 황제전제정의 명문화는 왕권의 권위를 강화하는 것일 뿐이고, 계몽군주정과 대립되는 것도 아닌 것이다. 전제정의 명문화를 통한 이런 왕권의 강화는 전적으로 국가의 국제적 위상과 대일(對日) 위상의 강화와 독립국가 지위의 확보를 위한 제국 선포, 황실 추존, 국가 상징물 제정, 국제기구 가입, 국제협약 가입, 국제박람회 참여 등 일련의 국가와 국왕의 위상 제고 사업의 일환일 뿐이다.[483] 따라서 황제권의 수립과 강화를 가령 '보수화'로 모는 관점은[484] 그야말로 당시 '사실상의 망국 사태'를 직시하지 않는 단견이라 하지 않을 수 없을 것이다.

일곱째, 황제의 전제권에 대한 보강책으로 고종은 궁내부를 강화하고 의정부를 정책기구로, 궁내부를 집행부로 하는 양부체제를 갖추었다. 고종은 국제 반포 이후 궁내부의 기능을 대폭 확대하여 1902년 6개 특별과 26개 원(院)·국(局)·사(司)를 가진 권부로 발전시켰다. 6개과를 가진 내장원(內藏院)을 비롯하여 근대화사업과 관련된 새 기구들을 모두 궁내부에 배속시켰다. 이미 친일파와 친일 밀정들에 의해 많이 침윤된 의정부 산하 각부는 기존의 업무를 수행하는 데 그치게 하는 반면, 근대화사업을 수행하는 데 필요한 관서는 모두 궁내부 소속으로 전환하여 황제가 직접 통제할 수 있게 만들었다.[485] 궁내부의 강화는 근본적으로 일제의 영향력이 미치지 않는 '확장된 망명지'인 경운궁 안에서 개혁과 내정을 독립적으로 지휘하고 관할하기 위한 조치였다. 이것은 일제의 마수가 미치지 않는 망명지에서 항일독립투쟁을 위한 강병 육성과 첩보활동 및 근대화사업을 황제가 직접 주관한다는 의지의 소산이었다.

여덟째, 고종은 궁내부를 통해 신속하게 근대화 개혁과 근대적 식산흥업을 추진했지만, 이 궁내부를 통해 특히 항일독립투쟁을 위한 두 번째 안보 요건인 '첨단무기의 군사력'과 정보력(익문사益聞社 설치)을 확보하는 데 총력을 기울였다. 이를 위해 고종은 1898년 6월 "각국 대원수의 예에 따라 짐이 직접 육군과 해군을 통솔할 것이며 황태자를 원수로 삼아 일체 통솔하도록 할 것

---

[483] 이윤상, 「대한제국기 국가와 국왕의 위상제고 사업」, 『震檀學報』 95(2003).
[484] 가령 장영숙, 앞의 글(2009) 참조.
[485] 이태진, 앞의 글(2000·2008), 79~80쪽.

이다."라고 선언하여⁴⁸⁶ 스스로 대한제국 군대의 대원수가 되고, 황태자를 원수로 임명했다. 그리고 이어서 21개조의 원수부(元帥府) 관제를 반포하여⁴⁸⁷ 근대 군대의 편제를 갖추고 원수부를 황궁 내에 설치했다. 이것은 일본의 입김이 미치지 않는 망명지 안에 지휘소를 두기 위한 조치였다.

자주독립국가를 되찾으려면 신식 군사력의 확보는 필수적인 것이다. 그리하여 별기군(別技軍) 이래 신식 군대 양성은 계속되었지만, 청과 일본의 방해로 그때마다 번번이 뜻을 다 이루는 데 실패하거나 일본 교관들에 의한 친일 군대 양성으로 끝났다. 이제야 비로소 신식 독립 군대의 양성이 가능한 상황이었다. 고종은 궁성 수비와 황성 수비 병력으로 '시위대'를 양성하기 위해 전력투구했고 육군무관학교를 개교하여 최초로 한국군 교관들에 의해 한국군 장교를 양성했다. 그리하여 군사비는 국가예산 중 최대 부분을 차지했고 계속 확대되어 제국 초기에 전체의 25% 내외를 차지하던 것이 1901년 이후에는 40%에 육박하였다.(1897년 23.4%, 1898년 27.7%, 1899년 22.4%, 1900년 26.6%, 1901년 39.6%, 1902년 36.7%, 1903년 38.%, 1904년 36.4%⁴⁸⁸) 그 결과, 1900년 마침내 포병 2개 대대를 설치하고 1902년 8월에는 혼성 여단 편성제도를 도입했다. 시위대가 정예화됨과 동시에 병력 자체가 3만 명 선을 육박한 시점인 1903년 5월에 고종은 육해군 창설의 뜻을 표명하는 조칙을 내렸다. 또 1903년 고종은 총기제조소를 설립했다.⁴⁸⁹ 이와 관련된 모든 조치와 지휘명령은 일본군의 피안에 위치한 '확장된 망명지' 경운궁에서 발령되었다.

국내망명정부 '대한제국'과 '해외망명정부'로서의 '대한민국상해임시정부' 간의 망명정부적 연속성은 이 군사적 측면에서 분명히 드러난다. 대한제국 장교 집단과 독립군 장교 집단 간의 긴밀한 생성적 관계는 특히 두드러진다. 고종이 1898년 7월 1일에 개교한 '대한제국 육군무관학교'에서 1909년 폐교되기까지 배출한 282명의 장교 중 대부분과 대한제국 육군무관학교 교관들이 해외로 망명하여 항일독립군의 간부들이 되었기 때문이다. 노백린 대한민국임시정부 군무총장(대한제국 육군무관학교 학교장 출신), 김좌진 대한민국임시정부 북로군정서 총사령관(무관학교 졸업생), 지청천 광복군 총사령관(무관

---

486 『고종실록』 35년(1898) 6월 29일(양력).
487 『고종실록』 35년(1899) 6월 22일(양력).
488 이윤상, 앞의 글(2006), 129~130쪽, 〈표 2·3〉 세출예산 I, II' 참조.
489 이태진, 앞의 책(2000·2008), 84~85쪽 참조.

학교 2년 중퇴), 신규식 대한민국임시정부 국무총리(무관학교 졸업생), 이장녕 대한독립군단 참모총장(무관학교 졸업생), 황학수 서로군정서 참모장·광복군 특별당부 집행위원장(무관학교 졸업생) 등 걸출한 독립투사들은 다 이 '대한 제국 육군무관학교' 출신이다. 그리고 1930년대 이후 독립운동을 이끈 만주독립군의 장교 집단은 대부분 대한제국 육군무관학교 출신들이 교관으로 복무한 신흥무관학교에서 길러낸 장교들(약 3,700명)이었다. 그리고 상해임시정부도 1920년 상해에 설치한 사관학교 명칭을 '대한민국임시정부 육군무관학교'라고 칭하고 1940년 9월 1일 창립된 광복군은 그 창립 선언에서 광복군의 실질적 창립일을, 무관학교 출신 장교 휘하의 한국군이 군대해산 조치에 대항해 일제히 무장봉기한 1907년 8월 1일로 소급시켰다는 것에서 역력히 드러난다.

이 여덟 가지 근거는 대한제국이 국내망명정부라는 것을 입증하는 증좌들이다. 물론 고종은 독립 확보를 위한 세 번째 요건인 '동맹국'을 얻기 위해서도 망명지에서 사투를 벌였다. 그는 우선 1896년 5월 민영환을 니콜라이 2세 대관식에 파견하여 6월 5일 러시아에 ①러시아 군대에 의한 고종의 경호, ②다수의 교관과 고문관 파견, ③300만 엔의 차관 제공, ④조선과 러시아를 연결하는 전신선의 가설을 요청했다. 사실상 군사동맹의 요청이었다. 그러나 영국·미국·일본의 위세에 위축된 러시아는 조선의 제안에 미온적이었다. 7월 2일 민영환에게 전달된 회답은 ①국왕의 안전에 대한 도덕적 보장, ②가까운 장래 국왕의 친위대를 지휘할 장교 파견, ③차관 체결은 조선의 재정 상태 확인 후 시행, ④전신선 가설 적극 동의 등을 담은 답변이었다. 고종은 크게 실망했다. 그것도 그럴 것이 곧 무너질 '썩은 나라' 러시아의 26세 애송이 황제 니콜라이 2세는 영·미를 등에 업고 대드는 일본을 두려워했다. 그리하여 러시아는 대관식 축하차 러시아에 온 일본 전권대사 야마가타 아리모토(山縣有朋)와 러시아 외상 로바노프 사이의 극비 협상에서 1896년 6월, 일본의 39도선 분단 제안을 거부하는 대신, 조선 군대와 경찰 창설을 전적으로 조선에 위임하는 것, 조·러 전신선 가설 등에 관한 공개 조항 외에 장래 필요시에 러·일 양군이 조선을 공동 점거할 수 있다는 내용의 비밀 조항을 담은 로바로프·야마가타 의정서를 체결했다. 그러나 일본은 고종 환궁(1897년 2월 10일) 직후인 2월 24일 비밀 조항까지 붙은 로바로프·야마가타 의정서를 조선에 통보하여 러시아에 실망해 있는 조선을 러시아와 더욱 벌려 놓았다.⁴⁹⁰ 고종은 이 비밀 조항을 보고 러시아와 일본에 의해 나라가 분단당할 것을 두려워했다. 그리하여 고종은 조선이 참가하지 않은 어떠한 협정도 그 효력을 인정치 않겠다고 선언하고, 영·독·불에 구원을 요청했다. 그러나 어느 나라도 호응이 없었다. 고종은 빅토리아 여왕 제관 30주년 기념식전에 다시 민영환을 파견하여 영국이 조선 문제에 개입해줄 것을 요청했다. 그러나 영국의 외무차관 커즌(George N. Curzon)은 하원에서 조선의 독립을 지지한다고 하면서 오히려 방향을 러시아로 돌려 조선에 군사기지를 설치하여 동아시아의 세력균형을 깨는 국가와 대적할 준비가 되어 있다고 선언함으로써,⁴⁹¹ 조선 독립 지지를 러시아의 조선 진출에 대한 견제의 맥락에서만 활용했을 뿐이다. 일본은 러시아의 누설을 통해서든, 첩보를 통해서든 조선이 러시아에 사실상의 동맹을 요청한 것을 알았을 것이고, 영·미를 움직이는 데 이 정보를 십분 활용했을 것이다. 이 때문에 러시아의 남하에 대해 더욱 큰 불안을 느낀 미국 육군장관 태프트는 이 1905년 7월 29일 태프트-가스라 밀약을 맺어 "일본군이 한국에 종주권(suzerainty)을 설정하는 것이 당면 전쟁의 논리적 결과"임을 인정하고, 일본에게 한반도에서의 영국이 1905년 8월 12일 일본과 제2차 동맹을 맺고 한반도에서의 일본의 '탁절한 이익(paramount interest)'을 일본에게 승인하고⁴⁹² 러시아 견제 임무

---

490 한국정치외교사학회 편, 앞의 책(1993), 277쪽 참조.
491 한국정치외교사학회 편, 위의 책, 277~278쪽 참조.
492 영국은 '탁절한 이익(paramount interest)'이라는 표현을 썼지만, 태프트는 가스라와의 밀약에서 한국에 대한 일본의 '종주권'이라는 봉건적 표현을 사용했다. 태프트-가스라 비밀각서의 성격을 두고는 약간의 논관이 있지만, 고무라 주타로(小林壽太郞) 일본 외상이 히틀러처럼 '우열 민족관'에 빠져 있던 시어도어 루스벨트를 예방하여 "일본이 강제적으로 한국에 보호권을 설립할" 경우에 미국의 반응을 물었을 때, 루스벨트는 "서슴지 않고 동의와 지지를 천명했다"고 한다. 한국정치외교사학회 편, 앞의 책(1993), 348쪽. 이것을 보면, 각서에 표현된 태프트의 의사는 루스벨트와 대동소이하다. 그런데 1905년 2월 알렌 전 미국 공사처럼 썩은 러시아의 남하보다 일본의 남하를 더 우려한 한 미국 언론인이 "하와이나 필리핀을 일본이 공격해오면 어떻게 하겠는가?"라고 질문했을 때, 루스벨트는 "무력에는 무력으로 싸워 이겨야 하며, 일본에 대처할 수 있도록 미국은 항시 군비가 강력하고 효율적이어야 한다."라고 하나마나한 말로 답했다. 한국정치외교사학회 편, 위의 책, 347쪽 각주. 그리하여 '어리석은' 루스벨트는 '우등 민족' 일본을 지지하여 '열등 민족' 한국을 희생시킨 죄악과 동시에 미국인들에게 40년 뒤 진주만 침공과 태평양전쟁을 스스로 불러들인 죄악도 같이 저질렀다. 루스벨트는 태프트-가스라 밀약을 짐짓 자신이 모르는 일처럼 꾸몄으나, 1994년 김기석에 의해 미국 의회도서관에서 발견된 헤이 국무장관에게 보낸 1905년 1월 28일 육필 서신에서 루스벨트는 "일본에 대항해서 한국에 개입할 수 없다, 한국인들은 자기 나라를 지키기 위해 주먹 한번 쓸 줄 모른다."고 함으로써 을사늑약 체결 전에 이미 일본의 침략을 두둔하고 있었음을 보여주고 또 같은 도서관에서 발견된 '루스벨트 전문'(1905년 7월 31일)에서 그는 "가스와와의 밀약은 모든 면에서 절대적으로 옳고, 가스라에게 한 모든 말을 내가 추인한다고 알려라."라고 말하고 있다. 『연합뉴스』, 1994년 4월 20일자, 「高宗밀사 헐버트박사 手稿·회고록 최초 공개」 참조.

를 일본에게 위임함으로써 대한제국의 멸망이 국제적으로 봉인된 것은 이후 경과이지만, 이것은 여기서 우리의 관심사가 아니다. 아무튼 절체절명의 상황에서 고종이 뒤늦게나마 사태를 정확히 파악하고 동맹을 찾으려고 시도한 것은 올바른 것이다. 다만 '시간 싸움'에서 졌을 뿐이다.

고종이 거처한 땅의 성격, 고종이 처한 상황, 고종이 취한 조치, 고종의 의도 등과 관련된 이 여덟 가지 사항을 뜯어보면, 러시아 공관·경운궁 망명지에서의 대한제국 건국과 후속 조치들은 평시 정치행위가 아니라, 전적으로 사실상의 국망 상태에서 국권을 되찾고 독립을 유지할 수 있는 대내외적 필수 안보요건으로서의 ①권위로운 국론 통일 기제, ②첨단 무력, ③적절한 동맹을 만회적으로 확보하려는 국내망명정부의 항일독립투쟁 노력으로 보지 않을 수 없다. 상론한 근거에서 대한제국은 결코 헌정론적으로 진지하게 논란할 만한 평시 정상 정체가 아니라, 항일독립투쟁을 통해 '사실상의 국망 상태'에서 피탈된 국권을 회복하기 위한 '대한제국한양임시정부'로서 일종의 '국내망명정부'였다. 따라서 '대한제국 국내망명정부'는 국망 후 9년 만에 애국지사들이 상해의 해외 망명지에서 수립한 '대한민국 해외망명정부'의 직접적 전신인 셈이다.

(7) 비상계엄국제로서의 '대한국 국제'

나아가 필자는 대한제국은 망명정부일 뿐만 아니라, 평시 정상 국가가 아니라, 비상계엄국가였다고 생각한다. 황제전제정을 명문화한 '대한국 국제'는 평시국제가 아니라 '비상계엄국제'로 보인다. 민주국가도 국가 위기 시에는 비상계엄을 선포하여 국가를 비상체제로 전환하여 국가원수의 합법적 독재체제를 수립한다. '대한국 국제'의 선포는 사실상 이미 망한 조선을 국내망명지에서 다시 일으키기 위한 합법적 비상계엄 독재체제의 선포다. 이렇게 보면 대한제국은 1897년 10월부터 1903년 12월까지 만 6년 동안 존립한 '한양임시정부'로서의 '항일독립투쟁 비상계엄민국 국내망명정부'였다. '국내망명정부'로서의 이 '항일독립투쟁 비상계엄국가'로서의 대한제국의 기본 성격이 이 시기 조선의 민국적 국가공공성이었다. 대한제국은 바로 이런 비상계엄국가 국내망명정부로서 전 국민을 대표하는 민국적 공공성을 가졌기에 국제상(國制上)의 그 '전제성'에도 불구하고, 아니 유일한 국론 통일 기제의 권위를 공고히 하는 그 '전제성' 때문에 서도서기론적 친일·친미 민권파와 일본 밀정, 그리고 위정척사파를 제외한 1,500만 민중의 전폭적 지지를 받았던 것이다. 대한제국에 대한 국민의 이 지지 열기는 제국의 명줄이 끊겨가던 1908년까지도 변함없었음이 확인된다. 이미륵은 해주에서 아홉 살의 나이에 1908년경 황제의 생일을 기념하여 개최된 축제에 참가한 감격을 이렇게 회상한다. "우리는 우리의 조국과 임금을 위해서 열광적으로 '만세'를 불렀다."[493] 백성들은 황제국의 건국을 그간 험난한 역사전개로 서로 떨어졌던 '민'과 '국'을 비상시국에 비상한 방법으로 다시 하나로 결합하는 '민국'의 재건으로 이해한 것이다. 상론했듯이 이것은 단지 백성들의 뜻만이 아니라 아관망명 이후 대소신료들의 뜻이기도 했다.

1904년 2월 8일 일본의 러일전쟁 도발과 승리, 그리고 개전을 전후하여 개시된 노골적 조선 침탈로 '국내망명지'가 소멸함으로써[494] 사활을 건 고종의 독립투쟁은 수포로 돌아갔지만, '항일독립투쟁 비상계엄국가'로서의 '대한제국 국내망명정부'의 독립투쟁 의지는 중단 없이 3·1운동과 '해외망명정부'로서의 '대한민국상해임시정부'로 이어지고, 다시 대한민국으로 이어져 오늘의 국가적 성공으로 승화되었다고 볼 수 있다. 따라서 '국내망명지'(러시아 공관과 경운궁)에 수립된 임시정부의 '항일독립투쟁 비상계엄국가'로서 대한제국을 두고, 대한제국의 경제적 기반이 '원시적 자본축적'이니, '중상주의적'이니 하며 그간 사회경제적 성격을 따져온 것은 상해임시정부의 경제적 기반을 따지는 것과 같은 허튼 짓은 아닐지라도 그 의미가 크게 제한될 수밖에 없는 것이다.

더구나 식민지근대화론자들이 '전제정'이라고 비판하거나, 자유민권의 부재를 운위하는 것은[495] 당시 친일파의 민권운동과 연장선상에 있는 시비에 지나지 않는다. 게다가 대한제국을 두고 "새로 경운궁을 짓는 것이나 비명에 죽은 황후의 장례를 위해서 막대한 자금을 지출하여" 연출한 '국상정치'가 "시급한 사업이 아니었다"고 비난하거나,[496] 황제가 "국가재정을 움켜쥐는 것이

---

493 이미륵, 『압록강은 흐른다(상)』(다림, 2000·2004), 180쪽.
494 고종은 러일전쟁 발발 시 미국 공사 알렌에게 미국 공사관에 망명할 수 있는지를 문의했으나 거절당했다. 프랑스 공관 망명도 주장되었으나, 그 진행 상황에 대해서는 첩보 차원의 정보 외에 알려진 없다. 서영희, 앞의 책(2003·2005), 180쪽.
495 김재호, 앞의 글(2008a, 2008b) 참조.
496 김재호, 앞의 글(2008a), 24쪽.

근대화인가?"라고 비아냥거리는 것은[497] '한가하다' 못해 '한심한' 소리처럼 느껴진다. 이런 비판과 시비들은 김구 주석이 이봉창·윤봉길 의사에게 거사 자금을 더 주었느니 덜 주었느니, 폭탄이 너무 비싸니 싸니, 거사자금을 주면서 '근대적 영수증 처리'를 했느니 안 했느니, 또는 김구 주석의 한인애국단 투쟁이 그렇게 막대한 자금을 지출할 만큼 '시급한' 것이었는지 여부를 '수량경제사'의 '과학적' 관점에서 따지고 드는 꼴이나 다름없을 만큼 '몰지각한 짓'이기 때문이다.

5. 맺음말

마르크스가 지향한 '과학적 사회주의'의 정체가 인간이 인간답게 살 수 없는 궁핍한 공산 독재와 수용소군도·아오지탄광으로 드러났고, 니체가 주장한 '과학적 인종주의'의 정체가 히틀러의 인종전쟁과 '아우슈비츠'로 드러났듯이, 이 글의 논의 과정에서 식민지근대화론자들이 고집하는 '과학적 식민지근대화론'의 정체는 수량경제사적 엉터리 실증주의로 포장된 '신(新)친일주의'와 패배주의적·민족말살적 친일 자학사관으로 드러났다. 이런 한에서 이들과의 논쟁을 접고, 이 글에서 검토된 결과들을 종합하는 것이 나을 것이다.

첫째, 필자는 정조의 '민국'이념이 어떤 경로로 당시 민중 압력, 즉 '민압(民壓)'을 수용했는지, 그리고 이 '민국'사상을 이론적으로 뒷받침할 만한 역사적 전거들이 '민국'이라는 용어의 용례 외에 더 사상적 근거가 있는지를 검토해보았다. 검토 결과, 탕평군주들의 소민보호론 외에도 군자유학의 공화주의와 서학의 추대왕제의 사상적 도전에 대한 탕평군주들의 예방혁명적 응전을 문제의식으로 생각해 볼 수 있었다. 물론 이에 대한 사료적 검토는 더 진행되어야 할 것이다. 또한 탕평군주의 민국체제는 그 근대화 성과 면에서 단순한 '레토릭'이나 '기획'으로 그친 것이 아니라 실체가 있다는 결론을 내렸다. 아울러 필자는 이 민국체제의 헌정적 성격을 '진보적 계몽군주정'으로 규정했고, 그 역사적 국가 성격을 근대 성격의 '시원적 국민국가'로 이해했다. 조선은 정체를 '절대군주정'으로서의 '국가'에서 '진보적 계몽군주정'으로서의

---

[497] 김재호, 「국가재정 움켜쥐는 게 근대화인가?」, 교수신문 엮음, 『고종황제 역사청문회』(푸른역사, 2008), 116~123쪽.

'민국', 즉 시원적 '국민국가'로 발전시킴으로써 국가공공성을 '근대화'한 것이다.

둘째, 고종이 국민국가를 뜻하는 정조의 민국이념을 이어받으려고 했던 '의식적' 노력을 입증할 명시적 사료가 있는지를 검토해보았다. 그러나 이 사료나 전거는 찾을 수 없었다. 하지만 '민국'이라는 말이 고종시대에 더 빈번히, 조야에서 더 광범하게 일반적으로 사용된 것은 분명해 보인다. 또한 '민국'이라는 용어는 대한제국기의 '구본신참론적' 광무개혁 과정에서 '민족국가' 건설이 시도되고 '민국'이 동학운동 과정에서, 그리고 국혼 보존론의 '민족국가' 비전을 내걸고 고종의 구본신참론에 호응한 『매일신문』, 『제국신문』, 『황성신문』, 『대한매일신보』 등 민족지에서 일상적으로 사용되면서 '국민국가'라는 '민국'의 전통적 의미에 더해 '민족국가'의 의미가 더해진 것을 확인할 수 있었다.

셋째, 순조 때부터 일어나기 시작한 '경제민란'이 대략 1870년대를 기점으로 '근대화를 향한 정치적 민란'으로 전환되어 반봉건 혁명군과 반외세 의병의 성격을 띠는 동학농민혁명전쟁으로 완결되는 바, 이 2단계 '정치민란'과 고종의 민국이념의 연대성에 대한 역사적 증거가 충분한 것인지를 검토해보았다. 고종은 동학세력에 대해 갈팡질팡했으나 전체적으로 짧은 민관(民官) 공치(집강소 행정), 동학의 공인(1907) 등 연대의식이 확인되었다. 하지만 이것은 일제의 유린과 청일전쟁, 러일전쟁 승리 등으로 다 파괴되었고, 고종의 의도는 무산되었다. 하지만 고종에 의한 동학의 공인은 동학교도의 폭발적 확산에 기여함으로써 궁극적으로 상해임시정부의 건설의 길을 트는 3·1운동을 가능케 했다.

말이 나온 김에 하는 여담이지만, 일본의 신무기와 신식 군대를 이길 방도를 짜내자면, 방도가 전무하지는 않았을 것이다. 1,500만 백성의 전폭적 지지를 받는 황제의 전제 권력에 의한 '권위로운 국론 통일 기제'의 수립이 성공한 마당에 고종이 혁명적 민중봉기·대중투쟁노선을 취했다면, 틀림없이 일본의 신무기와 신식 군대를 무력화시킬 수 있었을 것이다. 가령 고종이 마음대로 통치할 수 있었던 대한제국 6년 동안 러시아만 바라볼 것이 아니라, 조선 1,500만 백성 중 이미 200만 신도를 가졌던 동학교를 항일독립투쟁에 활용하는 것이다. 황제가 가령 극비리에 동학 지도자를 불러서 교도들을 은밀히 상경시켜 경성과 황궁을 사수하라는 밀지를 한 번만 주었다면 200만 동학교도의 1할인 20만 명 정도는 즉각 움직였을 것이다. 이어서 서울에 잠입, 집결한 동학교도들은 일시에 봉기하여 도성을 일본군으로부터 해방시킬 수 있었을 것이다. 이어서 황제의 정부와 군대는 '혁명전위대'처럼 동학혁명군에게 1~2개월 정도의 짧은 군사훈련을 실시하여 동학혁명군을 근대적 군대로 조직화할 수 있었을 것이다. 그러면 모택동의 홍군과 항일유격대가 신병기로 무장한 일본군과 장개석의 국민군을 물리치고 호지명의 인민혁명군이 첨단 신병기로 무장한 일본·프랑스·미국 군대를 차례로 물리치고 승리한 것처럼, 20만 동학혁명군은 조직화된 수의 압도적 우세와 결사옥쇄·사즉생(死卽生)의 혁명적 수성의지(守成意志)로 '인옹성(人甕城)'과 인적해자(人的垓字)를 설치하여 일본군의 신병기를 무력화시키고 황궁과 경성을 방어하기에 충분했을 것이다. 그리고 전국 방방곡곡에 공개적으로 황명을 발령해 전국적으로 항일독립의병을 일으켜 주간 방어와 야간 습격의 양면적 유격전술로 일본군의 신병기를 탈취하도록 했다면, 일본군을 전 강토에서 완전히 구축할 수 있었을 것이다. 이랬을 경우에 인구 50만 명 이상의 거대 도시로 불어난 서울에서 '광무개혁 경제'는 더욱 빛을 발하고, 20만 동학혁명군의 호위 속에서 시위대 육성과 육해군 창설은 일본군의 방해를 받지 않고 전광석화처럼 진행할 수 있었을 것이다. (1894년 4월 말 동학농민들의 반봉건·반일 명분으로 봉기하고 5월 청군이 진압군으로 개입하자 이후 6월 일본군이 왕궁을 점령하고 친일 갑오경장내각을 꾸린 지 1개월 뒤인 7월경, 홍선대원군, 이준용, 이태용, 박준양, 박동진, 박세강 등 친청(親淸)세력은 수십만 동학군을 서울로 불러들여 관군·청군과 함께 일본군을 제압하고 김홍집, 조희연, 김가진, 김학우, 안경수, 유길준, 이윤용 등을 척살하고 친일정부를 전복하고 고종을 상왕으로 밀어내어 이준용을 국왕으로 추대하는 구상을 수립하고 동학군과 접촉하여 실행하려고 한 역모사건도 발생한 적이 있었기[498] 때문에 필자의 생각은 그 당시에도 마냥 공상만은 아니었을 것이다.) 신분해방·국민형성운동의 주력 세력인 동학운동과 고종의 이런 결합, 시위대와 동학군의 이런 일체화가 아마 '민'과 '국'이 진실로 하나가 되는 대한제국의 '민국적' 확립과 진정한 '민국적' 광무개혁이었을 것이다.

그러나 고종은 동학의 혁명적 불잉걸을 항일독립혁명으로 발화시키고 동학민중을 동학혁명군으로 '조직'하여 일제의 첨단 무력을 극복할 수 있는 '대

---

[498] 한국역사연구회, 『1894년 농민전쟁연구(5)』(역사비평사, 2003), 242~243쪽: 오영섭, 앞의 책(2007), 318~320쪽 참조.

중혁명노선(mass revolution line)'과 유격전술을 알지 못했다. 하지만 오늘날 10대 경제대국이 된 대한민국의 대명천지에 살면서도 이미 사라진 일제와 조선총독부의 위력에 굴종의 예를 다하는 식민근대화론자들과 같은 무리가 어찌 비루한 수량경제학적 '괴담'으로 고종을 탓할 수 있으랴! 이들은 만약 구한말의 험난한 상황에 내던져졌다면 모두 당시 이완용, 이병무, 윤치호, 이용구 등 친일매국노들 이상으로 비굴하게 일제에 '알아서 기었을' 것이다. 또한 그간의 역사 경과를 다 아는 인식 특권을 가진 후세인의 한 사람으로서 필자도 고종더러 그보다 나중에 등장한 모택동이나 호지명처럼 '전위적 혁명지도자'가 왜 되지 못했느냐고 비난할 수 없다. 20세기로의 전환기에 거대한 두 문명의 충돌에 직면한 조선 백성과 조선국왕에게 주어진 국가전략적 선택지와 여유 시간은 이미 매우 제한된 것이었기 때문이다. 이 제한된 시간과 선택지 안에서 고종은 때로는 백성과 더불어, 때로는 고독하게 올바른 방향으로 상황을 돌파하려는 불굴의 투지를 보여주었다.

   당시 독립협회 만민공동회 중심으로 개화를 외치는 식자들은 '사실상 망한 나라'의 폐허에서 나라가 이미 망한 줄도 모르는 비현실적 망념을 품고 대개 일제의 원격조정에 따라 대한제국의 독립투쟁 노선과 방침을 저해하는 엉뚱한 방향으로 분기탱천하여 '물에 빠져 사경을 헤매는 꼴에 서양식 쾌속정 건조를 외치는 식'으로 '민권'이니, '입헌'이니, '의회 개설'이니, '부패 척결'이니 하는 듣기 좋은 '평시적' 요구로 정부를 궁지로 몰아넣기 위해 핏대를 올리고, 러시아를 비롯한 서양 제국을 조선 반도에 묶어두기 위해 불가피하게 필요했던 '러시아·프랑스·영국 등에 대한 이권 양허'를 '이권침탈'로 과장·탄핵하면서도 일본의 이권침탈과 일본군의 한국 주둔을 묵인하거나 두둔하는 궤변을 일삼다가 마침내 한국이 강점되자 '개화애국지사'의 외피를 벗고 노골적 친일매국노로서 자신의 정체를 드러냈던 것이다. 이들의 정체를 모르고 부화뇌동하며 맹렬하게 경거망동했던 자들 중에 나중에야 자기의 길이 망국을 재촉하는 길이었음을 깨닫고 양심을 가책을 느낀 자들은 정교(鄭喬)처럼 1910년 8월을 기점으로 절필하고 시골에 낙향·칩거했다. 구국을 위해 동학과 손잡는 고종의 대중노선을 상상하는 필자의 의도는 다른 데 있다. 필자는 고종의 '군력(君力)'과 동학의 '민력(民力)'이 하나가 되어 유생 집단의 개화 저항과 외세를 타파할 강력한 '국력'이 되기는커녕 오히려 일제와 유생 집단의 방해로 갈등하다가 결국 이산되고 만 것을 진실로 안타까워하며 이를 후세의 타산지석으로 삼기를 바라는 마음을 표할 뿐이다.

넷째, 필자는 '항일독립투쟁 국내망명정부'로서의 대한제국의 '비상계엄민국적' 공공성을 입증함으로써 '대한제국'의 전제적 국제(國制)에 대한 식민지 근대화론자들의 사이비 민권론적 비판을 '한심한 비판'으로 물리쳤다. '대한제국'은 결코 평시체제가 아니다. '대한제국'은 시급한 근대화 임무를 짊어진 개혁정부일 뿐더러, 군주가 왕궁과 자국 영토를 일본군과 친일파, 그리고 일본 밀정들에게 점령당한 '사실상의 국망 상태'에서 타국 공관의 치외법권 지역으로 망명하여 세운 '항일독립투쟁 비상계엄국가 국내망명정부'였다. 말하자면 '대한제국'은 나라가 망한 지 9년 뒤에 애국지사들이 거족적 3·1독립만세운동의 민족적 에너지를 모아 상해에 세운 '해외망명정부'로서의 '대한민국상해임시정부'의 직접적 전신이라는 말이다.

대한제국은 '국내망명정부적' 항일독립투쟁 비상계엄국가로서의 새로운 '민국적' 국가공공성을 확보했고, 사실상의 국망 상태의 비상시국에 세워진 새로운 '민국'으로서 당시 조선 민중의 전폭적 지지를 얻었던 것이다. 이런 한에서, 나라의 명운이 끝나가는 절체절명의 시기에 건국된 대한제국에 담긴, 국가의 명운을 건 건곤일척의 혈투의 비장한 의미와, 경향 각지가 일군에 강점된 상태에서도 포기하지 않는 항일독립투쟁을 향한 불굴의 투지에 비추어 본다면, 대한제국을 두고 '전제정적 민권 억압'을 운위하는 어떤 한가한 헌정론적 비판도, 재정제도나 예산집행이 전근대적이라는 재정론적 현학도, 또 '일국의 국왕이 어떻게 타국의 외교 공관에 몸을 의탁한단 말이냐'라고 규탄하는 친일개화파나 '성리학자들'의 어떤 명분론적 냉소도 현실감각을 상실하고 역사적 비상시국에 대한 인식 능력을 잃은 자들의 '자다가 봉창 뚫는 한심한 잠꼬대'일 것이다.

결론적으로, 조선의 국가공공성의 변천은 사대부의 '국가시대'('사대부의 나라'로서의 국가공공성의 '조선국' 시대) → 민압을 반영한 '조선민국의 시대' ('백성의 나라'로서의 국가공공성 시대) → 항구적 '민란'에 직면한 반동적 세도정체 시대(국가공공성의 파탄 시대) → 민중과 갈등·타협·연대하려던 고종의 근대화 노력을 좌절시킨 외세 지배 시대(임오군란에서 아관망명까지 15년간의 국가공공성 훼손 시기) → 국내망명정부적 '항일독립투쟁 비상계엄민국' 시기('국민국가'와 '민족국가'를 동시에 뜻하는 '민국'으로서의 대한제국의 국가공공성 시기)로 변모해온 것으로 이해할 수 있다.

전술했듯이 고종과 근왕세력이 사활을 걸고 투쟁했지만 고종에게 주어진 국가전략적 선택지는 매우 제한된 것이어서 대한제국은 결국 망했다. 60여 년 세도정체로부터 고종이 물려받은 조선의 구조적 피폐성·문약성과 군사적 무력성, 단순한 '전근대와 근대의 대립'을 초월하는 '동서 문명의 대충돌'의 거친 소용돌이, 일본의 흉악무도하고 끈질긴 제국주의적 침략책동, 그리고 이를 묵인하고 두둔하는 야만적 제국주의 시대의 강력한 '반(反)약소국적·반(反)한국적' 국제 사조와 정복 풍조에 의해 아주 제한된 전략적 선택지의 극한적 협애성 때문에 고종을 능가하는 요순 같은 성인이나 알렉산더 같은 영웅의 노력도 아마 망국을 막을 수 없었을지도 모른다. 그러나 망국의 길에도 분명한 변별이 있다. "만고천하에 흥해 보지 못한 나라도 없고 망해 보지 않은 나라도 없다. […] 그런데 나라가 망하는 데는 거룩하게 망하는 길이 있고, 더럽게 망하는 길이 있다. 일반 백성들이 의(義)를 붙들고 끝까지 싸우다가 복몰(覆沒)하는 것은 거룩하게 망하는 것이요, 일반 백성과 신하가 적에게 아부하다 꾐에 빠져 항복하는 것은 더럽게 망하는 것이다." 이것은 1894년 19세 김구가 동학봉기 실패 후 피신 중에 만난 고능선(高能善, 1842?~1922?)이라는 평범한 시골 선비에게서 배운 가르침이다.[499] '거룩한' 멸망자는 언젠가 나라를 되찾는 반면, '더러운' 멸망자는 나라를 영원히 버린다. 우리를 되돌아보자면, 고종을 중심으로 의(義)로써 싸우다가 힘이 다하여 망국을 당한 '거룩한' 세력은 이후에도 민족혼의 맥을 끝내 놓지 않고 독립투쟁을 계속하여 나라를 되찾아 대한민국을 일으키고 경영한 반면, 적에 붙어 망국을 부채질한 '더러운' 세력은 주지하다시피 친일매국 사대주의자로서 망국을 겪고 36년 뒤 다시 일제와 더불어 1945년 8·15 일제의 망국을 또 겪었고, 해방 후에는 그 잔당들이 숭미(崇美)사대주의와 반공주의의 소굴로 몰려들어가 더러운 목숨을 부지했던 것이다.

끝으로 덧붙이고 싶은 것은 고종시대에 '민국'의 사용이 오히려 더욱 일반화되고 실로 대중화되었다는 사실이다. 특히 '민국'이라는 술어는 대한제국기에 관민 공동 결의문(독립협회 발간 광무 2년 11월 종로 관민공동회 결의문)에도 사용되고, 대중집회의 변설과 신문·잡지를 통해 일상화되었다. '민국'은 동학교도들의 집회 장소에서만이 아니라 『독립신문』, 『매일신문』, 『황성신문』, 『대한매일신보』 등 일반 신문에서 널리 사용되는 일상어로 정착한 것이다. 따라서 대한제국 시기에 집중적으로 쓰인 '대한국'과 일상화된 '민국'

---

499 김구, 도진순 주해, 『백범일지』(돌베개, 1997·2012), 65~66쪽.

이 어렵지 않게 어우러져 '대한민국'이라는 국호가 자연발생적으로 생겨날 수 있는 상황이 되었다. 그리하여 저절로 생겨날 성싶은 이 '대한민국'이라는 국호도 미상불 두 신문에 의해 1899년과 1907년 및 1909년 등 이미 사용된 용례들과 기타 잡지, 정치 집단의 행사에서 사용된 사례들이—필자가 지금까지 탐색해낸 한에서—7건 정도 발견된다. 이것은 대한민국의 '민국'이 흔히 짐작하듯이 1911년에 탄생한 중화민국의 '민국'(공화국)이나 제헌국회기에 이승만이 이해한 '민주국가'의 약어로서의 '민국'이기 전에 전통적 '민국'(조선 중기로부터 전래된, 신분차별의 족쇄로부터 느슨해지기 시작하여 궁극적으로 해방되는 '자유평등한 능동적 국민의 국가'로서의 '국민국가'와, 대한제국기에 추구된 '민족국가'를 결합한 의미의 '민국')일 수 있다는 것을 짐작케 해준다. 만약 대한민국의 '민국'이 단순히 '공화국'이나 '민주국가'를 뜻한다면, "대한민국은 민주공화국이다."라고 천명한 우리 헌법 제1조는 부분적으로 동어반복이 되고 만다. 이 '대한민국'의 국호 문제에 대해서는 필자의 다른 논의를[500] 참조하기를 청하는 것으로 글을 마친다.

---

[500] 황태연, 앞의 글(2015); 황태연, 앞의 책(2016).

●참고문헌

1. 원전 자료

『國語』,『論語』,『大學』,『孟子』,『書經』,『詩經』,『易經』,『禮記』,『中庸』.

『高麗史』,『備邊司謄錄』,『秘書院日記』,『承政院日記』,『日省錄』.

『高宗實錄』,『宣祖修正實錄』,『肅宗實錄』,『世宗實錄』,『純祖實錄』,『英祖實錄』,『正祖實錄』.

고려대학교 아세아문제연구소 편,『舊韓國外交文書』제15권 '德案'[1](고려대학교출판부, 1962).

『駐韓日本公使館記錄』11권.

司馬光,『資治通鑑』; 사마광 저, 권중달 역,『자치통감(1)』(푸른역사, 2002).

司馬遷,『史記本紀』,『史記列傳』.

丁若鏞, 全州大湖南學研究所 譯,『國譯與猶堂全書』,「經集 II・IV」(전주대학교출판부, 1989).

正祖,『弘齋全書』卷十「序引 3 '萬川明月主人翁自序'」.

鄭玄 注, 孔穎達 疏,『禮記正義』(北京: 北京大學出版社, 2000).

趙岐 注, 孫奭 疏,『孟子注疏』(北京: 北京大學校出版部, 2000).

左丘明,『春秋左氏傳』.

2. 연구 논저

강만길,「兪吉濬의 論文 '中立論'」,『創作과 批評』8권 4호(1973).

_____,「大韓帝國의 성격」,『創作과 批評』1978 여름호.

강상규,「고종의 대내외 정세인식과 대한제국 외교의 배경」, 한림대학교 한국학연구소 편,『대한제국은 근대국가인가』(푸른역사, 2006).

고성훈 외,『민란의 시대』(가람기획, 2000).

고영근,「개화기의 국어연구단체와 국민보급활동」,『한국학보』제9권1호(1983. 3.).

교수신문 엮음,『고종황제 역사청문회』(푸른역사, 2008).

權五榮,「申箕善의 東道西器論 研究」,『淸溪史學』제1집(1984).

권희영,「일제시기 조선의 유학담론 – 공자명예훼손사건을 중심으로」,『한국민족운동사연구』제63집(2010).

김기봉,「내재적 발전론과 식민지근대화론을 넘어서」, 교수신문 엮음,『고종황제 역사청문회』(푸른역사, 2008).

김기승,『조소앙이 꿈꾼 세계』(지영사, 2003).

김도형,「개항 전후 실학의 변용과 근대개혁론」,『東方學志』124집(2004).

김동택, 「'국가론적 측면에서 본 대한제국의 성격'에 대한 토론문」, 한림대학교 한국학 연구소 편, 『대한제국은 근대국가인가』(푸른역사, 2006).

김문용, 「동도서기론은 얼마나 유효한가?」, 『가치청바지 동서양의 가치는 화해할 수 있을까?』(웅진, 2007).

김백철, 「영조대 '민국' 논의와 변화된 왕정상」, 이태진·김백철, 『조선후기 탕평정치의 재조명(상)』(태학사, 2011).

_____, 『조선후기 영조의 탕평정치』(태학사, 2010).

_____, 『영조, 民國을 꿈꾼 탕평군주』(태학사, 2011).

김용덕, 『朝鮮後期思想史硏究』(을유문화사, 1977).

김용섭, 「光武年間의 量田事業에 關한 一硏究」, 『아세아연구』 11권 3호(1968).

_____, 「書評: 愼鏞廈 著, 『獨立協會硏究』」, 『韓國史硏究』 12(1976).

_____, 『韓國近代農業史硏究(상·하)』(일조각, 1975).

김윤식, 「追補陰晴史」, 『續陰晴史(下)』(국사편찬위원회, 단기4293).

_____, 「新學六藝說」, 한국학문헌연구소 편, 『金允植全集(貳)』(아세아문화사, 1980a).

_____, 「燕巖集序」, 한국학문헌연구소 편, 『金允植全集(貳)』(아세아문화사, 1980b).

_____, 『續陰晴史(上·下)』(국사편찬위원회, 단기4293).

김재호, 「『고종시대의 재조명』, 조명 너무 세다」. 교수신문 엮음, 『고종황제 역사청문회』(푸른역사, 2008a).

_____, 「대한제국에는 황제만 산다」, 교수신문 엮음, 『고종황제 역사청문회』(푸른역사, 2008b).

_____, 「대한제국 재정정책은 주먹구구식」, 교수신문 엮음, 『고종황제청문회』(푸른역사, 2008c).

김희곤, 『중국관내 한국독립운동단체 연구』(지식산업사, 1995).

_____, 『대한민국임시정부(I) - 상해시기』(독립기념관 한국독립운동사연구소, 2008).

노대환, 「조선후기 '西學中國原流說'의 전개와 그 성격」, 『역사학보』 제178집(2003. 6).

_____, 「19세기 후반 申箕善의 현실인식과 사상적 변화」, 『동국사학』 제53집(2012. 12).

다카시로 코이치(高成幸一), 『후쿠자와 유키치의 조선정략론 연구-시사신보 조선관련 평론 1882~1900을 중심으로』(선인, 2013).

대한민국임시정부자료집 편찬위원회 편, 『대한민국임시정부자료집(2)』(국사편찬위원회, 2005).

독립운동사편찬위, 『독립운동사(4)』(원호처, 1972).

미타니 히로시(三谷博), 「일본에서 초기 '공론' 미디어: 『평론신문』의 경우」, 조선시대공공성구조변동연구단 주최, 한국학중앙연구원 후원, 국제학술심포지움(2013. 11. 1. 동국대학교 학술문화관) 논집 『조선시대 공공성의 구조변동 - 국가·공론·민의 공공성, 글 길항과 접합의 역사』.

박광용, 「영조대 탕평정국과 왕정체제 정비」, 『조선후기 탕평정치의 재조명(下)』(태학사, 2011).
朴珪壽, 「闢衛新編評語」, 『朴珪壽全集(上)』(아세아문화사, 1978a).
_____, 「地勢儀銘幷序」, 『朴珪壽全集(上)』(아세아문화사, 1978b).
박영효, 「갑신정변」, 『新民』 14(1926); 김옥균·박영효·서재필, 조일문·신복룡 편, 『갑신정변 회고록』(건국대학교출판부, 2005).
박은식, 김도형 역, 『한국통사』(계명대학교출판부, 1998).
_____, 『한국독립운동지혈사』(소명, 2008).
박정심, 「신기선의 『유학경위』를 통해 본 동도서기론(I)」, 『역사와 현실』 제60집(2006).
배항섭, 「동도서기론의 구조와 전개양상」, 『사림』 제42호(2012).
백승종, 『정감록 역모사건의 진실게임』(푸른역사, 2006·2007).
_____, 『정감록 미스테리』(푸른역사, 2012).
변태섭·신형식, 『한국사통론』(삼영사, 1986·2007).
서영희, 「국가론적 측면에서 본 대한제국의 성격」, 한림대학교 한국학연구소 편, 『대한제국은 근대국가인가』(푸른역사, 2006).
_____, 『대한제국 정치사 연구』(서울대학교출판부, 2003·2005).
蕭公權, 『中國政治思想史』 「第1冊」(上海: 商務印書館, 1947); 蕭公權, 최명 역, 『中國政治思想史』(法文社, 1994).
申箕善, 「序」, 안종수, 『農政新編』(廣印社, 1885[開國四百九十四年]; 韓國人文科學院, 1990).
신복룡, 「鄭汝立의 생애와 사상: 호남phobia를 읽는 한 도구로서」, 『한국정치학회보』 통권 제33권 1호(1999년 7월호).
愼鏞廈, 「書評: 金容燮 著, 『韓國近代農業史硏究』」, 『韓國史硏究』 13(1976).
_____, 「「光武改革論」의 문제점 - 大韓帝國의 性格과 관련하여」, 『創作과批評』 1978 가을호.
_____, 『獨立協會硏究(상·하)』(일조각, 1976·2006).
야스카와 주노스케, 이한철 역, 『후쿠자와 유키치의 아시아침략 사상을 묻는다』(역사비평사, 2011).
양영석, 「대한민국 임시의정원 연구(1919~1925)」, 『한국독립운동사연구』 1집(1987. 8.).
魚允中, 「宣撫使再次狀啓」, 東學農民戰爭百周年紀念事業會推進委員會, 『東學農民戰爭史料大系(2)』(여강출판사, 1994), '聚語'.
여운홍, 『夢陽 呂運亨』(靑廈閣, 1967).
오금성, 「明·淸時代의 國家權力과 紳士의 存在刑態」, 『동양사학연구』 제30호(1989.5.).
_____, 『명청시대사회경제사』(이산, 2007a).
_____, 『國法과 社會慣行』(지식산업사, 2007a).

오영섭, 『한국 근현대사를 수놓은 인물들(1)』(경인문화사, 2007).
俞吉濬, 「中立論」, 유길준전서편찬위원회 간행, 『俞吉濬全書(IV) - 政治經濟編』(일조각, 1982).
_____, 「中立論」, 許東賢 譯, 『俞吉濬論疏選』(일조각, 1987).
윤병석, 「대한민국임시정부(1919~1945)연구」, 『아시아학보』 제13집(1979).
윤병희, 「유길준이 「중립론」을 작성할 때 무슨 생각을 했을까」, 박경자 등, 『개화기 서울 사람들(2) - 우리 역사속의 사람들(2)』(어진이, 2004).
윤석산 주해, 『東學經典』(동학사, 2009).
尹孝定, 『風雲韓末秘史』(수문사, 1984).
윤효정, 박광희 편역, 『대한제국아 망하라』(다산북스, 2010·2011).
李康勳, 『大韓民國臨時政府史』(서문당, 1975·1977).
李光洙, 「박영효 씨를 만난 이야기 - 갑신정변회고록」, 『東光』 19(1931); 김옥균·박영효·서재필, 조일문·신복룡 편, 『갑신정변 회고록』(건국대학교출판부, 2005).
李沂, 「急務八制議」 '國制', 국사편찬위원회 편, 『海鶴遺書』(한국사학회, 단기 4188[1955]).
이기백, 『한국사신론』(일조각, 1999·2010)
이미륵, 『압록강은 흐른다(상)』(다림, 2000·2004).
이선민, 『'대한민국' 국호의 탄생』(나남, 2013).
李承熙, 「通諭東學徒文」, 東學農民戰爭百周年紀念事業會推進委員會, 『東學農民戰爭史料大系(2)』(여강출판사, 1994).
이영호, 「동아시아국제질서의 변동과 대한제국평가 논쟁」, 『역사학보』 191(2006).
이윤상, 「대한제국기 국가와 국왕의 위상제고 사업」, 『震檀學報』 95(2003).
_____, 「대한제국의 생존전략」, 『역사학보』 188(2005).
_____, 「대한제국의 경제정책과 재정상황」, 한림대학교 한국학연구소 편, 『대한제국은 근대국가인가』(푸른역사, 2006).
이태진, 「18세기 韓國史에서의 民의 사회적·정치적 位相」, (재)한일문화교류기금 주최 제10회 한일·일한합동학술회의, 『한국과 일본에 있어서의 시민의식의 형성과정』(1997년 6월).
_____, 「조선시대 '민본'의식의 변천과 18세기 '민국'이념의 대두」, 박충석·와타나베 히로시 공편, 『국가이념과 대외인식 - 17~19세기』(아연출판부, 2002).
_____, 「민국이념은 역사의 새로운 원동력」, 교수신문, 엮음, 『고종황제 역사청문회』(푸른역사, 2008).
_____, 「조선시대 '민본' 의식의 변천과 18세기 '민국' 이념의 대두」, 이태진·김백철, 『조선후기 탕평정치의 재조명(상)』(태학사, 2011a).
_____, 「책머리에-전근대 정치사와 근현대 정치사 연구의 접점을 보면서」, 이태진·김

백철, 『조선후기 탕평정치의 재조명(상)』(태학사, 2011b).

_____, 「18세기 '民國' 이념에서 20세기 '民主共和國'까지 - 한국인 '共和' 세계의 형성과정 스케치」, 조선시대공공성의구조변동연구단 주최(한국학중앙연구원 후원) '조선시대 공공성의 구조변동' 국제학술심포지움(2012.11.15.) 기조발제문.

_____, 『고종시대의 재조명』(태학사, 2000·2008).

_____, 『새 韓國史』(까치, 2012).

이태진·김백철 엮음, 『조선후기 탕평정치의 재조명(上·下)』(태학사, 2011).

이태호, 신경완 증언, 『압록강변의 겨울』(다섯수레, 1992).

林尹·高明 主編, 『中文大辭典(三)』(臺北: 中國文化大學出版部, 中華民國 74年[1982]).

장영숙, 「동도서기론의 정치적 역할과 변화」, 『역사와 현실』 통권60호(2006. 6).

_____, 「대한제국기 고종의 정치사상 연구」, 『한국근대사연구』 제51집(2009 겨울).

鄭喬, 『大韓季年史(卷之二)』, 정교, 조광 편, 이철성 역주, 『대한계년사(2)』(소명출판, 2004).

정일성, 『일본을 제국주의로 몰고간 후쿠자와유기치 - 탈아론을 외치다』(지식산업사, 2012).

정재정, 「'조선 지역'의 발전·'조선민족'의 발전은 달라」, 조선닷컴, 2004년 3월 3일자 기사.

조동일, 『동아시아 문명론』(지식산업사, 2010).

조소앙, 「大韓獨立宣言書」, 三均學會 편, 『素昻先生文集(上)』(횃불사, 1979a).

_____, 「臨時政府의 性格」, 三均學會 편, 『素昻先生文集(下)』(횃불사, 1979b).

_____, 「新韓國人은 新韓國熱을 要훌진뎌」, 三均學會 편, 『素昻先生文集(下)』(횃불사, 1979c).

조영준·차명수, 「조선 중·후기의 신장 추세, 1547~1882」, 『경제사학』 53호(2012년 12월).

주진오, 「1898년 독립협회운동의 주도세력과 지지기반」, 『역사와 현실』 제15권(1995).

_____, 「독립협회의 개화론과 민족주의」, 『현상과 인식』 제20권 1호(1996).

_____, 「해산 전후 독립협회 활동에 대한 각 계층의 반응」, 『역사와 실학』 제9권(1997).

_____, 「개명군주이나, 민국이념은 레토릭이다」, 교수신문 엮음, 『고종황제 역사청문회』(푸른역사, 2008).

_____, 「사회사상적 독립협회연구의 확립과 문제점」, 『한국사연구』 제149권(2010).

차명수, 「1920~1930년대 경제성장율 4.1% […] 유럽 앞질러」, 조선닷컴, 2004년 3월 3일자 기사(2004a).

_____, 「조선·일본인 사이 소득격차 증명 힘들어」, 조선닷컴, 2004년 3월 4일자 기사(2004b).

_____, 「제13장 경제성장·소득분배·구조변화」, 김낙년 편, 『한국의 경제성장

1910~1945』(서울대학교출판부, 2006).

＿＿＿,「의궤에 나타난 조선 중·후기의 비숙련 실질임금 추세, 1600~1909」,『경제사학』제46호(2009a).

＿＿＿,「1800년경 잉글랜드, 조선, 양자강하류지역의 총요소생산성 수준 비교」, 제52회 역사학대회 발표논문(2009b).

최덕교,『한국잡지백년(1)』(현암사, 2004).

최윤수,「東道西器論의 재해석」,『동양철학』제20집(2003).

최정연·이범학,『明末·淸初 稅役制度改革과 紳士의 存在 形態』(歷史學會, 1987).

하원호,「개항기 경제구조연구의 성과와 과제」,『韓國史論』25~26권(국사편찬위원회, 1995).

한국정치외교사학회 편,『한국외교사(I)』(집문당, 1993).

한국역사연구회,『1894년 농민전쟁연구(5)』(역사비평사, 2003).

한림대학교 한국학연구소,『대한제국은 근대근가인가』(푸른역사, 2006).

한영우,「대한제국을 어떻게 볼 것인가」, 한림대학교 한국학연구소,『대한제국은 근대근가인가』(푸른역사, 2006).

＿＿＿,『다시 찾는 우리 역사』(경세원, 1997·2014).

한용원,『대한민국 국군 100년사』(오름, 2014).

한우근,『한국통사』(을유문화사, 초판 1970, 개정판 1986); 한우근전집간행위원회편(한국학술정보, 2001·2003).

한인섭,「대한민국은 민주공화제로 함 – 대한민국 임시헌장(1919. 4. 11.) 제정의 역사적의의」,『서울대학교 法學』제50권 제3호(2009년 9월).

허수열,『개발 없는 개발. 일제하, 조선경제개발의 현상과 본질』(은행나무, 2011).

홍선표 외 지음,『17·18세기 조선의 외국서적 수용과 독서문화』(혜안, 2006a).

＿＿＿,『17·18세기 조선의 외국서적 수용과 독서실태 – 목록과 해제』(혜안, 2006b).

＿＿＿,『17·18세기 조선의 외국서적 수용과 문화변동』(혜안, 2007).

홍현보,「개화기 나랏글 제정과 '한글'의 발전과정 연구」,『한글』제277호(2007, 가을).

황태연,「서구 자유시장론과 복지국가론에 대한 공맹과 사마천의 무위시장 이념과 양민철학의 영향」,『정신문화연구』2012년 여름호(제35권 제2호, 통권 127호).

＿＿＿,「공자의 공감적 무위·현세주의와 서구 관용사상의 동아시아적 기원(上·下)」,『정신문화연구』2013년 여름호·가을호(제36권 제2·3호, 통권 131·132호).

＿＿＿,「공자의 분권적 제한군주정과 영국 내각제의 기원 – 윌리엄 템플의 중국 내각제 분석과 찰스2세의 헌정개혁」(한국정치사상학회 3월 월례발표회 발표논문). 일부는 학술지에 공간됨:「공자의 분권적 제한군주정과 영국 내각제의 기원」(1),『정신문화연구』2014년 여름호(제37권 제2호, 통권 135호).

＿＿＿,『감정과 공감의 해석학 – 공자 윤리학과 정치철학의 심층이해를 위한 학제적

기반이론(1·2)』(청계, 2014·2015).

_____, 「'대한민국' 국호의 기원과 의미」, 『정치사상연구』 제21집 1호(2015. 5.).

_____, 『지배와 이성』(창작과비평, 1996).

_____, 『계몽의 기획』(동국대학교출판부, 2004).

_____, 『공자와 세계(1·2·3) - 공자의 지식철학(상·중·하)』(청계, 2011a).

_____, 『공자와 세계(4·5) - 서양의 지식철학(상·하)』(청계, 2011b).

_____, 『대한민국 국호의 유래와 민국의 의미』(청계, 2016).

3. 신문

『한성순보(漢城旬報)』

『한성주보(漢城周報)』

『독립신문』.

『매일신문』

『제국신문』.

『황성신문』.

『대한매일신보』

『연합뉴스』.

4. 서양 논저

Anderson, Perry, *Lineages of the Absolutist State* (London: Verso, 1974); 앤더슨, 『절대주의 국가의 역사』(소나무, 1993).

Aristoteles, *Die Nikomachische Ethik* (München: Deutscher Taschenbuch Verlag, 1986), 1160a10-b3.

Bayle, Pierre, *Political Writings. Extracts from Pierre Bayle, Historical and Critical Dictionary*, ed. by Sally L. Jenkinson (Cambridge: Cambridge University Press, 2000).

_____, *A Philosophical Commentary on These Words of the Gospel, Luke 14.23, "Compel Them to Come In, That My House May Be Full"* [1686] (Indianapolis: Liberty Fund, 2005).

Bentham, Jeremy, *An Essay on Political Tactics* (1815), in: *The Works of Jeremy Bentham*, Volume two (New York: Russel & Russel Inc., 1962).

Bodin, Jean, *On Sovereignty*. Four chapters from *The Six Books of the Commonwealth* (1576), ed. and transl. by Julian H. Franklin (Cambridge·New York: Cambridge University Press, 1992); 장 보댕, 나정원 옮김, 『국가에 관한 6권의 책』 전6권(아카넷, 2013).

Carter, Thomas F., *The Invention of Printing in China and its Spread Westward* (New York: The Ronald Press Company, 1955).

Clarke, John J., *Oriental Enlightenment* (London·New York: Routledge, 1997).

Davis, Walter W., *Eastern and Western History, Thought and Culture, 1600-1815* (Lanham: University Press of America, 1993).

Du Halde, Jean-Baptiste, *Description géographique, historique, chronologique, politique, et physique de l'empire de la Chine et de la Tartarie chinoise, enrichie des cartes generales et particulieres de ces pays, de la carte generale et des cartes particulieres du Thibet, & de la Corée* (Paris: 1835). 영역본: P. Du Halde, *The General History of China-Containing A Geographical, Historical, Chronological, Political and Physical Description of the Empire of China, Chinese-Tatary, Corea and Thibet*, 4 Volumes, translated by Brookes (London: Printed by and for John Watts at the Printing-Office in Wild Court near Lincoln's Inn Fields, 1736).

Eberhard, Wolfram, "Social Mobility and Straficatin in China", in: Reinhard Bendix and Seymour Martin Lipset (ed.), *Class, Status, and Power: Social Strafication in Comparative Perspective* (New York: The Free Press, 1966).

Engels, Friedrich, *Zur Wohnungsfrage* (1872), in: *Marx Engels Werke*, Bd. 18 (Berlin: Dietz, 1979).

_____, *Der Ursprung der Familie, des Privateigentums und des Staats* (1884), in: *Marx Engels Werke*, Bd. 21 (Berlin: Dietz, 1979).

Fetscher, Iring, "Einleitung", in: Thomas Hobbes, *Leviathan* (1651), hg. v. I. Fetscher, (Frankfurt am Main: Suhrkamp, 1984).

Franklin, Julian H., "Introduction", in Jean Bodin, *On Sovereignty* (1576), ed. and transl. by Julian H. Franklin (Cambridge·New York: Cambridge University Press, 1992).

Habermas, Jürgen, *Theorie des kommunikativen Handelns*, Bd. 1·2 (Frankfurt am Main: Suhrkamp, 1985).

_____, *Strukturwandel der Öffentlichkeit* [1962] (Frankfurt am Main: Suhrkamp, 1990).

Hobbes, Thomas, *Philosophical Rudiments concerning Government and Society*, in: *The Collected Works of Thomas Hobbes*, collected and edited by Sir William Molesworth, Vol II (London: Routledge/Thoemnes Press, 1992).

_____, *Leviathan or The Matter, Form, and Power of a Commonwealth Ecclesiastical and Civil*. In: *The Collected Works of Thomas Hobbes*. Vol. III. Part I and II, collected and edited by Sir William Molesworth (London: Routledge/ Thoemmes Press, 1992).

Hobson, John M., *The Eastern Origins of Western Civilization* (Cambridge·New York: Cambridge University Press, 2004·2008).

Ho Ping-Ti, *The Ladder of Success in Imperial China: Aspects of Social Mobility, 1368-1911* (New York: Columbia University Press, 1962).

Hudson, G. F., *Europe and China* (Boston: Beacon Press, 1961).

Hulbert, Homer B., *The History of Korea*, vol. two (Seoul: The Methodist Publishing House, 1905;

2013 reprinted by Nabu Press).

_____, *The Passing of Korea* (New York: Doubleday, Pay & Company, 1906).

Israel, Jonathan I., *Enlightenment Contested-Philosophy, Modernity, and the Emancipation of Man 1670-1752* (Oxford: Oxford University Press, 2006).

_____, *Democratic Enlightenment-Philosophy, Revolution, and Human Rights 1670-1752* (Oxford: Oxford University Press, 2012).

Jun Seong Ho and James B. Lewis, "Wages, Rents, and Interest Rates in Southern Korea, 1700 to 1900", in: *Research in Economic History* (Vol. 24, 2007).

Justi, Johann Heinrich Gottlob von, *Vergleichungen der Europäischen mit den Asiatischen und anderen, vermeintlichen Barbarischen Regierungen* (Berlin · Stetten · Leipzig: Johann Heinrich Rüdiger Verlag, 1762).

Kant, Immanuel, *Beantwortung der Frage: Was ist Aufklärung* (1784), in *Kant Werke*, Bd. 9, Teil 1 (Darmstadt: Wissenschaftliche Buchgesellschaft, 1983).

_____, *Über den Gemeinspruch: Das mag in der Theorie richtig sein, taugt aber nicht für die Praxis* (1793), in *Kant Werke*, Bd. 9, Teil 1 (Darmstadt: Wissenschaftliche Buchgesellschaft, 1983).

_____, *Zum ewigen Frieden* (1795), in *Kant Werke*, Bd. 9, Teil 1 (Darmstadt: Wissenschaftliche Buchgesellschaft, 1983).

Lach, Donald F., and Edwin J. Van Kley, *Asia in the Making of Europe* III (Chicago: Chicago University Press, 1993).

Locke, John, "An Essay on Toleration" (1667), in: John Locke, *Political Essays* (Cambridge: Cambridge University Press, 1997 · 2006, 6th printing).

Maddison, Angus, *The World Economy-Historical Statistics* (Paris: Development Center of the OECD, 2003).

_____, *Contours of the World Economy, 1-2030 AD. Essays in Macro-Economic History* (Oxford: Oxford University Press, 2007).

_____, "Historical Statistics for the World Economy: 1-2008 AD." (http//www.ggdc.net/maddison/oriindex.htm. 최종 검색일: 2012. 10.19.).

Marx, Karl, und Friedrich Engels, *Manisfest der Kommunistischen Partei* (1848), in: *Marx Engels Werke*, Bd. 4 (Berlin: Dietz, 1979).

Marx, Karl, *Der Bürgerkrieg in Frankreich* (1871), in: *Marx Engels Werke*, Bd. 17 (Berlin: Dietz, 1979).

_____, *Das Kapital III*, in: *Marx Engels Werke*, Bd. 25 (Berlin: Dietz, 1979).

Maverick, Lewis A., *China-A Model for Europe*, Vol. I, II (San Antonio in Texas: Paul Anderson Company, 1946).

McKenzie, Frederick A., *Korea's Fight for Freedom* (Old Tappan, New Jersey: Fleming H. Revell Company, 1920); 맥켄지 저, 이광린 역, 『韓國의 獨立運動』(일조각, 1969·1972).

Mungello, David E., *The Great Encounter of China and the West, 1500-1800* (Lanham, Rowman & Littlefield, 2009); 데이비드 문젤로, 김성규 역, 『동양과 서양의 위대한 만남, 1500~1800』(휴머니스트, 2009).

Quesnay, François, *Despotisme de la China* (Paris, 1767). François Quesnay, *Despotism in China* [Paris, 1767], English translation: Lewis A. Maverick, China-A Model for Europe, Vol. II (San Antonio in Texas: Paul Anderson Company, 1946). 나정원 역, 『중국의 계몽군주정』(도서출판 엠-에드, 2014).

Reichwein, Adolf, *China und Europa im Achtzehnten Jahrhundert* (Berlin: Oesterheld & Co. Verlag, 1922); 영역본: *China and Europe-Intellectual and Artistic Contacts in the Eighteenth Century* (London·New York: Kegan Paul, Trench, Turner & Co., LTD and Alfred A. Knopf, 1925).

Rowbotham, Arnold H., "The Impact of Confucianism on Seventeenth Century Europe", in: *The Far Eastern Quarterly*, Vol. 4, No. 3 (May, 1945).

Scott, H. M. (ed.), *Enlightened Absolutism. Reform and Reformers in Later Eighteenth-Century Europe* (Ann Arbor: The University of Michigan Press, 1990).

Sivin, Nathan, "Science and Medicine in Chines History", in: Paul S. Ropp (ed.), *Heritage of China* (Berkeley·Los Angeles: University of California Press, 1990).

Smith, Adam, *An Inquiry into the Nature and Causes of the Wealth of Nations* (1776), volume I·II, textually edited by W. B. Todd (Glasgow·New York: Oxford University Press, 1976).

Tsien Tsuen-Hsuin, *Science and Civilization in China*, V (1) (Cambridge: Cambridge University Press, 1985).

Voltaire, *Philosophical Dictionary* (*Dictionnaire philosophique*, 1764) in two volumes (London: W. Dugdale, 1843).

_____, *Treatise on Tolerance* (*Traité sur la Tolérance*, 1763), 21쪽, in: Voltaire, *Treatise on Tolerance and Other Writings* (Cambridge: Cambridge University Press, 2000).

Wolff, Christian, *Rede über die praktische Philosophie der Chinesen* (Hamburg: Felix Meiner Verlag, 1985).

| 2부 |

조선시대 공공성의 재조명

조선시대 정치적 공공성의 구조변동
-'민民'을 중심으로

이영재 | 한양대학교 제3섹터연구소 연구교수

1. 문제제기

2000년(432명), 2013년(582명), 한국 대학생들이 생각하는 역사적으로 수치스러운 사건을 조사 한 바 있었다. 공교롭게도 두 번의 조사 모두 1910~1945년 동안의 '일제식민통치'가 1순위로 조사되었다. 해방 후 70년 가까운 세월이 흘렀고 전혀 그 경험을 공유하거나 기억하지 못하는 젊은 세대들에게도 식민통치의 경험은 일종의 역사적 자괴감으로 잔존하고 있다.[1] 한국민에게 일종의 역사적 트라우마이기도 한 1910년 한일합방과 1945년까지 이어진 일제강점의 경험은 조선시대의 이미지를 부정적으로 고정시켜 놓았다. 조선의 역사에는 숨가쁘게 근대적 전환을 모색해야 하는 시기에 두손 놓고 나라를 패망으로 이끈 '은둔'과 '쇄국', '무능'의 이미지가 점철되어 있다. 여기에 '신분차별', 사리사욕을 앞세운 '당쟁'의 역사가 덧붙여진다. 일제 식민사관은 조선을 망국의 순간까지도 백성의 삶은 아랑곳하지 않았던 무능한 저급 국가로 만들어 놓았다.

이러한 영향 탓인지 조선시대를 관통하는 체계적인 역사서를 찾아보기 어렵다. 역사를 거슬러 올라가 보면 18세기 말부터 19세기 초까지 다수의 당론서(黨論書)를 필두로 한 야사류(野史類)가 대거 편찬되었다. 19세기 말에는 『당의통략(黨議通略)』이 만들어져 일종의 대체 역사서처럼 보급되었다. 당대 작성된 실록(實錄)이나 『승정원일기(承政院日記)』를 일반인들이 참고할 수 없는 상황에서 조선의 역사상은 한쪽으로 치우친 당론서들로 이해되고 있었다. 1910년 조선광문회에서 일제에 맞서 우리 전통문화를 계승하고자 한 고서(古書)를 간행하였으나 이때 보급서로 선정된 책이 선조 8년부터 영조 31년까지의 당쟁의 대요를 적은 이건창(李建昌)의 『당의통략』이었다. 일제는 당시 대한제국기 지식인들의 자성의 목소리를 악용하였다. 식민사학자들은 당론서를 활용하여 조선을 부패하고 무능한 사회로 묘사하였고, '당파성론'으로 체계화하였다. 일제가 의도적으로 주조한 '당쟁사관'은 이후 근대 식민지 교육과 함께 급속히 확산되었다.[2]

---

1 이 자료는 2014년 12월 12일 한국학중앙연구원에서 개최한 "우리 내부의 역사갈등에 대한 반성적 연구" 학술 토론회장에서 필자의 토론자였던 히로시마대학교의 김미경 교수가 직접 조사하여 제시한 조사 결과 자료이다.

2 김백철, 「朝鮮時代 歷史像과 共時性의 재검토」, 『韓國思想史學』 제44輯 (2013), 271쪽. 참조.

이와 다른 관점에서 조선의 역사를 정리하려는 시도는 실학 연구자들을 통해 이어졌다. 그런데 실학 담론에는 이전 역사에 대한 반성과 거부의식이 가미되어 있다. 그 핵심을 간추리면 "조선의 위정자들은 무능했으나 재야의 지식인들은 그래도 근대사회를 예비하고 있었다는 안타까움"으로 특정할 수 있다. 실학의 문제의식을 정치사상적 측면만이 아니라 사회경제적 영역으로 확장시켜 가면 자본주의 맹아론의 토대가 된다. 이러한 인식은 1960~1970년대 서세동점 시대에 처한 동아시아 각국에 몰아친 '자본주의 맹아론'으로 이어졌다. 실학과 자본주의 맹아론은 중앙 정부의 무능을 전제로 그 밖의 요소에서 희망을 찾아보고자 했다. 이후 서구의 계급 담론이나 근대화 이론 등이 접목되면서 조선시대사에 대한 인식은 후진적 '봉건성'으로 규정되었다. 동학농민혁명에 대한 논점이 갈리는 것도 이러한 맥락에서 기인하는 것이라 할 수 있다.

비교적 최근 담론은 내재적 발전론을 중심으로 형성된 바 있다. 내재적 발전론은 조선시대의 봉건성을 극복할 수 있는 맹아가 정치권력에는 부재했으나 조선 내적으로 존재했다는 것을 전제로 삼았다. 이러한 내재적 발전론의 논지는 식민지근대화론에 의해 비판되었다. 경제사학계를 중심으로 식민 시기 통계지표를 적극 동원한 설명의 원형 도식은 '조선 후기의 정체된 사회'를 제치고 식민 시기 근대화를 이루었다는 설명이다.[3] 그러나 당시의 경제지표 연구가 체계적으로 확립되지 않은 상황에서 제기된 이러한 논지는 한국 근현대사에 무거운 짐을 지운 채 여전히 논쟁 중에 있다.[4]

지난 2004년 여름부터 국사학계와 경제사학계 사이에 '내재적 근대화론'과 '식민지 근대화론'을 중심으로 치열한 논쟁이 전개되었다. 논점은 한국의 근대가 내재적 근대화의 경로를 따른 것인지, 식민지를 통하여 근대화를 이룬 것인지에 대한 것이었다. 이 논쟁은 당초 『교수신문』의 지면을 통해 전개되었으며, 2005년에 『고종황제 역사 청문회』라는 이름으로 출간된 바 있다. 이 논쟁은 한국의 근대 형성에 대한 역사학계의 학술 논쟁이라는 점에서 많은 주목을 받았으나 고종이 과연 근대를 여는 개명군주였는지, 나약하고 부패한 성리학의 포로였는지 여부에 초점이 맞추어지면서, 조선시대를 아우르는 거시

---

[3] 이영훈 편, 『수량경제사로 다시 본 조선후기』(서울대학교출판부, 2004); 이영훈, 『대한민국이야기』(기파랑, 2007); 교과서포럼, 『대안교과서 한국근현대사』(기파랑, 2008).

[4] 배항섭, 「19세기를 바라보는 시각」, 『역사비평』 101 (2012), 217~253쪽.

적 조망이 다소 소홀히 다루어졌다는 점에서 아쉬움을 남겼다. 반면 배항섭은 '식민지근대화론'을 '19세기 위기론'으로 통칭하여 비판하고, 조선시대의 특징을 근대와 반근대 '너머'로 포착하려는 시도를 제시하기도 하였다. '19세기 위기론'이란, 물가·임금·이자율·생산성 등 경제지표의 수량 분석을 바탕으로 경제의 장기변동을 밝히는 논지들로, 19세기 조선이 내부 동력에 의한 근대 이행의 가능성이 전혀 없음을 주장하는 논지를 지칭하는 표현이다. 배항섭은 19세기 위기론을 비판하며 이 논지들이 19세기의 사회경제적 측면을 간과하거나 외면한 결과이며 그 바탕에서는 서구중심적·근대중심적 편향이 자리하고 있다고 비판하고 있다.

이런 맥락에서 보면, 최근 역사학계의 조선시대 정치사 연구는 식민사관과의 논쟁과 비판[5]을 통해 새로운 대안을 위한 논점들을 발굴하고 조선시대를 새롭게 규정하고, 이해하기 위한 일련의 과정에 있다고 할 수 있다. 이 글은 큰 틀에서 이러한 논쟁의 바탕 위에서 조선시대를 독해하기 위한 개념으로 그동안 역사학계에서 주목하지 않았던 '정치적 공공성(公共性)'의 동학(dynamics)에 주목하고자 한다. '공공성' 개념을 중심으로 조선시대 정치사를 분석하는 장점은 지배권력이나 통치자 중심의 편향이나 '서구중심주의'의 한계를 벗어나 조선시대의 지배권력과 피치자, 즉 '민(民)'을 분석의 중심축에 놓을 수 있다는 데 있다. 필자의 이 문제의식을 보다 구체화하면 다음과 같다.

먼저 조선시대의 지배권력 또는 정치를 보는 관점의 전환이 필요하다. 세간의 오해와 달리 조선의 정치는 가히 '정체(regime)'의 변동이라 부를 만큼 역동적인 변화를 경험하였다. 조선은 사대부의 '국가시대'(사대부적 국가공공성의 '조선국' 시대) → 붕당정체 → 탕평군주들의 '민국정체' → 민국정체를 점차 해체하고 백성을 다시 식록 수취의 대상으로 강등시켜 민란 상태를 초래한 '반동(세도)정체' → 광무개혁과 독립투쟁을 위한 '비상정체' 등의 '정체변동'[6]을 경험하였다. 이러한 정체변동은 지배권력 또는 제도정치의 영역에만 한정

---

5 '식민지근대화론'에 대한 소개와 그 비판에 대해서는 이만열, 「일제 식민지 근대화론 문제 검토」, 『한국독립운동사연구』 제11권(1997), 301~328쪽; 정연태, 「'식민지근대화론' 논쟁의 비판과 신근대사론의 모색」, 『창작과 비평』 제27권 제1호(1999), 352~376쪽; 한국정신문화연구원 편, 『식민지근대화론의 이해와 비판』(백산서당, 2004) 참조. 식민사관 비판과 조선시대를 보는 관점의 시대적 변화 양상에 대해서는 김백철, 「'탕평'을 어떻게 볼 것인가」, 이태진·김백철 엮음, 『조선후기 탕평정치의 재조명(上)』(태학사, 2011), 44~76쪽 참조.

6 황태연, 「조선시대 국가공공성의 구조변동과 근대화」, 『조선시대 공공성의 구조변동 발표집』(미간행 초고, 2012), 192, 265쪽.

된 것이 아니었다. 이 정체변동은 공히 민의 영역과 상호 조응하며 변화한 것으로 종래에는 양반 중심의 신분제 국체(國體)에서 '백성의 나라'인 '민국'을 잉태하는 일대 격변으로 평할 수 있다.[7] 즉 조선시대의 정치변동은 신분계층의 이동과 경제구조의 변화를 초래한 '사회경제적 구조 변화'[8]를 배경으로 이루어졌으며, 그 결과는 정치적 공공성의 구조변동으로 포착할 수 있다.

그렇다면, 조선시대 정치적 '공공성'의 핵심 요체는 무엇인가? 주지하다시피, 그 요체는 '민본론'이다. 그동안 조선 정치사 연구에서 '공(公)' 개념, '공론(公論)', '공익(公益)', '공-사(公私)' 개념 등을 활용한 연구들은 다수 있었으나,[9] 지배권력과 민의 조응성을 바탕으로 한 '공공성' 개념으로 연구를 확장한 경우는 많지 않았다. 필자가 공공성 개념을 활용하려는 이유는 기존 연구와 같이 통치세력 중심으로 공적인 것의 구성 요소나 내용, 공적 함의를 밝히는 작업과 달리 통치세력의 변화와 더불어 변동을 겪어 온 '민'의 영역에 주목하기 위해서이다. 특히 필자는 공공성을 접근하는 데 있어 그 구조변동의 양상을 공공성의 본질적 요소라 할 수 있는 '상호성'을 중심으로 삼고자 한다.

이러한 문제의식을 전제할 경우 대략 다음과 같은 윤곽을 미리 그려볼 수 있다. 조선 초기가 민본주의를 중심으로 조선의 공공성을 창출한 시기였다면, 중기에서 후기를 거치며 기왕의 공공성을 담보하던 민본주의에 중대한 변화가 나타난다. 민본주의를 바탕으로 한 조선 초기의 공공성이 '민'을 '도구적' 차원에서 활용하였다면, '민국'정체 시기의 민본주의는 '민'을 '민국'의 공공성을 떠받치는 '실체적' 역할에 중심을 두고 논의하고 있다. 나아가 19세기 말

---

7 이영재, 『민의 나라, 조선』(태학사, 2015), 31~32쪽.

8 이태진, 「14~16세기 한국의 인구증가와 신유학의 영향」, 『진단학보』 제76권(1993) 1~17쪽; 이태진, 「18세기 한국사에서의 민의 사회적 정치적 위상」, 이태진·김백철 엮음, 『조선후기 탕평정치의 재조명(上)』(태학사, 2011), 136~154쪽 참조.

9 이희주, 「조선초기의 공론정치」, 『한국정치학회보』 제44집 제4호(2010) 5~23쪽; 배병삼, 「정치가 세종의 한 면모」, 『정치사상연구』 제11집 2호(2005) 13~39쪽; 박현모, 「조선왕조의 장기 지속성 요인 연구(1)-공론 정치를 중심으로」, 『한국학보』 제30권 제1호(2004) 31~61쪽; 박현모, 「유교적 공론 정치의 출발-세종과 수성의 정치론」, 한국·동양정치사상사학회 엮음, 『한국정치사상사』(백산서당, 2005), 239~259쪽; 김영수, 「조선 공론 정치의 이상과 현실(I)-당쟁 발생기 율곡 이이의 공론 정치론을 중심으로」, 『한국정치학회보』 제39집 제5호(2005) 7~27쪽; 김영주, 「조선왕조 초기 공론과 공론 형성 과정 연구-간쟁, 공론, 공론 수렴 제도의 개념과 종류」, 『언론과학연구』 제2권 제3호(2002), 70~110쪽; 김봉진, 「최한기의 기학에 나타난 공공성」, 『정치사상연구』 제12집 제1호(2006), 33~55쪽; 김돈, 「선조 대 유생층의 공론 형성과 붕당화」, 『진단학보』 Vol. 78(1994), 147~171쪽; 김현욱, 「퇴계의 질서와 공개념에 관한 검토」, 『동양정치사상사』 제1권 제1호(2002), 53~78쪽; 김용직, 「한국 정치와 공론성(1)-유교적 공론 정치와 공공 영역」, 『국제정치논총』 제38집 제3호(1998), 63~80쪽.

엽 세도정치의 '반동정체'에서 '민'은 보다 '적극적'이고 '능동적'인 공공성의 담지자로 등장한다. 특히 이 무렵 '동학농민혁명'에서 주창된 '척왜양(斥倭洋)', '보국안민(輔國安民)' 담론은 세도정치가 국가공공성을 담보하지 못하는 비상 상황에서 기왕의 '민본', '민국' 사상을 바탕으로 조선의 국가공공성을 바로 세우기 위한 민의 능동적이고 적극적인 공공성 창출 노력의 결정체라고 평할 수 있다.

이와 같은 문제의식하에 필자는 조선시대의 국가공공성으로 기능한 '민본론'을 '군주-(사대부)-민'의 정치적 상호 관계를 중심으로 하여 제2장에서는 공공성과 관련된 기존 논의를 검토하고, '민본론'의 특성을 '상호성'으로 제시하고 있다. 제3장은 조선의 국가적 공공성 차원을 '건국기(초기), 붕당정치기, 탕평정치기, 세도정치기'[10]로 나누어 다루고, 제4장에서는 민의 공공성 차원을 조선 초기 민의 개념과 범주, 영·정조 '민국' 시대 민의 실체화, 세도정치와 동학혁명에서 나타난 민의 역할 변화 등으로 나누어 검토하고 있다.

2. 공공성의 재조명: 상호성을 중심으로

1) 기존 논의에 대한 검토

조선시대 정치를 이해하는 데 있어 '공공성'은 중요한 개념이다. 조선의 건국은 권력의 공공성 천명으로 시작되었다고 해도 과언이 아니기 때문이다. 조선 건국의 주도 세력은 고려 말기의 정치를 '사견(사욕)에 의한 정치'로 규정하고 조선 건국의 정당성을 권력의 공공성에서 찾았다. 이 공공성 개념은 공(公)을 공유한다는 전제하에 '공-사 비교', '은폐, 폐쇄와 대비되는 공개성', '부분에 대립되는 전체성, 전원성', '편파성에 대립되는 공평성', '언어적 측면의 공론적 차원', '공공의식' 등과 같은 다의적 함의를 갖는다.[11]

---

10 임진왜란을 기점으로 조선 전기와 후기로 양분하던 시대관에서 벗어나 조선시대를 초기-중기-후기로 나누어 보기 시작한 것은 정옥자, 『조선 후기 역사의 이해』(일지사, 1994); 이태진, 『한국사-조선중기 정치와 경제 30』(국사편찬위원회, 1998) 등의 영향이 컸다. 최근 조선시대 연구는 한층 더 미시적 관점으로 세분화하여 1세기를 단위로 변화의 폭을 살피고 있다. 14~15세기 '국가 체제 확립기', 16세기 '훈구와 사림의 대립기', 17세기 '붕당 정치기', 18세기 '탕평 정치기', 19세기 '세도 정치기' 등의 구분이 그것이다. 김백철, 앞의 글(2011b), 45쪽.

11 공공성 개념에 대한 보다 구체적인 내용은 '2.공공성 개념의 재조명' 참조.

넓은 의미에서 조선시대 공공성 연구로 포괄할 수 있는 연구성과를 편의상 연구주제 및 대상을 중심으로 나누어보면 다음과 같다. 첫째, '공적-사적' 영역, '공익-사익'의 구분 등을 제시하며 주로 제도적 측면과 통치층, 또는 특정 군주 시대를 다룬 연구들이 있다. 이 논의들은 주로 군주와 사대부를 중심으로 통치권력 행사의 성격이 공적이냐 사적이냐 여부를 대립시키는 방식으로 공적 특성을 설명한다. 군-신 간의 관계 정립을 둘러싼 각축은 조선의 건국 시기부터 쟁점이었다. 특히 '제가(齊家)' 또는 '가(家)'와 결부하여 공공성 문제를 다룬 논의들이 대표적인데, 유교적 공공성을 표방한 조선시대의 정치에서 이 문제는 "군-신 간의 치열한 긴장 관계를 초래하는 원인"이기도 하였다.[12] 세종시대, 인륜을 기초로 한 '가(家)'의 논리로 효령대군을 처벌하지 않았던 사건은 '가'의 논리와 공공성을 대별하는 대표적 사례로 꼽힌다. 주로 '가'의 논리는 국가적 공공성과 구별되는 사적, 인륜적 차원으로 해석되고, 국가의 공적 질서와 충돌하는 경우 국가적 공공성의 저해 요인으로 다루어졌다.[13] 이와 같이 공-사의 대비를 통해 공공성에 주목하는 연구[14]는 조선 통치층의 사유 양식과 공론의 성격을 분석하는 데 유용한 접근이라 할 수 있다.

둘째, 조선의 대표적 사상가의 논지를 바탕으로 한 공공성 연구를 들 수 있다. 조선의 공공성 논의와 관련하여 자주 거론되는 학자들은 '퇴계', '율곡', '혜강' 등이다. 김병욱은 퇴계의 '자체(自體)' 개념을 공개념과 관련지어 검토하였는데, '자체'는 공개념을 통해서 '타체'와 하나가 될 수 있으며, '자체'의 내적인 변화 과정을 주재하는 것이 공개념이라고 밝히고 있다.[15] 율곡의 '군자관' 및 '백성관'을 공공성 개념과 연계하여 다루기도 하였다. 오문환은 율곡이 제시한 군자의 상은 정치적으로 사적 이익을 떠나 보편적 공공성(至公)을 구현하는 인격체지만 실제 정치 현실에서 이 군자의 상이 한계에 직면하는 상황에서, 이에 대한 대안으로 율곡이 백성을 중시하여 정치권력을 도덕화하는 측면에 주목하고 있다.[16] 혜강 최한기에 대한 연구는 '기(氣)학'에 제시된 최한기

---

[12] 이희주, 「조선시대 양녕대군과 에도시대 아코우사건을 둘러싼 이념논쟁」, 『정치·정보연구』 제14권 2호 (2011).

[13] 이한수, 「세종시대의 정치」, 『동양정치사상사』 제4권 2호(2004), 151~180쪽; 배병삼, 앞의 글(2005).

[14] 박현모, 앞의 글(2004); 이희주, 앞의 글(2010); 이원택, 「顯宗朝의 復讐義理 논쟁과 公私 관념」, 『한국정치학회보』 제35집 제4호(2002).

[15] 김병욱, 앞의 글(2002).

[16] 오문환, 「율곡의 군자관과 그 정치철학적 의미」, 『한국정치학회보』 제30집 2호(1996).

의 공공성 개념을 주로 다룬다. 김봉진은 혜강이 공 또는 공공성을 '운화기에 승순함', 즉 사람들이 하늘의 운화하는 기의 이(理)를 받들어 따름으로써 개개인의 기를 서로 살려나가면서 함께 협동하여 공공성을 산출하는 것으로 해석한다.[17] 구자익은 경제적인 문제를 '사회적인 것'으로 제기하고, 개인의 해방이 사회참여와 공공성을 요구한다는 최한기의 논의에 주목하여 공공성 개념을 층위적 차원에서 검토하기도 하였다.[18]

셋째, 민의 사회적 저항(또는 운동), 공론장 등을 중심으로 공공성을 다룬 연구들이 있다. 조선시대 '민란'[19]에 관한 연구를 포함하여 주로 '민'에 초점을 맞춘 연구들이 대부분 이에 속한다. 19세기에 들어 민중운동이 빈발하고 동학농민전쟁으로 진전되어가는 과정에서 아래로부터 형성된 '민중공론'이 '향중공론'은 물론 사림공론과도 대립·경합해 나가는 모습, 그것이 조선의 정치문화나 '공론정치'에 어떠한 변화를 만들어가는가 등에 관한 연구가 대표적이다.[20] 특히 동학 연구 중 동학의 인간상에 대한 해석, 조직적 측면에서 공동체 '접'과 사회참여 통로인 '포'에 관한 연구, 새로운 '관민공치'의 실험적 경험이었던 '집강소', 동학사상의 근대성에 대한 고찰, 개벽사상, 동학농민전쟁의 주요 담론 분석 등 최근 들어 다양한 측면으로 논의가 확대되고 있다.[21] 다른 한편 조선 후기 공론장 연구는 '독립신문'과 관련한 연구가 주를 이루고 있다. 또한 근대적 공론장 형성에 관한 연구와 더불어 새로운 근대 정치사상 및 제도의 수용에 대한 연구가 활발하게 진행되고 있다.[22]

---

17 김봉진,「崔漢綺의 氣學에 나타난 공공성」,『정치사상연구』제12집 제1호(2006).

18 구자익,「惠岡 崔漢綺의 食貨論」,『철학논총』제57집(2009).

19 고성훈 외 지음,『민란의 시대』(가람기획, 2004).

20 배항섭,「19세기 후반 민중운동과 公論」,『한국사연구』161권(2013); 원숙경·윤영태,「조선 후기 대항 공론장의 특성에 관한 연구」,『한국언론정보학보』통권 59호(2012).

21 이현희,「동학과 근대성」,『민족사상』(2008); 오문환,「동학사상에서의 자율성과 공공성」,『한국정치학회보』제36집 2호(2002); 오문환,「동학에 나타난 민주주의 - 인권, 공공성, 국민주권」,『한국학논집』제32집(2005).

22 김대영,「논쟁과 이견의 공론장으로서 독립신문」,『역사와 사회』제3권 제30집(2003); 김용직,「개화기 한국의 근대적 공론장과 공론형성 연구 - 독립협회와『독립신문』을 중심으로」,『한국동북아논총』제11권 제1호(2006); 이동수,「'독립신문'과 공론장」,『정신문화연구』제29권 제1호(2006); 이동수,「개화와 공화민주주의 -『독립신문』을 중심으로」,『정신문화연구』제30권 제1호(2007); 장명학,「근대적 공론장의 등장과 정치권력의 변화 -『독립신문』사설을 중심으로」,『한국정치연구』제16집 제2호(2007); 이나미,『한국자유주의의 기원』(책세상, 2001).

2) 공공성 개념의 재조명

공공성 개념이 당초 서구적 개념으로 우리에게 본래부터 없었던 개념이라면[23] 먼저, 공공성 개념의 의미 파악이 급선무일 것이다. 공공성의 영어식 표현은 사적인 것과 구분되는 'publicness'나 'publicity'로 'public'의 함의를 담고 있다. public은 공공, 공중, 국가 또는 사회, 공개, 공립, 대중의 의미까지 광범위하게 포함한다. 사회과학 영역에서 최근 공공성 개념은 'Öffentlichkeit'가 많이 활용되고 있다. 사전적 정의에 따르면, Öffentlichkeit는 사람들, 국민, 공중을 의미한다.[24] Öffentlichkeit는 아렌트와 하버마스의 제기 이래 최근 공개성, 여론, 공론 등의 의미로 많이 활용되고 있다. 하버마스의 Öffentlichkeit는 영역본에서 주로 '공공 영역(public sphere)'으로, 때로 '공공성(publicness)'으로 번역해왔다. 일어로는 '공공성(公共性)'으로 옮긴다. 하버마스는 Öffentlichkeit를 공공 영역으로서의 국가와 사적 영역으로서의 사회 사이에서 양자를 매개하는 것으로 정의한다. 하버마스는 Öffentlichkeit를 주로 '공론장'의 함의로 사용하지만 때때로 공공성 혹은 여론의 의미로 쓰기도 한다.[25]

설령 혹자의 주장처럼 공공성 개념이 외부로부터 도입된 외래 개념이라고 하더라도 필자는 그 의미 요소를 동아시아에서 이미 다양하게 사용하고 있는 내생적 개념들로 충분히 풀어낼 수 있다고 생각한다. 우리의 내생적 개념으로 풀어보아도 공공성 개념의 어원적 의미는 'publicness'나 'publicity', 'Öffentlichkeit'와 크게 다르지 않다. 아니 오히려 어떤 측면에서는 서구적 개념보다 풍부한 의미를 담고 있다고 할 수 있다. 서구적 공공성 개념과 구분되는 동양적 함의의 공공성이 갖는 특징은 백성과 임금과 관리가 '천하'라는 공을 함께 공유하고 공용했다는 의미의 사용에서 찾을 수 있다. 공자는 대동시대에 "대도가 행해질 적에 천하는 공(公)이었고, (이 공을 운영할) 현인과 능력자를 선출해 썼다.[大道之行也 天下爲公 選賢與能]"라고 말했다.[26] 여기서 이 '공'을 운영

---

23 조한상은 "현재 우리 현실에서 사용하고 있는 공공성이라는 말이 전통적으로 우리가 사용해 왔던 개념이라기 보다는 외국어를 번역하는 과정에서 생성된 개념"이라고 밝히고 있다. 조한상, 「헌법에 있어서 공공성의 의미」, 『공법학연구』 제7권 제3호(2006).

24 Duden, *Deutsches Universal Wörterbuch A-Z* (1989), p. 1095.

25 위르겐 하버마스, 한승완 역, 『공론장의 구조변동』(나남출판, 2001), 13. 〈역주〉 참조. 하버마스의 'Öffentlichkeit' 개념에 대해서는 Jürgen Habermas, trans. by Thomas Burger, *The Structural Transformation of the Public Sphere* (The MIT press, 1991); Craig Calhoun, edited, *Habermas and the Public Sphere* (The MIT Press, 1992) 참조.

26 『禮記』「第九 禮運」.

할 "현인과 능력자를 선출해 썼다"는 것은 천하에 군림하는 '현명한 임금'은 세습제가 아니라 민심에 기초한 '선양제(禪讓制)'를 통해[27] 천여(天與)·민선(民選)했다는 것과, 이 임금을 보필하여 실무적으로 치국을 담당하는 유능한 관리들은 공정한 절차로 선발해 썼다는 것을 아울러 뜻한다. 따라서 이 구절은 천하라는 '공'을 ① 백성, ② 현명한 임금, ③ 유능한 관리, 이 3자가 같이 공유(共有)·공용(共用)했다는 것을 함의하고 있다.[28] 이러한 공공성 개념은 서구 정치사상에서는 찾아보기 어려운 동양적 공공성 개념의 특징이기도 하다.

이제 보다 구체적으로 공공성 개념의 어원적 의미를 분석해 보자. '公(공변될 공)'은 '사(私)가 없이 공평하다', '드러내다', '숨기지 않고 나타내다', '공적(公的)'이거나 '여러 사람에게 관계되는 일' 등을 뜻한다. 이러한 의미는 관무(官務), 관청, 마을, 임금, 천자, 제후까지 확대된다. 반면, 공(共)은 함께, 모두, 규칙, 법도 등의 의미를 갖는다. 이렇듯 공공성(publicness) 개념은 정의에 따라 다양한 개념으로 사용될 수 있는 개념이기도 하다. 필자는 이와 같이 폭넓게 정의할 수 있는 공공성 개념의 핵심 개념을 추출하여 조선시대 독해를 위한 핵심 개념으로 활용하고자 한다. 필자는 공공성 개념의 핵심을 '중요 결정이 사회를 대상으로 공개되고, 공유되고, 인정되는 성질'이라는 점에서 찾고자 한다. 이 '공(公)'과 '공(共)'이 합쳐진 공공성은 '사회 일반의 여러 사람 또는 여러 단체에 두루 관련되거나 영향을 미치는 성질'을 의미한다.

공공이란 용어는 『조선왕조실록』에도 종종 나타나는데, 실록에서 '공공'은 '공(公)'을 '공유(共有)·공용(共用)'하고 '공지(共知)·공론(共論)'하는 의미로 쓰인다. 가령 세종조에 대사헌 이지강(李之剛)은 "법이란 천하고금이 공을 공유·공용하는 방도이지, 전하가 사유·사용하는 것이 아닙니다.[法者 天下古今 所公共, 非殿下得而私也]"라고 상소한다. 또 가령 선조조 홍문관은 "이는 분명히 나라를 그르칠 사람이라는 것을 알고 나서야 공공의 논의를 하지 않을 수 없었던 것입니다.[誤國手段, 明不可掩, 然後不得不爲公共之論]"라고 차자를 올린다. 영조조에 교리 서종섭(徐宗燮)은 "삼사가 연명하여 계사(啓辭)를 올린 것을 두고 일국 공공의 논의라고 한다면, 맹자가 말한 바 '나라 사람을 모두

---

27 맹자는 요순의 선양을 요순천자가 '왕위(王位)'와 천하를 순우와 하우에게 준 것이 아니라, 하늘과 같은 백성이 준 것이라고 풀이한다. "하늘이 천하를 주고 뭇사람들이 천하를 주는 것이지, (요순) 천자가 천하를 남에게 줄 수 있는 것이 아니다.[天與之 人與之 […] 天子不能以天下與人]" 『孟子』 「萬章上」(9-5).

28 이 책의 제1부 황태연, 「조선시대 국가공공성의 구조변동과 근대화」, 7쪽 참조.

죽일 수도 있는 것'이 될 것입니다.[合啓事 謂是一國公共之論 則孟子所謂國人皆曰可殺者也]"라고 말한다. 영·정조의 이런 용례는 40여 건, 정조조의 용례는 70여 건에 달한다.[29]

공공성은 최근 국가와 관련된 '공적', '제도적' 속성으로 자주 활용되기도 하는데, 공공성을 이러한 의미로 사용하기 위해서는 '만인(백성 또는 민)'에 의해 인정되는 '전체적 대표성'이라는 전제가 뒷받침되어야 한다. 따라서 특정 주체나 세력이 강권적 억압으로 공공성을 획득할 수 있는 것은 아니다. "무릇 '국가공공성'이란 '만인'에 의해 인정되는 '온전한 국가적 정당성(정통성)', 즉 국가 공동체의 '전체적 대표성'으로 정의할 수 있다. 따라서 국가는, 1인 또는 특정 계급이나 특정 집단이 영유하는 국가도 '만인'에 의해 '전체적 대표성'을 가진 것으로 인정받는다면 국가로서의 공공성을 지닐 수 있다. 그러나 이 국가는 만인에 의해 '전체 대표성'을 인정받지 못하면 국가로서의 공공성을 상실하고 만다."[30] 이렇게 본다면, 공공성의 핵심 요체는 '상호성'에 있다고 할 수 있다. 다시 말해 국가적 공공성이란, 지배 정당성과 결부된 문제이기 때문에 피지배층과의 상호성을 중심으로 파악될 수 있는 것이지 군주 또는 특정 세력이 '자의적'으로 대표할 수 없다는 말이다. 이러한 맥락에서 본다면, 공공성의 본질 구성적 함의는 특정 개인과 소수 집단에 한정하는 것과는 거리가 멀고, 오히려 다수의 구성원이 '공통적', '보편적'으로 인정하고, 공감하는 성질이라고 보는 것이 타당하다. 필자는 이러한 취지에서 공공성을 구체적 '거소(居所)'로 특정하는 것이 아니라, '상호성'의 측면을 중심으로 활용하고자 한다. 이 상호성의 원리를 바탕으로 유학적 정치원리의 근간을 이루는 '민본론'을 이해할 경우 조선시대의 정치적 공공성의 의미 있는 시사점이 도출될 수 있을 것이다.

3) 민본론의 특징: 상호성

『서경(書經)』「하서(夏書)」'오자지가(五子之歌)'에서 "백성이 나라의 근본이다.[民惟邦本]"라고 밝히고 있는 것과 같이 공맹의 정치적 근본 이념은 '민본(民本)'이다. 공자는 『논어(論語)』「안연(顔淵)」편에서 "군자의 덕은 바람이다. 소인의 덕은 풀이다. 풀은 이에 바람을 가하면 반드시 모두 눕게

---

[29] 황태연, 앞의 글.
[30] 황태연, 위의 글, 191쪽.

된다.[君子之德風 小人之德草 草上之風必偃]"고 하여 바람과 풀에 빗대어 치자와 피치자의 관계를 상징적으로 설명한 바 있다. 그런데 조금 더 면밀히 분석해 들어가보면, 이 구절은 상당히 중요한 조건을 전제하고 있다. 공자의 위 논의에서 피치자가 눕게 되는 것은 항상적·무조건적이지 않다. 공자가 은연중에 전제하고 있는 것은 '민'이 풀과 같이 바람에 눕는 계기이다. 즉 '민본' 정치를 펴는 군자의 '덕'이 관철될 때다. 군자가 인정(仁政)을 펼 때 군자와 민의, 다시 말해 '바람과 풀'의 통일적 조화가 이루어지는 것이다. 군자의 통치가 '인정'에 기반한 '민본정치'인지, 덕치가 관철되고 있는지 여부 또한 치자가 자의적으로 판단할 수 있는 것이 아니다. '덕치' 또는 '인정'의 정치를 판단할 수 있는 핵심은 '백성[民]'에 의한 인정, 즉 '상호성'의 문제를 전제한다.

공자와 맹자가 밝힌 '민본론'의 정치적 함의를 살펴보면, 이 '상호성'의 맥락이 보다 잘 드러난다. 『서경』은 "백성은 나라의 근본이고 근본이 단단하면 나라가 안녕하다.[民惟邦本 本固邦寧.]"와 같이 백성과 나라의 관계를 상관적으로 제시하고 있다. 또한 『중용』「전(傳)10장」은 "민중을 얻으면 나라를 얻고, 민중을 잃으면 나라를 잃는다.[得衆則得國 失衆則失國]"고 밝히고 있다. 대등한 상호성 맥락을 넘어 『맹자』「진심장구(盡心章句) 하」에서 '민귀군경(民貴君輕)'론을 제시하며 민을 가장 귀중한 존재로 격상시켰다. 맹자에 따르면, "민이 가장 귀중하고, 사직이 그다음이고, 군주는 가장 가벼우므로, 들녘의 민(백성)을 얻으면 천자가 된다.[孟子曰 民爲貴 社稷次之 君爲輕 是故得乎丘民而爲天子]" 한발 더 나아가 맹자는 민심을 잃은 군주는 군주의 자리에서 쫓겨난다고 역설하며 '민'과의 상호성을 강조하고 있다. 『맹자』「이루(離婁) 상」(7-9)은 "천하를 얻는 데는 도가 있다. 천하의 백성을 얻는 것이 천하를 얻는 것이다. 그 백성을 얻는 데는 도가 있다. 백성의 마음을 얻는 것이 백성을 얻는 것이다.[得天下有道 得其民 斯得天下矣 得其民有道 得其心 斯得民矣]"라고 강조한다. 그리고 "하늘은 우리 백성이 듣는 것을 통해 듣고 하늘은 우리 백성이 보는 것을 통해 본다.[天聽自我民聽 天視自我民視]"라는 『서경』의 '민심즉천심론' 및 『맹자』「만장(萬章) 상」(9-5)의 '천·민동위론(天民同位論)'은 국가공공성의 맥락이 민과의 상호성 차원에서 전개되고 있음을 보여준다. 이처럼 공·맹의 '민본론'은 공공성의 발현 주체를 군주 특정 개인에게 한정하지 않았고, '만인의 인정', 즉 공공성의 '상호성' 맥락을 바탕으로 하고 있을 뿐만 아니라 공공성의 중요한 근거를 민에 부여하고 있다.

이와 같은 필자의 해석은 유교적 정치질서나 민본주의에서 나타나는 민을

"객체적 요소로서 복종의 의무만 부과되어 있는" 것으로 해석하는 기존 논의들과 상당히 거리가 있다. 이러한 민에 대한 해석 경향은 조선 후기 연구에서 '민에 의한 정치'를 강조하는 개화사상이나 근대적 인민 개념의 형성에 주목하는 논의들에서 나타나거나 '민을 위한 정치'와 '민에 의한 정치'의 차별성을 강조하기 위하여 '객체적', '복종적 의무' 중심으로 '민'을 해석하는 논의들에서 보인다.[31]

『서경』의 '민본론', 『중용』의 '민중국가론', 『맹자』의 '민귀군경론', '민심즉천심론', '역성혁명론' 등에서 확인되는 바와 같이 유학적 민본론에서 통치자와 피치자의 관계는 '상관적'이다. "통치자와 민은 존비의 차별이 있으나 그들의 관계는 노예주와 노예가 아니다. 오로지 노예주를 위하여 존재하는 노예와 달리 민은 통치자의 보호 대상이다. 피통치자 계층인 민이 있어야 통치 계층이 존재할 수 있는 상대성 때문이다."[32] 공자가 "민을 부릴 때는 시기를 맞추어야 한다."(『논어』「학이」)고 지적한 맥락도 민본론에 입각한 통치자와 민의 상관성하에서 이해될 수 있다. 이렇듯 동양정치사상(특히, 공자철학)에서 민본론의 핵심은 통치자와 민의 관계, 즉 군주와 민의 관계가 '상생적·상관적·상보적' 관계로 파악된다는 점에 있다.

3. 조선시대의 정치적 공공성

1) 조선 초기의 '민' 이해

조선 초기 '민'은 농민이나 피지배층을 지칭하는 개념적 명확성을 가지고 사용된 것이 아니라 다음과 같이 크게 세 가지 함의로 쓰였다. 첫째, 유교적 민본론에 기초하여 왕을 포함한 광의의 민으로 쓰인 경우가 있었다. 『태종실록』에는 인간 일반을 지칭하는 민의 의미가 다음과 같이 제시되어 있다. "천지가 민을 낳음에는 본래 양천(良賤)이 없었다. 일반 천민(天民)을 가지고 사재(私財)로 여겨 부조(父祖)의 노비라 칭하고 서로 쟁송함이 끝이 없어 골육이 상

---

31 전정희, 「개화사상에서의 민(民)의 관념」, 『정치·정보연구』 제7권 제2호(2004); 김윤희, 「근대 국가구성원으로서의 인민 개념 형성(1876-1984) - 民=赤子와 『西遊見聞』의 인민」, 『역사문제연구』 제21호 (2009).

32 장현근, 「민(民)의 어원과 그 의미에 대한 고찰」, 『정치사상연구』 제15집 제1호(2009).

잔하고 풍속이 패상(敗傷)함에까지 이르니 가히 마음 아픈 일이라 하겠다."[33] 하지만 인간 모두를 의미하는 이 광의의 민을 민본사상에서 말하는 민의 범주로 보기는 어렵다.[34] 둘째, 조선 전기의 '민인' 개념은 왕을 제외한 일국의 모든 백성 또는 수령방백이 다스리는 특정 지역 내의 모든 지방 백성을 지칭하는 말로 사용되고, 특정한 통치권 내의 피지배자 일반을 지칭하는 개념으로 쓰였다.[35] 셋째, '천'과 상관성을 갖는 '민'에 때로 군주가 포함되기도 하지만 '민'은 대부분 피통치자 일반을 지칭하는 경우가 많았다. '민인(民人)', '민서(民庶)' 등과 같이 하나의 무리로서 '민(民)' 일반을 통칭하는 경우와 달리 실록에서 확인되는 바에 따르면, 조선시대의 민본적 공공성을 강조할 때에는 민이 특정하게 피통치자 계층으로 지칭되었다.

주지하다시피 조선왕조는 유교적 군주국가로 출발하였고, 태조대부터 '민유방본'을 왕조의 기본 입장으로 천명하였다.[36] 조선의 건국기, 전제 개혁 시기부터 제시된 이 '민본'사상은 '조선 건국기-붕당정치기-민국정치기-세도정치기'를 거치며 조선의 국가공공성을 관통하는 핵심 담론이다. 그런데 조선 초기 표방된 '민본' 사상에서 '민'은 공맹 정치사상의 상호성 측면으로 파악되는 '백성[民]'과는 거리가 있다. 조선 초기의 '민'은 상당히 유약한 존재로 묘사되었다. 조선 초기 민은 '갓난아이'와 같이 보호 받아야 하는 '소민', '적자(赤子)'로서 자주 등장한다. 태종 3년(1394) 6월의 교서에 나타난 '임금-수령-백성'의 관계가 이를 잘 보여준다. "인군(人君)은 부모이고, 백성은 적자이고, 군수는 유보(乳保)라고 하였습니다. 부모가 그 자식을 기르지 못하므로, 이를 기르는 자는 유보이고, 임금이 그 백성을 스스로 어루만지지 못하므로, 이를 어루만지는 자는 군수입니다."[37] 또한 『문종실록』에 따르면, 문종이 즉위년(1450)에 은산 현감 김귀손(金貴孫)에 이르기를 "수령의 임무는 백성을 사랑하는 것이 중하게 되니, 그대는 나의 마음을 본받아 소민을 자식처럼 사랑하라."[38]고 하였다.

---

33 『태종실록』 15년 1월 기미.
34 이석규, 「朝鮮初期 官人層의 民에 대한 認識」, 『역사학보』 제151집(1996).
35 한승연, 「조선 후기 民國 再造와 民 개념의 변화」, 『한국정치학회보』 제46집 5호(2012).
36 『태조실록』 4년 10월 5일(을미).
37 『태종실록』 3년(1403) 6월 17일(계해).
38 『문종실록』 즉위년(1450) 8월 22일(계사).

통치자와 '민'의 관계를 유학적 민본론의 관점에서 보면, '민'은 일방적인 지배의 대상이나 왕과 경대부를 위해 존재해야 한다는 취지와는 거리가 멀다. 그 이유는 동양정치사상에서 '민(民)'은 당초 '천(天)'과의 '상관성' 속에서 제기되었기 때문이다. 반면 조선 초기의 '민'관을 이러한 공맹사상의 '상호적' 민본관의 측면에서 검토해본다면, 군주 중심의 역할이 기형적으로 강조된 측면이 강하고 상대적으로 '민'은 유약한 보호의 대상으로 나타난다. 이를 조선의 정치적 공공성의 차원, 즉 민본론의 의미를 바탕으로 분석해본다면 조선 초기 '민'은 지배권력의 정당성 확보를 위한 수사적, 도구적 차원의 수단적 활용 경향이 강하게 나타나고 있다고 할 수 있다.

2) 붕당정치와 국가적 공공성

14세기 이후 농업기술의 획기적 발달을 배경으로 중앙의 대지주와 더불어 향촌 사회 지주들이 수적으로 확대되었다. 16세기 들어 조선의 향촌 사회에서는 지주층의 지식인화가 대폭적으로 이루어지면서 향당(鄕黨)이 결성되었다.[39] 이 향당을 배경으로 중앙에 진출한 자들이 학연을 매개로 붕당을 형성하였다. 주지하다시피 붕당정치는 '군신 공치주의'를 특징으로 한다. 이는 송대 신유학 특히 정주 성리학의 영향을 받은 것이다. 군주가 학식 있는 신하들과 함께 강학하는 '경연제도'가 그 제도적 특징 중 하나이다. 국가적 공공성과 결부하여 이 붕당정치를 검토해보자면, 붕당의 정당성은 "공도를 실현하기 위해 노력하는 자들의 붕당이 우세하면 정치는 바르게 될 수 있다"는 차원에서 찾아진다.[40]

붕당정치는 17세기 초 인조반정을 계기로 안정적인 기반을 확보하였다. 공도(公道) 실현을 소임으로 자처하는 붕당들이 그 실현을 위해 서로 비판하며 공존하는 것에서 붕당정치와 '공론'의 공공적 의의가 도출된다. 물론 붕당정치가 국가적 공공성에 '공치'적으로 복무하는 동안에는 이 순기능적 요소가 제대로 작동하였다.[41] 17세기 후반까지 '붕당'에 의한 '공론'정치는 사대부의 여론 결집을 전국적 차원에서 이룰 수 있는 수준까지 올려놓았다고 평가되기

---

39 이태진, 앞의 글(1993).
40 이태진, 「朝鮮王朝의 儒敎政治와 王權」, 『한국사론』 제23집(1990).
41 군주와의 관계는 효종의 경우가 예외적으로 붕당정치의 틀을 잘 활용하여 대외정책을 적극적으로 추진한 사례이지만 대부분의 군주들은 각 붕당의 공론적 구속과 긴장 관계를 형성하는 경우가 많았다. 이태진, 위의 글(1990), 223~225쪽.

도 한다. 특히 이 '공론'은 사림에게만 한정되는 것이 아니라 지역 민인들의 분위기, 삶의 조건에도 직접 영향을 미쳤다는 점에서 조선의 공공성 형성에 중요한 기제로 작동했다고 할 수 있다.[42]

그러나 장장 100여 년 동안 조선의 정치사에서 중요한 역할을 담당한 붕당이 공도 실현에서 벗어나 점차 일당 전제적 성향을 강하게 보이고, 격렬하게 대립하는 17세기 말에 이르러서는 당초 붕당정치가 가졌던 의의가 퇴색하고, 국가공공성에 심각한 균열이 일어난다.[43] '공론'이 '당론'으로 변질되고, 타협 없는 당파의 충돌은 전국적 폐해로 이어졌고 심각한 사회 제관계 붕괴 현상을 초래했다. 이중환은 『택리지』에서 18세기 초까지 이어진 붕당정치의 폐해에 대해 "신임년 옥사 이래 […] 시골까지 하나의 전쟁터였다."고 말한다. 또한 "사대부가 사는 곳 치고 인심이 고약하지 않은 곳은 없다. 당파를 만들어 죄 없는 자를 거둬들이고, 권세를 부려 평민을 침해한다. 자신의 행실도 단속하지 못하면서 또 남이 자기를 논하는 것은 미워하고 모두들 한 지방의 패권 잡기만 좋아한다. (다른 당파와는) 한 고장에 함께 살지 못하며 마을끼리도 상상할 수 없을 정도로 서로 헐뜯는다. 원한이 나날이 깊어져 서로 역적이라는 이름을 덮어씌웠는데 그 영향이 아래로 시골까지 미쳐 하나의 전쟁터가 되었다. 서로 혼인만 통하지 않는 것이 아니라, 서로 용납하지도 않는 형세가 되었다."[44]고 당시 붕당의 폐해로 인한 파탄 상황을 논구한 바 있다.

17세기 말부터 각 정파들은 붕당정치의 공존 원칙을 무너뜨렸다. 붕당 간의 격렬한 정쟁은 심지어 서로 다른 왕위 계승권자를 내세우면서 대립하기까지 하여 왕실의 권위가 크게 손상되는 지경에 이르렀고, 군주가 이를 더 이상 방치할 수 없는 상황을 초래하였다.[45] 영조는 이 상황에 대해 "세 당파가 각자 스스로 군주를 택하였다."[46]고 개탄한 바 있다. 100년을 이어 온 붕당정치는 점차 '공치'의 견제 역할에서 벗어나 스스로 "하늘의 뜻"을 자처하며 공공성을 도구적으로 활용하기에 이르렀고, 상대 당파를 비법적으로 죄인을 만들어 살육

---

42 조선시대의 공론과 관련한 연구로는 이상희, 『조선조 사회의 커뮤니케이션 현상연구』(나남, 1993); 김영수, 앞의 글(2005); 김영주, 앞의 글(2002); 김용직, 앞의 글(2006) 참조.
43 조선 붕당론의 내적 모순에 대해서는 오수창, 「18세기 조선 정치사상과 그 전후 맥락」, 『역사학보』 제213집 (2012), 27~31쪽 참조.
44 이중환 지음, 허경진 역, 『택리지』(한양출판, 1996·1999), 209~210쪽.
45 이태진, 「18세기 韓國史에서의 民의 사회적·정치적 位相」, 『진단학보』 제88권(1999), 257쪽.
46 『영조실록』 13년 9월 기축.

하는 지경에 처했다. 영조는 이러한 상황에 대해 "우리나라는 사대부 때문에 망한다."⁴⁷고 통렬하게 비판하였다. 붕당정치기 '가(家)'의 공공적 역할이 중시되었으나 결국 사대부가의 공공적 역할 수행이 자붕당 중심으로 기울면서 붕당정치는 민본론을 핵심으로 한 정치적 공공성 구현에 실패하고 말았다.

3) 민국정체와 '민국'이념

'민국'이념이 제기되는 18세기에 이르면, 조선의 국가공공성을 둘러싸고 중대한 변화가 발생한다. '민'이 조선 초기 정치권력의 정당성을 위한 수사적 도구의 지위에서 벗어나, 정치권력이 그 실체를 인정하지 않을 수 없는 단계에 접어들기 시작한다. 영조 4년 3월 10일 『승정원일기』에는 기존 '민'을 바라보던 시각과 현저히 다른 차원의 '민관'이 나타난다. 조선 초기의 민관에서는 볼 수 없는 '하늘을 두려워하고 백성을 공경해야 한다'는 '외천경민(畏天敬民)'의 민관이 그것이다.⁴⁸ 그 뒤에도 조선 초기에 많이 회자되던 '적자론', '보민론'과 달리 '경민' 개념이 자주 쓰이고 있다. 영조 51년 3월 인천 유학 이한운(李漢運)의 상소문은 당시 사대부들의 백성관이 조선 초기의 민관 즉 '적자', '보민'의 백성관과 달랐음을 보여주고 있다. 백성과 하늘의 '공경'이 결합되고 있다. 이학운은 영조에게 이렇게 상소를 올리고 있다. "엎드려 바라옵건대 전하께서는 먼저 백성을 공경함으로써 하늘을 공경하는 근본을 삼으십시오."⁴⁹

이와 더불어 18세기 군주들은 즉위 초부터 '백성은 나와 한 핏줄'이라는 '민오동포(民吾同胞)'론을 강조하였다. 균역법 실시 때의 일이다. 성균관 유생들에게 군역을 지우는 것이 명분을 어그러뜨린다는 반대에 직면하여, 영조는 다음과 같이 하유하였다. "너희들은 유생에게 호전을 부과하는 것을 불가하게 여길 것이나 위로 삼공(三公)에서부터 아래로 사서인(士庶人)에 이르기까지 부역은 고르게 해야 하는 것이다. 또 백성은 나의 동포이니 백성과 함께해야 한다. 너희들 처지에서 백성을 볼 때에는 너와 나의 구별이 있을지 모르나, 내가 볼 때에는 모두가 나의 적자(赤子)인 것이다."⁵⁰라고 강조하였다.

---

47 『영조실록』 12년 5월 정미.
48 『승정원일기』 영조 4년 3월 10일(경신) 657책. "副校理朴文秀疏曰 […] 雖有願治之主 有志之臣 亦未如之何 […] 與之同心同德, 畏天敬民 朝夕納誨 左右厥辟, 然後乃能回景命於旣墜, 保邦家於已危 […]."
49 『승정원일기』 영조 51년 3월 24일(신미) 1361책.
50 『영조실록』 26년 7월 3일(계묘).

이처럼 18세기는 "군주가 사·서의 구분보다, '동포'니 '동류'니 '대동'이니 '균'을 내세우면서 백성에게 좀 더 다가가려"[51] 한 시기이다. 조선 초기의 '적자', '보민' 단계와 비교하여 보면, 보다 적극적으로 '민'의 지위가 격상되고 있음을 확인할 수 있다. 물론 당시 『실록』의 기록을 살펴보면, 기존의 적자, 보민 단계와 단절적인 차별화가 진행된 것은 아니었고, 위 영조의 하유에 제시된 바와 같이 적자로서의 '민' 개념이 동포론의 '민' 개념과 혼재되어 사용되고 있기는 하지만 그 의미는 확연히 구분되는 것이다. 영조가 백성에게 반포한 각종 유시의 제목들에서 적자론이나 보민론의 흔적이 거의 사라지고 '민인'이 자주 쓰이는 것을 볼 때, 점차 '민'의 의미가 전환되고 있음을 확인할 수 있다.[52] 조선 초·중기의 민본주의적 양태와 비교하여 본다면, 민국정체기 민본주의의 특징은 민을 위한 정책들이 보다 실질적 차원에서 전개되고 있다는 점이다. 이 차이는 중요한 전환을 의미하는 것이다. 특히 "18세기 탕평군주들의 소민보호의식은 소민을 괴롭히는 제반 행위를 범죄행위로 간주하고 있다는 점에서 특징적이다. (이러한) 18세기 탕평군주들의 새로운 차원의 소민보호 의식은 더 넓은 영역으로 확대되어 발동되었다."[53]

이 새로운 차원의 소민보호 정책의 도입에는 중요한 정치적 의미가 전제되어 있다. 이 시기에 유난히 뛰어난 성군이 통치한 우연의 산물이라기보다는 민 영역의 정치사회적 변화와 호응하는 정책이라는 차원에서 주목할 필요가 있다. 이 시기 소민을 위한 가시적 정책의 도입은 군주나 사대부 일방으로부터 도출된 시책이 아니라 민과의 상관성 속에서 선택된 불가피한 측면이 강하다는 말이다. 민국이념은 붕당정치 시기 군주와 공치적 파트너십을 형성했던 사대부, 즉 사림의 붕당이 공공성으로부터 이격되고, 그 폐해에 대한 민의 압력이 증대하는 과정 속에서 제기되었다. 17세기 말 사림의 당파싸움은 국가적 공공성과는 거리가 먼 파당적 이해를 위한 것이었고, 민의 수탈로 이어졌다. 이에 민은 직접적으로 저항했고, 조선 후기 민란의 시대가 시작되었다. 이러한 상황에서 "탕평군주들은 계속되는 변란과 민란 속에서 나라를 지키기 위한 혁명적 방책으로 사대부를 등지고 소민 보호를 기치로 '소민의 나라', 즉

---

51 박광용, 「조선의 18세기」, 『역사학보』 제213집(2012), 14쪽.
52 한승연, 앞의 글(2012), 61~62쪽.
53 이태진, 「조선시대 '민본' 의식의 변천과 18세기 '민국' 이념의 대두」, 이태진·김백철 엮음, 『조선후기 탕평정치의 재조명(上)』(태학사, 2011), 34~35쪽.

'민국'을 전면에 내세우기 시작한 것이다." 황태연은 민국정치의 노선이 '반(反)사대부 부민한량(富民閑良) 노선'도 아니고 '반사대부 중민(中民) 노선'도 아닌, '반사대부·소민(小民) 노선'[54]인 것에 중요한 진보적 함의를 부여한다. '소민'은 사대부의 대민(大民)·대가(大家)와 준양반층(유학으로 신분상승한 상민층 또는 중인층)을 제외한 상민·노비·기타 천민 등을 지칭하는 것이고, '민국'은 '백성의 나라'였지만, 특히 '소민의 나라'였던 것이다. 민국정체의 핵심 내용은 영조의 뚜렷한 '반사대부·소민 노선'으로 압축된다. 이 반사대부·소민 노선의 제기 배경과 의미를 반추해본다면, 민국이념은 조선 초기 민을 단순한 수사적 차원의 담론 수준에서 거론하던 추상성이 아니라 국가공공성을 사수하기 위한 군주의 '혁명적' 방책으로서의 실체성[55]을 갖는 것이라고 볼 수 있다.

4) 세도정치기 국가적 공공성의 붕괴

18세기 사회경제적 구조 변화로 '민'의 외연이 확장되고, 민이 정치적 실체로 등장했으나 민국사상이 순탄하게 발전한 것은 아니다. 정조의 급작스런 죽음 이후 그 뒤를 이은 군주들은 모두 나이가 어렸다. 19세기 초~중엽 순조, 헌종, 철종이 재위한 시기(1800~1863) 국왕의 국정 주도력은 극도로 위축되고, 안동김씨, 풍양조씨 등 세도가문으로 불리는 노론에 속하는 외척 가문들이 정치를 좌우하였다.[56] 이태진은 이 시기를 "보수반동의 역사"[57]로 평가하고 있으며, 황태연은 광범한 민란을 초래하여 국가공공성을 파탄시킨 "반동정체"[58]로 규정한다.

세도정치 시기 이 소수 벌열가문은 탕평정치에서 크게 높아진 왕실의 권위를 역이용하여 권력의 독과점 구조를 확고히 하였다. 국정 운영의 중요 기구와 이에 소속된 관원들의 충원도 세도가문에 의해 구조적으로 독과점되었다.

---

54 황태연, 앞의 글(2012), 200쪽 참조.
55 황태연은 민국이념이 군주 측만의 발상이라기보다 서민 대중사회의 성장을 군주 측에서 수용한 것이라는 점에서 의의(이태진)가 있다는 견해를 넘어 "세습군주정을 부정하는 혁명적 '근대정치사상' 및 왕조교체를 지향하는 민중적 개벽사상의 도전에 대항하여 역동적으로 왕조를 지키려는 예방혁명적 국가혁신체제로도 간주해야 한다."고 평가한다. 황태연, 위의 글(2012), 202쪽.
56 이태진, 『새韓國史』(까치, 2012), 472쪽.
57 이태진, 앞의 글(1999), 262쪽.
58 황태연, 앞의 글(2012), 245쪽.

관직에 진출할 수 있는 문과 급제자는 서울에 거주하는 일부 가문 출신 즉 '경화벌열(京華閥閱)'에 집중되었다. 중앙 정치 참여층이 경화벌열로 압축되고 중앙 관료와 지방사족 간에 존재하였던 경-향의 연계가 단절되면서 전통적인 사림 계층의 학문적, 지역적 연계망을 통한 공론 형성이 거의 불가능하게 되었다.[59] 국가공공성을 구현할 제도 영역이 총체적 파탄 상황에 직면한 것이다.

국가공공성이 '만인에 의한 인정'의 공감대를 현저하게 이탈할 경우 군주 또는 국가는 공공성의 발현 주체가 되지 못하고, 역으로 국가공공성에 의한 비판 대상이 된다. 민이 저항하고, 일어설 수 있는 준거점이 바로 이 정치적 공공성으로부터 나온다. 이 원칙은 17세기 말 붕당정치의 국가공공성 파탄 사례에서도 확인된다. 공공성의 조력자로서 사대부와 공공성의 관철자로서 붕당정치가 국가적 공공성에서 이탈하자 민의 성장과 압력이 '민국' 사상을 이끌어내었고, 국가공공성을 새롭게 구성하였다.[60] 세도정치 시기 정치권력은 독점적으로 유지되고 관직 진출마저 특정 가문 중심으로 집중되는 등 국가공공성이 치명적 위기에 봉착했다. 이미 18세기 신분상의 범주가 넓어지고 그 실체가 보다 명료하게 드러난 '민'은 이 시기에 야담이나 소설 등에서 '관권'과 대립하거나,[61] 1812년 '홍경래의 난'과 같이 국가권력과 직접적으로 대립하기도 한다.[62] 19세기 세도정치 시기에 민은 정치적 공공성 확보에 실패한 정치권력을 향하여 직접적으로 저항한다. 이러한 저항의 물결은 18세기 중후반 곳곳에서 일어나고 19세기 말 동학농민혁명까지 이어진다.

---

59 이태진, 앞의 책(2012), 474~477쪽.
60 필자는 공공성의 상호적 관계를 중심으로 하는 입장에서 17세기 붕당정치와 18세기 탕평정치, 19세기 세도정치 시기를 각기 구조적 변화의 시기로 파악하고 있으나 이러한 해석과 이와 상반된 입장도 존재한다. 오수창은 조선 후기 지배층의 정치 논리였던 붕당론과 군주론이 18세기를 지나면서 파열된 것의 연장으로 세도정치 시기를 해석한다. "19세기 지배층의 정치 논리는 18세기로부터 별다른 활로를 찾지 못한 채 앞 시기와 그대로 연결되어 있었다. 과거에 18세기 탕평정치와 19세기 세도정치의 관계를 급격한 단절로 보는 것이 일반적인 때도 있었으나 19세기 세도정치는 운영 주체, 정치 구조와 운영 등의 모든 면에서 붕당정치-환국-탕평정치로 이어지는 조선 후기 정치사의 계기적 귀결이라는 사실이 오래전에 설명되었다." 오수창,「세도정치를 다시 본다」,『역사비평』제12권(1991), 138~139, 149~150쪽; 오수창, 앞의 글(2012): 39~40쪽 참조.
61 『춘향전』에 나타난 춘향의 저항도 국가권력에 대한 것이었다. 춘향전 안의 사회적 갈등의 핵심은 춘향이 대표하는 민(民) 일반 대 국가권력 즉 불법적 관권 사이의 대립이다. 오수창, 앞의 글(2012), 40~41쪽.
62 고성훈 외 지음, 앞의 책(2004), 149~177쪽.

4. '민'을 중심으로 한 조선시대 공공성의 재구성

1) 조선 초·중기 '민'의 범주와 공공성

조선 초·중기 '민인' 개념은 왕 이외의 피지배자 일반을 지칭하기도 하지만 관인이나 양반 등의 지배층은 물론 천인 신분과도 구분하여 직역상 농공상에 종사하는 양민의 뜻으로 널리 사용되는 상하의 계층성을 띤 개념이기도 하였다.[63] 그렇다면, 피통치자로서 민의 구체적 범주는 어떻게 특정될 수 있는가? 크게 보아 민은 신분, 직업, 역에 의해 구분할 수 있다. 또한 신분상으로는 양인(良人)과 천인(賤人)으로 구별할 수 있는데, 이렇게 나눌 경우 서인(庶人), 평민, 상인(常人)의 경우 천인과 구분되는 의미에서 민(民)에 포함될 수 있다. 이렇게 본다면 일단 민은 관인층(官人層)을 제외한 양인 일반을 지칭하는 것이라고 할 수 있다.[64]

반면, 민은 관인층을 제외한 양인 일반의 범주로만 한정되었던 것이 아니라 공노비까지 포괄하여 폭넓게 사용되기도 하였다. 당시 공노비도 민으로서 민본정책의 대상이 되고 있다는 사실은 『예종실록』의 다음 내용으로 확인할 수 있다. 노비신공(奴婢身貢, 노비가 신역 대신에 바치던 공물)과 관련한 혜택의 대상으로 정확히 '민'을 지칭하고 있다. "(호조에서 아뢰기를), 무자년(1468, 세조 13) 8월 28일에, 명하여 병술년(1466, 세조 11) 이상의 여러 관사(官司)의 노비 신공 중 거두지 못한 것은 견감(蠲減)하고, 이미 거둔 물건은 견감하지 말도록 하였습니다. 이로 인하여 여러 고을의 수령들이 이미 거둔 포물(布物)을 남용한 자는 모두 그 문적(文籍)을 빼버리고 도리어 거두지 않았다고 하니, 견감한 혜택이 백성[民]에게 미치지 못하여 매우 옳지 못합니다."[65]

이와 같이 조선의 민본사상에서 민은 신분이나 직업 또는 역에 의해 구분되는 특정 계층만을 지칭한 것이 아니라 관인층을 제외한 모든 사람을 지칭한다고 할 수 있다. 즉 양인이든 천인이든, 또는 농민이든 상인이든 관계없이 관인층에 의해 통치의 대상으로 인식된 모든 사람이 민본사상에서 말하는 '민

---

63 한승연, 앞의 글(2012), 59쪽.
64 이석규, 앞의 글(1996), 41쪽.
65 『예종실록』 5년(1469) 5월 15일(무술). "戊子八月二十八日, 命蠲丙戌年以上諸司奴婢身貢未收, 而已收之物勿減. 因此諸邑守令, 濫用已收布物者, 皆去其籍, 反稱未收, 蠲減之惠不及民, 甚爲未可."

(民)'의 범주에 포함된다고 볼 수 있다.[66] 그러나 이렇듯 폭넓은 '민'의 범주가 곧 민의 계층적 성격까지 무효화하는 것은 아니었다. 민의 계층성은 영조의 집권 이전까지 유지되고 있었다. 조선 전기 민은 관인이나 양반 등의 지배층은 물론 천 신분과도 구분하여 직역상 농공상에 종사하는 양민의 뜻으로 많이 활용됨으로써 상하의 '계층적' 성격이 강하게 반영되어 있었다. '민(인)' 개념에서 상하의 계층성이 결정적으로 무너지기 시작하는 것은 조선 후기 국가재조 과정에서 비롯되었으며, 그 시기는 영조대부터다. 정조 9년에는 노비 추쇄자에게 상을 주는 법을 혁파하고, 그다음해에 추쇄관을 혁파하여 노비들의 생활을 안정시킴으로써 노비도 백성으로 인정받을 수 있었다. 순조 즉위년(1800)에 반포한 윤음에는 사농공상의 백성과 노소, 군인뿐만 아니라 그동안 천민에 속했던 승려와 노비도 백성에 포함됨으로써 민의 계층성은 거의 무너지게 되었다.[67]

2) 영·정조시대 경민·민오동포론과 사회구조적 변화

조선의 18세기는 중세적 신분질서인 양반 중심의 지배체제가 무너지기 시작한 시기이며, 근대적 역사의 여명이 시작되는 중요한 변동의 시기이다. 양반층의 급증과 평민층 및 천민층의 감소라는 신분사회 붕괴 현상이 나타나고 '군주-민'의 상관성이 명료하게 제기된다. "18세기를 거치면서 준(準)양반 또는 중인으로 분류되는 신흥 양반층이 대폭 늘어나 양반층이 전체 가호(家戶)의 30% 정도로 늘어나고 19세기 (중반)에 이르면 대부분 가호의 호주들이 유학(幼學)을 칭하는 상황이 그려진다."[68] 양반의 비중이 확대되는 것과 더불어 노비의 수도 급격히 줄어든다. 16~17세기에 노비수는 대부분의 지역에서 전 가호의 30% 이상을 차지한 것으로 파악되고 있다. 그런데 18세기에 들어와서는 10% 미만으로 크게 줄어든 가운데 시간이 지날수록 급격히 감소하는 추세를 보였다. 노비의 다수를 차지하는 외거노비는 거의 소멸하다시피 한다. 17세기까지 노비는 추쇄법에 묶여 도망갈 곳이 없었다. 그런데 18세기에는 이 법이 폐지되었을 뿐만 아니라 도시가 발달하면서 이들의 노동력을 필요로 하

---

66 이석규, 앞의 글(1996), 67~68쪽.
67 한승연, 앞의 글(2012), 58~63쪽 참조.
68 이태진, 앞의 글(1999), 252쪽.

는 신흥 상공업자들이 다수 등장하여 상황이 크게 바뀌었다.[69] 게다가 18세기의 사회경제적 구조는 집약농업과 유통경제의 발달로 중간계층이 성장한 것이 특징이다. 또한 전문 기술자인 중인층뿐 아니라 신중간계층 및 농촌 지식인들의 신분상승운동이 나타났다.

앞서 살펴보았듯이 18세기 이전 시기 '민'은 피치의 대상이자 민유방본의 수사적 도구로 활용된 측면이 강했다. 그러나 숙종 때부터 거론되기 시작한 '민국'이념은 추상적 '민'이 아니라 실체화된 '민'을 대상으로 표출되었다. 18세기 들어 본격적으로 제기된 '민국'이념에는 "양반 관료보다는 소민의 중요성이 더 강조되고, 실제 소민 보호의 수단이 더 구체화되는 변화가 나타났다."[70] 영조시대의 양역 문제나 구황 대책, 균역법의 적극적인 추진은 실체화된 민의 성장을 바탕으로 한 국가 시책들이다.

다른 한편, 18세기 민국정치 시기의 특징적 양상은 민서들의 공론적 영향력이 새롭게 확대되었다는 점에서 찾을 수 있다. 실제 군주는 당인들의 의견을 구하는 대신 직접 민과의 접촉 범위를 넓혀갔다.[71] 단적인 예로, 정조 재위 24년간 77회에 걸친 행차에서 접수된 '상언'과 '격쟁'이 무려 4,427건에 달하였다.[72] 정조는 민의가 상달될 수 있는 통로를 적극 제도화하여 사회문제를 파악하는 한편, 이로써 새로 성장하는 사회세력을 체제 내로 흡수하여 사회를 안정시키려 하였다. 특히 서얼층을 위시한 중간계층 대책, 노비해방 문제를 생각한 고공법 정비, 수원성 건설에 모군을 써서 유이민 안집책까지 고려한 시책들이 대표적이다.[73] 다른 한편, '공론' 및 '향중공론' 형성에 기반 역할을 한 사랑방 모임, 시사·강학의 전통은 18세기 전후 시기가 되면 중간계층 및 상층 민인들에 일반화되었고, 위항문학, 평민문학, 여류문학으로 확산되면서, '이가환(李家煥)의 문화(文華), 박지원(朴趾源)의 신체(新體)' 같이 양반문화의 평민화 현상과 상호 교류를 불러왔다."[74]

이상에서 살펴본 바와 같이 민국정치는 유학적 군주제의 공공성, 즉 민본주

---

69 이태진, 위의 글, 255쪽.
70 이태진, 앞의 글(2011b), 33쪽.
71 박광용, 앞의 글(2012), 16쪽.
72 韓相權, 『朝鮮後期 社會와 訴冤制度』(일조각, 1996), 103~104쪽.
73 박광용, 앞의 글(2012), 16쪽.
74 정옥자, 앞의 책(1994), 327~329쪽.

의를 회복하고 이를 '민국'이념으로 실체화하여 관철하려는 정치적 시도였다. 18세기의 특징적 양상은 민의 신분적 지위와 범위가 확대되었을 뿐만 아니라 국가정책적으로 민본을 강화하는 실효적 정책을 추진함으로써 '민'을 실체화했다는 점이다. 민국이념이 민을 실체화하고 있다고 평가할 수 있는 측면은 다양한 맥락에서 확인된다. 첫째, 균역법의 실시이다. 민국체제는 양민의 군역을 경감하고 그 부족분을 사대부와 중인 이상의 세수 확보로 채웠다. 둘째, 『경국대전』을 헌법으로 삼아 소민의 새로운 권리·의무 관계를 분명히 하기 위해 『속대전』을 편찬하는 등 법전 편찬을 지속적으로 시행하여 법치주의를 강화했다. 셋째, 영조는 소민 보호를 위해 형정(刑政)을 획기적으로 개선하였다. 넷째, 정조는 소민 보호를 위하여 어사제도를 크게 쇄신·강화하였다. 다섯째, 상언·격쟁제도를 활성화하였다. 여섯째, 노비제도의 혁파를 추진하였다. 일곱째, 영조는 '서얼허통(庶孼許通)'과, '서얼통청(庶孼通廳)'을 확대하여 서얼의 국정 참여 수위를 대폭 높였다.[75]

3) 19세기 동학혁명과 민의 공공성 표출

19세기 조선은 사회 전반적으로 모순과 부조리가 만연함으로써 국가공공성이 파탄 상황에 빠지게 된다. 국가공공성이 '만인에 의한 부정' 단계에 이르러 제도 영역(군주와 관료)을 중심으로 전혀 대응책을 강구할 수 없는 상황에 이른 것이다. 상호성의 맥락에서 본다면 민이 조정을 국가공공성의 발현 주체로 인정하지 않는 상황이 전개된 것이다. 19세기 세도정치의 폐해로 인한 관료집단의 부패와 사회경제적 수탈 현상은 조선의 제도 영역이 공공성을 담보할 수 없는 심각한 이격을 표출한 것이자 새로운 공공성의 담지자로 '민'을 위치시키는 결정적 계기가 되었다.[76]

19세기 민란을 촉발하게 된 중요한 요인 중 하나는 전정(田政), 군정(軍政), 환정(還政) 즉 삼정(三政)의 문란이다. 1811년 12월 평안도 가산에서 일어난

---

[75] 이태진, 앞의 책(2012), 427~430쪽; 박광용, 「영조대 탕평정국과 왕정체제 정비」, 이태진·김백철 엮음, 『조선후기 탕평정치의 재조명(下)』(태학사, 2011), 42~45쪽; 김백철, 『조선후기 영조의 탕평정치』(태학사, 2010), 95, 157~192쪽; 김백철, 「영조대 '민국' 논의와 변화된 왕정상」, 이태진·김백철 엮음, 『조선후기 탕평정치의 재조명(上)』(태학사, 2011), 121~124쪽 참조.

[76] 배항섭은 매관매직과 수탈은 신분질서를 와해시키고, 이후 민들의 저항운동으로 이어지는 계기가 되었다고 지적한다. 배항섭, 「19세기 후반 '변란'의 추이와 성격」, 한국역사연구회 편, 『1894년 농민전쟁연구(2)』(역사비평사, 1992), 263~264쪽.

홍경래의 난은 부패한 관권에 대한 지방민 최초의 대규모 저항이었다. 19세기 지방 사회에는 수령과 이-향, 즉 이서와 향임이 결합한 수탈체제가 형성되어 삼정을 문란케 했고, 그 위에는 세도가문이 장악한 중앙 권력이 자리하고 있었다.[77] 삼정문란과 더불어 민란의 촉발 배경을 살펴보기 위해서는 향회를 통해 작위적으로 마련된 '향중공론', 혹은 사안과 관계되는 당사자들의 참여나 그들의 의사가 사실상 배제되거나 억압된 채, 강요된 절차에 따라 관권의 강제에 의해 조작된 '향중공론'이 공론으로서의 의미를 전혀 가질 수 없게 되는 측면에도 주목할 필요가 있다. 대민들에 의해서 작위적으로 만들어진 향중공론을 바로잡을 시스템이나 계기가 부재할 때 나타난 최후의 수단이 민란이다. 민란이 준비되고 전개되는 과정에서 향촌사회의 공론은 전혀 다른 방식으로 전혀 다른 계층에 의해 형성되어 갔다. 민란 당시 읍폐에 대한 논의나 수령에게 제출할 등소의 작성 등은 기존의 향회와는 다른 이회, 민회, 도회 등에 의해 주도되었다. 기존의 향회를 모태로 하더라도 수령의 정책을 사후 승인하는 거수기적 역할을 하던 형식적 향회가 아니라, 거기에는 소민들까지 참여하여 관권의 부당함과 그 교정을 논의하는 향회로 형식과 내용면에서 커다란 변화가 일어났다. 무엇보다 관권에 의해 강요된 공론이나 대민이 주도한 향중공론에 반대한 주민들이 별도의 집회를 통해 공론을 형성해갔다. 이들 집회는 민회(民會), 민소(民所), 민회소(民會所), 이회(理會), 면회, 읍회 등으로 불렸다. 향회라는 명칭을 쓰기도 했으나 참가층이나 성격면에서 이미 기왕의 향회와 다른 것이었다.[78]

이와 같은 제도 영역의 공공성 파탄 상황과 더불어 외세에 의한 압력, 서학의 동점 상황에 대한 대응으로써 1860년 수운 최제우는 경상도 경주에서 동학을 창도한다. 동학농민혁명은 1892년 10월부터 1893년 4월까지 충청도 공주, 전라도 삼례, 서울 광화문, 충청도 보은과 전라도 금구 원평을 무대로 전개되었던 집단적이며 공개적인 시위운동으로부터 1894년 1월 10일 전라도 고부 농민봉기, 3월 21일 전라도 무장에서 일어난 제1차 기포, 9월 전라도 삼례의 제2차 기포를 거쳐 1895년 1월에 이르기까지 조선 전역에서 전개되었다. 동학농민혁명은 조선 후기 빈발했던 수많은 민란의 연장선 위에서 종래의 민란을

---

[77] 이태진, 앞의 책(2012), 490~491쪽 참조.
[78] 배항섭, 앞의 글(2013), 326~327쪽.

집약하는 성격을 갖는다.⁷⁹

　조선 초기 민본주의가 수사적 담론 수준에서 다루어졌다면, 18세기 민국정치 시기 민본주의는 '민국'이념으로 실체화되었다. 반면, 19세기 동학혁명 시기에는 민이 공공성으로부터 이격된 제도 영역을 대신하여 조선의 공공성을 견지하는 역할을 담당하였다. 동학혁명사상이 주창한 핵심은 크게 '반봉건', '반외세'로 모아진다. 동학의 '반외세'적 성격에 대해서는 대부분의 평가가 일치된다. 「용담유사」에는 일본에 대한 강한 적대의식이 적나라하게 표출되어 있다. "기험하다 기험하다 아국운수 기험하다. 개 같은 왜적놈아 너희 신명 돌아보라."⁸⁰

　동학의 반외세적 성격과 달리 그동안 많은 논란을 야기한 쟁점은 동학의 '근대성' 또는 '반봉건성' 여부를 둘러싸고 진행되었다. 한편에서는 동학의 '근대적 성격'을 강조하고, 이를 근대 민주주의적 요소로까지 연결하기 위한 해석을 시도하고 있다. 동학혁명의 '반봉건성'을 강조하는 논지들은 주로 동학의 '대동·평등사상'에 주목한다.⁸¹ 『용담유사』에는 상하귀천의 신분차별을 극복하는 '평등사상'이 제시되어 있다. "부귀자는 공경이요 빈천자는 백성이라 우리 또한 빈천자로 초야에 자라나서",⁸² "부하고 귀한 사람 이전 시절 빈천이요 빈하고 천한 사람 오는 시절 부귀로세."⁸³

　이와 달리 '보국안민(輔國安民)'의 차원에서 보자면, 동학혁명이 왕조체제를 인정한 바탕 위에서 '충군·애민·반부패' 개혁을 시도했다는 점이 명백하기 때문에 근대적 성격보다는 '보수적', '복고적' 운동이라고 해석하는 논지⁸⁴

79　박맹수, 『사료로 보는 동학과 동학농민혁명』(도서출판 모시는 사람들, 2009), 245쪽.
80　『용담유사』 「안심가」.
81　최혜경, 「동학의 개혁사상과 동학농민혁명의 전개」, 『동학연구』 제12집(2002), 57, 71쪽; 조순, 「동학과 유교의 민본관」, 『동학연구』 제22집(2007), 117~134쪽; 오문환, 앞의 글(2005), 179~212쪽; 오문환, 「동학사상에서의 자율성과 공공성」, 『한국정치학회보』 제36집 2호(2002) 7~23쪽.
82　『용담유사』 「도덕가」.
83　『용담유사』 「안심가」.
84　유영익, 『동학농민봉기와 갑오경장』(일조각, 1998), 5, 179쪽; 권희영, 「동학농민운동과 근대성의 문제」, 『한국사의 근대성 연구』(백산서당, 2001); 이희근, 「동학농민봉기는 반봉건 근대적 운동이 아니다」, 『한국사는 없다』(사람과 사람, 2001), 247~248쪽.

가 대립하고 있다.[85] 가령 유영익은 동학농민전쟁의 서곡이 된 「무장포고문」을 분석하여 전봉준이 유교적 윤리 덕목을 철두철미하게 준수했던 모범적인 선비이며 유교적 합리주의자였음을 강조한다. 따라서 동학농민군은 어떠한 새로운 '근대적' 비전 내지 이상을 제시하지 못했고, 오히려 '봉건적' 차등적 사회 신분질서를 이상화하고 있다고 비판한다.[86]

기존 논의들에서 제기된 논란의 핵심은 동학혁명을 추동한 직접적 언술들에 나타나고 있는 '충군'의 성격을 어떻게 파악할 것인지 여부에 있다. 이 문제를 검토하기 위해 동학농민혁명의 목표와 방향이 명료하게 제시된 당시 제1차 동학농민혁명 당시 전봉준 등 동학농민군 지도부가 발표한 「무장포고문」의 주요 내용을 살펴볼 필요가 있다.

> 지금 우리 임금님께서는 어질며 효성스럽고 자애로우며, 귀신과 같은 총명함과 성인과 같은 예지를 갖추셨으니, 현명하고 정직한 신하들이 보좌하여 돕기만 한다면 요(堯)임금과 순(舜)임금 때의 교화(敎化)와 한(漢)나라 문제(文帝)와 경제(景帝) 때의 다스림에 도달하는 것은 마치 손가락으로 해를 가리키는 것처럼 그리 오래 걸리지 않을 것이다. […] 지금 이 나라는 […] 모두가 나라의 위태로움은 생각하지 않고 그저 자기 몸 살찌우고 제 집 윤택하게 할 계책에만 몰두하고 있으며, 벼슬길에 나아가는 문을 마치 재화가 생기는 길처럼 생각하고 과거시험 보는 장소를 마치 돈을 주고 물건을 바꾸는 장소로 여기고 있으며, 나라 안의 허다한 재화(財貨)와 물건들은 나라의 창고로 들어가지 않고 도리어 개인의 창고만 채우고 있다. […] 백성들은 나라의 근본인 바, 근본이 깎이면 나라가 역시 쇠잔해지는 법이다. […] 오늘의 의로운 깃발을 들어 잘못되어 가는 나라는 바로잡고 백성들을 편안하게 만들 것을 죽음으로서 맹세하노니 […] 태평성대를 축원하고 다 함께 임금님의 덕화를 입을 수 있다면 천만 다행이겠노라.[87]

---

85 다른 한편으로 김신재는 이 두 논의를 종합하며 농민군의 '복고적' 비판에 대해서는 시대적 한계로 해석하고, 농민군의 정치체제 구상을 전제군주제를 초기 형태의 입헌군주제로 개혁하는 방향으로 수렴되고 있다고 해석한다. 김신재, 「동학농민혁명에 있어서 국가형태 지향」, 『동학연구』 제17집(2004), 75~101쪽.

86 유영익, 앞의 책(1998).

87 1894. 3. 20. 「무장포고문」; 국역은 『오하기문』, 『동비토록』, 『취어』에 실린 포고문을 대조하여 번역한 박맹수의 번역을 따랐다. 박맹수, 앞의 책(2009), 252~253쪽.

「무장포고문」에는 '탐관오리들의 폐정 엄단', '민본주의의 강화' 주장이 눈에 띤다. 필자는 동학혁명군의 이러한 주장을 공공성의 파탄 상황에 대한 지적이자, 조선시대의 민본적 공공성과 정확히 부합하는 내용으로 이해한다. 조선 말기 국가적 위기 상황에서 민본적 공공성을 대변하던 동학농민군의 선택은 평등사상의 주창보다는 상대적으로 '척왜양', '보국안민' 투쟁으로 집약되는 성격이 강했다. 수운의 『동경대전』에는 외세의 강력한 힘 앞에 어떻게 나라를 지키고 민을 편안케 할 것인가에 대한 치열한 고민이 이미 제시된 바 있다. "서양은 전쟁을 하면 승리하고 공격하면 빼앗아 이루지 못하는 일이 없다. 천하가 멸망하면 또한 입술이 없어지는 탄식이 없지 않을 것이니 보국안민의 계책을 어떻게 내일까?"[88]

민본적 공공성을 기치로 하였던 1894년 3월 21일 제1차 동학농민혁명군은 4월 27일 전주성을 점령하는 등 엄청난 승리를 거두었으나 그 여세를 몰아 '민에 의한 정치'를 요구하며 서울로 진격하지 않았다. 오히려 전주성 점령 이후 청일 군대의 출병 소식을 접한 농민군은 5월 7일 '전주화약'을 체결하고 자진 해산한다. 위 무장포고문에 '폐정 엄단', '민본 강화'와 더불어 '성군에 대한 강력한 기대'가 제시된 점을 주목해 본다면, 당시 동학농민군의 주장이 일견 근대적 요소들과 반근대적 요소들의 혼란 속에 있었던 것처럼 비추어지기도 한다.

그러나 19세기 '민'의 사상을 확인할 수 있는 동학혁명의 주창 내용을 검토하는 데 있어서는 첫째, 당시의 정세를 중요하게 고려할 필요가 있다. 당시 상황은 '척왜양', '보국안민'의 긴박성이 강하게 대두되고 있던 비정상적인 '비상정국'이었다. 이러한 긴박한 상황을 염두에 두지 않을 경우 일부의 논지들과 같이 동학혁명사상의 본질을 봉건성의 틀에 가두게 될 공산이 크다. 『용담유사』뿐만 아니라 동학의 본질을 확인할 수 있는 곳곳에 근대적 신분해방에 대한 요구나 평등에 대한 강조가 다수 등장한다는 점을 상기할 필요가 있다. 이러한 평등사상은 종국에는 공화주의적 요소로까지 발전해 나갈 수 있는 동력을 내포한 것이기도 하다. 둘째, 동학농민군의 충군애국사상은 단순한 복고적 존왕주의 논지와 질적으로 구별되는 새로운 차원의 충군애국사상으로 파악할 수 있다는 점이다. 19세기 말 동학농민군의 충군애국사상의 등장 배경을

---

[88] 『동경대전』, 「논학문」.

이해하기 위해서는 18세기 민국정체의 정치문화적 영향 고려할 필요가 있다. 18세기 사대부를 제치고 소민(小民, 중인·서얼·상민·천민)과 직접 소통한 영·정조의 민국(民國)건설 노력은 화성거둥 시에 나타났듯이 격쟁의 활성화를 가져왔다. 직접적 민의상달의 활성화는 임금과 백성이 지방 수령과 중앙 사대부를 제치고 직접 교감하여 백성의 억울함과 시폐를 임금과 백성이 만난 그 자리에서 해결하는 군민직통, 민의상달의 '일군만민(一君萬民)'체제의 정치적 경험을 배태시켰다. 정조 이후 세도정치가 강화되면서 주지하다시피 중앙의 외척세도가 권귀(權貴)체제와 지방의 수령-이향(吏鄕) 지배체제도 공고화되었고, 군민직통의 민의상달 통로는 완전히 폐색되었다. 그럴수록 군·민(君民)이 직접 교감하는 일군만민체제라는 신화적 이념은 소민들에게 더욱 간절한 희구로 승화된다. 지방 수령과 중앙 사대부의 중간 개입을 배제하는 이 일군만민체제 이념은 만백성이 임금을 직접 만나 억울함을 해결하려는 민중적 염원의 소산이었다. 이 염원은 민유방본의 적극적 분출을 애당초 차단하고 신분제적 질서 위에서 조선의 통치질서를 유지하고자 했던 사대부들과 민중의 착취 대상이었던 탐관오리를 척결하고, 친일매국 세력을 척결해야 하는 급박한 상황에서의 민중적 염원이라고 볼 수 있다.[89]

전주화약 이후 집강소를 설치하고 폐정개혁을 실시하던 농민군은 일본군이 경복궁을 불법적으로 침입하였다는 변란(6월 21일) 소식을 접하자마자 7월부터 재차 봉기를 준비한다. 공주 인근에서 잇따라 봉기한 농민군들은 '보국안민', '척화거의(斥化擧義)',[90] '토왜보국(討倭報國)'[91] 등의 기치를 내걸었다. 당면한 국가적 사활의 문제, 이른바 경복궁 불법 점령 사건으로 야기된 '국난' 극복이 봉기의 최우선적 목표였다. 따라서 필자는 동학혁명군이 제기한 민본

---

[89] 일례로 동학교도들은 정부의 탄압 속에서도 1871년 3월 10일(음)부터 교조신원운동(이필제와 최시형이 결행한 영해 봉기)을 전개했다. 20년이 지난 후에도 교조신원운동을 지속했다. 제2차 교조신원운동은 1892년 10월 공주에서 모였고, 충청감사 조병식에게 소장을 제출하였다. 11월 1일 삼례집회가 열렸고, 전라감사 이병직에게 동학을 공인할 것과 동학교도에 대한 주구를 중지시켜줄 것을 요구하는 소장을 제출했다. 서울로 올라가 복합상소를 하자는 여론이 일어 1893년 2월 8일(음) 40여명의 교도들이 상경해 11일 광화문 앞에 엎드려 사흘 밤낮 교조신원을 호소하였다. 이 복합상소운동이 제3차 교조신원운동이다. 광화문 복합상소의 배경을 이해하기 위해서는 이 일군만민체제의 경험을 고려하는 것이 필요하다. 결국 제4차 교조신원운동은 광화문 복합상소운동이 무위로 돌아가자 합법적 신원운동이 아닌 대중적 시위로 전환하기 시작하였는데, 1893년 보은집회, 금구집회(남접의 서장옥, 손화중, 전봉준 주축)가 그것이다. 그리고 이어진 동학농민의 무장포고문에서도 충군애국사상이 견지되었다.
[90] 「홍양기사」 7월 12일, 총서 9, 29; 박맹수, 앞의 책(2009), 289쪽 재인용.
[91] 「남유수록」 8월 1일, 총서 3, 226; 박맹수, 위의 책, 289쪽 재인용.

적 공공성은 '반봉건'이냐, '봉건'이냐의 이분법적 잣대로 판단할 수 있는 것이 아니라 반봉건적 사상 동력을 기반으로 강한 교세를 확보하고 있던 동학교도들이 반외세의 긴박한 필요성에 부응할 수 밖에 없었던 시대적 정황 속에서 이해할 필요가 있다. 동학농민군의 재기포 발단은 일본군의 경복궁 강점을 '아국 국토'에 대한 침략행위로 인식하고, 이에 항거한 것에서 비롯되었다.[92] 주지하다시피 혁명적 개벽사상의 반봉건적 요소들은 일제의 강점과 더불어 독립을 위한 투쟁 속으로 잠복했고, 지속적인 독립무장투쟁으로 이어져 왔다.

5. 맺음말

본 연구의 당초 목표는 크게 세 가지였다. 첫째, 정치적 공공성의 특징을 상호성으로 규정하고, 민의 지위와 역할을 거시적으로 조망하는 것, 둘째, 주요 시기별 맥락에 따른 공공성의 구조변동의 외형을 제시하는 것, 셋째, 조선의 공공성을 민본적 공공성으로 상정하고, 특히 아래로부터의 역할에 주목하는 것이었다. 연구 목표에 부합하는 결론을 도출하기 위한 과정에서 확인된 단초들을 개괄적 차원에서 정리해보면 다음과 같다. '민본사상'은 비단 조선 초기의 국가상 정립에 기여하는 것으로 그친 것이 아니라 조선시대 전반을 관통하는 국가적 공공성으로 기능하였다. 민의 도구적·수사적 활용 단계를 거쳐 18세기 '민국' 시대에 와서 민은 과거의 도구적·수사적 지위를 넘어 군주와 직면 대면하며 국가공공성을 창출하는 역할을 하였다. 19세기 세도정치기 국가공공성의 파탄 상황에서 민은 민본적 공공성의 창출을 위한 보다 적극적인 역할을 수행하였고, 직접 공공성 발현의 주체가 되었다. 조선 말기 민은 외세의 위압 앞에서 국가적 위기 상황을 돌파하기 위해 '보국안민', '척왜양'의 기치를 걸고 조선의 정치적 공공성의 전면에 등장한다.

이제 결론적으로 검토해야 할 과제는 과연 '민국'이념은 민에 의해 어느 정도까지 수용되었고, 나아가 근대 공화제적 해석으로까지 연결될 수 있는가? 하는 문제가 될 것이다. 이태진은 민란에 나선 사람들이 "민국의 시대에 대한

---

[92] 이영재, 「대원군 사주에 의한 동학농민전쟁설 비판」, 『한국정치학회보』 제50집 2호(2016), 69쪽.

표1. 조선시대 상호적 공공성의 전개 양상

구분	조선 초기	붕당정치기	탕평정치기	세도정치기	고종시대
시기	14~16세기	17세기	18세기	19세기	19세기 말 ~20세기 초
국가적 공공성	민본주의(민유방본) (적자·위민·보민·소민)		민국 (보민 < 경민·동포)	공공성 파탄	민국 재등장 (적자↔경민)
특징	중앙집권화	붕당 강화 → 공공성 균열	민의 범위 확대 및 신분상승	삼정문란 민란(관권 타파)	외세 압력
'민'의 공공성	(군주-사대부) → 공치주의 수사적·도구적 활용 대상		(군주 – 민) 민의 실체화	(민 - 공공성의 발현) 보국안민 / 대동·평등 / 척왜양 (※왕권 인정)	

강한 희구를 가지고 있었다."[93]고 19세기 민란의 동력을 설명한다. 이 해석을 민본적 공공성의 차원으로 연결한다면 맥락적으로 크게 무리는 없다. 민압에 의한 결과였든지, 군주의 혁명적 방책이었든지 '민국'은 단순한 수사적 담론을 넘어 민을 실체로 인정하고, 민을 향한 다수의 정책을 관철시켰다. 이것이 영·정조 시기 국가적 공공성을 견지할 수 있었던 동력이었다.

그러나 이 '민국'이념을 서구 민주주의의 맥락으로까지 확장하는 것은 다소 무리한 연결로 보인다. 이태진은 "유교 정치사상의 근대적 지향이라고 규정해야 할 민국이념이 서양 민주주의 정치사상이 소개되기 전에 이미 성립하고 있었다는 것은 주목할 만한 일이라 하지 않을 수 없다."고 주장한다.[94] 민국이념에는 분명 서구의 절대군주정과 비교해 보았을 때 근대적 지향으로 볼 수 있는 요소를 찾을 수 있다. 그러나 이를 확대하여 '민국'이념을 '민에 의한 정치'로까지 연결하기는 어렵다. 다른 한편 '민국정체'가 갖는 실천적 함의는 민에 의해 아래로부터 새롭게 형성되는 정치문화적 규범화라는 차원에서 주목할 필요가 있다는 것이다. 민국이념의 영향력 아래 왕과 민의 교감을 통해 정치적 공공성이 구현되었고, 이 경험이 무려 1세기 동안 이어졌다. 그 규범이 19세기에도 이어져 왕을 향한 '충군', 국가공공성을 저해하는 탐관오리 척결의 동력으로 모아졌을 것이다.

---

[93] "민국이념이 서양 민주주의 사상이 소개되기 전에 이미 성립하고 있었다는 것은 주목할 만한 일이라 하지 않을 수 없다." 이태진, 앞의 글(1999), 262쪽.

[94] 이태진, 앞의 글(2011a), 153쪽. 이 글은 1999년 같은 제목으로 『진단학회』에 실린 논문을 일부 보완한 것이다. 이 구절은 2011년 새롭게 추가된 논지이다.

'민국'이 국가 자체를 나타내는 용어와 등치되었다는 것은[95] 곧 국가공공성의 핵심이 '민국'이념에 있었고, 그 실체가 '민'이었다는 반증이라고 볼 수 있다. 이 '민국'이념의 민본관은 조선 초기에 제기된 '적자론'이나 '보민론'에서의 추상적 '민'과 달리 민본주의적 공공성의 구체적, 실체적 구현임에 틀림없다. 이렇게 본다면, 18세기 '민국'이념을 통해 중요하게 확인할 수 있는 사항은 그동안 수사적 차원에서 제기되고 있던 민본적 공공성으로부터의 이탈, 즉 붕당의 당파적 이익 추구에 대한 반대급부로 영정조가 공공성 발현의 중요한 실체로 '민'을 택하여 국가적 공공성을 견지하고자 했다는 점이다. 이 "민국론의 역사적 혁명성은 나라의 주권자 집단에서 사대부('가家')를 제거한 것"[96]에서 찾을 수 있다. 그리고 민본적 국가공공성으로 '민'의 중요성을 실체적으로 구현한 것에서 찾을 수 있을 것이다. 또한 18세기 이 민국정체는 서양의 '절대군주정'과 유사한 단계가 아니라 한 단계 더 진전된 근대적 지향으로 해석할 수 있다. "서양의 절대군주정은 소민(상민과 천민)을 대변한 것이 아니라, 봉건귀족과 농촌젠트리를 대변"하는 것이었다. 사대부를 대변했던 중앙집권적 초기 조선국이 이 '절대군주정'에 부합하는 정체라고 본다면, 민국 시대의 정체는 서구의 절대군주정보다 훨씬 더 근대적 지향이 드러나 있다.[97]

그러나 이 민국정체는 민본적 공공성 위에서 관철된 것이지 '민에 의한 정치'로까지 나아가지는 못했다. 일본의 강점이 없었다면 민의 요구가 새로운 정체를 위한 공화제적, 민주적 요구로 전환되었을 것으로 보이지만, 역사에 가정은 금물이기 때문에 예단할 수는 없다. 다만 확인 가능한 사실은 조선시대를 관통한 민본적 공공성이 19세기 말까지 강력한 영향력을 행사했다는 점이다. 조선 지식인 최초로 유럽과 미국을 둘러보고 쓴 유길준의 『서유견문』은 자주독립과 근대화 사회를 수립하기 위한 개화 의지의 산물이라고 할 수 있다.[98] 그런데 1889년 유길준이 탈고한 이 『서유견문』에서도 민본적 공공성의 강력한 영향력을 확인할 수 있다. 그는 근대 주권 개념을 통해 정부와 인민의 관계를 정립하면서도, 그 바탕에 '군-민' 관계를 민본적 공공성의 차원에

---

95 김백철, 앞의 글(2011a), 118쪽.
96 황태연, 앞의 글(2012), 197쪽.
97 황태연, 위의 글, 41~42쪽.
98 유길준 지음, 허경진 옮김, 『서유견문』(서해문집, 2004).

서 해석하고 있다.[99]

　18세기 민국정체를 통해 민본의 실체가 정치적으로 전면에 등장하였고, 그 배경에는 민중들의 사상적 동력이 작용하고 있었을 것이다. 그 흐름이 분출되어 나온 시기가 19세기 조선 말기였다. 민국이 통치권력으로부터 제기된 민본론의 요체라면, 19세기 말 조선의 정치적 공공성을 담보해온 동학의 혁명사상, 즉 개벽사상은 민으로부터 제기된 민본론의 핵심이다. 이 사상적 동력에 대해서는 향후 보다 진전된 평가가 필요할 것이다. 필자는 1919년 임시정부의 헌법 안에 이미 공화제적 요소와 인민주권이 제기될 수 있었던 뿌리는 조선시대 '민'의 정치적 역할과 흐름까지 그 연원을 찾아 올라갈 필요가 있다고 생각한다.

---

[99] 김윤희, 앞의 글(2009), 314~326쪽 참조.

●참고문헌

1. 원전 자료

『論語』,『孟子』,『書經』

『文宗實錄』,『英祖實錄』,『睿宗實錄』,『太祖實錄』,『승정원일기』

『동경대전』,『용담유사』

2. 연구 논저

고성훈 외 지음,『민란의 시대』(가람기획, 2004).

교과서포럼,『대안교과서 한국근현대사』(기파랑, 2008).

교수신문 기획,『고종황제 역사 청문회』(푸른역사, 2005).

구자익,「惠岡 崔漢綺의 食貨論」,『철학논총』제57집(2009).

권희영,「동학농민운동과 근대성의 문제」,『한국사의 근대성 연구』(백산서당, 2001).

김 돈,「선조대 유생층의 공론 형성과 붕당화」,『진단학보』Vol. 78(1994)

김대영,「논쟁과 이견의 공론장으로서 독립신문」,『역사와 사회』제3권 제30집(2003).

김백철,「영조대 '민국' 논의와 변화된 왕정상」, 이태진·김백철 엮음,『조선후기 탕평정치의 재조명(上)』(태학사, 2011a).

_____,「'탕평'을 어떻게 볼 것인가」, 이태진·김백철 엮음,『조선후기 탕평정치의 재조명(上)』(태학사, 2011b).

_____,「朝鮮時代 歷史像과 共時性의 재검토」,『韓國思想史學』제44輯(2013).

김병욱,「퇴계의 질서와 공개념에 관한 검토」,『동양정치사상사』제1권 제1호(2002).

김봉진,「崔漢綺의 氣學에 나타난 공공성」,『정치사상연구』제12집 제1호(2006).

김신재,「동학농민혁명에 있어서 국가형태 지향」,『東學研究』제17輯(2004).

김영수,「조선 공론 정치의 이상과 현실(I) - 당쟁 발생기 율곡 이이의 공론 정치론을 중심으로」,『한국정치학회보』제39집 제5호(2005).

김영주,「조선왕조 초기 공론과 공론 형성 과정 연구 - 간쟁. 공론. 공론 수렴 제도의 개념과 종류」,『언론과학연구』제2권 제3호(2002).

김용직,「한국 정치와 공론성(1) - 유교적 공론 정치와 공공 영역」,『국제정치논총』제38집 제3호(1998).

_____,「개화기 한국의 근대적 공론장과 공론형성 연구 - 독립협회와『독립신문』을 중심으로」,『한국동북아논총』제38권(2006).

김윤희,「근대 국가구성원으로서의 인민 개념 형성(1876~1984) - 民=赤子와『西遊見聞』의 인민」,『역사문제연구』제21호(2009).

박광용,「조선의 18세기」,『역사학보』제213집(2012).

박맹수,『사료로 보는 동학과 동학농민혁명』(도서출판 모시는 사람들, 2009).
박현모,「조선왕조의 장기 지속성 요인 연구(1) - 공론 정치를 중심으로」,『한국학보』 제30권 제1호(2004).
_____,「유교적 공론 정치의 출발 - 세종과 수성의 정치론」, 한국·동양정치사상사학회 엮음,『한국정치사상사』(백산서당, 2005).
배병삼,「정치가 세종의 한 면모」,『정치사상연구』제11집 2호(2005).
배항섭,「19세기 후반 '변란'의 추이와 성격」, 한국역사연구회 편,『1894년 농민전쟁연구(2)』(역사비평사, 1992).
_____,「19세기를 바라보는 시각」,『역사비평』101(2012).
_____,「19세기 후반 민중운동과 公論」,『韓國史研究』161(2013).
오문환,「율곡의 군자관과 그 정치철학적 의미」,『한국정치학회보』第30輯 2號(1996).
_____,「동학사상에서의 자율성과 공공성」,『韓國政治學會報』第36輯 2號(2002).
_____,「동학에 나타난 민주주의 - 인권. 공공성. 국민주권」,『한국학논집』제32집 (2005).
오수창,「세도정치를 다시 본다」,『역사비평』제12권(1991).
_____,「18세기 조선 정치사상과 그 전후 맥락」,『歷史學報』第213輯(2012).
유길준 지음. 허경진 옮김,『서유견문』(서해문집, 2004).
유영익,『동학농민봉기와 갑오경장』(일조각, 1998).
위르겐 하버마스, 한승완 역,『공론장의 구조변동』(나남출판, 2001).
이나미,『한국자유주의의 기원』(책세상, 2001).
이동수,「독립신문과 공론장」,『정신문화연구』제29권 제1호(2006).
이동수,「개화와 공화민주주의-『독립신문』을 중심으로」,『정신문화연구』제30권 제1호 (2007).
이만열,「일제 식민지 근대화론 문제 검토」,『한국독립운동사연구』제11권(1997).
이상희,『조선조 사회의 커뮤니케이션 현상연구』(나남, 1993).
이석규,「朝鮮初期 官人層의 民에 대한 認識」,『歷史學報』第151輯(1996).
이영재,『민의 나라, 조선』(태학사, 2015).
_____,「대원군 사주에 의한 동학농민전쟁설 비판」,『한국정치학회보』제50집 2호 (2016).
이영훈,『대한민국이야기』(기파랑, 2007).
이영훈 편,『수량경제사로 다시 본 조선후기』(서울대학교출판부, 2004).
이원택,「顯宗朝의 復讐義理 논쟁과 公私 관념」,『한국정치학회보』제35집 제4호 (2002).
이중환 지음, 허경진 역,『택리지』(한양출판, 1996·1999).
이태진,「朝鮮王朝의 儒敎政治와 王權」,『한국사론』제23집(1990).

_____,「14~16세기 한국의 인구증가와 신유학의 영향」,『震檀學報』제76권(1993).
_____,「서양 근대 정치제도 수용의 역사적 성찰」,『震檀學報』제84권(1997).
_____,『한국사-조선중기 정치와 경제(30)』(국사편찬위원회, 1998).
_____,「18세기 韓國史에서의 民의 사회적·정치적 位相」,『震檀學報』제88권(1999).
_____,「18세기 한국사에서의 민의 사회적 정치적 위상」, 이태진·김백철 엮음,『조선후기 탕평정치의 재조명(上)』(태학사, 2011a).
_____,「조선시대 '민본' 의식의 변천과 18세기 '민국' 이념의 대두」, 이태진·김백철 엮음,『조선후기 탕평정치의 재조명(上)』(태학사, 2011b).
_____,『새 한국사』(까치, 2012).
이한수,「世宗時代의 政治」,『동양정치사상사』제4권 2호(2004).
이현희,「동학과 근대성」,『민족사상』(2008).
이희근,「동학농민봉기는 반봉건 근대적 운동이 아니다」,『한국사는 없다』(사람과 사람, 2001).
이희주,「조선초기의 공론정치」,『한국정치학회보』제44집 제4호(2010).
_____,「조선시대 양녕대군과 에도시대 아코우사건을 둘러싼 이념논쟁」,『정치·정보연구』제14권 2호(2011).
장명학,「근대적 공론장의 등장과 정치권력의 변화-『독립신문』사설을 중심으로」,『韓國政治硏究』제16집 제2호(2007).
장현근,「민(民)의 어원과 그 의미에 대한 고찰」,『정치사상연구』제15집 제1호(2009).
전정희,「개화사상에서의 민(民)의 관념」,『정치·정보연구』제7권 제2호(2004).
정연태,「'식민지근대화론' 논쟁의 비판과 신근대사론의 모색」,『창작과 비평』제27권 제1호(1999).
정옥자,『조선 후기 역사의 이해』(일지사, 1994).
조 순,「동학과 유교의 민본관」,『東學硏究』제22輯(1007).
조한상,「헌법에 있어서 공공성의 의미」,『公法學硏究』제7권 제3호(2006).
최혜경,「동학의 개혁사상과 동학농민혁명의 전개」,『東學硏究』제12輯(2002).
한국정신문화연구원 편,『식민지근대화론의 이해와 비판』(백산서당, 2004).
韓相權,『朝鮮後期 社會와 訴冤制度』(일조각, 1996).
한승연,「조선 후기 民國 再造와 民 개념의 변화」,『한국정치학회보』제46집 5호(2012).
황태연,「조선시대 국가공공성의 구조변동과 근대화」,『조선시대 공공성의 구조변동 발표집』(미간행 초고, 2012).

3. 서양 논저
Calhoun, Craig edited, *Habermas and the Public Sphere* (The MIT Press, 1992).
Duden. *Deutsches Universal Wörterbuch A-Z* (1989).

Habermas, Jürgen, trans. by Thomas Burger, *The Structural Transformation of the Public Sphere* (The MIT press, 1991).

개화파의 공공성 논의
-공치共治와 공심公心을 중심으로

이나미 | 한서대학교 동양고전연구소 연구위원

1. 머리말

일반적으로 조선 사회에 개화파가 형성되기 시작한 것은 신미양요를 겪고 박규수가 1872년 중국을 다녀온 후 김옥균 등을 지도하면서부터라고 알려져 있다. 이 시기의 초기 개화파는 해외에 대한 지식을 가져야 한다는 것을 강조했고, 1880년대에 들어서면 해외 기술을 받아들여 나라의 부강을 이룩해야 한다고 주장한다. 1890년대 및 1900년대에는 정치사상적 내용을 본격적으로 소개하기 시작한다.[1] 이 시기의 가장 대표적인 개화파는 독립협회로, 이들은 국가의 독립(국권)과 국민의 권리(민권)를 주장했다.[2] 이렇게 보면 독립협회는 정치 영역에서의 공공성 문제를 제기한 대표적인 집단이라고 할 수 있다.

그럼에도 불구하고 공공성과 관련해서 독립협회를 비롯하여 개화파를 고찰한 연구는 많지 않다.[3] 역사적으로 조선시대에 국한시켜볼 때 공공성과 관련된 기존 연구는 크게 세 가지로 나누어볼 수 있다. 첫째 조선의 제도, 이념 및 사건을 중심으로 공공성을 고찰하는 논의, 둘째 조선시대 철학 및 사상에 나타난 공공성, 셋째 사회운동을 통해 나타난 공공성에 관한 연구이다. 이 중 사회운동을 통해 나타난 공공성에 대한 기존 연구가 주로 '『독립신문』'과 '동

---

* 이 글은 『공공사회연구』 3권 1호(2013. 2)에 실린 같은 제목의 논문을 수정·보완한 것이다.

1 이광린, 『한국개화사연구』(일조각, 1969), 15~18, 31쪽. 박영효는 이미 1888년에 『건백서』를 통해 모든 백성의 타고난 자유의 권리를 주장했으며 백성의 자유가 나라의 부강과 평화를 가져온다고 강조했다. 김현철, 「박영효의 보민과 민권신장 구상」, 『정치사상연구』 2집(2000), 265쪽.

2 이광린, 앞의 책(1969), 19쪽.

3 그동안 공공성에 관해서는 행정학, 정치학, 사회학, 언론학, 법학 등 여러 분야에 걸쳐 연구가 이루어졌다. 홍성태는 기존 연구를 크게 네 가지로 나누는데 첫째는 정부기구나 공공기관의 운영에 관한 연구, 둘째는 공공성 개념으로 사회의 여러 분야를 보는 연구, 셋째는 사회운동의 가치를 공공성의 개념에 근거해서 살펴보는 연구, 넷째로는 공공성 개념에 관한 연구이다. 공공성에 대한 연구는 1970년대부터 시작되어 점차 증가하다가 2000년에 들어와 갑자기 증폭된다. 예를 들어 학위논문을 살펴보면 1970년대 1편, 1980년대 11편, 1990년대 16편, 2000년대에 들어와 99편이 작성되었다. 홍성태, 「시민적 공공성과 한국 사회의 발전」, 『민주사회와 정책연구』 13호(2008), 73~74쪽. 이는 아마도 전 세계적인 신자유주의 강세와 더불어 민영화, 기업의 자유, 개인주의적 자유가 강조되었다가 그로 인한 갖가지 공적 문제가 발생하자 생긴 결과가 아닌가 생각된다. 우리나라의 경우 그동안 누적되어온 외채 위기가 1970년대에 들어와 심각해졌고 1980년대에 경제자유화가 본격화되었으며 1997년 말 외환위기 사태를 경험했는데 김대중 정부를 포함하여 이후 정부들은 신자유주의적 처방을 통해 경제 문제를 해결하고자 했다. 이는 자연히 국가의 역할과 공적 문제에 대한 환기를 불러일으킨다. 2000년대 들어와 급증한 공공성에 대한 학문적 관심은 그러한 시대적 요청과 무관하지 않다고 여겨진다.

학'을 중심으로 이루어졌다.[4] 독립협회 내지『독립신문』의 공공성과 관련된 기존 연구는 주로 근대적 공론장 형성이란 주제에 집중되어 있다.[5] 따라서 이 장에서는, 이미 많이 다루어진 공론장이란 주제 외의 공공성 문제, 그중에서도 '공치(共治)'와 '공심(公心)' 개념을 중심으로 고찰하고자 한다.

공공성 확립과 관련하여 개화파는, 왕에게는 '공치(共治)'를, 백성에게는 '공심(公心)'을 촉구했다. 어찌보면 이는 왕과 백성에게 '공공성'의 글자 하나씩, 즉 왕에게는 백성과 '함께하라'는 '공(共)'을, 백성에게는 '공적 일에 참여하라'는 '공(公)'을 요구했다고 볼 수 있다.

공치는 주로 '군민공치(君民共治)'라 하여 왕으로 하여금 민과 함께 통치하라는 요구로 나타났으며 그 구체적 형태는 입헌군주제로 제시되었다. 그러나 그 내용을 자세히 보면 백성과 함께하라는 것보다, 개화된 사람들 예를 들면 독립협회 회원들과 권력을 함께하라는 주장이 더 강하다. 따라서 '군민공치'라 하나 실상은 '군-개화파 공치' 내지 '군-엘리트 공치'에 가깝다. 또한 이러한 주장은 순수하게 공공성 확립을 위한 것일 수 있으나 다른 한편으로는 경쟁 세력의 정당성과 힘을 약화시키고 자기 집단의 세력 확대에 도움이 되기 때문에 제기되기도 했다. 19세기 말 조선에서는 중국, 일본, 러시아, 서구 간의 각축전이 심화되면서 이들 국가들이 자신에게 유리한 방향으로 국내의 각 정파들을 은밀하게 유도, 지지, 간섭하는 상황이 벌어졌다. 그리고 국내 각 정파들은 각자에게 유리하다고 판단되는 외국에 의지하면서 그 나라 및 자신의 목적에 맞는 정치체제를 주장했다. 따라서 군민공치, 입헌군주제, 공화제 등 19세기 조선에서 활짝 꽃피운 정치체제 논쟁은 공공성 획득이라는 순수한 동기뿐 아니라 집권을 위한 정치적 목적을 가졌으며, 그러한 가운데 근대화로 나아가기 위한 건설적인 과정으로 나아갈 수 있었으나, 한편 국론 분열로

---

[4] 오문환에 의하면 동학은 영성주의를 통해 인간의 자율성을 확보했고 정치적 객체에 불과한 민을 공공문제에 참여하는 능동적인 주체로 변화시켰으며 영적 공동체인 '접'과 사회참여 통로인 '포'의 조직화를 통해 공공 영역을 발전시켰다. 오문환, 「동학사상에서의 자율성과 공공성」, 『한국정치학회보』 36집 2호 (2002). 또한 그는 서구의 이익단체, 공공 영역, 정당과 같은 자발적 정치적 결사체를 접포제, 집강소, 민회에서 찾아보려고 시도하고 있다. 오문환, 「동학에 나타난 민주주의」, 『한국학논집』 32집(2005). 동학을 통한 근대성의 포섭 논의로는 이현희의 「동학과 근대성」(『민족사상』 2권 2호(2008))이 있다.

[5] 다음의 논문들이 이에 속한다. 김대영, 「논쟁과 이견의 공론장으로서 독립신문」, 『역사와사회』 3권 30집(2003); 김용직, 「개화기 한국의 근대적 공론장과 공론형성 연구」, 『한국동북아논총』 11권 1호(2006); 이동수, 「『독립신문』과 공론장」, 『정신문화연구』 29권 1호(2006); 장명학, 「근대적 공론장의 등장과 정치권력의 변화」, 『韓國政治研究』 16집 2호(2007).

인해 망국으로 치닫게 되는 한 원인을 제공했다고도 볼 수 있다.[6] 실제로 "외세와 결탁해 권력을 장악하고 왕권을 무력화한 가운데 근대 개혁을 주도하겠다는 그들의 방식이 좌절하면서 개화망국론이 널리" 퍼졌다.[7]

이 시기 정치 영역에서의 공공성을 위해 군민공치가 주장되었다면, 사회 영역에서의 공공성 논의는 백성에게 '공심'을 강조하는 방식으로 이루어졌다고 볼 수 있다. 19세기 후반은 실로 공심이 필요한 시기였다. 공심은, 사심을 버리고 나라와 이웃을 사랑하자는 애국애민의 정신을 의미한다. "자기 몸과 집과 나라를 보호할 생각이 있으면 구습을 버리고 진보하는 경계를 배워 상하가 화합하고 법률이 명백히 시행이 되면 애증이 없이 사람을 교제하며 속히 학교를 확장하여 후생을 가르치고 연설장과 신문사를 많이 배설하여 남녀노소를 가르치게 하며 사사 생각을 다 버리고 공심 하나만 가지고 관원들이 일을 하거드면 지금 있는 걱정은 차차 없어질 터이요 몇 해가 아니되어 조선 국기가 세계에 대접을 받을 터"[8]라 하여, 나라가 바로 서기 위해 관리와 백성들이 어떻게 실천해야 하는 지를 개화파가 제시하고 있다. 그러나 위 주장에서 드러나는 바와 같이 당시 조선에서 가장 시급한 문제라고 할 수 있는 외세 침탈을 막기 위한 군사력 강화에 대한 강조가 없으며 단지 문명개화하면 세계인의 사랑을 받아 독립을 유지하는 것으로 생각하는 순진함을 보였다.

따라서 공치와 공심은 조선의 공공성 확립을 위한 중요한 주장이지만 몇가지 문제를 안고 있으며 그것은 바로 당시 시대를 바라본 개화파가 가진 생각의 한계이기도 하다.

---

6 이나미, 「개화기 정치체제 논쟁」, 『인간과 정치사상』(인간사랑, 2002), 335~336쪽 참조.

7 주진오, 「개명군주이나, 민국이념은 레토릭이다」, 교수신문 편, 『고종황제 역사청문회』(푸른역사, 2005), 130쪽. 서영희 역시 고종시대를 볼 때 '외압'이라는 변수를 가장 중요하게 보아야 한다고 주장한다. "개화파가 대중의 지지 확보에 실패한 것도 그들의 외세 의존성 때문이었으며, 임오군란이나 갑신정변, 동학농민운동도 번번이 외세에 의해 진압됨으로써 역사의 향방을 바꾸어 놓았다." 서영희, 「일제의 폭력과 수탈 잊었는가?」, 교수신문 편, 『고종황제 역사청문회』(푸른역사, 2005), 161~162쪽.

8 『독립신문』 1897년 2월 6일자.

2. 군민공치론

군주제하에서 정치 영역의 공공성이 논의된다면 그것은 권력이 일인(一人)에 의해 또한 일인을 위해서가 아닌, 전체를 위해 행사되게 하는 것이 주된 목적이었다고 할 수 있다. 그 주된 방법은 군주권에 대한 제한일 것이며 그것을 대표하는 체제는 입헌군주제가 될 것이다. 그러나 당시 절대적 군주제 이외의 다른 정체에 대한 논의는 왕실에 대한 불경으로 여겨질 수 있고 또 일반 민중과 교감할 수 있는 것도 아니어서 개화파 엘리트 사이에서만 조심스럽게 시작되었다. 사실상 정변이라는 급격한 방법을 통해 이루려는 시도도 행해졌으나 결국 실패했다. 이후 개화파는 좀더 대중적이고 현실적인 방법이 필요하다는 각성과 함께 대중운동을 병행해 갔으며, 개화파가 정부와 갈등을 빚게 되면서부터는 입헌군주제, 즉 군민공치를 강하게 제시하게 된다.[9]

이런 주장이 제기되기 전까지의 조선의 정체는 보통 '군신공치(君臣共治)'로 제시된다.[10] 즉 민이 철저히 배제된 정치체제라는 것이다. 그러나 영조시대에, 백성은 통치의 주체는 아니라 하더라도 단순 피치자에 머무는 것만은 아니며 심지어 '공경의 대상'이 된다. 즉 영조 4년 3월 10일 『승정원일기』에 '하늘을 두려워하고 백성을 공경해야 한다'는 외천경민(畏天敬民) 개념이 등장한다.[11] 앞서 황태연의 글에서 논증되었듯이 조선은 영·정조 시기부터 군주가 사대부를 제치고 민의 압력에 호응하여 '군민일체적' 국가를 이루기 위해 노력했다. 소민(小民), 즉 양민과 천민의 여망을 수용하여 "이들의 이익을 엄호하고, 종교적 관용을 견지하고, 노비해방을 추구하고, 법치주의를 확립하고, 자연발생적 시장과 임금노동제를 정책적으로 촉진·확산시키고, 백성의 일

---

9 이나미, 「개화기 정치체제 논쟁」, 최상용 외, 『인간과 정치사상』(인간사랑, 2002), 345쪽. 이 시기에 공화제도 소개되었는데, 『한성순보』는 "합중공화", 유길준은 "합중정체", 유인석은 "대총통 제도"라는 개념으로 설명하고 있다. 공화제는 그 특징이 국민이 지배하는 정체로 소개되었는데, 당시 입헌군주제조차도 공공연하게 주장되지 못했던 상황에서 공화제에 대한 논의는 매우 불온한 것으로 여겨져 독립협회 내부에서도 엄격하게 논의가 금지되었다. 『한성순보』 1884년 1월 3일자; 유인석, 「우주문답」(1913), 서준섭 외 역, 『의암 유인석의 사상』(종로서적, 1984), 7쪽; The Independent Nov. 1 (1898); 이나미, 앞의 글(2002), 351~352쪽.

10 김영수에 의하면, 조선의 건국자 정도전은 『조선경국전』에서 왕권(정통성)-재상권(집행권)-대간권(언론권)을 분립하여 균형을 이루는 군신공치제를 정부 형태로 제시했다. 이 체제는 500년간 조선의 정치적 틀로 수용되었으며 세종 때에 가장 모범적으로 운영되었다고 한다. 김영수, 「동아시아 군신공치제의 이론과 현실」, 『동양정치사상사』 7권 2호(2008).

11 이영재, 「조선시대 공공성의 재조명 - '民'을 중심으로」, 국제학술심포지움 『조선시대 공공성의 구조변동』(2012), 38쪽.

반 교육과 문화 도덕을 선양하는 방식으로 '근대화'를 추진"했다. 즉 "군왕정부와 재야 민중 간의 길항과 상호 협력"이 이루어지는 '실질적 의미의 군민공치'가 시도되었던 것이다.[12] 따라서 이미 영·정조시대에 정치 영역에서의 공공성이 확립되었다고 할 수 있다.

그러나 이후 세도정치로 민란이 극심해지고 말기에 외세의 위협까지 맞게 된 상황에서 개화파는 군민공치(君民共治) 또는 군민동치(君民同治)를 제시한다. 이는 '왕과 민이 함께 통치'하는 체제로, 입헌군주제와 입법, 행정, 사법의 삼권분립이 특징인 것으로 설명되었다.『한성순보』는 군민동치로 영국의 정체를 설명하면서 입법권, 행정권, 사법권에 대한 설명과 상하원이 모든 제도와 정형(政刑)을 의정(議政)한다는 것을 소개했다.[13] 이어 1884년 1월 3일자에서는 양원제, 대의사(代議士)(하원의원), 후보(국회의원 후보), 투표, 연한(임기), 대통령에 대해서도 소개하고 있다. 헌법은 군주가 정하거나 군민 공의로 정하는데, 헌법이 삼대부의 권리를 확정한다는 것, 서양의 정체 관행은 군주제와 민주제를 막론하고 의원을 설립하여 여기서 의결한 것은 군주라도 자기의 뜻대로 독행할 수 없다는 것, 헌법이 일단 정해진 후에는 용이하게 바꿀 수 없다는 것이 소개되었다.[14] 유길준 역시『서유견문』을 통해 군민공치체제가 가장 좋은 것이라고 평하고 조선도 궁극적으로는 이에 도달해야 한다고 생각했다.[15]

개화파는 헌법이 있고 삼권이 분립되면 우선, 관리가 사욕을 부릴 수 없다고 설명했다. "헌법이 있은 이후로 입법관은 입법만 할 뿐 행정은 할 수 없고, 행정관은 행정만 할 뿐 입법은 할 수 없으므로 사욕을 품은 자가 그 욕망을 마음대로 펴지 못하고, 죄 있는 자 및 소송하는 자가 모두 사법관의 관할을 받되 사법관은 입법과 행정 양관의 지시와 촉탁을 받지 않고서 오직 법률에 의해 형벌을 시행하고 의에 의거해서 일을 처리하기 때문에 무고한 사람을 벌주려 하는 자가 감히 그 독을 부리지 못하니 이것은 실로 삼대권 분립의 첫째의 이익"이라는 것이다.[16]

---

12 이 책 1부 황태연,「조선시대 국가공공성의 구조변동과 근대화」.
13 『한성순보』1883년 11월 21일자.
14 신용하,「19세기 한국의 근대국가 형성 문제와 입헌공화국 수립운동」, 한국사회사연구회 편,『한국의 근대국가 형성과 민족문제』(문학과 지성사, 1986), 26~29쪽 참조.
15 이태진,『고종시대의 재조명』(태학사, 2000), 40쪽 참조.
16 『한성순보』1884년 1월 3일자; 신용하, 앞의 글(1986), 30~31쪽.

입헌정체의 또다른 이익은 유능한 인재를 등용하게 된다는 것이다. "예로부터 재상들이 흔히 적임자가 아니어서 바른 정치가 거행되지 못하고 백성이 편안치 못했던 것은 문벌이나 당여로 사람을 등용하고 일찍이 군자를 널리 선출해서 정치를 맡기지 않았기 때문"으로, "입헌정체는 민선을 근본으로 삼아 일체 그들의 뜻에 따르기 때문에 국중에 현능한 자는 누구나 그 의원이 될 수 있고 또한 누구나 재상이 될 수 있으니," "소인이 군주를 불의에 빠뜨리는 일"이 없다는 것이다.[17]

『독립신문』역시 삼권분립의 중요성과 더불어 능력 있는 사람들로 구성된 의정원 설치를 주장하고 있다. 『독립신문』은 "혼잡하고 규칙 없는 일을 없애려면 불가불 의정원이 따로 있어서 국중에 학문 있고 지혜 있고 좋은 생각 있는 사람들을 뽑아 그 사람들에게 행정하는 권리는 주지 말고 의론하여 작정하는 권리만 주어 좋은 생각과 좋은 의론을 날마다 공평하게 토론"하게 해야 한다고 주장했다.[18] 그 구체적인 방법으로, 독립협회는 삼권분립을 위해 기존의 중추원을 개편하여 의회로 만들고 종래의 의정부는 행정권만 갖게 하라고 요구했다.[19]

그런데 이들은 중추원 개편안에 민선위원 25명을 독립협회 사람들로 고정시켰다.[20] 고종은 이를 받아들였는데 이렇게 만들어진 신중추원은 상원에 가깝다고 할 수 있다. 즉 국민투표를 통해 뽑는 것이 아니라 독립협회가 위원을 뽑는 것이기 때문이다. 그러나 과연 독립협회가 백성을 대표할 수 있는 것인가에 대해서는 이미 안태원의 상소문에 의해 지적되었다. 그는 모든 마을의 인구에 따라 사람을 뽑고 이들의 모임을 갖게 하여 조정의 정사를 의논해야 민의를 대표하는 것이지 이들 민회는 장사치의 자식들에 지나지 않고 더러 외국 종교에 물들은 권세 있는 자들의 집에 드나드는 자들로서 서로 모여 패거리를 지은 것에 불과하다고 비판했다.[21] 황제의 조칙에서도, 협회는 엄연히 국회와 다른 것인데 독립협회는 국회도 할 수 없는 일을 강요하고 협박하는 월

---

17 『한성순보』 1884년 1월 3일자; 신용하, 위의 글(1986), 30~31쪽.
18 『독립신문』 1898년 4월 30일자.
19 신용하, 앞의 글(1986), 66~67쪽.
20 위의 글, 83~86쪽.
21 『고종실록』 38권; 이태진, 『고종시대의 재조명』(태학사, 2000), 73~74쪽.

권 행위를 하고 있다고 지적했다.²²

사실상 근대 서구에서의 삼권분립의 구상도 민주적인 것이라 보기 어렵다. 삼권분립의 주장은 의회, 특히 하원에 대한 견제로 시작되었다. 근대 대의정부를 구상한 존 스튜어트 밀은, 행정부, 사법부는 절대로 선거에 의하면 안된다고 하면서, 행정부의 장은 의회로부터 독립되어야 하며 법관을 대중 투표로 뽑는 것은 민주주의가 행하는 가장 위험한 일이라고 주장한다. 그는 더 나아가 인민에 의해 뽑힌 것보다 더 나쁜 것은 그들을 위해 뽑힌 것이라고 강조한다.²³ 이러한 점을 고려하고 또한 독립협회가 주장한 상원 형식과 같은 중추원 구성을 볼 때, 이는 공공성의 추구가 아닌 결국 그들 자신이 비판하는 사혐(私嫌)과 사정(私情)²⁴에 의한 것이라고 할 수 있다.

이를 증명하듯 『독립신문』은 하원은 급하지 않다고 했는데 그 이유는 아직 조선 백성이 그럴 능력이 없다는 것이다. "하의원이라 하는 것은 백성에게 정권을 주는 것"으로 "정권을 가지는 사람은 한 사람이든 몇 만 명이든 지식과 학문이 있어서 다만 내 권리만 알 뿐 아니라 남의 권리를 손상치 아니하여 사사를 잊어버리고 공무를 먼저"해야 하는데, "무식하면 한 사람이 다스리나 여러 사람이 다스리나 국정이 그르기는 마찬가지요, 무식한 세계에는 군주국이 도리어 민주국보다 견고함은 고금 사기와 구미 각국 정형을 보아도" 안다는 것이다. 따라서 "하의원을 설시하려면 먼저 백성을 흡족히 교육하여 무슨 일이든지 총명하게 의론하며 대소 사무에 나랏일을 자기 일같이 재미를 들이게 하여야 낭패가 없거늘, 우리나라 인민들은 몇 백년 교육이 없어서 나랏일이 어찌 되든지 자기에게 당장 괴로운 일이 없으면 막연히 상관 아니하며, 정부가 뉘 손에 들든지 조반 석죽만 하고 지내면 어느 나라 속국이 되든지 걱정 아니하며 자유니 민권이니 하는 것은 말도 모르고 혹 말이나 들은 사람은 아무렇게나 하는 것을 자유로 알고 남을 해롭게 하여 자기를 이롭게 하는 것을 권리로 아니, 이러한 백성에게 홀연히 민권을 주어서 하의원을 실시하는 것은 도리어 위태함을 속하게" 한다는 것이다. 또한 "일본 사람은 서양 개화를 모방하기 전에도 우리보다 백배나 문명한 사람들이요, 서양 정치와 풍속을 배우기

---

22 『독립신문』1898년 10월 22일자.

23 J.S. Mill, *Utilitarianism, Liberty and Representative Government* (E.P. Dutton and Company, Inc., 1951), pp. 455~456, 459.

24 무지한 백성에 대한 사혐과 엘리트에 대한 사정이라고 할 수 있다.

시작한 후에 주야로 힘써서 삼십 년 동안에 세계가 놀라게 진보하였으되 메이지 원년에 상하의원을 배설하지 않고 겨우 메이지 이십삼 년에서야 국회를 시작하고 또 상하의원을 설시하기 전에 오히려 미흡한 일이 있을까 하여 극히 총명한 위원들을 구미 각국에 파송하여 상하의원의 제도와 과정과 사정을 자세히 관찰하여 채용하였으니, 일본으로도 이같이 삼가서 하의원을 배설하였거늘 우리는 외국 사람과 통상 교제한 후에 몇 해 동안에 배운 것이 지권연 먹는 것 한 가지밖에는 없으니 무슨 염치로 하의원을 어느새 꿈이나 꾸리오."라고 하여, 일본과 비교해서도 우리는 아직 그럴 때가 아님을 주장했다.[25]

따라서 이러한『독립신문』의 주장을 보면 이들은 '군민공치'가 아닌 '군-엘리트공치'를 주장한 것임을 알 수 있다. 그런데 이러한『독립신문』의 주장에서 심각하게 우려되는 것은 우선 민중에 대한 불신이고 또 하나는 일본이 개화하기 전부터도 조선보다 백배나 문명했다는 말에서 드러나듯 사실을 왜곡하면서까지 일본을 극찬하고 있는 점이다. 이는 독립협회 회원 중 안경수와 정교 계열이 일본과 내통하면서 군민공치론에 입각하여 군주권을 제한하고 개명관료 독재를 구상했다는 것을 상기시킨다.[26] 개화파 중 일부는 일본 유학의 영향으로, 민권 주장을 통해 실제로는 일본 이익을 위한 논리에 경도되었다. 예를 들면 후쿠자와 유키치는 조선에 대한 일본의 내정간섭, 더 나아가 조선의 보호국화를 위해 일본에 온 조선 유학생들에게 군주권 부정의 논리를 가르쳤다.[27] 실제로 의회설립운동의 주요 회원이 일본 유학생들이었다.[28] 또한 급진개화파들은 백성의 자유, 민권의 신장, 군주권 제한을 주장하면서 고종에게서 그러한 개혁의 가능성을 보지 못하자 일본과 같은 이미 문명화된 나라의 지배를 받는 편이 더 낫다고 생각했다. 급진개화파에 대해 비판적이던 윤치호마저도 인도의 예를 들면서 학정보다는 문명국의 식민지가 되는 편이 낫다고 하고 또한 자신은 조선의 앞날을 위해서 일본이 승리하기를 바란다고 하였다.[29] 정작 일본의 대의체는 천황제로 구심을 얻기 위해 변칙적으로 만들

---

25 『독립신문』1898년 7월 27일자.
26 주진오,「19세기 후반 개화 개혁론의 구조와 전개」, 연세대학교 학사학위논문(1995), 3장 2~3절.
27 이태진,「서양 근대 정치제도 수용의 역사적 성찰」,『진단학보』84집(1997), 97쪽. 일본의 대조선 정책과 일본의 유학의 현황에 대해서는 최덕수,「구한말 일본 유학과 친일세력의 형성」,『역사비평』15호(1991) 참조.
28 이태진, 앞의 책(2000), 49쪽.
29 주진오,「독립협회의 개화론과 민족주의」,『현상과 인식』68(1996), 18~19쪽.

어진 것인데도 조선의 정치제체를 말할 때는 조선의 군주권에 불리한 서구의 대의제도를 반드시 받아들여야 할 과제로 말했다.[30] 그러나 김동택에 의하면 "세계사적 경험 속에서 근대사회 형성이 왕정의 폐기를 전제했던 사례는 대단히 제한적"이다. 그에 의하면 19세기 후반 프랑스나 미국을 제외하면 대부분 국가들이 왕정이었다. 국민주권에 입각한 국민국가는 제2차 세계대전 이후에나 현실화된다. 따라서 "19세기 말의 시점에서 볼 때, 왕정 자체가 후진성 내지 정체성을 표상한다고 할 수는 없다"는 것이다.[31]

결과적으로, 독립협회의 의회설립운동은 고종에 의해 결국 왕권에 대한 도전으로 인식되었고 실패로 끝났다. 이를 매우 아쉬워하며 결국 의회가 없어 식민화의 길을 가게 되었다고 해석하는 학자도 있다. 즉 의회가 없고 황제만 있을 경우 황제 한 사람만 위협하면 주권 침탈이 쉬우므로 일본이 독립협회를 파괴하도록 공작했다는 것이다.[32] 그러나 만일 당시 의회가 있었다면 주권이 침탈당하지 않았을 것인가? 나라를 넘기는 조인을 한 사람은 고종이 아니라 독립협회 위원장과 회장을 역임한 이완용이었다는 사실을 생각해볼 때 그러한 평가는 그다지 설득력을 갖지 않는다고 여겨진다.[33] 또한 현대사를 돌이켜 볼 때, 의회 권력이 가장 강했던 제2공화국이 박정희 쿠데타에 무참하게 무너진 점은 어떻게 설명할 것인가?

군주권은 반드시 부정되어야만 민주적인 것인가에 대해서도 반문되어야 한다. 만일 온 백성이 강한 군주권을 요구한다면 그것은 군주제란 이유만으로 비민주적인 것일까? 이태진은 "18세기 이후 조선의 군주들은 양반의 우두머리가 아니라 온 백성의 지지를 받는 새로운 군주상을 그리고 있었다"고 주장한다.[34] 정치학적으로 볼 때, 일정한 조건과 관련해서 민의가 강력한 군주권을 요구할 수 있다는 것은 매우 일반적인 얘기이다. 즉 나라에 위기가 닥치고 이러한 위기 앞에 민중들이 흩어졌다면 이들을 하나로 통합시킬 '전설적 지도자'로서의 강력한 군주가 있어야 한다. 그람시에 의하면 마키아벨리의 '군주' 즉 '책략가'는 집단 의지를 일으키고 조직하기 위한 존재이다. 즉 흩어진 민중

---

30 이태진, 앞의 책(2000), 47~49쪽.
31 김동택, 「근대의 그늘에도 관심을 가져라」, 교수신문 편, 『고종황제 역사청문회』(푸른역사, 2005), 89쪽.
32 신용하, 앞의 글(1986), 93쪽.
33 이나미, 앞의 글(2002), 350~351쪽.
34 이태진, 「식민사관의 덫을 경계해야 한다」, 교수신문 편, 『고종황제 역사청문회』(푸른역사, 2005), 29쪽.

에게 영향을 끼칠 구체적 환상에 대한 창출이 군주에게 요구된다. 당장 눈앞에 임박한 엄청난 위험의 존재는 군주로 하여금 급속한 정치적 행위를 요구하며 빠른 속도로 열정과 열광을 불러일으키고, 군주의 카리스마를 파괴할 수 있는 모든 비판을 일소시킨다.[35]

그런데, 최근 고종과 관련되어 벌어진 논쟁에서, 아이러니컬하게도 고종에 비판적인 김재호는 마키아벨리 군주론에 의존하여 자신의 논리를 펴고 있다.[36] 이에 대해 이태진은 그가 "마키아벨리의 군주론을 동원해서 민국이념의 빈약성(?)을 부각"[37]시켰다고 하는데, 오히려 마키아벨리에 의하면 민국이념이 허상이라도 상관이 없다.[38] 마키아벨리에 의하면 군주에게 있어 '진실'보다는 '이미지'가 더 중요한 것이고[39] 따라서 민국이념이 역사적으로 별 근거 없어도 상관이 없다. 오히려 그람시의 말대로 '환상을 창출'하는 '전설적 지도자'가 더욱 요청되는 것이다. 소렐 역시 '신화'라는 용어를 사용하면서 신화야말로 대중으로 하여금 행동하도록 동기를 부여하는 결정적인 부분으로, 미래에 대한 비전을 발전시킨다고 역설했다.[40] 그람시의 경우, 위기에 놓인 이탈리아를 구하기 위해 국민 통합을 이루어내고 비판과 반대를 허락하지 않는 책략가로서의 군주의 존재의 필요성을 인정했다. 사회주의를 민주주의의 확대로 이해할 만큼 민주주의를 강조한 그람시마저도 이러한 주장을 한다는 것을 볼 때 당시 풍전등화 같은 조선의 상황에서 독립협회 일부 회원들이 군권 제한과 의회 개설과 같은 논의를 했다는 것은 결코 애국적이거나 조선 백성을 위한

---

35 Antonio Gramsci, Quintin Hoare and Geoffrey Nowell Smith(ed.), *Selections from the Prison Notebooks* (International Publishers, 1971), pp. 125~126, 129; 이나미, 『한국자유주의의 기원』(책세상, 2001), 129~130쪽.
36 김재호, 「『고종시대의 재조명』, 조명 너무 세다」, 교수신문 편, 『고종황제 역사청문회』(푸른역사, 2005), 36쪽.
37 이태진, 앞의 글(2005), 44쪽.
38 물론 민국이념이 허상이라는 의미는 아니다. 민국이념의 실체에 대해서는 이 책 1부 황태연의 글 「조선시대 국가공공성의 구조변동과 근대화」 참조.
39 "신의 같은 것은 안중에도 없고 계략으로 사람들을 혼란시키는 군주가 오히려 더 큰 일을 성취한 사실을, 우리는 또한 알고 있다. […] 군주는 […] 좋은 기질을 갖추고 이 기질들을 행동으로써 지킨다면 그것은 도리어 해로운 일이다. 다만 이런 기질들을 존중하는 것처럼 위장하는 바로 그것이 유익한 것이다. […] 대중은 언제나 외관만으로, 그리고 결과만으로 평가하게 마련이며 이 세상은 이들 속된 대중으로 가득차 있다." 마키아벨리, 임명방 역, 『군주론』(삼성출판사, 1983), 78~80쪽.
40 라이만 타우워 사르젠트, 부남철 역, 『현대사회와 정치사상』(한울, 1994), 29쪽.

논의였다고 할 수 없다.⁴¹

3. 공심론

독립협회를 비롯해 당시 개화파의 생각을 알게 해주는 『독립신문』의 논설을 보면 이 시기 조선의 관리와 백성들에게 요구된 실천이 바로 공공성과 직접 관련되는 것임을 알 수 있다. 개화파들이 생각한 당시 조선의 과제는 ① 신식을 시행하여 법률과 기강이 서고 규칙과 장정이 시행이 되며 ② 국고에 재산이 늘어 종부를 확장하여 남의 나라 같이 되며 ③ 지방관들이 정부 명령과 규칙을 가지고 백성을 다스려 돈 한 푼이라도 받을 것 이외에는 받지 말며 ④ 백성에게 법률만 가지고 상벌을 주며 ⑤ 농무, 상무, 공무를 성하게 하여주며 ⑥ 젊은이와 아이를 남녀 차별 없이 교육을 시켜 자기 힘으로 먹고 살게 해주고 ⑦ 외교를 친밀히 하여 외국과 사이가 벌어지지 않게 하며 ⑧ 조선의 건국 체통과 독립권을 남에게 잃지 않고 조선 이름을 세계에 빛내며 ⑨ 조선 국기를 세계 대해 대양에 왕래케 하며 ⑩ 조선 인민이 다른 백성처럼 세계에 행세를 하게 하며 ⑪ 조선 군주의 위엄과 영광과 권력이 다른 나라 군주처럼 빛나게 하며 ⑫ 인민의 재산이 부유하고 ⑬ 해·육군이 강하게 되는 것 등이다.⁴²

이러한 실천을 위해 백성에게 요구된 것이 '공심'이다. 19세기 말 정치 영역의 공공성 확립을 위해 왕에게 군민공치가 요구된 것처럼, 사회 영역의 공공성을 위해서는 백성(관리 포함)들에게 공심이 요구되었다고 할 수 있다. 공심은 사실상 이미 그 이전부터 강조되었다. 영조는 "편당을 짓지 말고 두루 화합함은 군자의 공심"이라고 하였고,⁴³ 정약용도 평소 편향되지 않은 공정한 마음

---

41 이나미, 앞의 책(2001), 129~130쪽. 그렇다면 최근 이태진의 발언으로 인해 논쟁이 된 '독재가 정당화될 수 있는 것인가'라는 질문이 제기될 수 있다. 고대 로마의 경우 그람시의 주장처럼, 전쟁 발발이나 전염병 발생과 같이 나라가 위기에 처할 경우 단기간에 한정하여 독재관이 임명되어 위기를 수습했다. 이때의 독재관은 오늘날의 독재자가 아니다. 제도적으로 그 직이 인정된 한시적 집정관을 의미한다. 집정관은 보통 둘인데 이때는 혼자 통치한다는 의미에서 독재관이라는 표현을 쓴 것이다. 또한 이 경우 위기가 존재한다는 것과 그 임기는 단기간에 끝난다는 것, 또한 독재관은 위기를 수습할 만큼 능력을 인정받은 카리스마적 존재라야 한다는 것이 필수이다. 현대 국가에서도 위기가 닥치면 계엄령을 통해 일시적으로 민주적 제도와 개인의 권리가 제한받는다.

42 『독립신문』 1897년 2월 27일.

43 최완기, 『한국의 전통교육』(이화여자대학교출판부, 2005), 135쪽.

즉 '공심'을 강조했다.⁴⁴

『독립신문』은 관리를 향해, "사사 생각을 다 버리고 공심 하나만 가지고 관원들이 일을 하거드면 지금 있는 걱정은 차차 없어질 터이요 몇 해가 아니되어 조선 국기가 세계에 대접을 받을 터"⁴⁵라고 했다. 백성을 향해서는,—독립문·독립공원 건립을 위한 모금운동과 관련하여—"조선 사람들이 다만 자기 몸만 생각하지 않고 공심이 있어 자기 주머니에서 돈을 꺼내어 전국 인민을 위하여" 일을 한다고 치하하면서 "사업이 잘되면 출렴 내었던 사람들은 다 세계에 애국애민하는 사람들로 나타날 터이니 이 일 하나를 가지고 보면 조선도 차차 공심들이 생겨 동포 형제들을 위하여 무슨 사업이든지 하려는 뜻이" 보인다고 기뻐했다.⁴⁶ 뒤이어 "공심 있는 사람들은 속히 대정동 은행소에 계신 안경수 씨께로 독립협회 보조금을 보내시오."⁴⁷라고 촉구했다. 『독립신문』은 또한 독립협회가 "세력을 무서워하지 아니하고 공심으로만 일"한다고 자부했다.⁴⁸

이렇게 볼 때, 공심은 사심을 버리는 것, 자기만 생각하지 않는 것, 애국애민하는 것, 권력에 굴복하지 않는 것 등을 의미한다. 이는 다른 말로는 정의감(sense of justice)으로 불릴 수 있다고 본다. 그런데 여기서 주목되는 것은 공공성과 관련하여 '공심(公心)', 즉 '이성[理]'이 아닌 '마음[心]'을 강조했다고 하는 점이다. 즉 '공리(公理)'가 아닌 '공심(公心)'인 것이다. 서구적 전통에서 공공성은 '적 판단' 등 이성적인 것과 관계된다. 하버마스에 의하면 공공성(publicity)에서 의미 있는 것은 공중이 여론(public opinion)의 담지자라고 하는 것과 그 기능이 비판적 판단이라는 데 있다.⁴⁹ 사람들이 "토론이란 영역에 참여하는 것은 이미 논증적 이성의 규범들을 인지하는 것이다. 그리고 논증의 원칙을 부정하는 것은 합리적 존재들의 공동체를 벗어나겠다는 것과 통한다."

---

44 박석무, 『풀어쓰는 다산이야기』(문학수첩, 2005); 정민, 『다산선생 지식경영법』(김영사, 2006). 김지하는 '공심'을 '우주 사회적 공공성'으로 보면서, 공공성의 근본은 '공심'이라고 주장한다. 김지하, 『사이버 시대와 시의 운명』(북하우스, 2003), 69쪽.
45 『독립신문』 1897년 2월 6일자.
46 『독립신문』 1896년 7월 4일자.
47 『독립신문』 1896년 7월 7일자.
48 『독립신문』 1898년 8월 4일자.
49 Habermas, 1962, translated by Thomas Burger, *The Structural Transformation of the Public Sphere*, (MIT Press, 1991) pp. 1~2.

이러한 하버마스의 의사소통 합리성에 대한 강조는 '감정'을 배제하고 있다.[50] 낸시 프레이저, 벤하비브, 아이리스 영과 같은 여성주의 이론가들도 합리성과 이성에 의한 토론을 통한 합의 도달로 특징지어지는 공공 영역의 이상에 반대한다. 하버마스식 공공 영역은 시민들을, 그들의 특수한 상황, 욕구, 감정으로부터 추상화된 합리성과 보편성을 표현하는 인간 존재로 상정한다는 것이다. 영은 공공 영역에서의 상호 소통적 의사소통을 위해서는 합리적 토론뿐 아니라 감정의 공유 역시 필요하다고 주장한다. 공공 영역은 이성과 합리성에 의해 배타적으로 지배되는 것이 아니라는 것이다.[51]

황태연에 의하면 일찍이 동양의 공맹은 서양의 합리주의 전통과 달리 감정적 소통에 기초한 공감적·이타적 감정(측은, 수오, 공경지심)을 윤리적 덕성의 기초로 보았고 이를 중요한 사회적 공감 능력으로 보았다.[52] 그러나 성리학의 경우 이(理)를 중시하고 기(氣)와 칠정(七情)을 경시하여 서구의 이성중심주의와 같은 태도를 보인다. 오문환은 동학을 연구하면서, "동학은 조선의 성리학적 정치이념과 서구의 침략주의적 모더니티에 대한 성찰적 비판에서 출발"했다고 주장한다.[53] 특히 서구와 비교해볼 때 서구의 이성주의와 달리 동학은 영성주의를 통해 인간의 자율성을 확보하고자 했다고 한다. 데카르트가 '생각하는 자아'에서 근대철학의 토대를 찾았다면 수운은 '천주를 모시고 있음'에서 도덕의 기초를 찾았다는 것이다. 그리하여 그는 동학을 서구의 이성에 기초한 자율성과 다른 '도덕적 자율성'으로 보아야 한다고 주장한다.[54]

서구 합리주의 의미의 공공 영역과 관련하여 볼 때 일반적으로 『독립신문』은 근대적 의미에서의 최초의 공론장을 마련했다고 평가된다. 이동수에 의하면 『독립신문』은 17~18세기 서구에서의 논의보다 더 공론장의 중요성을 강조했으며, 조선시대 전통적 공론장을 넘어 근대적 기획의 일환으로 진행되었다. 『독립신문』이 강조한 내용도 공론장을 포함하여 공공성과 주로 관련된다. 첫째 정부 관리가 법을 잘 지키고 법에 따라 업무를 수행해야 한다는 것, 둘째, 백성들이 계몽되어야 한다는 것, 셋째, 정부와 백성간에 소통이 잘되

---

50 한국미래문화연구소, 『문화변동과 인간 그리고 문화연구』(깊은샘, 2001), 389쪽.
51 이선미, 「민주주의가 젠더 중립적인가?」, 주성수·정상호 편저, 『민주주의 대 민주주의』(아르케, 2006), 243~244쪽.
52 황태연, 『공자와 세계(1)』(청계, 2011), 259, 262쪽.
53 조선 후기 공공성에 대한 연구는 주로 동학과 『독립신문』에 집중되고 있다.
54 오문환, 앞의 글(2002), 7~13쪽.

어야 한다는 것이다. 그러나 이동수는 『독립신문』이 근대적 '강한 개인'의 형성보다는 '전통적 백성관'에 입각한 수동적 국민의 형성에만 주력했다는 한계를 지적한다.[55] 그러나 『독립신문』을 보면 근대적 개인[56]과 전통적 백성관이 혼재되어 있다. 또한 앞서 설명되었듯이 합리적 소통이론의 한계를 생각한다면 서구적 의미의 근대적 개인 형성은 오히려 공공성을 충분히 확보할 수 없게 한다. '전통적 백성관' — 임금과 백성이 서로 사랑하는 것 — 이야말로 동양적인 대안적 공공성의 가능성을 보여주는 것이라고 할 수 있다.

앞서 살펴보았듯이 『독립신문』에 나타난 공심은 "조선 사람들이 다만 자기 몸만 생각하지 않고" "자기 주머니에서 돈을 꺼내어 전국 인민을 위하여" 일을 하게 하는 것이며, 그런 일을 하는 사람들은 "애국애민하는 사람들로 나타날 터이니 이 일 하나를 가지고 보면 조선도 차차 공심들이 생겨 동포 형제들을 위하여 무슨 사업이든지 하려는 뜻이" 보인다고 평하고 있다.[57] 즉 공심은 '애국애민' 등 사랑의 감정이 주된 내용이다. 이러한 공심에 기반한 공공성은 이성적 토론에 기반한 공공성과 다른, '감정에 기초한 공공성'을 보여준다.

> 당초에 백성이 정부와 상관이 없으면 재미날 묘리도 없고 정부와 백성이 각각 되어 흥망 간에 남의 일 보듯이 할 터인즉 그렇고야 어찌 나라가 강하며 국민이 공화하여 서로 돕고 서로 사랑할 마음이 생기리오. 그런고로 조선 사람들이 지금 힘쓸 것이 무슨 일이든지 공사간에 문 열어 놓고 마음 열어 놓고 서로 의론하여 만사를 작정하고 컴컴한 것과 그늘진 것은 없애 버리고 실상과 이치와 도리를 가지고 햇빛 있는데서 말도 하고 일도 하는 것이 나라에 중흥하는 근본일 줄로 우리는 생각하노라.[58]

위 글을 보면 백성과 정부의 소통은 '서로 돕고 서로 사랑할 마음'을 생기게 하는 것으로 나타난다. 또한 이들이 주장하는 대신들의 직분에 대한 내용을 보면, 인민들이 불평한 마음이 없도록 정사를 하여 백성들이 정부를 사랑하게 되면, 정부가 위태하고 해를 입을 위험에 처할 때 백성이 정부의 명령 없이

---

55 이동수, 앞의 글(2006), 5~6쪽.
56 『독립신문』의 개인에 대한 강조는 '독립된 사람'이란 표현에서 잘 드러난다. 이나미, 앞의 책(2001).
57 『독립신문』 1896년 7월 4일자.
58 『독립신문』 1896년 6월 30일자.

도 이를 막으려 할 것이라는 것, 장정·규칙·법률을 그대로 시행하라는 것, 불쌍한 농민은 별도로 보호하라는 것, 농민들에게 해를 끼치는 관인은 사정없이 법률대로 다스려 농민을 기쁘게 하라는 것, 법률 중에 공평치 못한 조목이 있으면 즉시 고쳐 백성을 기쁘게 하며 백성이 어리석어 새 법과 규칙을 모르면 자세히 일러주며 그래도 듣지 않으면 법에 맞게 벌을 주어 깨우치게 한다는 것 등이 있다. 이렇게 하면 정부와 백성 사이에 교제가 되어 관민 간 믿음이 생겨 서로 사랑하게 되며 정부는 걱정이 없어지고 정부에서 일하기도 쉽게 된다고 강조하고 있다.[59] 즉 불평, 사랑, 측은함, 기쁨, 믿음 등의 감정이 공적 업무에서 중요하게 다루어지고 있는 것이다. 또한 정부의 공무 집행도 백성을 감동하게 해야 하는 것이고, 그것이 개화의 근본이라고 주장한다.

제일 급한 것은 경무청에 의약국이 있어 누구든지 불행히 상하든지 급한 병이 나든지 옥중에 죄인들이 병이 있다든지 하면 이 의원이 돌아다니며 이런 사람들을 다 치료하여 주는 것이 경무청의 직무요 또 이런 일이 차차 백성을 감동케 하는 시초요 개화의 근본이라. 개화라 하는 것은 다른 것이 아니라 전국 인민이 층등 없이 정부 은택을 입게 마련한 것인즉 공평 이 글자가 개화 근본인줄로 우리는 생각하노라.[60]

순검이 길에서 싸움하는 사람을 잡아가는 것은 그 사람을 미워서 잡아가는 것이 아니라 싸움 안 하는 사람에게 불평한 일이 있을까 하여 요란한 것을 그칠 량으로 그 사람을 잡아가고 또 싸우던 사람도 법률로 공평히 형벌을 주는 것은 그 사람이 다시 그런 일을 못하게 하기를 위하여 함이라. 이 마음을 가지고 경무청과 재판소에서 일을 하거드면 아무리 죄가 있는 놈이라도 미워서 형벌하는 것이 아니라 다른 백성과 그 죄 있는 놈까지라도 사랑하여 법률대로 형벌을 베푸는 것인 줄을 생각함이 가한지라. 그러하기에 각국서는 경무청과 재판소를 법 지키는 사람들은 제일 정다운 친구로 생각들 하고 죄가 있어야 이런 마을들을 두려워하는지라. 그렇지 않은 조선은 종시 경무청을 이왕 포청과 같이 여겨 사람을 무리하게 잡는 줄로도 알고 법률에 없는 악형을 쓰는 줄로 생각하여 사랑할 마음은 인민이 유무죄 간에 없고 다만 두려워

---

59 『독립신문』 1897년 3월 1일자.
60 『독립신문』 1896년 8월 25일자.

만 하니 이것은 경무청을 자세히 모르는 것이라. 경무청과 이왕 포청은 세 있는 양반들을 위해서 만든 마을이려니와 각국 경무청이라 하는 것은 전국 인민을 위해서 둔 마을이니 포청은 사람을 잡아 형벌하자는 마을이요 경무청은 죄 있다는 사람을 잡아 재판소로 보내야 그 사람의 죄의 유무를 명백히 판결케 하는 마을이니 이왕 포청은 미운 놈 다스리는 마을이어니와 지금 경무청은 전국 인민을 애증없이 보호하여 아무쪼록 나라 법률이 밝고 편벽되지 않게 시행하기를 돕는 마을이니 어찌 백성의 친구가 아니리요.[61]

위 글을 보면 경찰의 체포 업무, 형벌도 백성이 잘되기를 바라는 마음에서 비롯된 것으로 경찰과 사법부는 백성의 정다운 친구이다. 그러나 공심을 결하면 백성의 원수가 된다. "애국애민할 생각은 아니하고 다만 사사 마음으로만 일을 하다가 오후 한 시에는 길에서 백성들에게 맞아 죽었"다는 글은 백성의 분노와 보복을 정당화하는 듯하다.[62]

이런 점에서 『독립신문』은 이성적 영역에 그치는 서구적 또는 성리학적 공공성의 한계를 벗어나 감정과 소통에 기초한 동양적 공공성의 중요성을 보여주고 있다고 할 수 있다. 그러나 문제는, 이러한 감정에 기초한 소통은 어디까지나 얼굴을 서로 마주 보며 토론할 수 있는 사람들의 공동체, 또는 정체성과 소속감을 느낄 수 있는 공동체, 즉 일국가에 한정된 것인데, 이를 국가 간 관계로까지 확대하고 있다는 점이다. 냉혹한 국가간 관계에서 이러한 감정적 소통은 통하지 않는다. 왜냐하면 국가는 개인이 아니며 또한 개인이어서도 안 되기 때문이다. 마키아벨리의 군주가 그토록 몰인정한 것은 무엇보다 그가 개인이 아니기 때문이다. 군주는 개인적 덕성이 아닌 정치적 덕성을 갖고 나라를 외침으로부터 보호해야 하기 때문이다. 마키아벨리는 "무릇 군주라는 자는 최소한 자기의 나라를 잃게 할 수치스러운 악덕만은 피하여야 하겠다. 다른 악덕들도 가능하다면 피하여야 하겠지만, 그렇지 못할 경우에는 너무 신경을 쓰지 말고 되어가는 대로 내버려두어도 상관은 없다. 아니 오히려 어떤 때는 몇 가지 결함을 짊어져야만 나라를 위기에서 건질 수도 있는 것이다."[63]라고 하여 군주의 최우선의 과제가 무엇인지 제시하고 있다.

---

61 『독립신문』 1896년 8월 25일자.
62 『독립신문』 1896년 7월 30일자.
63 마키아벨리, 임명방 역, 앞의 책(1983), 72~73쪽.

한 나라에 있어 공공성의 최우선은 나라를 뺏기지 않는 것이다. 이는 조선 말기 우리 역사를 바라볼 때 뼈아프게 다가오는 부분이라 하겠다. 따라서 국가를 대표하는 군주는 국제관계에 있어서는 감정을 가진 인격체가 아닌 교활하고 냉정한 '정치 기계'가 되어야 할 것이다. 국제사회는 현실주의에 기초한 것이며 제국주의가 판치는 당시는 더더욱 그러했기 때문이다. 따라서 마키아벨리도 무엇보다 군사적 힘이 중요하다고 했다. "군주는 어쨌든 전쟁에 이기고 나라를 유지하는 것이 제일이다. 그러면 그의 수단은 누구로부터도 훌륭한 것으로 칭송받는 것이다."[64]

그런데 개화파는 앞서 언급했듯이 감정에 호소하는 공심을 국가간 관계로까지 확장했다. 타국의 인정과 사랑을 받기 위해 (군사력이 아닌) 오로지 '문명개화'를 강조했다. 우리가 구습을 버리고 법을 지키고 학교를 세우고 신문사를 만들고 공심으로만 관리가 일을 하면 세계가 조선을 대접할 것이라는 것이다.[65] 조선이 작은 나라가 아니고 인구도 적지 않고 토지도 상등이고 기후가 제일이며 인종은 동양에서 상등 인종이고 각색 천조물이 남의 나라 못지않은데 "어째서 조선이 오늘날 세계에서 제일 약하고, 제일 가난하고, 제일 더럽고 남에게 제일 천대를 받는 것은" "학문이 없는 까닭"이라고 한다.[66] 유럽의 작은 나라들이 독립국가로서 큰 나라 틈에서 육해군 없이도 남의 나라와 동등한 것은 "그 사람들이 하느님이 주신 마음과 생각을 가지고 공부하여 이렇게 된 것이니 어찌하여 조선 사람들은 조금도 그 사람들만 못하겠는가? 아니 하여 고로 못되는 것이요 힘만 쓰는 고로 안 되는 것이다."[67]라고 하여 하느님이 주신 마음과 생각으로 공부를 하면 육해군 없이도 독립국이 되는데 그렇지 않고 우리는 힘만 쓰려고 한다고 비판하고 있다. 심지어 군사비를 아껴 학교를 지으라는 제안까지 하고 있다. 우리 군사가 삼사천 명 병정이 있어 황실 호위와 인민 보호에 충분함에도 몇 대대를 늘리려고 한다면서 "여기 쓰는 돈을 학교 확장하기에 쓸 지경이면 큰 학교를 짓고서도 돈이 남을" 것이라 하여 군비에 쓰는 돈을 아까워하고 있다.[68] 또한 어느 나라든지 개화는 학교에서 구하는 것

64　마키아벨리, 임명방 역, 위의 책, 80쪽. 황태연은 약소국이 외국의 침탈 위험에 살아남는 방법으로, 최첨단 무기 보유, 강대국과의 동맹, 강한 내부 통합을 들고 있다. 이 책의 1부 참조.

65　『독립신문』 1897년 2월 6일자.

66　『독립신문』 1897년 2월 23일자.

67　『독립신문』 1897년 2월 23일자.

68　『독립신문』 1898년 7월 8일자.

이라고 하면서 "학교의 성쇠를 보면 나라의 강약을 점치지 않고도 알 것이니" 개화된 나라에서 부러운 것은 궁궐도, 누대도, 시정도, 해륙군도 아니오, 성대한 교육이라고 평하고 있다. "우리나라도 이 잔약한 형세를 면하고 개명 진보를 하려면 궁궐을 화려하게 하는데 있지 않고 해륙군이 많은 데도 있지 않고 제일 소학교를 많이 배설하는 데에" 있다고 강조한다.[69]

교육은 매우 중요한 사업으로 백년지대계라는 말이 있다. 이 말은 교육은 멀리 내다봐야 한다는 말임과 동시에 장기적 사업임을 의미한다. 그러므로 당시 풍전등화의 위기 앞에 군사력 증강보다 교육이 더 중요하다고 하는 것은 이치에 맞지 않으며 그 말의 진의를 의심해 볼 만하다. 많은 개화파, 실력 양성론자들은 왜 이후 친일파로 둔갑했는가. 또한 그나마 이들이 주장하는 교육이라고 하는 것의 내용은 '외국인처럼 되는 것'을 의미한다.

> 지금 조선병은 조선 안에 있는 인민이 학문이 없고 교육이 없어 외국 사람들과 만사에 뒤떨어져서 볼 수가 없는 고로 조선을 아무 나라라도 와서 임의대로 하게 되었고, 인민이 잔약하고 어리석은 까닭에 […] 그 사람들만 못한 까닭은 학문이 없는 까닭이다. 그러한즉 조선병을 고치려면 인민이 아무쪼록 외국 사람 모양으로 학문을 배우고 외국 사람 모양으로 생각을 하며 외국 모양으로 행실을 하여 조선 사람들이 외국 사람들과 같이 되기를 주장하여 일을 할 터 […] 물론 어느 나라 풍속이든지 물론 어느 나라 학문이든지 이왕의 것보다 낫다면 물을 쥐어먹고 본받으며 이왕에 옳게 생각하던 것도 오늘날 깨달아 실상이 없는 일이면 고치고 이왕에 그르게 알았던 것도 실상이 옳은 줄을 깨달을 것 같으면 곧 고쳐 본받는 것이 지혜 있는 사람들의 일이요 애국 애민하는 근본이라.[70]

『독립신문』은 "조선 학도들은 이왕 조선에 찌든 학문은 다 내어버리고 마음을 정직하고 굳세게 먹어 태서[71] 각국 사람들과 같이 되기를 힘쓰되 다만

---

69 『독립신문』1898년 7월 6일자. 이외에 이들은 하원에 대해서도, 하원을 설립할 생각을 하느니 "안으로는 학교를 도처에 설시하여 젊은 사람들을 교육하며 또 밖으로는 학도를 구미 각국에 파송하여 유익한 학문을 배워다가 인민에 지식이 쾌히 열려 사오십 년 진보한 후에나 하의원을 생각하는 것이 온당하겠도다." (『독립신문』1898년 7월 27일자)라고 하여 역시 학교 설립의 중요성을 역설하고 있다.

70 『독립신문』1897년 2월 13일자.

71 서양을 의미함.

외양만 같을 뿐 아니라 학문과 지식과 행신하는 법이 그 사람네들과 같이 되면 조선은 자연히 아세아 속 영길리나 불란서나 독일이 될 터"라고 주장하고 있다.[72] "조선이 강하고 부요하고 관민이 외국에 대접을 받으려면 이 사람들이 새 학문을 배워 구습을 버리고 개화한 국 백성과 같이 되어야" 하므로 "백성이 무명 옷을 아니 입고 모직과 비단을 입게 되며 김치와 밥을 버리고 우륙과 브레드를 먹게 되며 말총으로 얽은 그물을 머리에 동이지 아니하고 남에게 잡혀 끄드리기 쉬운 상투를 없애고 세계 각국 인민과 같이 머리부터 우선 자유를 하게 될 터"라는 것이다.[73] 또한 쌀 재배는 수고와 손길이 많이 들어가므로 밀 재배를 제안하고 있는데, 밀이 영양도 많고 기계로도 경작이 가능하다는 것이다. 의복, 식생활뿐 아니라 온돌 등의 난방도 바꿔야 한다고 하고, 침을 맞으면 죽는다하여 한방도 불신하고 있다.[74] 이를 보면 궁극적 목표는 완전한 서양화라는 것을 알 수 있다.

또한 서양의 종교인 기독교의 우수성을 강조하고 있다. "구라파 내에 제 일등 각국들은 다 성교[75]를 하는 나라들"로 "다만 터키 하나만 회회교를 하기 때문에 구라파 각국이 터키를 야만으로 대접"한다는 것이다.[76] 윤치호는 조선이 문명화되고 국제 사회에서 적자로서 생존하기 위해서는 기독교가 중요한 역할을 할 수 있으리라고 보았으므로 기독교야말로 조선의 구제이며 희망이라고 주장했다.[77] 그 이유는 그들이 생각하는 '일등 국가'들이 모두 기독교 국가이기 때문이다.[78] 즉 "그리스도의 교를 착실히 하는 나라들은 지금 세계에 제일 강하고 제일 부요하고 제일 문명하고 제일 개화가 되어 하느님의 큰 복음을 입고 살더라"는 것이다.[79] 『독립신문』은 다른 종교들을 비하하면서까지 기

---

72 『독립신문』 1896년 10월 8일자.

73 『독립신문』 1896년 10월 10일자.

74 The Independent Aug 4, 1896, July 21, 1896; 『독립신문』 1896년 11월 21일자, 1896년 12월 1일자, 1896년 11월 14일자; 『매일신문』 1899년 3월 4일자; 주진오, 앞의 글(1996), 31쪽; 이나미, 앞의 책(2001), 87쪽. 그러나 밀보다는 쌀이 영양가가 많고 온돌의 우수함은 이미 널리 알려져 있다. 침 등 한방도 이미 서양에서 대체의학으로 각광받고 있는 사실을 볼 때 이러한 주장은 자기비하적이라는 비판에 앞서 우선 사실이 아니라는 점이 지적되어야 한다.

75 기독교를 의미함.

76 『독립신문』 1897년 3월 13일자.

77 주진오, 앞의 글(1996), 19쪽.

78 『독립신문』 1897년 3월 13일자.

79 『독립신문』 1897년 1월 26일자.

독교의 우월함을 강조한다. 마호메트교는 여자를 많이 거느리고 불교는 우상을 섬기며 유교는 종교로 보기 어렵다는 것이다. 또한 유교의 인의예지, 충효, 신의와, 불교의 자비심은 외국의 문명된 교와 감히 비교할 수가 없다고 했다.[80] 또한 이들에 의하면 기독교는 무엇보다 공공성을 실천하는 종교이다.

> 조선에 있는 외국 사람들 중에 꼭 조선 백성만 위하여 있는 사람들은 각국 교(기독교 의미)하는 이들이라. […] 그러하니 이 더럽고 위태하고 친구 없는 만리 타국에 자기 돈 들여 의복 음식 거처를 준비하고 학교를 배설하여 조선 남녀를 공히 교육하며 밤낮 가르치는 것이 옳고 참되고 정직하고 옳은 행실과 당당한 심법을 공부케 하며 병원을 짓고 무론 어떤 사람이든지 병이 들면 와서 공히 치료하게 하며, 조선 사람을 누구든지 억지로 형벌을 한다든지 곤란케 하면 교하는 사람들은 이것을 분히 여기고 자기 힘껏 도와주며 조선 사람의 물건을 추호라도 경계 없이 받는 일이 없고 또 정치에 상관치 아니한즉 정부 속에 무슨 당과 어떤 사람이든지 별로 분별이 없이 생각하고 다만 바라는 것은 불쌍한 조선 백성들이 자기 나라 사람과 같이 되어 국중에 옳은 법률이 생기고 조선에 있는 대소 인민이 합심하여 나라를 보존하고 인민이 정돈이 되어 규모가 있게 만사를 행하며 상인 해물지심이 없어지고 전국 인민이 서로 생각하기를 형제와 같이 하며 구세주 예수 그리스도를 믿고 그 성주의 가르치심을 본받으려 함이니 이 본의를 생각하면 어찌 감격치 안하리요. 세상에 교가 많이 있으되 예수교같이 참 착하고 참 사랑하고 참 남을 불쌍히 여기는 교는 세계에 다시 없는지라. […] 이렇게 하여 미국에 무엇이 유조하며 여기 와서 있는 이들에게 무엇이 유조하리요. 이것은 꼭 조선 백성만 위해서 하는 일이니 어찌 감사치 안하리요.[81]

위 글은 보면 외국의 기독교인들은 조선에 와서 조선의 공익만을 위해 힘쓰며 억울한 이를 도와주고 정치와도 무관하며 자신의 이익을 추구하지 않고 오로지 조선 백성만을 위해 일한다. 즉 바꿔 말하면 공심을 가진 좋은 사람들이다. 이렇듯 개화파들이 기독교를 찬양한 이유는 기독교의 정신과 사업들이 공공성을 가졌다고 보기 때문이다. 기독교는 하느님 앞에 만민이 평등하다는

---

[80] 『독립신문』 1897년 1월 26일자; 이나미, 앞의 책(2001), 88쪽.
[81] 『독립신문』 1896년 8월 20일자.

것을 주장하며⁸² 세계 곳곳에 학교와 병원을 세우는 등 유익한 사업을 많이 벌이고 자선을 많이 베푼다는 것이다.⁸³ 이들은 선교사들이 물질적인 도움을 주는 것 외에도 대중들의 도덕심도 일깨웠다고 보았다. 즉 "외국 선교사들 까닭에 성교를 배우는 사람들이 많이 생겨 그른 일이 언짢은 줄 알고 옳은 일이 좋은 줄로 아는 인민이 국중에 몇천 명이 생겼"다는 것이다.⁸⁴

그러나 이미 잘 알려져 있듯이 미국의 선교활동은 자국의 이익을 위한 것이다. 1890년 중반 미국의 경제적 팽창 정책과 더불어 미국 해외 선교회는 저개발국의 개혁에 참여하여 그 나라를 미국식으로 개조시키고 그러한 개조를 통해 다시 기독교 신자들을 재생산했다.⁸⁵ 나아가 선교사들은 미국 자본가들에게 직접적인 경제적 이익을 제공하는 역할도 했다. 알렌과 언더우드 선교사 등은 적극적으로 광산 채굴권과 철도 부설권을 미국 자본가들에게 얻어 주었다. 언더우드는 "통상과 선교가 손을 잡고 신의 나라를 전진"시킨다고 주장했다.⁸⁶

개화파는 서양의 종교뿐 아니라 백인 인종이 본래 공정한 인종이라고 보았다. "공정한 행동(fair play)을 사랑하는 것은 앵글로색슨 인종의 공통된 특징"이라는 것이다.⁸⁷ "백인종은 오늘날 세계 인종 중에 제일 영민하고 부지런하고 담대한 고로 온 천하 각국에 모두 퍼져 차차 하등 인종들을 이기고 토지와 초목을 차지"⁸⁸했다는 것이다. 외모에 있어서도, "구라파 사람들은 가죽이 희고 털이 명주실같이 곱고 얼굴이 분명하게 생겼으며 코가 바르고 눈이 크고 확실하게 박혔"는데 "동양 인종이 가죽이 누르고 털이 검고 뻣뻣하며 눈이 기우러지게 박혔으며 이가 밖으로 두드러지게 났으며 흑인들은 […] 동양 인종들보다도 미련하고 흰 인종보다는 매우 천하다"⁸⁹고 하여, 백인들은 외모도 '바르다'고 보았다. 또한 백인이 아시아, 아프리카 원주민을 죽이는 것에 대해서는 일절 언급이 없고 아메리카 인디언에 대해서는 "문명 진보 못하는 종자"

---

82 『독립신문』 1896년 9월 3일자; 1897년 3월 30일자.
83 『독립신문』 1897년 6월 5일자.
84 『독립신문』 1896년 12월 31일자.
85 전복희, 「19세기 말 진보적 지식인의 인종주의적 특성」, 『한국정치학회보』 29집 1호(1995), 141쪽.
86 주진오, 앞의 글(1996), 14~15쪽.
87 *The Independent*, April, 9, 1986.
88 『독립신문』 1897년 6월 24일자.
89 『독립신문』 1897년 6월 24일자.

로서 "차차 멸종이 되어"간다고 한 반면 아프리카 흑인들에 대해서는 이들이 유럽 사람들을 악독하게 죽였다고 하면서 "어디든지 천하고 무지각한 인종들은 외국 사람을 이렇게 야만의 법으로 멸살하니 어찌 세계에 천대를 받지 아니하리요."라고 한탄하고 있다.[90]

결국 백인은 사회, 문화, 종교, 성품 심지어 외모까지 모두 바르고 공정하므로 '공공성의 화신'인 셈이다. 그러므로 이러한 서양인을 닮게 되면 공공성을 획득하게 되는 것이다. 그러나 이들을 닮지 못하게 되면 결국 이들의 지배를 받게 되고 공공성은 이들에 의해 강제로 실현된다. 윤치호는, 인도 정부가 튼튼하여 인민을 보호했더라면 어떻게 영국인이 인도를 장악했을 것인가 반문하면서 영국이 주인이 된 후 인도 내란이 진정되고 인민의 생명과 재산이 잘 보호되며 학교가 세워져 인재가 배출되고 학문이 권면되어 이전보다 태평을 누리게 되었으니 실은 인도를 위해 말하면 영국이 은인이라고 추켜세우고 있다.[91]

이들이 이런 사고를 가졌을 때 일본이 우리보다 앞서 있다면 당연히 이들은 일본의 지배를 환영하게 되는 것이다. 이들이 보기에 일본은 "서양 개화를 모방하기 전에도 우리보다 백배나 문명한 사람들이요, 서양 정치와 풍속을 배우기 시작한 후에 주야로 힘써서 삼십 년 동안에 세계가 놀라게 진보"한 나라이다.[92] 조선 사람들이 상해에서 아편하는 것을 비판하면서 "이 한 일만 보아도 일본 사람의 총명하고 자기와 자기 나라의 명예를 아끼는 것과 대한 사람의 무식하고 어리석어 일신 명예도 모르고 선악도 분간 못하고 국체도 돌아보지 않은 것은 가히 알지라."[93] 하면서 조선과 일본을 비교하고 있다. 또한 조선의 경우 "무리하게 재물을 뺏는다든지 사혐과 사정을 가지고 정부 관원들이 일을 하는 지경이면 그때는 조선이 백나라가 도와준다 하여도 망할 밖에 수가 없거니와 이것을 깨닫고 유신한 정치를 사람마다 본받아 행하면 삼십 년 후에 조선이 오늘날 일본보다 낫게 되지 말란 데가 없는지라."[94]고 하여 지금부터

---

90 『독립신문』 1896년 4월 9일자.
91 『윤치호일기』 1889년 5월 26일자.
92 『독립신문』 1898년 7월 27일자.
93 『독립신문』 1898년 7월 30일자.
94 『독립신문』 1896년 12월 3일자.

열심히 노력해도 일본을 이기려면 30년이 걸린다고 주장한다.[95]

요컨대 "지금 조선서 내란이 나고 협잡이 성행하며 인심이 흉흉하고 규칙과 법률이 서지 않고 나라 흥망이 남이 손에 달려 있는 것은 외국 탓이 아니라 조선 사람들이 잘못하여 이러한 것이니 이때를 당하여 구습을 버리지 않고 문명개화한 법으로 임금을 섬기고 백성을 다스리지 아니하는 사람은 조선에 큰 역적"[96]이 될 것이라는 것이다. 그런데 현재 일부 연구자들은 이러한 인식을 공유하면서 조선이 일본에 의해 강점된 것을 우리 탓으로 돌리며 일제에 의해 근대화가 시작된 것으로 주장하고 있다. 이병천은 이에 대해 "엄밀한 객관성과 실증성을 앞세우면서도 정작 문호개방기 자기 역사를 볼 때는, 고집스럽게 우리 안에는 정체성(停滯性)만 있고, 문명의 길은 우리 바깥에만 있다고 생각하는 자세, 우리는 그 문명의 세례를 받고 비로소 깨어나게 되었다는 주체 없는 역사의식과 민족 허무주의, '우리 안의 패배주의'가 문제다."[97]라고 지적하고 있다.

4. 맺음말

외국 학문이 들어오기 전, 조선의 정치체제는 전제정이요, 조선의 관리는 '사심'으로 일하고, 백성들은 '각심'으로 분열되어, 공공성은 마치 존재하지 않는 것처럼 개화파는 한탄했다. 그러나 조선은 초기부터 공론을 통해 정치체제를 강화시켜나갔고 도덕주의와 규범주의를 지향했다.[98] 공공성은 세종과 관료들 간의 첨예한 논쟁 주제였으며[99] 또한 '천리의 실현'이라는 관점에서 유교의 수신이나 제가는 모두 공이 되는 구조적 특징을 지니고 있다.[100] 율곡에 의하면

---

95 이병천은 "후발 근대화 유형에서 사유재산권 확립과 개방경제를 통해 근대화에 성공한 나라를 잘 알지 못한다."고 쓰고 있다. 이병천, 「내재적 발전론의 탈구축을 위하여」, 교수신문 편, 『고종황제 역사청문회』 (푸른역사, 2005), 204쪽.
96 『독립신문』 1897년 3월 11일자.
97 이병천, 앞의 글(2005), 202~203쪽.
98 이희주, 「조선초기의 공론정치」, 『한국정치학회보』 44집 4호(2010).
99 배병삼, 「정치사 세종의 한 면모」, 『정치사상연구』 11집 2호(2005), 13쪽; 이한수, 「세종시대의 정치」, 『동양정치사상사』 4권 2호(2005).
100 이희주, 「조선시대 양녕대군과 에도시대 아코우사건을 둘러싼 이념논쟁」, 『정치·정보연구』 14권 2호(2011), 282쪽.

군자는 천리를 사회적으로 실현해나가는 주체로서 정치적으로 사적 이익이나 동기를 떠난 보편적 공공성[至公]을 구현하는 인격체이다.[101] 또한 동학으로 인한 자발적 공공성의 형성과 민주적 공동체는 조선 백성들 역시 공공성을 실현하는 주체적 존재였음을 보여준다.[102] 즉 조선의 왕, 관리, 백성 모두 공공성에 대해 논의해왔으며 실천의 노력을 보여주었다고 할 수 있다.

그러나 개화파는 조선 후기에 이르러서야 공공성이 개화파 자신과 외국의 영향으로 비로소 논의되기 시작된 것으로 파악했다. 또한 독립신문, 독립협회, 만민공동회 등은 대표적인 근대적 공론장의 시작으로 평가되고 있다. 그러나 공심을 가졌다고 자부되는 "독립협회의 관민공동회·만민공동회가 일본 공사관이 새로 출범한 대한제국 황제권을 교란할 목적으로 협회 지도부의 일부 친일분자들을 사주하여 일으킨 소요의 성격을 가지고 있는 점"[103]이 제기되었다. 뿐만 아니라 당시 주어진 외국의 도움은 당연히 자국의 이익을 위해 이루어진 것이라고 보아야 한다.

개화파가 주장한 '군민공치'는 정치적 공공성을 이루고자 하는 순수한 동기도 있었지만 결국은 왕권을 약화시키고 국론을 분열시켜 국권 약화로 이어진 한 원인이 되었다. 관리와 백성에게 강조된 공심은 사심을 버리고 나라와 이웃을 사랑하자는 애국애민의 정신을 함양하자는 좋은 의도를 가졌으나 당시 조선에서 가장 시급한 문제라고 할 수 있는 외세 침탈을 막기 위한 군사력 강화에 대한 강조가 없으며 단지 문명개화하면 세계인의 사랑을 받아 독립을 유지하는 것으로 생각하는 비현실성을 드러냈다. 따라서 조선 후기 개화파의 공공성 논의는 당시 가장 현실적으로 요청된 국가 위기 극복에 대한 대안을 제시하지 못했다고 판단된다.

---

101 오문환, 「율곡의 '군자'관과 그 정치철학적 의미」, 『한국정치학회보』 30집 2호(1996).
102 오문환, 앞의 글(2005), 179쪽.
103 이태진, 앞의 책(2000), 7쪽.

●참고문헌

1. 연구 논저

김대영,「논쟁과 이견의 공론장으로서 독립신문」,『역사와사회』3권 30집(2003).
김동택,「근대의 그늘에도 관심을 가져라」, 교수신문 편,『고종황제 역사청문회』(푸른역사, 2005).
김영수,「동아시아 군신공치제의 이론과 현실」,『동양정치사상사』7권 2호(2008).
김용직,「개화기 한국의 근대적 공론장과 공론형성 연구」,『한국동북아논총』11권 1호(2006).
김재호,「『고종시대의 재조명』, 조명 너무 세다」, 교수신문 편,『고종황제 역사청문회』(푸른역사, 2005).
김지하,『사이버 시대와 시의 운명』(북하우스, 2003).
김현철,「박영효의 보민과 민권신장 구상」,『정치사상연구』2집(2000).
라이만 타우어 사르젠트, 부남철 역,『현대사회와 정치사상』(한울, 1994).
마키아벨리, 임명방 역,『군주론』(삼성출판사, 1983).
박석무,『풀어쓰는 다산이야기』(문학수첩, 2005).
배병삼,「정치사 세종의 한 면모」,『정치사상연구』11집 2호(2005).
서영희,「일제의 폭력과 수탈 잊었는가?」, 교수신문 편,『고종황제 역사청문회』(푸른역사, 2005).
신용하,「19세기 한국의 근대국가 형성 문제와 입헌공화국 수립운동」, 한국사회사연구회 편,『한국의 근대국가 형성과 민족문제』(문학과 지성사, 1986).
오문환,「율곡의 '군자'관과 그 정치철학적 의미」,『한국정치학회보』30집 2호(1996).
_____,「동학사상에서의 자율성과 공공성」,『한국정치학회보』36집 2호(2002).
_____,「동학에 나타난 민주주의」,『한국학논집』32집(2005).
유길준,『서유견문』.
유인석,「우주문답」(1913), 서준섭 외 역,『의암 유인석의 사상』(종로서적, 1984).
윤치호,『윤치호일기』.
이광린,『한국개화사연구』(일조각, 1969).
이나미,『한국자유주의의 기원』(책세상, 2001).
_____,「개화기 정치체제 논쟁」,『인간과 정치사상』(인간사랑, 2002).
이동수,「『독립신문』과 공론장」,『정신문화연구』29권 1호(2006).
이병천,「내재적 발전론의 탈구축을 위하여」, 교수신문 편,『고종황제 역사청문회』(푸른역사, 2005).
이선미,「민주주의가 젠더 중립적인가?」, 주성수·정상호 편저,『민주주의 대 민주주의』

(아르케, 2006).

이영재, 「조선시대 공공성의 재조명: '民'을 중심으로」, 국제학술심포지움 『조선시대 공공성의 구조변동』(2012).

이태진, 「서양 근대 정치제도 수용의 역사적 성찰」, 『진단학보』 84집(1997).

_____, 『고종시대의 재조명』(태학사, 2000).

_____, 「식민사관의 덫을 경계해야 한다」, 교수신문 편, 『고종황제 역사청문회』(푸른역사, 2005a).

_____, 「'고종시대' 악센트는 '시대'에 있다」, 교수신문 편, 『고종황제 역사청문회』(푸른역사, 2005a).

이한수, 「세종시대의 정치」, 『동양정치사상사』 4권 2호(2005).

이현희, 「동학과 근대성」, 『민족사상』 2권 2호(2008).

이희주, 「조선초기의 공론정치」, 『한국정치학회보』 44집 4호(2010).

_____, 「조선시대 양녕대군과 에도시대 아코우사건을 둘러싼 이념논쟁」, 『정치·정보연구』 14권 2호(2011)

장명학, 「근대적 공론장의 등장과 정치권력의 변화」, 『韓國政治硏究』 16집 2호(2007).

전복희, 「19세기 말 진보적 지식인의 인종주의적 특성」, 『한국정치학회보』 29집 1호(1995).

정민, 『다산선생 지식경영법』(김영사, 2006).

주성수·정상호 편저, 『민주주의 대 민주주의』(아르케, 2006).

주진오, 「19세기 후반 개화 개혁론의 구조와 전개」, 연세대학교 학사학위논문(1995).

_____, 「독립협회의 개화론과 민족주의」, 『현상과 인식』 68(1996).

_____, 「개명군주냐, 민국이념은 레토릭이다」, 교수신문 편, 『고종황제 역사청문회』(푸른역사, 2005).

최덕수, 「구한말 일본 유학과 친일세력의 형성」, 『역사비평』 15호(1991).

최완기, 『한국의 전통교육』(이화여자대학교출판부, 2005).

한국미래문화연구소, 『문화변동과 인간 그리고 문화연구』(깊은샘, 2001).

홍성태, 「시민적 공공성과 한국 사회의 발전」, 『민주사회와 정책연구』 13호(2008).

황태연, 『공자와 세계(1)』(청계, 2011).

『독립신문』
『한성순보』

2. 서양 논저

Gramsci, Antonio, Quintin Hoare and Geoffrey Nowell Smith(ed.), *Selections from the Prison Notebooks* (International Publishers, 1971).

Habermas, 1962, translated by Thomas Burger, *The Structural Transformation of the Public Sphere* (MIT Press, 1991).

Mill, J. S., Utilitarianism, *Liberty and Representative Government* (E. P. Dutton and Company, Inc., 1951).

| 3부 |

일본의 근세와 공공성 구조

일본에서 공론 관습의 형성

미타니 히로시(三谷博) | 도쿄대학 교수
고희탁 번역

1. 들어가는 말

비(非)서구 세계에서 민주주의는 가능한 것일까? 어떻게 하면 달성할 수 있을까? 21세기 초반인 오늘날 세계에는 서구와 같이 리버럴 민주주의를 자명한 가치로 간주하고 그것을 다른 지역에도 밀어붙이려고 하는 나라가 있는 반면, 이를 단호히 거부하거나 소극적으로 회피하는 나라도 있다. 현재 중국이나 동남아시아에서는 인구의 과반수가 풍요롭기만 하면 자유는 필요 없다고 믿고 있다. 외부인들이 자유가 존재하는 사회일수록 더 자유롭게 살 수 있고 정치사회의 정통성과 안정성이 높아진다고 지적해도, 이를 의심하고 오히려 권위주의적 지배가 더 안심할 수 있다고 생각하는 사람들이 적지 않은 것이 현실이다.

이러한 상황을 방치해도 좋은 것일까? 지금 거인의 길로 매진하고 있는 중국은 한편으로는 그 강권적 지배를 국외에까지 확장하려는 기세를 드러내면서 국내적으로 갖가지 왜곡과 불만을 껴안은 채 그것을 정치적 안정으로 변환시키는 방법을 찾고 있지는 못하다. 강권 지배와 민중 반란의 순환이라는 전통적인 정치 모델을 고수하고 있는데, 그것이 파탄을 초래한다면, 중국뿐만 아니라 다른 세계도 평탄하지 못할 것이다. 정치적 자유는 그렇다고 해도, 적어도 여론을 흡수하고 불만을 해소하는 방법을 생각하는 일은 중국인만의 과제라고는 할 수 없다.

그러나 그 해법으로 서구형의 리버럴 민주주의를 그대로 적용하는 것은 중국의 근대가 경험한 경로의존성이라는 측면에서 보더라도 우선 불가능하다고 생각된다. 다른 해법을 발견해야만 한다. 그렇다고 한다면 동아시아의 다른 나라들, 한국·조선, 대만, 일본 등의 경험이 어느 정도는 힌트가 되지 않을까? 이들 나라에서는 서구 사회와는 다소 다른 방법으로 서구와 거의 동등한 레벨의 정치적 자유가 달성되었기 때문이다. 그것은 자유주의와 개인주의와 같은 문화 전통이 없는 사회에서도 자유로운 정치체제를 만들 수 있다는 점을 보여주고 있는 것이다. "자유주의의 이데올로기가 미약한 곳에서 사실상(de facto)의 자유가 어떻게 가능했을까?" 동아시아는 그러한 문제를 생각하는 데 있어서 절호의 실험장이라고 말할 수 있다.

동아시아의 경험은 다양성이라는 측면에서도 소중하다. 한국의 민주화는 강권적 정부와 민간의 정치운동의 대결이 기본 축이었고 그것은 대만도 마찬가지였다. 반면에 일본에서는 반정부운동이 발생했지만, 그것은 정부와 전면 대결을 표방한 것은 아니었다. 또한 초기 조건도 상당히 달랐다. 조선시대에는 전통적인 정치체제 속에서도 '공론' 관습이 일반화되어 있었던 데 반해, 일본에서는 '공론'이 금지되어 있었다. 그럼에도 불구하고 민간의 선거에 바탕을 둔 의회제도의 도입은 일본이 더 앞섰다. 이러한 차이, 그리고 착종된 인과관계에 대한 분석은, 조선시대 '공론'의 의의에 대한 고찰뿐만이 아니라, 향후 다양한 국가에서의 정치적 자유화의 방도를 생각하는 데에 좋은 연구 수단이 될 것임에 틀림없다.

이하에서는 그러한 비교연구를 위해 일본에서의 '공론' 관습의 제도화 과정에 대해 관찰하고자 한다. 이를 위해서는 각 시대의 정치 과제와 정치운동보다는 주로 정치적 커뮤니케이션, 그중에서도 '공의' '공론'의 관습과 그것을 지탱하는 미디어의 생성에 착목할 것이다. 민주화에 있어서 자유를 지향하는 정치운동은 그 자체로 매우 중요하지만, 현재의 비서구 사회의 실정을 감안하면, 사람들의 자유에 대한 동경은 과거의 일본이나 한국 정도까지는 기대할 수 없다. 보다 더 불리한 조건에서 자유로운 정치의 가능성을 탐색하기 위해서는 더 기초적이고 보편적인 측면, 즉 냉정하고 대등한 논의, 가능하면 공개된 토론을 통해 집단적 결정을 한다는 관습이 어떻게 해서 생성되는지, 이러한 '공론'의 관습이 어떻게 해서 규범화하고, 설령 일탈한 경우라 하더라도 어떻게 복원이 가능할 것인가라는 점에 대한 검토가 불가결하다.

2. 초기 조건 – 에도시대 일본의 '공적' 커뮤니케이션

에도시대의 일본에는 다이묘가 지배하는 '국가'가 260여 개 있었고, 그것들은 군사적·정치적 권력인 도쿠가와 쇼군과 '일본'을 상징적으로 체현하는 천황을 중심으로 하여 연합한 복합적 군주제였다.[1] 다이묘의 대부분은 천황과 마찬가지로 각 '국가'를 상징적으로 체현하는(represent) 것이 주된 역할이었고, 정부의 결정은 각 직무[職掌]를 할당받은 낮은 신분의 무사가 원안을 만들고, 그것을 상급 가신(家臣) 회의가 승인하면 군주의 재가를 거친 뒤 공포되고 실행되었다. 다른 전통적인 군주제와 마찬가지로 그것은 소수의 지배자들이 결

---

1 三谷博·山口輝臣, 『19世紀日本の歴史』(放送大学教育振興会, 2000); 마크·라비나, 『「名君」の蹉跌』(NTT出版, 2004, 原著 1999).

정하고 피치자 신분이 거의 무조건적으로 이를 수용하는 권위주의체제였다. 뿐만 아니라 무사 신분은 세습되었고 중국·조선에서 제도화되어 있던 과거제도와 같은 '기회의 평등'에 기초한 인재등용 제도는 마련되지 않았다. 그러나 정치체제 내부에는 근대에 생성된 '공의(公議)' 제도와 통하는 요소도 존재했다. 군주에 대한 중하급의 가신 및 민간인의 상서(上書)를 주축으로 하는 상위자와 하위자의 커뮤니케이션, 그리고 지식인이 형성한 세습신분과 영주국가[領國]를 초월한 수평적 커뮤니케이션 네트워크가 그것이다.

1) 수직적인 '공적' 커뮤니케이션
(1) 소원(訴願)과 상서(上書)

에도시대 일본의 군주제에는 하위자의 의지를 상위 권력에 전달하는 수단이 있었다. 직속상부[直上]의 계통을 뛰어넘어 상위 권력에 호소하는 것은 위법이었지만, 절차를 밟고 직속상부의 권력에 호소하는 것은 가능했다. 피치자가 기성 제도의 범위 내에서 조세 부담을 둘러싸고 정부 말단의 관리와 협상하는 것은 당연한 행위였으며, 그것이 잘 조정되지 못한 경우에는 다른 영지로의 도망[逃散]을 비롯해서 상위 권력에 대한 소원[越訴]이나 도당(徒黨)을 조직한 강소(強訴)는 위법이긴 했지만 때때로 실행에 옮겨져 현상을 변경하는 데에 성공하는 일도 드물지 않았다.[2] 더욱이 18세기 후반에는 투서함[目安箱]과 같은 청원접수 제도도 시작되었다.[3] 이는 가신뿐만이 아니라 영지의 영민(領民) 일반에게 직속상부의 권력을 뛰어넘어 군주에 대한 상서(上書)도 가능케 하는 것이었다. 이는 한편으로는 한학(漢學)의 영향하에 명군(名君)이 되고자 한 군주가 중신(重臣)의 권력을 견제하고 정치개혁을 실시하기 위해 마련한 제도였지만, 결과적으로는 정부와 가신 및 영민(領民)과의 거리를 가깝게 하고 양자를 일체의 존재로 상상하는 기반을 조성하는 역할도 한 것으로 보인다.

---

2 服藤弘司,『地方支配機構と法 幕藩体制国家の法と権力(6)』(創文社, 1987); 水谷三公,『江戸は夢か』(筑摩書房, 1992).

3 太平裕一,『目安箱の研究』(創文社, 2003); 루크·로버츠,「土佐と維新:『国家』の喪失と『地方』の誕生」, 近代日本研究会,『地域史の可能性』(山川出版社, 1997).

(2) 쌍방향 커뮤니케이션: 다이묘 국가의 경제정책

이 공적 커뮤니케이션의 파이프는 시간의 경과 및 군주의 교체와 함께 폐쇄되는 경우가 드물지 않았다. 그러나 다이묘(大名) 국가의 정책결정에 중요한 역할을 한 경우도 없지는 않다. 도쿠시마 번(德島藩)에서 큰 성공을 거둔 천연염료[藍] 전매제도의 도입은 가장 두드러진 사례이다.[4] 이 제도는 영민의 제안을 다이묘 당국이 채용하고, 구체안을 가다듬은 후에 영내에 공시하여 널리 피치자들의 의견을 청취한 후에 결정되었다. 민간으로부터의 상서(上書)뿐만 아니라 정부가 인민에게 자문하는 쌍방향의 커뮤니케이션을 거쳐 중요 정책을 결정했던 것이다. 그렇다고 해서 유사한 예가 많은 것은 아니며, 그 경우의 정책 영역도 경제면에 한정되어 있었고, 자문은 통치의 근간이라 할 치안이나 대외정책의 영역에는 미치지 않았다. 통치자와 피치자 사이에는 일반적으로 여전히 커다란 거리가 있었으며, 정치적 결정의 자리에 등용된 피치자도 극히 소수에 불과했다. 하지만 때로는 정부와 민간의 쌍방향 커뮤니케이션을 통해 정책결정이 이루어졌으며, 게다가 이 경우에 공개된 토론이 전개되었다는 사실은 간과할 수 없다. 메이지시대에 보이는 민간인의 '공공' 문제에 대한 관여가 결코 당돌한 것이 아니었음은 확실하다.

(3) 미토의 의론 정치

다른 한편, 신하와 군주 사이에서도 쌍방향의 농밀한 커뮤니케이션을 한 사례가 있다. 미토(水戶)의 도쿠가와 가(德川家)에서 도쿠가와 나리아키(德川斉昭, 1800~1860)와 후지타 도코(藤田東湖) 등의 텐구당(天狗黨)과의 관계이다.[5] 나리아키는 일단 도입은 되었으나 막혀 있었던 상서의 경로를 다시 개통시켰을 뿐만 아니라, 보통은 위로만 올라가는 일방통행의 커뮤니케이션을 자기 스스로 가신에게 '직서(直書)'를 자주 내려보냄으로써 쌍방향의 것으로 바꿨다. 중신(重臣)들에 의한 '정부'에서의 '담합'과 함께, 서간을 통한 군주와 가신의 '의론(議論)'이 정규 결정 시스템에 보태졌다. 그것은 결과적으로 중하급 가신단의 발언권 증대와 지위 상승을 초래했다.

4　平川新, 『紛争と世論 近世民衆の政治参加』(東京大学出版会, 1996).
5　朴薫, 「一九世紀前半日本における「議論政治」の形成とその意味-東アジア政治史の視点から」, 『講座 明治維新(1) 世界史のなかの明治維新』(有志舎, 2010).

일본의 경우, 결정은 종래에는 각종 회의에서 담합에 의해 이루어졌다.[6] 자격을 갖춘 사람들이 소집되어 한자리에서 서로 얘기를 나눈다. 거기서는 인사로부터 시작하여 세상만사 이야기가 오가고 그 와중에 서로 안색을 살피면서 감정을 조절하고 짧은 몇 마디 말의 교환을 통해 이해에 관한 조정·결정이 이루어진다. 이에 반해 의론은 처음부터 명확하게 주장·요구를 내걸고 이치를 따져서 그것을 정당화한다. 이는 반드시 회의를 필요로 하는 것은 아니다. 얼굴을 마주치지 않기 때문에, 그리고 문서 교환이라는 간접 수단이었기 때문에, 솔직한 요구와 이치를 언급하기 쉬운 면도 있었다. 미토에서 생겨난 것은 이 의론 정치의 일상화였고, 그 유효성을 잘 보여주는 것이었다. 이 상서나 구두를 통한 의론은 막부 말기에 미토의 존양론(尊攘論)이 주목을 받음에 따라 정치운동, 특히 '지사(志士)'의 운동에서 회의와 함께 애용되었다.

그러나 미토의 의론 정치는 국가에서의 군주의 권위, 그리고 리더십에 크게 의존하는 제도였다. 따라서 막부 말기와 같이 군주의 리더십에 한계가 있는 경우, 특히 천황과 같이 신분상 신하에게 직접 응답할 수 없는 입장에 있었던 경우에는 유효하게 사용할 수 없었다는 점에 주의할 필요가 있다.

2) 지식인의 수평적 네트워크

에도시대 후기의 일본은 국가 제도상으로는 신분과 영주국가로 분단된 사회였지만, 지식인들 사이에서는 일본을 평등하고 균질적인 질서로 생각하는 습관도 생겨났다. 그것을 육성한 것이 사숙(私塾)이었다. 관립학교와는 달리 사숙 가운데는 신분도 출신지의 차이도 무의미해지는 일이 드물지 않았다.[7] 이 외부와 분리된 공간에서 열린 '강습'에서는 상급 무사도 하급 무사도 서민도 학문 앞에서는 평등했고, 대등하게 상대에게 다른 견해를 제기하면서 '의론'했다. 한 발짝 바깥으로 나오면 다시 신분세계로 돌아갈 수밖에 없었지만 그래도 같은 회원[社中]으로서의 교제는 사숙을 떠난 후에도 계속되었고, 그러

---

6 서민 레벨의 관행에 관해서는 宮本常一, 『忘れられた日本人』(岩波文庫, 1984, 원저 1960).
7 근세 최대의 히로세 탄소(広瀬淡窓) 사숙[塾]에서는 「삼탈법(三奪法)」이라고 하는 규칙이 실시되었다. 사숙 내에서의 학생의 서열은 연령, 학력, 신분을 불문하고 성적만으로 정해졌던 것이다. 海原徹, 『近世私塾の研究』(思文閣出版, 1983). 오사카의 오가타 코안(緒方洪庵) 사숙에 관해서는 福沢諭吉, 『福翁自伝』(時事新報社, 1899). 또 이러한 전통은 고대의 사원으로 거슬러 올라가며 중세 후기의 연가회(連歌会), 근세의 차회(茶席) 등에 계승되어 왔다. 도쿠가와 나리아키(徳川斉昭)에 의한 그 정치적 전용에 관해서는 藤田東湖, 『常陸帯』(1844), 菊池謙二郎 編, 『新定 東湖全集』(博文館, 1940, 77頁).

한 관계에서는 편지 교환이 계속되는 일도 드물지 않았다. 지식인들은 다양한 사숙을 돌아다니면서 배웠기 때문에, 이러한 네트워크는 여러 곳에서 얽혀 연결되어 갔다.

이러한 지적 네트워크는 무사와 상층 서민을 모두 포함하는 것이었지만, 서민의 경우, 네트워크의 형성에는 별도로 원격지 상업도 중요한 매개체가 된 듯하다.[8] 상거래가 취미의 공유를 낳아 서책을 빌리거나 빌려주었으며 나아가서는 자식들의 혼인에 이르는 예도 적지 않았다. 19세기 중반에는 상층 서민이 방대한 '소문(風說)'의 기록을 남겼는데, 그 소문도 이러한 네트워크를 통해 수집된 것이었다.[9] 상업을 매개로 하는 이러한 네트워크는 사숙을 중심점으로 하는 네트워크와 얽혀서 제도상으로는 분단되어 있던 일본에 전국 규모의 지적 네트워크를 창출하는 계기가 되었다.

분단된 정체(政體) 속에서 수평적인 커뮤니케이션 네트워크가 만들어졌다. 그것을 지탱한 것은 종이의 생산과 우편제도이다. 에도시대 후반에는 종이를 충분히 사용할 수 있게 되었고, 또한 파발꾼(飛脚=町便)이라고 불리는 민간업자가 운영하여 비정부 관계자도 사용할 수 있는 원격지 통신 서비스도 존재했다.[10] 우연히 만들어져 있었던 이러한 조건이 '일본' 규모의 광역 커뮤니케이션을 가능하게 한 것이다.

3. 막말幕末의 변동

1854년 미일화친조약에 의해 '개국'한 이후, 일본의 정치체제는 급격한 변화를 거듭하여 마침내 왕정복고를 이루었는데, 그것은 동시에 '공의(公議)'의 관습과 제도의 생성 과정이기도 했다. 당초 도쿠가와 막부의 개국 정책에 대한 비판은 막부 자체의 권위를 무너뜨렸고, '천황' 아래에서 '공의'를 표방하면서 일본 전역의 지식인을 결집하려는 정부를 탄생시켰다. 이 과정은 또한 영주의 국가들을 폐지하고, '일본'이라는 단일 국가를 탄생시켰을 뿐만 아니라, 세습적인 지배 신분이었던 무사까지 해체하기에 이르렀다. 종래 지역과

---

8 渋沢栄一,『雨夜譚』(岩波文庫, 1984); 今田洋三,『江戸の本屋さん』(日本放送出版協会, 1977).
9 宮地正人,『幕末維新期の社会的政治史研究』(岩波書店, 1999).
10 丸山雍成 編,『日本の近世(6) 情報と交通』(中央公論社, 1992).

신분에 의해 분단되어 있던 일본은 여기서 통치자와 피치자가 동일한 자격을 갖는다는 '공민(公民)' = '국민' 개념의 기반을 획득한 것이다. 이하에서는 먼저 유신 초기에 관해 '공의'의 관습과 제도가 어떻게 생성되었는지를 살펴보자.

1) 정부 내부로부터의 이니셔티브
(1) '일본' 정치로의 동원과 참여: 대(大) 다이묘와 지식인

미국 페리 사절의 내항에 의해 '일본' 레벨의 정치과제가 선명하게 등장했을 때, 도쿠가와 막부는 대외정책에 관해 다이묘·하타모토(旗本)에게 자문을 구하고 민간으로부터 상서(上書)도 받아들였다.[11] 종래의 막부는 외부로부터의 의견 표명을 싫어하여 이를 억압해 왔지만, 이번에는 반대로 국정의 근본 문제에 대해 광범위하게 의견을 모으고자 했던 것이다. 이러한 정부로부터의 이니셔티브는 일본에 공론의 공간이 탄생하는 중요한 출발점이 되었다.

이와 같은 위로부터의 움직임에 대해, 제도상으로 결정 중추에서 소외되었지만 해결책과 자원을 가지고 있다고 믿는 사람들이 정권에 참여를 요구하기 시작했다.[12] 이들은 주로 커다란 영지와 실력을 갖고 있었기 때문에 막부의 내각에 참여하지 못했던 대 다이묘들과 이전부터 서양의 동향에 주목하여 대책을 강구하고 있었던 지식인들이었다. 이러한 요구는 하시모토 사나이(橋本左內)에 의해, 도쿠가와 직계의 친번(親藩)·변방의 번[外樣]의 대 다이묘에 의한 막부 권력의 장악과 일본 전국의 지식인을 막부 관료로 등용시킨다는 제도 구상으로 정식화되었다.[13] 다이묘 국가 연합과 막부의 중심성이라는 국제(國制)의 큰 틀은 유지하면서도, 통합도가 더 높고 더 기능적인 중앙 정부를 만들자는 구상이다. 이는 정부 외부에서의 정치 의사의 표명이나 그에 대한 존중을 추구하는 것은 아니었다. 정부의 내부로 중요한 정치가와 정치 의견을 모두 동원하고 집어넣으려는 구상이며, 그런 의미에서 '공론'보다 '동원'의 사상이라고 하는 편이 적절하다. 그러나 이 제안은 '천하의 공론'이라는 이름으로 행해졌다.[14] 이러한 정당화는 외부에 있던 자가 내부로 들어가는 데 성공한 후에

---

11 三谷博, 『ペリー来航』(吉川弘文館, 2003), 139頁. 상서는 현존하는 것만 약 800통 가까이나 된다.

12 尾佐竹猛, 『維新前後に於ける立憲思想: 帝國議會史前記』(文化生活研究会, 1925). 小野寿人, 『明治維新前後に於ける政治思想の展開』(至文堂, 1994).

13 村田氏寿あて橋本左內書翰(1857年 11月 28日), 景岳会, 『橋本景岳全集』 全2冊(1939).

14 松平慶永の井伊直弼への発言(1858年 5月 2日), 中根雪江, 『昨夢紀事』 4, 11頁.

도, 또한 외부에 남아 있는 자에게 발언의 정당성을 제공한다. 일시적으로 한정된 것이 아니라, 정부의 외부에 있는 의견의 존중과 정부에 대한 관여를 지속적으로 정당화하는 효과를 갖게 된 것이다.

2) '공론' 공간의 생성 1
(1) 정부의 분열과 공론의 정당성
그런데 1858년에 발생한 에도시대 최대의 정치 대립은 '공의'의 역사에 있어서 커다란 결과를 초래했다. 그것은 쇼군의 후계[繼嗣] 선정과 서양과의 조약을 천황이 허가해야 할 것인지 말 것인지를 둘러싼 문제가 복합적으로 얽혀 발생한 정변이었다.[15] 이를 계기로 종래 전국 규모의 결정과 무관한 자리에 있던 천황의 조정이 정치권의 중심부에 등장했을 뿐만 아니라, 지식인들 또한 대외정책을 둘러싸고 막부를 비판하기 시작했다. 기존의 결정 중추의 외부에 정치 주체가 분출하고 그들이 정부에 공공연한 비판을 가하기 시작한 것이다. 그때까지는 정부 외부에서의 정치 논의, 하물며 정부 비판은 금기였지만, 이 정변 이후로는 '일본'의 방위 및 '천하의 공론', '여의공론(輿議公論)'의 명분을 내걸면 가능하게 되었다. 정부를 구성하는 엘리트가 분열하고 정부 비판이 '여의공론' '여론공의'의 이름으로 정당화되었다는 것은 '공공적'인 커뮤니케이션의 생성에 결정적인 관문이 되었다.[16]

(2) 질서 옹호의 언설
1858년의 정변을 계기로 등장한 대항 엘리트(counter elite)는 정치체제의 틀 그 자체에는 도전하지 않았다. 그들은 사적인 권력의지는 결코 표명하지 않았고 막부의 대외정책을 그 상위에 있는 '일본' 국가 옹호의 입장에서 비판하였으며, 기존의 정치 질서의 내부에 있던 또 다른 중심, 천황의 조정이라는 권위에 의거하였다.[17] 그들은 '충성하는 비판파'였으며, '일본'을 다이묘 국가를 뛰어넘는 궁극의 정치질서로 간주하고 여기에 전면적 충성을 표명하면서, 당시의

---

15 佐藤誠三郎, 『「死の跳躍」を越えて』(都市出版社, 1985).
16 제도 구상의 전개에 관하여, 尾佐竹猛, 『日本憲政史大綱』 全2卷(日本評論社, 1938).
17 佐藤誠三郎·吉田常吉 編, 『幕末政治論集』, 日本思想体系56(岩波書店, 1976) 참조. 존왕양이론에 관해서는 藤田雄二, 『アジアにおける文明の対抗』(御茶の水書房, 2001).

중앙 정부의 구체적인 정책을 비판하여 간접적으로 그 권위를 무너뜨리게 된 것이다. 한편 정부 외부의 반대파라 하더라도 그들은 피치자 신분에서 출현한 것은 아니었다. 또한 당시 피치자 신분이 다른 과제를 내걸고 정치체제 그 자체에 도전할 조짐은 없었다. 그렇기 때문에 통치자 신분은 자신의 기득권을 지키기 위해 단결할 필요가 없이 쉽게 분열·항쟁하였고, '일본'을 위해 자기희생을 치르게 되었던 것이다.

(3) 의론과 폭력의 병존

정부 외부에서의 '공론'의 주장은 권력항쟁, 적어도 정권과의 긴장 관계를 발생시킨다. 권력의 입장에서 그것은 권력에 대한 도전처럼 보이는 법이며, 비판자 측도 의식적인 도전을 시작하면 종종 폭력에의 유혹을 억누를 수 없게 된다. 인류가 '근대'에 발견하여 관습화한 것과 같은 "머리를 깨부수기보다는 머리 숫자를 센다."[18]고 하는 분쟁 억제의 규칙은 초기에는 존재하지 않는 것이 보통이다. '공론'은 흔히 자명한 정당성을 의미하는 '정론(正論)'과 동일시되고, 권력항쟁이 증폭하게 되면 상대방의 강제적 배제를 정당화하는 슬로건으로 전화한다. 도쿠가와 막부 말기의 일본도 예외는 아니었으며, '공론' 추구의 과정에서는 폭력이 의론이나 담합과 병행하여 사용되었으며, 때로는 암살과 내전이 결정적인 역할을 하였다.

(4) 정치적 커뮤니케이션의 형태와 장소

도쿠가와 막부 말기에 정부의 외부에 형성된 대항세력은 외교문제를 단서로 하여 정책결정자들과 대등한 자격으로 발언하는 태도를 취했으며, 그것을 발판으로 현실에서도 정부의 재직자와 대등한 지위를 구축해갔다.[19] 그 커뮤니케이션의 형태는 담합보다 의론이 우세하게 되었지만, 그 장소와 미디어라는 측면에서 보면 이전과 마찬가지로 멤버가 정해진 회의에서의 직접적 발언이나 일대일의 서신 교환, 즉 얼굴을 알고 있는 범위 내로 한정되어 있었다. '공론'이라고 해도 그것이 교환되는 장소는 닫혀 있었던 것이다. 왕정복고 후에는 이 점이 크게 변화한다. 신문이나 팜플렛이 발간되고 공개 연설회도 시작

---

18 市井三郎, 『思想からみた明治維新 – 「明治維新」の哲学』(講談社学術文庫, 2004, 原著 1967), 24頁.

19 조슈(長州)에 관해서는 上田純子, 「安政五年萩藩における『会議』と政治機構」, 『史学雑誌』 107-6(1998).

되었으며, 정치에 관한 의론이 공개된 장소에서 불특정 다수를 향해 전파되게 된 것이다.

4. 유신 - 정치체제의 전환과 매스미디어의 도입

1) '왕정・공의' 정체(政體)의 출발

막부 말기 10년간의 정치 항쟁은 그 초기에 등장한 천황을 추대하는 다이묘 연합이라는 제도 구상을 가장 단순한 형태로 실현했다.[20] 메이지 신정부의 중추는 총재(總裁)・의정(議定)・참여(參與)의 세 직책으로 구성되었지만 실질적인 정책결정자였던 참여에는 다이묘의 가신이 등용되었고 나아가 여러 관직에 각 번으로부터 징사(徵士)와 공사(貢士)가 등용되었다. 신정부 수립에 공로가 있었던 사츠마(薩摩)와 조슈(長州)번 출신뿐만 아니라 일본 전국에서 인재 '동원'이 시행된 것이다. 또한 정부 내부에서는 행정부의 여러 회의와는 별도로, 근대 서양의 의회를 모방한 '의론(議論)' 전문 기관이 설치되어 행정부의 자문에 대한 답신권과 부분적인 결정권, 그리고 정부 외부로부터의 청원 접수의 권한이 주어졌다.[21] 그것은 당초 정부 결정에서 큰 역할을 담당한 것은 아니었지만, 서양풍의 '회의'의 연습장은 될 수 있었다. 또한 정부는 『태정관일지(太政官日誌)』의 공간을 통해 그 인원 구성 및 법령과 사업 내용을 민간에 널리 알리기 시작했다.[22] 이 세 가지 점에서 보면, 메이지 정부는 1858년의 도쿠가와 막부에 비해 하위 신분의 발언권을 대폭 증대시켰고, 그것들이 피치자들에게는 한층 가시적인 존재로 제도화된 것이 틀림없다. 신정부 수립 직후인 1868년 4월, 천황은 신들에게 5개조의 서문(誓文)을 바치고, 최초의 기본법인 『정체(政體)』의 첫머리에 이를 내걸어 천하에 신정부의 국시・강령을 공개했는데, 그 제1조에서 "널리 회의를 일으키고 만사 공론에 따라 결정해야 한다."고 하였다. 메이지 정부는 적어도 이념상으로는 '왕정', '공의'의 정체로 출발한 것이다.

---

20 尾佐竹猛, 앞의 글(1925); 稻田正次.
21 그 이용에 관해서는 色川大吉・我部政男 監修, 『明治建白書集成』 全9卷(筑摩書房, 1984).
22 石井良助・朝倉治彦 編, 『太政官日誌』 全12卷(東京堂出版, 1980~1984).

2) '공론' 공간의 생성 2
(1) 신문의 등장

그러나 왕정복고는 또 한 가지 '공의 시스템'의 생성에 있어서 결정적으로 중요한 요소를 등장시켰다. 즉 민간인이 간행하는 신문이다.[23] 이를 시작한 것은 정쟁에 패한 도쿠가와 막부와 인연이 있는 사람들이었다. 그들은 양학(洋學) 지식인으로서 막부 안에서는 개항지에서 유럽인이 간행하고 있던 영자신문을 번역하여 막부의 요로에 배포하는 일을 하고 있었다. 하야를 강요당했을 때, 신정부에 대항하기 위해 그 경험을 상업신문 간행에 살린 것이다. 신정부는 당초에는 반정부 언론을 엄격하게 단속하여 신문의 발행금지 처분을 단행했지만, 내란이 1년여 만에 끝나고 신정부의 지배가 안정되자, 거꾸로 막부의 신료였던 사람들에 대한 정부 내부로의 동원과 회유에 나섰다. 그 기반에는 신정부의 수뇌와 막부정권의 신료였던 양학 지식인이 일본의 '문명개화'를 지향한다는 국가 목표를 공유하고 있었다는 사실이 존재한다. 정부는 막부의 신료들에게 중요 관직을 제공하였으며, 민간에 머무르는 사람들이 발행하는 신문에 대해서도 반정부적 언론으로 나오지 않는 한, 오히려 이를 '문명개화'의 홍보매체로서 적극적으로 육성·이용했다. 정부 수뇌와 일부 관청은 신문에 출자하고 신문을 무료로 열람할 수 있는 장소를 각지에 설치할 것을 장려한다든지 전국 규모의 관립 우편제도가 마련되자 투서의 우송을 무료로 하는 등의 편의도 도모했다.

그러나 정부와 신문의 관계는 미묘한 균형 위에 존재했다. 도쿠가와 막부의 신료에 의해 운영되는 신문은 겉으로는 신정부에 반항하지 않고 문명개화의 선전에 협력했지만, 마음 깊은 곳에서는 대항심을 품고 있었고, 상업적 성공이라는 별개의 동기에 의해서도 움직이고 있었다.[24] 따라서 신문은 정부로부터 독립한, 경우에 따라서는 대항적으로도 될 수 있는 미디어로서 성립, 발전한 것이다.

(2) 공개 연설회

한편 메이지 초기에는 공개 연설회도 시작되었다.[25] 1874년에 후쿠자와 유키

---

23 稲田雅洋, 『自由民権の文化史』(筑摩書房, 2000).
24 예컨대 乾照夫, 『成島柳北研究』(ぺりかん社, 2003).
25 稲田雅洋, 앞의 글(2000).

치(福沢諭吉)가 시작한 미타(三田) 연설회가 그 처음이다. 서양에서 도입된 이 새로운 커뮤니케이션 방식은 지방에 거주하는 사람들의 '신지식'에 대한 갈망에 부응하는 것으로서 동시에 신기하고도 고급스러운 오락이라는 수용 태도도 있었기에 순식간에 전국으로 확산되었다. 그 화제는 당초에는 일본인의 '문명개화', 주로 생활태도의 개혁에 집중되었지만, 얼마 안 있어서 권력의 문제도 추가되었다.

5. 정부와 민간의 경쟁과 협조 – 언론과 폭력의 교착

메이지 초기에는 정부의 외부에 민간인이 의견을 공표하는 미디어와 습관이 생성되었다. 이전에는 없었던 공개된, 불특정 다수를 대상으로 하는 매스커뮤니케이션 미디어가 성립된 것이다. 그것은 이윽고 정부에 대한 대항적 정치세력을 민간에 만들어내게 했다.

1) '개화' 정권, '상무(尙武)'세력, 신문의 정립
(1) 정부와 사족(士族): 권력 항쟁과 국가의 미래상

초기의 메이지 정권은 군사적 약체에도 불구하고 정치제도를 비롯하여 '문명개화'를 목표로 하는 개혁을 연발했다. 그중 가장 중요한 개혁은 다이묘의 국가를 폐지하고 무사의 직분[常職]을 해제하며 극소수의 화족(華族, 원래의 다이묘와 천황의 신하)을 제외하고는 한때의 통치자였던 사족도 피치자였던 평민도 동등한 권리를 갖는 사회를 만든 것이다.[26] 이것은 '국민'이라는 정치적 상상력의 기반이 되었다. 그러나 다른 한편 이 개혁은 정치·경제적 특권을 빼앗긴 과거의 일부 무사에게 강한 반정부 감정을 심어주었다. 메이지 정부는 서양을 모방하여 경제발전을 국가 목표의 주축에 두었는데, 과거 메이지 정권의 수립에 공적이 있는 서남(西南) 일본의 사족 중에는 이에 위화감을 가진 사람이 적지 않았다. 정한(征韓) 또는 인근에 대한 침략 행동으로 국가의 군사적 영광을 추구하려는 세력이 나타난 것이다. 여기에는 왕정복고에 동참하지 못

26　落合弘樹, 『秩禄処分』(中公新書, 1999).

한 지방의 지식인, 그리고 젊은 세대도 가담하였다.[27] 한국 정벌이라는 정부의 결정이 번복되었을 때, 그들은 유신력(維新曆) 7년부터 10년에 걸쳐 무력으로 정부에 반항하는 거사를 일으켰다.

(2) 신문의 정치론[政論] 개시: 민권론과 정한론의 연합

한편 당초 정부와 협조하고 있던 신문은 '개화'를 더 철저히 하기 위해 정치체제로서의 국민대표제 채택을 제창하기 시작했다. 그 발단은 정한 논쟁에 져서 하야한 정치인들이 유신력 7년에 '공의'의 이름 아래 정부의 '전제(專制)'를 신랄하게 비판하고 '민선의회'를 설립하자고 건의[建白]한 데 있었다. 외국인이 경영하는 신문이 이를 공표하자, 그때까지 정치론을 자제하고 있던 신문은 '민선의회'의 창립 여부와 시기에 관한 논쟁을 시작했다.[28] 정부의 유력한 수뇌 가운데에서도 국민의 활력을 충분히 끌어낼 수단으로 유럽을 모방하여 의회제를 도입할 필요를 생각하는 사람이 있었다. 따라서 당초 정부는 신문지상의 민선의회 논쟁을 금지하지 않았고, 이듬해에는 장차 '입헌' 정체를 도입할 방침임을 공약하고 그 준비로서 법원을 행정부에서 기구적으로 분리하는 한편, 의회의 전신이어야 할 기관으로서 관선의 원로원 및 지방 대표에 의한 민선의회로 나아가는 사다리 역할로서 지방관회의를 설치하였다.[29] 그러나 정부는 같은 해, 신문에 대한 규제를 시작했다.[30] 정부와 관리에 대한 비판을 비합법으로 규정하고, 그런 기사를 실은 편집자들을 처벌하는 법률을 제정하여 이를 실행에 옮긴 것이다. 그 이유의 첫 번째로는 신문에 의한 정부 비판의 급진화를 억제하기 위한 것이었다고 생각되지만, 직접적으로는 이러한 민권론이 정한론으로 대표되는 상무(尙武)·침략제일주의와 연합하기 시작했다는 데에 강한 두려움을 느꼈기 때문이 아닐까 생각된다. 정한론 정변으로 인한 사이고

---

27 예컨대 上村希美雄, 『宮崎兄弟伝』日本編·上(葦書房, 1984); 上村希美雄, 『民権と国権のはざま 明治草莽思想史覚書』(葦書房, 1976).

28 牧原憲夫, 『明治七年の大論争 建白書から見た近代国家と民衆』(日本評論社, 1990).

29 종종 이 시기는 '오쿠보 독재(大久保独裁)'라 불리기도 하지만 이는 틀린 것이다. 오쿠보 도시미치(大久保利通)는 과묵하고 의지가 견고한 정치인이었지만 공의를 거부한 것은 아니었다. 그는 1875년의 오사카 회의에서 전년도에 민선의회 건의를 한 이타가키 다이스케(板垣退助)를 기도 다카요시(木戸孝允)와 함께 참의에 복귀시키고 본문의 조치를 취했다. 이와쿠라 도모미(岩倉具視)는 이에 반대했지만 오쿠보는 이와쿠라가 왕정복고와 정한론 정변과 두 차례의 결정적 국면에서 생사를 함께한 사이였지만 그에 따르지 않았다. 多田好問 編, 『岩倉公実紀(下)』(財団法人岩倉公旧蹟保存会, 1927, 原 1906), 237丁 이하.

30 稲田雅洋, 앞의 책(2000) 第6~7章; 『尾崎三良自叙略傳』上卷(中央公論社, 1976), 196~205頁.

다카모리(西鄕隆盛) 등 정부 수뇌의 하야 후, 국내에서는 "전국 동란의 기회가 멀리 있지 않을" 것[31]이라는 예측이 적지 않았으며, 정치론에 막 눈을 뜬 저널리즘은 이러한 관측을 자주 유포하고 있었던 것이다. 예를 들면, 이타가키 다이스케(板垣退助)의 '애국사(愛國社)' 창립을 계기로 간행된 『평론신문(評論新聞)』은[32] 언론 규제가 시작되자, 애초의 정부 비판을 가속화시켜 서양의 '혁명권' 사상을 원용하여 '전제정부'의 무력 전복까지 시사하고 있었다. 이 신문의 경영자는 가고시마 출신이었고, 집필자들은 민권파와 정한파를 불문하고 모두 가고시마 사족을 중심으로 일어날 파열에 국가 방향 전환의 기대를 걸고 있었던 것이다. 서남내란(西南內亂) 직전에는 자신의 정치적 주장을 '정론(正論)'이라고 믿었던 사람들은 군사적 반항도 민권론의 정부 비판도 같은 것으로 간주하고 모두를 반정부운동에 이용한 것이었다.[33]

2) 민권 운동과 정부 – 정치의 장으로서의 국회 성립

(1) 반대의 전략 전환: 폭력으로부터 언론 전념으로

유신력 10년의 서남반란의 패배는 사족이 주도하는 '상무' 질서에 대한 전망을 포기하게 하고 차례차례 등장하는 정치 신참자의 주의를 다른 측면으로 돌려, 일본의 정치를 새로운 장으로 이끌게 되었다. 정부는 '식산흥업' 정책을 계속하는 한편, 지방 레벨에서 민선 '부현회(府縣會)'를 설치하고 국민대표제 도입을 준비했다. 한편, 민간의 정치세력은 무력항쟁을 포기하고 목표를 '국회' 설립에 맞춘 운동을 재개했다. '애국사'를 재건하여 1880년에 '국회기성(期成)동맹'으로 개칭하고 '국회' 개설 청원운동을 시작하자, 이 운동은 급속히 전국으로 확대되었다.[34]

---

31 宮崎八郎あて松山守善書翰, 上村希美雄, 앞의 책(1984), 118頁 所引.

32 그 초기에 관해서는, 三谷博, 「公論空間の創発 – 草創期の『評論新聞』, 鳥海靖·三谷博·西川誠·矢野信幸 編, 『日本立憲政治の形成と変質』(吉川弘文館, 2005).

33 애국사(愛国社)의 하야시 유조(林有造)는 사이고 다카모리의 결기에 호응하여 거병을 기획했다. 板垣退助 監修, 『自由党史(上)』(岩波文庫, 1910), 214頁.

34 升味準之輔, 『日本政党史論(1)』(東京大学出版会, 1965). 또한 풍운을 바라 폭력을 통해 단숨에 정부를 전복하고 권력을 손에 넣으려는 형태의 정치적 관심은 차례차례로 정계에 진출한 젊은 세대와 비(非)사족에게도 계승되었다. 하지만 서남내란 후 무력반란은 국내에서는 불가능하고 또한 민선 의회의 길도 열렸기 때문에 혁명에 대한 기대는 가까운 외국으로 향하게 되었다. 민권·국권 양파의 흐름을 잇는 대륙 낭인이 외국의 쟁란, 특히 혁명파에 가세한 까닭이다. 미야자키(宮崎滔天)는 세계 혁명의 시작으로 중국 혁명을 기도한 인물로, 중국의 질서 파괴와 일본의 지배를 겨냥한 것은 아니지만, 그 주변에는 후자의 유형의 인물을 많이 찾아볼 수 있다. 上村希美雄, 앞의 책(1984).

이 자유민권운동의 확대 원인은 상층 서민이 적극적인 지지를 해준 데 있었다. 그들은 정부의 신분제 폐지와 '개화' 정책의 결과, 경제적 부를 누리게 되었을 뿐만 아니라, 정치질서의 형성에도 적극적으로 참여하기를 원하게 되었다. 도쿄나 오사카 등 대도시로 이주하여 양학을 배운 사족의 지식인들이 발행하는 신문들은 그들에게 일본의 미래상을 얘기하고, 특히 국회를 통한 국정에 대한 직접 참여의 꿈을 심어 주어 크게 인기를 얻고 있었던 것이다. '신지식인'들은 도쿠가와시대의 선조들이 만든 네트워크를 통해 지방의 부농상인의 초대를 받아 친목회나 연설회에서 열변을 토했다.[35] 도쿠가와시대 선조들의 화제는 문예와 회화였지만, 이제 그것은 정치 담론으로 바뀐 것이다. 연설회에서는 종종 정부 비판에까지 이르러, 경찰에 의한 발언 제지나 난투, 변사의 체포가 일어났지만, 사람들은 그런 혼란 자체를 용감한 활극으로 즐겼고 민권운동의 인기는 점점 높아갔다. 원래 보수적인 부유민층이 이러한 급진적 운동에 지지를 보낸 이유는 그들이 신분제 개혁 이후 부를 능가하는 가치를 새롭게 발견하였을 뿐 아니라 도시 지식인이 그러한 갈망에 신문과 유세를 통해 적극적으로 대응했기 때문이었다고 생각된다.

서남내란이 종식된 지 얼마 후 정부의 신문 검열도 누그러들었다. 신문은 서양의 정치사상과 세계정세, 그리고 일본 사회의 개혁과 건설에 대해 한층 상세하게 보도하고 논평하게 되었다. 그 논의에서는 막부 말기와 마찬가지로 일본이라는 '국가'와 '정부'의 구분이 중요했다. '국가'의 장래를 위해 현재의 '정부'의 결함을 지적하고 '입헌정(立憲政)'의 이상형을 논하게 되었다. 미국의 경우, 언어상 state=government와 civil society를 구별하여 독립성을 지닌 civil society 측에서 state를 비판하는 것이 정당한 행위로 인정되고 있는데, 메이지 일본에서는 '정부'와 '국가'를 구분함으로써 마찬가지의 '공론(公論)' 공간이 확보된 것이다.

(2) 정변에 의한 아레나의 수렴

1881년 국회 개설 청원을 가지고 지방의 대표들이 속속 수도로 모일 무렵, 메이지 정부 내부에서는 '입헌정'의 도입을 놓고 진지한 논의를 하고 있었다.[36] 그 다수 의견은 양원제 국회를 마련해서 입법 및 예산 결정을 맡기고 거기에

---

35 升味準之輔, 앞의 책(1965) 第3章; 牧原憲夫, 『客分と国民のあいだ』.
36 鳥海靖, 『日本近代史講義』.

민선에 의한 하원을 포함시키고자 하는 방안이었는데, 그 개설 시기에 관해서는 2·3년 후로 하자는 필두참의(筆頭參議) 오쿠마 시게노부(大隈重信)의 급진론과 다른 참의들의 점진론 사이에 꽤 심한 대립이 벌어졌다. 바로 그때, 신문이 홋카이도에 있는 정부 자산의 민간 매각을 둘러싼 스캔들을 폭로했다. 신문들은 이러한 정치 부패는 전제(專制)정치이기 때문에 생긴다는 정부 비판을 거듭하였으며, 정부는 '공론' 공간의 한가운데서 변명의 여지가 없는 곤경에 처하게 된 것이다. 그 결과, 정부는 급진론의 오쿠마를 추방하고 정부 자산의 매각도 중단하는 한편, 1890년으로 기한을 정해서 민선 국회 개설을 공약하는 타협책을 강구했다.[37]

정부는 그 후 성문헌법 제정과 관련된 제반 제도의 입안에 주력했다. 오쿠마가 영국 모델을 찬양하고 있었기 때문에, 그 이외의 모델을 찾아나서 프로이센을 본떠 가능한 하원의 권한을 제한하도록 하였는데, 법률제정권과 예산 결정권을 깎는 일은 없었다. 또한 군주와 관료의 역할에 관해서는 군주보다 관료의 역할을 중시하는 오스트리아 모델이 환영받았다.[38] 군주가 거의 결정권을 행사하지 않고 관료가 실제 결정권자였다는 지금까지의 역사에 적합했기 때문일 것이다.

한편, 민간의 정치운동은 두 개의 정당을 낳았다. 국회기성동맹에서 발전한 자유당과 오쿠마와 함께 하야한 젊은 관료들이 조직한 입헌개진당이 그것이며, 양당은 기관지를 발행하는 등 얼마간 활발하게 활동했다. 하지만 정부가 이전과 마찬가지로 국회 개설 공약과 동시에 민간운동의 억제를 강화하고, 게다가 경제불황이 찾아와서 상층 서민의 자금 공급도 부족하게 되자 운동은 침체했다. 그러한 상황에서 민권운동의 일부 급진파는 무력 반란에 호소했다.[39] 정부 수뇌의 암살을 기도하거나 농민의 감세와 채무 탕감을 호소하는 소요에 가담하거나 조선으로 도항하여 정부 개혁을 강요하려는 계획을 세우기도 하였다. 그러나 그들은 소수파에 머물렀고 즉시 진압되거나 체포되었다.

이상과 같이 유신력 10년 이후 일본에서는 정부와 민간이 '문명개화'라는 가치를 공유하면서 대항을 시작하여, 이윽고 '국회'라는 아레나를 설정하고, 그 안에서 경쟁하는 길을 밟아가게 되었다. 도시 지식인과 서민 부유층이 신

---

37 ジョージ・アキタ, 『明治立憲政と伊藤博文』.
38 瀧井一博, 『ドイツ国家学と明治国制』(ミネルヴァ書房, 1999).
39 色川大吉, 『明治精神史』(黄河書房, 1964). 井上幸治, 『秩父事件』(中央公論社, 1968).

문과 연설회를 매개로 민간에 활발한 정보 교환의 네트워크를 형성하고 유력한 정치운동을 벌였지만, 정부는 그 억제에 노력하면서 다른 한편으로는 '국회'라는 제도에 착수한다고 하는 등 유연하게 대처하였다. 이 과정에서 정부와 민간의 명백한 대립은 더 온화한 경쟁으로 바뀌어, 1890년에 국회가 개설될 무렵에는 폭력은 금물이라는 합의가 양측에서 성립되었던 것이다.

6. 맺음말

일본의 '공의' 시스템은 1890년에 완성된 것이 아니다.[40] 세계적으로는 오스만제국처럼 헌법을 제정하고 의회를 개설해도 곧바로 헌법을 정지하거나 의회를 유명무실화한 사례가 적지 않다. 메이지 일본의 경우는 그것들과는 다르다. 하원에서는 '민당(民黨)'이 지역 선거민의 강한 지지를 바탕으로 항상 다수를 차지하였으며 그 때문에 정부는 예산 결정과 법률 제정에 상당한 어려움을 느꼈다. 그러나 정부는 해산·재선거에 호소할 뿐, 의회를 탄압하거나 헌법을 정지시키지는 않았다. 특히 1898년에는 이전에 정부를 떠난 오쿠마 시게노부와 이타가키 다이스케가 이끄는 하원의 다수당에 내각을 넘기는 것까지 감수했다. 이와 같은 정부의 인내와 양보가 구미로부터 '문명국가'의 일원으로 인정받고 싶다는 비원, 또는 '역사에 대한 허영'에 기반을 두고 있다는 점은 잘 알려져 있다. 그러나 그것은 결코 일본의 국가로서의 약체화를 의미하지 않았다. 반대로 정부에 대한 국민의 자발적인 지지를 획득한다는 점에서 매우 유효하게 작용했다는 것은 청일·러일 두 전쟁의 경과를 보면 분명하다. 러일전쟁 후에 관료 출신과 하원 다수당이 번갈아 정권을 조직하는 관습이 정착됐지만, 그것을 가능하게 한 것은 이 초기 의회의 경험이었다.

'공의' 제도와 관습은 일본에서 대략 이상과 같은 긴 과정을 거쳐 형성되어 일단 정착을 보았다. 정권을 차지하고 있는 자로서 권력에의 신규 진입을 허용하거나 외부로부터의 비판을 허용한다는 것은 어려운 일이다. 그러나 메이지의 일본은 정부 내부에서도 민간의 논의, '공론'을 존중하는 것이 국가 발

---

[40] 升味準之輔, 앞의 책(1965) 第2卷 이하; 坂野潤治, 『明治憲法体制の確立』(東京大学出版会, 1971).

전에 불가결하고 효과적이라는 인식이 있었다.[41] 정부는 서양에 의한 세계 지배의 진행이라는 가혹한 국제 환경에 대처하기 위해 이전에는 단순한 국가의 '손님[客分]'이었던 서민을 국가와 자신의 운명을 동일시하는 '국민'으로 바꾸려 했기 때문이다. 이를 위해 정부는 무사 신분을 폐지하고 통치자와 피치자의 기본적인 동일성이라고 하는 조건을 만들고, 나아가 '국민'의 협력을 충분히 조달하기 위해 굳이 자신의 권력을 깎아내면서 정부 가운데에 민간의 선거에 의해 임명되고 정기적으로 파면되는 조직, 즉 민선의회를 설치하기로 하였다. 한편 정부 바깥에서는 정쟁에 패한 관료나 새롭게 등장한 평민 상층이 '공론'을 주장하고, 서양에서 도래한 신문이라는 매스미디어를 이용하여 대항적인 '공의' 공간을 조직했다. 초기에 그들은 폭력을 이용한 반정부운동도 불사했지만, 유신력 10년의 대규모 내란을 거친 후에는 '입헌정치'라는 아레나를 설정하고, 오로지 언론의 힘으로 여론을 조직하여 정부에 대항하거나 정권을 획득하려고 노력하게 되었다. 정부와 민간의 관계는 그 후에도 여러 우여곡절을 거치면서 정부의 민간에 대한 활동 제한은 쉽게 철폐되지 않았지만, 그래도 '공공'의 문제에 대해 공개적으로 대등하고 다양한 '논의'를 나눈다는 커뮤니케이션의 관습이 성립되었다. '공론'이 올바른 결정에 필수적인 절차이며, 폭력에 호소하는 것은 반칙이라는 공통의 양해가 성립된 것만이 아니다. 오쿠마와 이타가키처럼 일단 정쟁에 패한 정치가도 목숨을 유지하고 정권을 둘러싼 패자부활조차 달성한 것이다. 완전히 자유로운 체제와는 여전히 먼 상태였다고 해도, 여기에는 분명히 '문명'에 어울리는 사회적 관습이 성립되고 있었다고 해도 좋을 것이다.

---

41 이러한 기반 위에서 정부 내에서 여러 의견의 차이가 있었다는 점에 관해서는 坂井雄吉, 『井上毅と明治国家』(東京大学出版会, 1983).

●참고문헌

1. 원전 자료

景岳会, 『橋本景岳全集』 全2冊(1939).
多田好問 編, 『岩倉公実紀(下)』(財団法人岩倉公旧蹟保存会, 1927, 원 1906).
藤田東湖, 『常陸帯』(1844), 菊池謙二郎 編, 『新定 東湖全集』(博文館, 1940).
尾崎三良, 『尾崎三良自叙略傳』 上巻(中央公論社, 1976).
尾佐竹猛, 『維新前後に於ける立憲思想: 帝國議會史前記』(文化生活研究会, 1925).
_____, 『日本憲政史大綱』 全2卷(日本評論社, 1938).
福沢諭吉, 『福翁自伝』(時事新報社, 1899).
渋沢栄一, 『雨夜譚』(岩波文庫, 1984).
中根雪江, 『昨夢紀事(4)』, 日本史籍協会編, 『日本史籍協会叢書』(東京大学出版会, 1967).
板垣退助 監修, 『自由党史(上)』(岩波文庫, 1910).

2. 연구 논저

ジョージ・アキタ, 『明治立憲政と伊藤博文』(東京大学出版会, 1971).
マーク・ラビナ, 『「名君」の蹉跌』(NTT出版, 2004).
ルーク・ロバーツ, 「土佐と維新: 『国家』の喪失と『地方』の誕生」, 近代日本研究会, 『地域史の可能性』(山川出版社, 1997).
乾照夫, 『成島柳北研究』(ぺりかん社, 2003).
宮本常一, 『忘れられた日本人』(岩波文庫, 1984).
宮地正人, 『幕末維新期の社会的政治史研究』(岩波書店, 1999).
今田洋三, 『江戸の本屋さん』(日本放送出版協会, 1977).
稲田雅洋, 『自由民権の文化史』(筑摩書房, 2000).
藤田雄二, 『アジアにおける文明の対抗』(御茶の水書房, 2001).
落合弘樹, 『秩禄処分』(中公新書, 1999).
瀧井一博, 『ドイツ国家学と明治国制』(ミネルヴァ書房, 1999).
牧原憲夫, 『明治七年の大論争 建白書から見た近代国家と民衆』(日本評論社, 1990).
朴薫, 「一九世紀前半日本における「議論政治」の形成とその意味 - 東アジア政治史の視点から」, 『講座明治維新(1) 世界史のなかの明治維新』(有志舎, 2010).
服藤弘司, 『地方支配機構と法 幕藩体制国家の法と権力(6)』(創文社, 1987).
三谷博, 『ペリー来航』(吉川弘文館, 2003).
_____, 「公論空間の創発 - 草創期の『評論新聞』」, 鳥海靖・三谷博・西川誠・矢野信幸

編, 『日本立憲政治の形成と変質』(吉川弘文館, 2005).

三谷博・山口輝臣, 『19世紀日本の歴史』(放送大学教育振興会, 2000).

上田純子, 「安政五年萩藩における『会議』と政治機構」, 『史学雑誌』107-6(1998).

上村希美雄, 『民権と国権のはざま 明治草莽思想史覚書』(葦書房, 1976).

_____, 『宮崎兄弟伝 - 日本編・上』(葦書房, 1984; 熊本出版文化会館, 2004).

色川大吉, 『明治精神史』(黄河書房, 1964).

色川大吉・我部政男 監修, 『明治建白書集成』全9卷(筑摩書房, 1984).

石井良助・朝倉治彦 編, 『太政官日誌』全12卷(東京堂出版, 1980~1984).

小野寿人, 『明治維新前後に於ける政治思想の展開』(至文堂, 1944).

水谷三公, 『江戸は夢か』(筑摩書房, 1992).

升味準之輔, 『日本政党史論(1)』(東京大学出版会, 1965).

市井三郎, 『思想からみた明治維新 - 「明治維新」の哲学』(講談社学術文庫, 2004, 원저, 1967)

井上幸治, 『秩父事件』(中央公論社, 1968).

佐藤誠三郎, 『「死の跳躍」を越えて』(都市出版社, 1985).

佐藤誠三郎・吉田常吉 編, 『幕末政治論集』日本思想大系56(岩波書店, 1976).

太平裕一, 『目安箱の研究』(創文社, 2003).

坂野潤治, 『明治憲法体制の確立』(東京大学出版会, 1971).

坂井雄吉, 『井上毅と明治国家』(東京大学出版会, 1983).

平川新, 『紛争と世論 近世民衆の政治参加』(東京大学出版会, 1996).

海原徹, 『近世私塾の研究』(思文閣出版, 1983).

丸山雍成 編, 『日本の近世(6) - 情報と交通』(中央公論社, 1992).

근세 일본에서 '공공'의 행방

구로즈미 마코토(黑住眞) | 도쿄대학 교수
고희탁 번역

1. '공공'의 양상과 그에 대한 물음

'공공'이라는 단어는 고대 동아시아에서는 천자(天子)가 천하를 다스리는 방법과 관련된 용어였던 것 같다. 예를 들면 『사기(史記)』(기원전 91년경 성립)에는 "법은 천자가 천하와 (혹은 천하와 관련하여) '공공하는' 것[法者, 天下所與天下公共也]"(張釋之 馮唐列傳)이라고 하였다. 여기서 '공공'은 천하 차원에서의 역동적인 법이고, 그 내용으로서 천자가 관여하여 치세(治世)의 방향을 결정짓는 것이었다고 할 수 있다.

당시 이 '천하'를 다스리는 '천자'는 바로 위정자였다. 그러나 이 '천하'와 '천자'가 특정한 제왕(帝王)·군주가 아니라, 결국 일반자(一般者)로 의미가 확장되면, '공공'도 반드시 사람들 자신이 마음속에 품는 작용·양상·방향(목적)으로 의미 내용을 확대시켜갈 것이었음에 틀림없다. 실제로 오늘날의 우리들은 '공공'을 협의의 위정자만이 아니라 많은 사람들 자신이 관여하거나 관여해야 할 것으로서 이 개념을 사용한다. 그뿐만이 아니라 일찍이 '공공'을 배경적 위치에서 지탱하던 '천하'는 현재 그다지 깊이 생각하고 있지 않을 것이다. 요컨대 '공공'의 배경이 되어 이것을 근저에서 지탱하는 세계는 현대로 오면 올수록 변화하여 차라리 없어지고 있다고 해도 과언이 아닐 것이다. '공공'에 대한 재인식을 강조한다면, 이 부분에 대해서도 역시 조사하고 탐구할 필요가 있을 것이다.

어쨌든 여기에는 '공공'의 양상을 둘러싼 역사적 변화가 존재한다. 단적으로 말하면, 현재는 '일반화·보편화로서의 공공'이 존재하고, 역사적으로는 그 현재를 향해 과거로부터 '공공의 확충'이 사람들에 의해 이루어졌다고 할 수 있을 것이다. 그와 동시에 그것은 공공의 한계적 측면에 대한 관여와도 이어진다. '공공을 둘러싼 천하의 변화·축소 내지는 무관계화(無關係化)'가 비교적 근현대에 발생하고 있는 것은 아닐까? 이와 같이 커다란 경향을 파악할 수 있을 것 같다.

그렇다고 한다면 그 확충·보편화, 천하의 변화 내지 해체는 구체적으로 어떠한 내용이고 어떠한 역사를 갖는 것이었을까. 또한 결국 어떠한 의미 및 과제를 현재의 우리들에게 던지고 있는 것일까? 이 글에서는 이러한 문제의식에 입각하여 몇 가지 구체적인 사실 파악으로부터 시작하고자 한다.

단, 그 전에 이 과제를 둘러싼 '인식론적 틀'을 우선 검토해보고자 한다. 물론 이것은 애초부터 동적인 작업 속에 이미 어느 정도 포함된 것이지만, 어떤 것을 파악하고자 할 때는 사전에 미리 알아둘 필요가 있는 것이다. 원래 어떤 사물의 형태는 일반적으로 지역·역사를 내포하면서 영향작용의 역사(Wirkungsgeschichte)로서 우리들에게 의미를 부여한다. '공공'도 그런 것임에 틀림없다. 그리고 어떤 개념을 갖는 텍스트가 컨텍스트와 연관되어 있는 것처럼 어떤 용어의 역사는 그것이 사용된 지역의 사정과도 연관되어 있다. '공공'도 마찬가지일 것이다. 그렇다면 '공공'을 개념 또는 작용으로서 갖는 '지역'이란, '역사'란 도대체 어떠한 것일까?

원래 이 글에서는 처음에 '동아시아' '고대' 등 종래의 한자 용례를 살펴볼 것이다. 그 동아시아는 지역으로서 이른바 한자문화권이고 거기에 조선·한국, 타이완, 일본, 중국, 베트남 등의 제 지역이 존재한다. 이러한 개개의 장소 내부에서 사용된 한자로서의 공공의 용례 및 그 주변을 살펴보는 일이 과제가 된다. 또한 내부에서 사용된 양상만이 아니라 내외의 교류에 대해서도 알 필요가 있다. 이러한 것들에는 당연히 현대에도 이어지는 역사가 있기 때문이다.

동아시아 제 지역의 양태 및 역사를 각각 충분히 파악하는 것은 중요한 일이다. 하지만 그 전모를 파악하는 것은 이 글에서는 도저히 불가능한 일이다. 이것들을 둘러싼 선행연구에 크게 기대지 않을 수 없다. 필자는 제 지역의 양상 및 교류·역사를 가능한 전제하거나 기대한다는 측면을 의식하면서 우선은 '일본'의 양상을 살펴보고자 한다. 그 역사 파악으로부터 앞으로의 비교 및 전모 파악에 도움이 될 수 있으면 한다.

이 글에서 '일본'에서의 '공공'의 양상을 파악하는 데에 있어서 다수의 사례나 상세한 접근보다는 중요하다고 여겨지는 장면을 역사 속에서 몇 가지 추려내어 살펴보고자 한다. 약간의 사례에 지나지 않는다는 점에서도 이 작업은 충분한 것이 아니다. 그러나 어느 정도라도 진정 '중요'하다고 여기게 된다면 그것은 의미를 가질 것이며, '일본'만이 아닌 다른 장소와의 비교·차이 또한 심화된 의미 발견으로 이어질 것이다. 그러한 작업의 일단으로서 이 글의 위치를 삼고자 한다.

2. '공공'이라는 개념의 발생과 역사적 상태

위에서 공공에 관해 '일본에서의 중요 장면을 몇 가지 추려내어 살펴본다'고 했는데, '추려낸다'는 것은 이미 존재하는 것의 '발견'이다. 결국 존재하기는 했지만 충분히 고려되지 않았던, 혹은 살피지 않았던 것들, 즉 대체로 크게 부각되지 않았고 몇 가지에 지나지 않았지만 의미 있는 것들을 살펴보려는 작업이다. 그것을 '공공'과 연관시켜 보게 될 것인데, 거기에는 당연한 일이지만 그 개념의 표현을 둘러싼 역사가 존재한다. 앞서 언급한 '중요한' 것이란 사람들이 드러내는 표현, 시대 그 자체 및 그 변화에 커다란 의미를 가지고 관계되는, 혹은 그 표현의 한계점으로 이어지는 그런 것들일 것이다. 그것은 또한 언어의 문제에 본질적으로 이어지고 있다고도 할 수 있다. 이하에서는 이러한 것들을 구체적으로 포착해 보고자 한다.

'공공'이라는 개념의 역사를 일본에 국한해서 살펴보기로 한다. 이 말은 현재 여러 분야에서 사용되고 있다. 그러나 근세(17~19세기) 이전 시대, 즉 전국시대(15~16세기) 이전에는 그다지 잘 보이지 않는다. 물론 '공의(公儀)', '공가(公家)' 등 무가 및 조정과 관련된 '공(公)' 개념은 일찍부터 보이고 근세에도 널리 퍼졌다. 그러나 '공공'이라는 단어·용법을 근세 이전 시기에 발견하는 일은 일본에서는 극히 어렵다. 오히려 그 개념과 연관되었으리라고 생각되는 단어의 용례는 여러 가지 포착할 수가 있다. 앞서 언급한 특정한 공가·무가 등 특정한 지위를 갖는 누군가와 이어진 '공'은 일본에서도 일찍부터 존재했다. 그러나 '공공'은 그렇지 않다. 그처럼 거의 존재하지 않았던 '공공'이 17세기경부터, 이른바 '근세'에 점차 보이기 시작한다. 나아가 19세기 말경, 이른바 '근대' 이후에는 어느 정도 한층 전개되어 현재에 이르게 된 것이다.

그렇다면 '근세'란 도대체 어떤 시대였을까? 이에 대해 그저 정치사의 관점에서만 보지 않고 언어 사용이라는 측면에서 본다면, 위의 단락에서 언급한 것처럼 17세기, 즉 일본의 근세 이후가 되면, '공공'이라는 단어 자체에 대한 구체적 용례가 보이기 시작한다. 거기에는 단어 의미 그 자체가 갖는 존재 양상·작용의 변화가 관련되어 있다. 그렇다고 한다면, '언어의 발생과 변용'은 도대체 무엇을 말하는가? 이러한 점을 이 글에서는 단적으로 네 가지 측면에서 접근하고자 한다. 그 발생·변용이 바로 '공공'이라는 단어에 일어나고 있었다고 생각하기 때문이다.

3. 표현되는 자립적 사회로서의 공공

첫째, 근세에는 언어를 사용하는 사람들 자신의 '사회적 확대가 존재했다'는 점이다. '공공'은 그 개념 자체로 볼 때, '공'에 이어지지만 '공'과 동일한 것은 아니다. 그러면 '공'은 도대체 어떠한 것일까? 원래 '공(公)'은 대체로 '사(私)'의 상대어다. 우선 상대로서의 '공'과 '사'에 대해 살펴보면, '사'는 문자 그대로 사적인, 나아가서는 비밀성조차 갖는 것이다. 이에 비해 '공'은 그 '사'로부터 공개되는 것들이다. '공공'은 '공'이 갖는 공개성에 관련되지만 '사'에 의한 공개가 아니라 일반화된 담당자들에 의한 공개다. 이러한 측면을 다음과 같이 정리해보고자 한다.

  사(私): 개체의 단일하면서 비밀성·권위성을 갖는 양상
  공(公): '사'로부터의 공개, 그러한 일들
  공공(公共): 사람들이 함께 일반적으로 관여하는 공개, 그러한 일들

'공'으로 표현되는 경우, 그것은 근본적으로는 특정한 권위자가 무언가를 사적으로 소유하고 있었지만, 그것이 사람들에게 널리 퍼진 상태를 의미한다. 이러한 상태에서 사람들은 잘 판단하고 보다 자유스러울 것이다. 그 이전 상태, 즉 공개 이전의 본질적 양상은 사람들에게 비밀스럽고 잘 알 수 없으면서 관여할 수 없는 상태를 가리킨다. '공공'에는 비밀성 및 권위성은 없고, 관여하는 사람들이 문자 그대로 '함께[共]' 나타나는 사태가 그 양상 자체에, 혹은 적어도 방향으로서 존재한다.

물론 '공공'의 배후 및 근저에 '사'가 실제로 당연히 숨 쉬고 있을 것이다. '공공'도 그로부터 성립하게 될 것이다. 그렇다고 해도 '공공'은 그 '사'로부터 자립하여 그 자체로서 존재하고 활동한다. 처음에 '사회적'이라고 표현된 것들은 이러한 상태를 가리킨다.

'사회'라는 개념 자체는 근대적 용어다. 가족 및 씨족으로부터 벗어난 조직이 형성되어 사물들이 일반적으로 공개되고 퍼져갈 때, 거기에 사회가 존재한다. 그러한 양상을 근세에 발견하여 그것을 현대인이 사회라고 부를 수도 있을 것이다. 어쨌든 이 시기에 사적이면서 비밀스럽지는 않은, 사물들의 공개가 사람들에게 본질적으로 요청되어 거기에 사람들이 관여하는 사태가 확대된다. 거기서 '공공'의 단어가 구체적으로 적지 않게 사용되기 시작한 것이

라고 할 수 있을 것이다.

실제로 일본의 근세는 사람들에게 자료가 출판(목판) 또는 필사의 형태로 널리 퍼지기 시작한 시대였다. 그러나 중세까지는 언어 및 텍스트는 특정한 누군가의 소유였고 그것을 비전(秘傳)과 같이 전승해가는 상태·역사가 있었다. 근세에도 그것이 완전히 없어졌다는 것은 아니다. 그러나 크게 보면 자료 또는 언어의 일반적 확충이 인쇄와 함께 발생하고 있으며, 그 상태가 아마도 단어로서의 '공공'을 성립시켰던 것이다.

4. 권위의 변용, 새로운 근본적 가치 부여

둘째, 앞의 서술에서 이미 밝혔지만 그 사회성·공개성에는 '비밀, 더욱이 권위의 변용'이 개재되어 있다. 이 점을 더 자세하게 살펴보고자 한다.

중세까지는, 자료 및 그것을 표현하는 언어는 종교인 혹은 그에 연관된 신자들 또는 권력자 등이 특정하게 닫힌 형태로 소유 내지 관여하는 것이었다. 그러던 것이 근세가 되면, 예를 들면 모토오리 노리나가(本居宣長, 1730~1801, 이하 노리나가)는 와카(和歌) 및 고전이 특정한 사람에게만 전수되고 있는 것을 문제 삼고, 그것을 누구라도 갖고 노래하고 소리를 내어 읽고 쓰고 배울 수 있도록 해야 하는 것이라고 하였다.[1] 거기에 표현된 사람들의 관여·공개로서의 공공에 대한 문제의식이 그의 출판에도 이어졌다. 여기에는 '비밀 및 권위의 일반화·세속화'라고 할 만한 사태가 개재되어 있다.

그렇기는 하지만 비밀 및 권위가 전혀 없다고 할 수 없다. 노리나가조차 그렇지 않았다. 그것에는 노리나가의 '공공'이 결국 근본적으로는 어떤 것이었는가 하는 사태가 연관되어 있다. 노리나가의 대표적 학문과 표현에서는 비밀성이 없어지고 논리를 확대하여 사람들에 대한 '공공'이 생겨났지만, 그 공공적인 세계 자체가 그에게는 중요한 권위를 잉태하고 있었던 것이다.

노리나가에게 공공은 가치에 신경 쓰지 않는, 어떤 것이든 상관없다는 식의 것은 결코 아니었다. 그러면 노리나가의 공공은 애초에 어떻게 위치를 부여받고 가치를 잉태하는 것이었을까? 노리나가는 공공의 근본과 관련된 '미

---

[1] 本居宣長, 『排蘆小船』.

치(道)' 및 '구니(國)', '다마(玉)'를 천황과 연계시켜 '두려워할 만한', 즉 두려움을 일으키는 것이라고 주장한다. 그리고 그 뿌리에 해당하는 이해를 『비본 다마쿠시게(秘本 玉くしげ)』로 정리하여 어느 지방 영주(다이묘)에게 비전과도 같이 진술하고 있다. 여기에는 공공을 둘러싼 기초 부여, 한계 지음의 변화, 새로운 권위의 출현이라고도 할 만한 사태가 존재한다. 이 의미화·권위화는 노리나가만이 아니라 또한 노리나가적인 양태만이 아니라 공공과 관련된 다른 사상가들에게서도 나타나는 것이다.

이러한 점을 고려한다면, 근세 일본에서 사람들이 생활하는 세계가 원래 실제로는 어떤 것이었는가, 도대체 어떠한 한계를 갖는 것인가라는 양상을 살펴볼 필요성이 생겨난다. 정치사상사 연구에서 훌륭한 연구성과를 낸 와타나베 히로시(渡辺浩)는 전국시대 이래의 권력과 폭력을 배경으로 하여 근세 일본의 '평화'기에는 그 정치체제가 실제로는 '위광(御威光)'에 의한 정치의 형성으로 이어지고 있다고 지적한다.[2] 근세 일본에서는 공공에 관계된 양상이 적어도 정치에서는 결국 어떤 '위력(威力)'을 배경으로 성립하고 있다는 것이다.

이러한 '위력'의 형성에는 최종적으로 종교가 관련되어 있다. 근세 일본의 경우, 구체적으로는 기독교를 배제하면서 신도·불교·유교가 습합(習合)하는 사태가 존재했다. 거기서는 논리보다는 기세를 가진 '위력'이 표현의 국면에서 근본적 위치를 차지하고 있었다. 그 사태의 의미 부여는 17세기 후반 무력 집단이 불교를 기초로 하여 국민 일반의 호적 형성을 처음으로 시행한 데서 드러난다. 그러나 18세기 후반이 되면, 위력은 오히려 전통의 흐름 속에서 파악되기 시작하여 거기에 신도의 상승 국면이 결합한다. 노리나가는 그 공공적 위치 설정을 행한 것이었다.

물론 근세 일본사회에서 '공공'을 '천황'에 결합시켜 확충시키는 사상가만 있었던 것은 아니다. 유학자의 경우는 문자 그대로 '천하'를 거기에 결합시킬 것이다. 실제로 근세 초반 이토 진사이(伊藤仁齋, 1627~1705), 오규 소라이(荻生徂徠, 1666~1728) 등이 그렇다. 그 점에 대해서는 후에 서술한다. 혹은 그 정도로 '공공'이라는 단어를 사용하지 않더라도 무사가 아닌 농민 및 도시민 가운데 상호 간의 토론 및 대화를 통해 결정·지속시키는 공공, 즉 근현대의 의

---

[2] 渡辺浩, 『日本政治思想史: 十七 - 十九世紀』(東京大學出版會, 2010).

회 및 회의·회합의 전제가 되는 것과 같은 '공공'을 발견하는 일도 어느 정도는 가능할지 모른다.

'게노센샤프트(Genossenschaft)'라고 불리는 '조합'이 유럽에서는 중세 말부터 근대에 걸쳐 사람들을 이어주고 있었는데, 그것을 동아시아 여러 지역에서도 볼 수 있다는 지적도 있다.[3] 나카무라 데쓰(中村哲, 1946~)는 아프카니스탄에서의 농업 재건에는 근세의 모델이 참고가 되었다고 진술하고 있다.

어쨌든 어떻게 위치를 규정할까에 대해서는 각각 다양하지만, 근세사에서 '공공'은 '천인상관(天人相關)'론 속에 있었다. 당시 널리 퍼진 비유로 "비리법권천(非理法權天)"이라는 말이 있다. 사람들의 영위는 크게는 '하늘(天)' 혹은 '천리(天理)' 속에 '천하'로서 있었다고 할 수 있을 것이다. 그것을 한층 더 변용시켜, 그것이 국가에 의해 완전히 결집되는 구조는 일본에서는 19세기 말부터의 현상이라고 생각된다. 물론 그것만이라고는 할 수 없지만, 일본 근대의 그런 경향을 지적할 수 있을 것이다.

5. 세속화의 근저와 형태

그러면 근세로부터 형성·표현되는 '형태'는 기본적으로 어떠한 것이었을까? 근세 이전, 이른바 중세 일본에서 인간은 자기 자신들의 영위를 둘러싸고 도리(道理)를 인식하고 있어도 기본적으로 '불가측(不可測)' 관점 및 '운명(運命)'관을 강하게 지지고 있었고, 신불(神佛) 등 초월자와의 관계나 세계 및 거기에 관여하는 역사에 의해 그것을 자리매김하고 있었다. 그러나 송학(宋學)이 수입됨에 따라 천인상관·천지인(天地人)관이 예를 들면 '태극(太極)' 속에서 형성된다. 그 가운데 '이기(理氣)' 또는 '활물(活物)' 등이 파악되고 있었다.

근세는 그러한 관념 속에서 자기 자신들의 생활 형태를 보다 근본적으로 파악하고 자리매김하게 된다. 그렇다고는 해도 '위력'이 없어지고 불가측관 및 운명관이 없어지지는 않는다. 그러나 근세에는 생활의 형태를 자리매김하는 사고가 확실히 확대되어 간다. 사람들의 영위가 보다 강조되는 '세속화'에 따라 인위(人爲)가 확대되어, 또한 이것을 둘러싼 권력만이 아닌 논리적인 인식

---

[3] 玉野井芳郞, 『エコノミーとエコロジー: 廣義の經濟學への道』(みすず書房, 1978).

이 퍼져갔다.

사상가들에게는 사람들의 세속·일상으로서의 삶[生]을 성립시키는 기초에 대한 물음이 거기에 존재했다. 근세 일본에서 중요한 역할을 한 사상가들은 자기 자신들의 삶을 둘러싸고 '보다 경험주의적'인 학습 및 교육을 주장하기 시작한다. 거기서 송학(주자학)의 개념을 긍정하든 부정하든 간에 그것을 학습·교양으로서 지니고, 그 기초에서 자기 자신들의 사회성이라고 할 만한 '공공'을 형성한다.

거기서 송학의 용어를 배경으로 놓고 표현한다면 근세 일본에서는 다음과 같은 커다란 경향이 존재한다. 즉 '이기'에 대해서는 '기선후리(氣先後理)'로 이해하고, 거기서 '이'는 커다란 이상이 아니라 개별론이 되며, '기'를 일원론적 근저로 삼아, 그것이 생명력이라고 할 만한 활물관(Vitalism)으로서 생각하는 경우가 많았다는 점이다. 근세의 중요한 사상가들은 커다란 논리를 파악하기보다는 기술에도 연결될 경험적인 개별적 논리를 파악하기 시작했다. 그 근저에는 유학자의 경우는, '기', '활물', 신도·국학자의 경우는 '무스비(産靈)'가 놓여 있다. 그것이 근세사상의 '공공'을 이루는 이른바 세력이 된 것이다. 그렇다면 그것들은 어떠한 천하 내지 질서로서 간주되었을까?

이러한 부분을 간단하게 정리하면, 근세 전기의 이토 진사이는 공공을 둘러싸고 특히 사람들의 생활 형태로서의 일상성을 활물관과 함께 중시한다. 공공이 된 인륜적 생활세계의 보편성을 역설한다. 또한 진사이의 공공은 그뿐만이 아니라 그 파괴에 대한 혁명을 긍정적으로 인식하기까지 한다. 거기서는 사람의 영위를 '천하', '천지'를 기반한 활물관·천명관과 함께 열려 있는 것으로 간주한다. 그렇다면 보다 나은 일상생활을 해체하는 사태에 대해 그 개선을 향해 천명이 내리는 것은 당연한 것이다.

근세 중기에 접어들 즈음 오규 소라이에 이르면, 마찬가지로 활물관을 인식하면서도 더 나아가서 경험주의와 이어진 불가지 관점을 지닌다. 거기서 소라이는 일상성을 '작위(作爲)'된 영위로 중시하면서도 한층 더 '예악형정(禮樂刑政)'을 성인에 대한 신앙과 함께 강조한다. 이 예악형정은 소라이에게는 이른바 천지와의 관계에서 제사의 단계이고 그것을 그는 '공공'이라고는 하지 않는다. 오히려 그것은 소인(小人)에게는 감춰진 것, 군자에게는 경험적으로 지속적 추구를 요청하는 제사와도 같은 것이다.

이 제사관을 신도의 측면에서 강조한 것이 앞서 언급한 모토오리 노리나가다. 노리나가는 그 제사를 소라이와 같이 성인에 의한 작위라고 하지 않고 오히려 그것을 뒤집어서 천황의 황통(皇統), 즉 천황의 권위·전통에 연결시킨다. 노리나가의 학문은 어디까지나 합리적이고 경험주의적이다. 그렇다고 해도 그것을 근본적으로 자리매김하는 것은 불가지의 두려워할 만한 힘[畏力]으로서의 가미(神)의 작용이다. 그것이 본질적으로 작용하는 바가 노리나가에게는 일본의 신도인 것이다.

6. 18세기의 공공 형성과 그 후의 두 가지 가능성

이상의 경향은 근세 일본에서의 사례인데, 근대 일본의 '공공'의 가능성을 '준비한 것'이라고도 말할 수 있는 것이다. 이 측면도 중요하다고 생각되기 때문에 구체적 자료를 적어두고자 한다. 우선 진사이는 다음과 같다.

> 탕무(湯武)의 방벌(放伐)과 같은 사례는 도(道)라고 해야 한다. 이것을 권(權)이라고 해서는 안 된다. 왜 그런가? 권은 한 사람이 훌륭하게 대처한 것을 가리키는 것으로 천하가 공공한 것이 아니다. 도라는 것은 천하가 공공하는 것으로 한 사람의 사정(私情)에 따른 것이 아니다. 그러므로 천하를 위해 잔인함[殘]을 제거한 것은 인(仁)이라 한다. 천하를 위해 도적[賊]을 물리친 것은 의(義)라 한다. [...] 탕무는 자기 자신의 사정에 따르지 않고 적절히 천하가 바라는 바에 따랐다. 따라서 이를 도라 부르는 것이다. [...] 맹자의 이러한 생각을 비난하는 자는 모두 도가 천하의 공공물이라는 것을 모르고 함부로 억설(臆說)을 내뱉고 있을 뿐이다.[4]

'도란 천하의 공공물'이기 때문에 폭군의 방벌은 '권'이 아니라 '도'라 할 만한 것이다. 그것은 '인', '의'와 연결된 것이라고 진사이는 주장하는 것이다. 진사이는 활물관을 기초로 하여 삶[生]에서 비롯된 도덕을 전개하여 생명감각에서 비롯되는 사랑[愛]의 이념을 역설했는데, 바로 그 지반에서 흔들리지 않는 정의도 도출되고 있었던 것이다.

이것은 17세기 말부터 18세기 초에 걸친 교토 도시민[町人]의 주장이다. 단

---

[4] 伊藤仁齋, 『語孟字義』 權4.

18세기 이후 오규 소라이에 이르면, 앞서 서술한 것처럼 불가지관과도 연관시켜 제사로서의 '예약'을 강조한다. 이것을 일본 중심성으로 반전시키는 지점에 모토오리 노리나가가 있다. 노리나가는 다음과 같이 말한다.

> 도는 천황의 천하를 다스리는 정대공공(正大公共)의 도이다. 그것을 (신도학자 등이) 자기 자신만의 사물(私物)로 여겨 스스로 아주 좁게 아주 작게 설명하고 그저 무당들의 기법과 같이 여겨 어떤 때는 기이한 재주를 부린다든지 하는 것을 신도라고 이름 붙이는 것은 너무나 천박하고 슬픈 일이다.[5]

노리나가는 '천하를 다스리는' '정대공공의 도'를 강조한다. 이것을 비전(秘傳)·사물(私物)·개개의 전수(傳授)와 같이 취급하는 것을 '천박하고 슬픈 일'이라고 개탄한다. 역시 공공의 도로서 공개되어 누구나 관여하는 것이 도의 속성이라고 확실히 생각하고 있는 것이다. 물론 국학·신도적인 도를 역설하고 있지만, 그것은 '한 사람이 사사롭게' 하는 것이 아니라, '정대공공의 도'라는 것이다. 그렇다고 해도 그 도는 '천황이 천하를 다스리는' 점을 근본으로 한다. "원래 도라는 것은 윗사람을 향해 행하고 아랫사람에게는 위로부터 베풀도록 내려지는 것", "아랫사람이 사사롭게 결정하여 행하는 것은 아니다"[6]라고 한다. 공공이지만, 아래로부터 위를 향한 순종의 도인 것이다.

이러한 '공공'에서 보이는 상위자에 대한 순종의 구조는 당시 무사들까지 거기로 결집시켜, 이른바 공무관(公武觀, 천황을 중심으로 하는 공, 그것을 지키며 통치하는 무사들)이 되어 막부 말기, 더 나아가서는 근대에까지 계승된다. 역시 근대 일본의 국가적 틀에서 '상위집중형 공공'을 준비한 것이다. 게다가 그뿐만이 아니라 그 공공에서의 중심은 천황·신으로 이어지면서 근본적으로 접촉할 수 없는 신비적 존재로서의 의미[畏怖]를 갖는다. 그 속에서 사람들의 표현 및 생활이 이루어진다고 생각하고 있는 것이다.

그렇다고 해도 그러한 천황·국가 중심화는 막부 말기 및 메이지 초기라 해도 아직 완전히 전체를 장악하고 있지는 않았다. 요코이 쇼난(橫井小楠, 1809~1869)은 국제 관계에 대해, "천지의 기운을 타고 만국의 사정에 따라 공공의 도로서 천하와 관계를 맺는다면, 어떠한 일이든 막힘없이 대처할 수 있

---

[5] 本居宣長,『宇比山踏』.
[6] 本居宣長,『宇比山踏』.

기 때문에 오늘날 우려하는 모든 것이 우려할 만한 일이 아님을 알게 될 것이다."라고 말한다.[7] '천지의 기운', '만국의 사정'에 의한 '공공의 도'라면, 우려할 일은 없을 것이라고 그는 확신한다. 그에게는 당연히 '천지' '만국'이 있고 또한 역시 그 '기'와 '도'가 있는 것이다.

그리고 개개의 관계·영위에 대해서도, "군신의 의(義)를 폐지하여 오직 한 길로 공공화평(公共和平)을 의무로 삼는다."[8]고 하여, 상하관계가 아니라 오로지 '공공화평'이어야 한다고 생각한다. 이러한 것들은 이토 진사이의 천하에서의 평등성을 지닌 공공을 국내외에 확장시킨 것으로 파악할 수가 있다. 이 것을 '천하 내외(內外) 화평의 공공'이라고 이름 붙여둔다.

메이지유신 후 근대 일본을 살펴볼 때, 노리나가적인 '상위집중형 공공'과 진사이·쇼난적인 '천하 내외 화평적 공공'이 부딪치고 있었는데, 역사적으로 어느 쪽이 우위였다고 할 수 있을까? 필자는 근대 일본사에서는 유감이지만 전자가 대세를 이루어 작동해 갔다고 생각한다.

7. 미래를 향한 근세의 시사

이른바 근대를 19세기 말부터 20세기 중엽까지라고 한다면, 근대의 경험을 거친 오늘날 과거의 역사로부터 어떠한 공공적 시사가 있는 것일까? 여기서는 근대에 대해서는 깊이 다루지 않고 근대 이후의 현대적 과제에 대해 생각해 보고자 한다. 이 점을 마지막으로 두 가지 정도 지적하고자 한다.

첫째, 앞서 언급한 것처럼 '상위집중형 공공'이 근대 일본사를 형성하여 '천하 내외 화평적 공공'은 그다지 성립되기 어려웠다고 생각한다. 이러한 것을 구체적으로 보면, 경제만이 아니라 많은 사회적 조직이 국가의 중심성에 결집되어 스스로의 자립성 및 수평적 관계를 충분히 형성시키지 못했다는 것을 의미한다. 실제로 학교든 회사든 더 나아가 가정이든 간에 그 중심성으로부터 형성된 상하관계 속에서 살아가고 있다. 결코 스스로 살아가고 있다고는 할 수 없지 않을까.

그렇다고 한다면, 그 상하관계가 아니라 수평적 관계와 자립성을 지닌 그러

---

[7] 橫井小楠, 『國是三論』.
[8] 橫井小楠, 『國是三論』.

한 것들이 사람들의 생활 그 자체가 되는 것이 지금은 오히려 중요하다. 그것은 앞서 언급한 '천하 내외 화평적 공공'에 이어지는 것이다. 그것은 구체적으로 어떠한 것일까?

예를 들면, 생활, 거기에 관련된 절과 신사(寺社)·교회 등의 종교 조직, 또한 경제활동, 교육활동 등이 충분한 자립성을 확보해 가면서 국내에 한정되지 않고 국제적인 관계와 연계되는 방향이지 않을까. 그것은 싸움에 의한 승패에 따른 것이 아니다. 존재로서의 사람들의 존재방식 그 자체와의 연관성이다. '천하 내외 화평적 공공'은 그러한 것이라고 생각한다.

둘째, 첫째에서 서술한 '천하 내외 화평적 공공' 가운데 특히 '천하'에 대해서다. 근대는 인간의 활동이 이 '천하'를 상실해간 시대라고 필자는 파악한다. 이 점은 이른바 환경문제에 의해 20세기 후반부터 확실하게 사람들에게 의식되기 시작하였다. 예를 들면, 슈바이처(Albert Schweitzer, 1875~1965), 나아가서는 레이첼 카슨(Rachel Carson, 1907~1964)이 지적한 것이지만, 생물다양성이 크게 훼손되고 있다. 이것은 우선 기본적으로 말하면 활동을 한계 지우는 천하, 즉 코스모스·우주로서의 세계를 인간이 지금은 갖고 있지 않다는 것에서 비롯된다. 현대인의 생활 형태를 근세인이 본다면 기뻐할까? 부러워할까? 그보다는 이상하다고 여기지 않을까?

이 문제는 더 나아가 보면 현대인이 소유하려고 하는 '힘(에너지)'으로부터 비롯되고 있다. 서양 중세까지는 또한 19세기 말까지의 동양·일본에서는 코스모스·천지 자연관이 있어서 그것을 배경으로 사람의 영위가 인식·사고되고 있었다. 그러나 그 코스모스·천지를 인간이 뛰어넘어 그것을 사용하고 소유하면서 자기들의 생활 형태(또는 싸움)을 보다 상승시키려고 하고 있다. 거기에 에너지의 소유, 나아가서 원자력이 결합하는 것이다.

이것이 '잘못된 것'이라는 점을 과학사의 측면까지도 포함하여 파악한 사람으로는 다카기 진자부로(高木仁三郎, 1938~2000), 야마모토 요시타카(山本義隆, 1941~)가 있다. 야마모토는 종래의 인간사에 존재했던 생명·자연에 대한 경외가 상실된 움직임이 17세기에 나타났으며 현재의 원자력을 그 첨단적 조직으로서 파악한다.[9] 다카기는 원자력에 의지하지 않는 선주민(先住民) 및 민중에 보이는 자연과 연계된 생활 형태를 보다 나은 존재방식이라고 강조

---

9   山本義隆, 『福島の原發事故をめぐって』(みすず書房, 2011).

한다.[10] 에너지에 관여하는 근본적인 잘못이 원자력에 있다는 점을 다카기는 지적하는 것이다.[11]

원래는 사람들의 영위는 하늘과 땅이라는 차원에서 보면, 땅에 속한 것이었다. 땅에 담겨진 빛·에너지에 의한 운동이 사람들의 영위였다. 빛나는 별, 태양 등은 빛·에너지를 폭발적으로 낳는 장소다. 이것들과는 다른 것으로서 지상(地上)이 존재하는 것이고, 거기서는 양질불변의 법칙에 따라 사람들의 영위·당위(當爲)가 형성된다. 그런데 생명이 자라지 않는 천상(天上)의 에너지를 얻으려 하는 금단(禁斷)·절도(竊盜)가 행해지게 된 것이다. 원자력은 그런 것이다.[12]

상세한 논증에는 더 이상 들어갈 수 없지만, 일본사에서는 국내적으로 1945년에 원자폭탄을, 2011년에 원자력발전에 의한 파괴를 사람들은 체험했다. 그것들은 실제로는 국내 사정뿐만이 아니라 동아시아 더 나아가서는 지구와의 관계 속에 있는 것이다. 또한 그것은 근대 일본의 공공이 앞서 언급한 것처럼 '천하'를 갖지 않고 상하관계에 의거한 권력·에너지 소유에 홀린 행위였으며 진정한 모습을 잃어버린 바에서 유래되었다.

뒤집어 말하면, 그러한 에너지 소유가 아니라 지구에 관여하는 순환형 사회로서의 공공, 그 방향의 요청이 존재하는 것이다. 이 점은 당연하게도 '일본'만의 문제가 아니다. 현재 지구화가 공공의 방향으로서 나아가고 있다. 필자는 그렇게 생각한다.

---

10 高木仁三郎, 『いま自然をどう見るか』(白水社, 1985, 增補 1988).

11 高木仁三郎, 「聖書は核を予見したか」, 富坂キリスト教センター 編, 『エコロジーとキリスト教』(新教出版社, 1993).

12 高木仁三郎, 위의 글.

●참고문헌

1. 원전 자료

本居宣長,『排蘆小船』.
_____,『秘本 玉くしげ』.
_____,『宇比山踏』.
司馬遷,『史記』.
伊藤仁齋,『語孟字義』.
橫井小楠,『國是三論』.

2. 연구 논저

高木仁三郎,『いま自然をどう見るか』(白水社, 1985, 增補 1988).
_____,「聖書は核を予見したか」, 富坂キリスト教センター 編,『エコロジーとキリスト教』(新教出版社, 1993).
渡辺浩,『日本政治思想史: 十七-十九世紀』(東京大學出版會, 2010).
山本義隆,『福島の原發事故をめぐって』(みすず書房, 2011).
玉野井芳郎,『エコノミーとエコロジー: 廣義の經濟學への道』(みすず書房, 1978).
中村哲,『天 ʼ 共に在り: アフガニスタン三十年の闘い』(NHK出版, 2013).

조선시대 공공성의 구조변동

지은이 | 황태연, 이영재, 이나미, 미타니 히로시, 구로즈미 마코토

제1판 1쇄 발행일 | 2016년 12월 28일

발행인 | 이기동
발행처 | 한국학중앙연구원 출판부

출판등록 | 제381-1979-000002호(1979년 3월 31일)
주소 | 경기도 성남시 분당구 하오개로 323
전화 | 031-708-5360
팩스 | 031-701-1343
전자우편 | akspress@aks.ac.kr
홈페이지 | book.aks.ac.kr

ⓒ 한국학중앙연구원 2016

ISBN 979-11-5866-163-2 94340
　　　979-11-86597-02-6 (세트)

· 이 책의 저작권은 한국학중앙연구원에 있습니다.
　이 책 내용의 전부 또는 일부를 재사용하려면 반드시 서면 동의를 받아야 합니다.
· 값은 뒤표지에 있습니다. 잘못된 책은 바꿔드립니다.
· 이 도서의 국립중앙도서관 출판시도서목록(CIP)은 서지정보유통지원시스템 홈페이지(http://seoji.nl.go.kr)와
　국가자료공동목록시스템(www.nl.go.kr/kolisnet)에서 이용하실 수 있습니다. (CIP 제어번호: CIP2016031865)
· 이 책은 2012년 한국학중앙연구원 글로벌시대 한국적 가치와 문명연구과제로 수행된 연구임(AKSR2012-G09).